Ullstein Sachbuch

ÜBER DAS BUCH:

Bei ihrer intensiven Beschäftigung mit jüdischer Märtyrologie stieß Salcia
Landmann schließlich auf den unschuldigen Märtyrer Jesus von Nazareth,
das Opfer des folgenschwersten Justizverbrechens der Weltgeschichte. Ihre
passionierte Anteilnahme an ihm und seinem Schicksal hat sie, zusammen
mit ihren hervorragenden Kenntnissen des damaligen politischen, geistigen
und geistlichen Umfeldes der Ereignisse, zu teilweise ganz neuen Ergebnis-
sen geführt, die aufhorchen lassen. Das Buch wartet mit einer Fülle von
Informationen über jüdische und christliche Traditionen sowie deren Ur-
sprünge auf. Da die Autorin sachkritische Fragen zur aktuellen Glaubens-
situation stellt, wird sie mit ihren unorthodoxen Thesen und verblüffenden
Theorien Anlaß zu lebhaften Diskussionen geben.

DIE AUTORIN:

Salcia Landmann wurde 1911 in Zolkiew (Ostgalizien) geboren. Sie stu-
dierte Philosophie, Kunstgeschichte und Jurisprudenz (Dr. phil.). Nach
dem Studium wandte sie sich der Schriftstellerei zu.
Weitere Veröffentlichungen:
Jüdische Witze (1963); *Marxismus und Sauerkirschen* (1979); *Gepfeffert
und gesalzen* (1980); *Die Juden als Rasse* (1981); *Erinnerungen an Galizien*
(1983); *Bittermandel und Rosinen* (1984); *Frucht- und Blütensäfte* (1985);
Jiddisch (1986); *Mein Sirup-Brevier* (1987).

Salcia Landmann

Jesus und die Juden
oder
Die Folgen einer
Verstrickung

Ullstein Sachbuch

Ullstein Sachbuch
Ullstein Buch Nr. 34597
im Verlag Ullstein GmbH,
Frankfurt/M–Berlin

Aktualisierte und erweiterte Ausgabe

Umschlagentwurf:
Atelier Noth & Hauer
Unter Verwendung einer Abbildung
vom Archiv für Kunst und
Geschichte, Berlin
(Lorenzetti, Pietro:
Die Gefangennahme Christi)
Alle Rechte vorbehalten
© 1987 by F. A. Herbig,
Verlagsbuchhandlung,
München–Berlin
Printed in Germany 1989
Druck und Verarbeitung:
Clausen & Bosse, Leck
ISBN 3 548 34597 2

September 1989

Von derselben Autorin
in der Reihe
der Ullstein Bücher:

Gepfeffert und gesalzen 34108
Mein Sirup-Brevier 34419
Bittermandel und Rosinen 20922
Jüdischer Witz 40057

CIP-Titelaufnahme
der Deutschen Bibliothek

Landmann, Salcia:
Jesus und die Juden
oder die Folgen einer Verstrickung /
Salcia Landmann. –
Aktualisierte u. erw. Ausg. –
Frankfurt/M; Berlin: Ullstein 1989
    (Ullstein-Buch; Nr. 34597:
    Ullstein Sachbuch)
    ISBN 3-548-34597-2
NE: GT

Inhalt

Vorwort

In diesem Buch geht es nicht darum, theologische Wahrheiten oder Irrtümer aufzudecken und zu vermitteln. Wir klammern hier die Frage aus, ob Jesus wirklich der den Juden prophezeite und von einem Teil von ihnen seit der frühen nachbiblischen Zeit erwartete Messias war oder nicht. Ob er ferner »Gottes Sohn« war, und zwar in einem andern als dem nur symbolischen Sinne, in welchem sich die Juden auch heute noch in ihren Gebeten als seine Kinder und Gott selbst als ihren »Vater« bezeichnen. Ob Jesus ferner nach seinem Kreuzestod wirklich auferstand oder nur in den Träumen und Visionen seiner Jünger. Ober er »nur« ein Mensch war – was auch manche gläubigen Christen annehmen – oder letztlich selber eine Gottheit. Ob er am Jüngsten Tage wiederkehren wird oder nicht. Und auch, ob es einen Messias, einen Welterlöser, überhaupt geben kann oder nicht. Und sogar die Frage, ob Gott selbst eine absolute Realität ist, ob es ihn also unabhängig davon gibt, daß jemand ihn erkennt und anerkennt, oder ob ihm nur eine »intersubjektive« Existenz unter den Gläubigen zukommt – all dies ist nicht das Thema dieses Buches und geht uns im Zusammenhang mit unserem Problem nichts an.

Wir gehen hier einzig der Frage nach, weshalb die Juden, die doch sonst zu allen Zeiten in ihrem Schrifttum jüdische Gestalten, Persönlichkeiten, Vorgänge, Aussprüche und Lehren so eifrig und minutiös registrierten und debattierten, gerade von Jesus, einem jüdischen Märtyrer, der schuldlos einen entsetzlichen Tod erleiden mußte, zu seinen Lebzeiten praktisch überhaupt keine Notiz nahmen und es nicht einmal nötig fanden, auch nur ein paar bescheidene Zeilen über ihn festzuhalten. Es geht uns also um so etwas wie eine stil- und kulturkritische Analyse der damaligen jüdischen Schriftgelehrten-Szene und des frühen Christentums.

Allerdings läßt sich diese Frage nicht restlos aus weiteren Zusammenhängen herauslösen. Ganz von selbst ergab es sich da, daß auch untersucht werden mußte, ob Jesus selbst noch in vollem Sinne »Jude« war oder ob er, als Galiläer vermutlich »neujüdischer« Herkunft wie die meisten seiner Landsleute, nicht schon selber Elemente in seine Lehre eingebaut hatte, die dem »Altjudentum« in Judäa fremd waren, später aber das junge Christentum zentral prägten und es zuletzt vom Judentum so weit wegzogen, daß der heute von ökumenisch inspirierten Kreisen angestrebte »christlich-jüdische Dialog«, trotz partiell gemeinsamer Wurzeln beider Konfessionen, im Grunde kaum noch möglich ist.

Das schließt natürlich gemeinsame Gespräche zwecks sachlicher gegenseitiger Orientierung, auch zum Abbau von Vorurteilen auf beiden Seiten, und zur Entfaltung erhöhter gegenseitiger Toleranz nicht aus. Dies ist aber nicht im eigentlichen Sinne ein »Dialog«.

Ihrer theologischen Abstinenz zum Trotz mag die vorliegende Untersuchung dennoch außer Soziologen, Historikern, Kulturgeschichtlern, Semitisten und allen jenen, die sich generell mit christlich-jüdischen Zusammenhängen befassen, auch Theologen jeder Konfession interessieren. Sie wendet sich aber bewußt nicht an Fachkreise und bemüht sich daher um gute Lesbarkeit und leichte Verständlichkeit.

Dr. phil. Salcia Landmann
Winkelriedstr. 1
CH-9000 St. Gallen/Schweiz

Anmerkung

Das Buch enthält keinen »wissenschaftlichen Apparat«. Ein solcher hätte Umfang und Preis verdoppelt und die flüssige Lesbarkeit erheblich gemindert. Er hätte zudem »wenig gebracht«, weil die wichtigsten Thesen und Interpretationen des Buches neu und also nirgends abgeschrieben sind, so daß sie auch nicht durch Zitate und Anmerkungen abgestützt werden könnten.

Insofern ist dies allerdings unwichtig, als es ohnehin über Jesus keinerlei Dokumentationen aus seiner Lebenszeit gibt, weshalb auch die ganze übrige Jesusliteratur – einschließlich des Neuen Testaments selbst – auf unsichere Quellen und Konklusionen angewiesen war und ist, und folglich noch so gehäufte Zitate aus einschlägigen Werken den möglichen Wahrheitsgehalt des Buches nicht absichern oder gar erhöhen würden.

Statt dessen ist dieser Untersuchung, da sie sich nicht an den theologischen Fachmann wendet, ein umfassendes Glossar mit allen religionswissenschaftlichen, semitistischen, judaistischen, theologischen, historischen und auch sonstigen nicht sehr geläufigen Ausdrücken beigefügt, die dem Leser eines jeden Bildungsgrades die Lektüre des Buches ohne Benützung irgendwelcher Nachschlagewerke ermöglichen.

Präludium

Es gibt eine Anzahl ostjüdischer Volkslieder, deren Strophen mit einem hebräischen Bibelzitat anfangen und dann auf Jiddisch mit einer wehmütigen Klage oder auch mit Welt- und sogar Gotteskritik fortfahren.

Eines, das »Jakobslied« aus Rumänien, beginnt mit der Bibelstelle, wonach Gott den Patriarchen Jakob »auserwählte«, »groß machte« und zu ihm sprach: »Fürchte dich nicht, mein Knecht Jakob!«

»Wenn es so ist« – fährt der Text der drei Strophen bitter auf Jiddisch fort –, »warum, Väterchen, schlägt man uns dann, warum quält man uns, und wann endlich wird das ein Ende nehmen?«

Sehr spät, noch in den allerletzten Jahren vor dem Untergang des polnischen Judentums in Hitlers Todeslagern, entstand ein Volkslied zu einem Jesaja-Zitat (21, 11 und 12).

»Hüter, ist die Nacht schier hin?«

(Der Wächter antwortet:) »Wenn der Morgen schon kommt, so wird es doch Nacht sein. Wenn ihr schon fragt, so werdet ihr doch wiederkommen und wieder fragen.« (Übersetzung nach Luther)

In dem Lied treibt ein armer, einsamer Jude, letzter Überlebender seiner Sippe und Gemeinde, den mageren Klepper seines kümmerlichen Wägelchens auf der nächtlichen Flucht vor den Hitlerhäschern (wohin?!) mit diesem Zitat und mit dem schmerzlichen Hinweis darauf an, daß zwar der Morgen schon anbricht, jedoch keine Rettung und Erlösung bringen wird.

Der jiddische Schriftsteller Isaak Bashevis Singer, Nobelpreisträger für Literatur 1978, ist ungewöhnlich klug und judaistisch gebildet, jedoch nicht »fromm« oder »gläubig«. Von ihm gibt es einen Roman »Schoscha«, der unter Warschauer Juden während der Hitlerzeit spielt. Einer von ihnen, Chaiml, konnte sich mit seiner Frau Genia rechtzeitig ins Gelobte Land retten, wo ihn sein Freund Zuzik, der zufällig überlebt hat, aufsucht. Die beiden diskutieren einmal mehr das Problem der Theodizee, das heißt die alte, unauflösbare Frage, wie sich die Vorstellung eines zugleich allmächtigen, gerechten und gütigen Gottes mit Greueln von der Art des Juden-Holocaustes vertrage. Im Eifer des Gesprächs bemerken sie nicht, daß längst die Nacht hereingebrochen ist. – Und nun wörtlich:

Chaiml sagte: »Nachts liege ich da, ein kleiner Mann, eine halbzerquetschte Fliege, und ich spreche mit den Toten, mit den Lebenden, mit Gott – wenn es ihn gibt – und mit Satan, den es bestimmt gibt. Ich frage sie: »Warum mußte all das geschehen?«, und ich warte auf eine Antwort. Was glauben Sie, Zuzik, gibt es eine Antwort oder nicht?«

»Nein, es gibt keine Antwort.«

»Warum nicht?«

»Es kann keine Antwort auf das Leiden geben – nicht für den Leidenden.«

»Wenn es so ist – worauf warte ich dann?«

Genia öffnete die Tür. »Warum sitzt ihr beiden denn im Dunkeln?«

Chaiml lachte: »Wir warten auf eine Antwort.«

Es gibt in der jüdischen Religionsgeschichte rund um die Frage der Welterlösung ein Kuriosum:

Der größte spanisch-jüdische Denker des Mittelalters, Mosche ben Maimon, hebr. Maimuni, gräzisiert Maimonides (1135–1204), war Aristoteliker und Rationalist und definierte als solcher Gott als prädikatlose prima causa allen Seins. Die Bibelwunder sind nach seiner Meinung nur volkstümliche Phantasien, weshalb er von jüdischen Hyperorthodoxen und Mystikern (zu denen auch die Chassidim mit ihren Wunderrabbis zählen) als »Ketzer« verabscheut wird.

Von diesem gleichen Maimuni gibt es aber auch eine umfassende Talmudkodifikation (der Talmud, die jüdische Scholastik, entstand zwischen 500 vor und 500 nach Chr.) und außerdem die »13 Glaubens-Maximen«, die zwar nicht zum offiziellen jüdischen Gebetsritual gehören, von besonders frommen Juden aber nach dem täglichen Morgengebet rezitiert werden. In diesen Maximen bekennt sich dieser selbe Maimonides zur biblischen Vorstellung eines gerechten, gütigen und allmächtigen Gottes, und die letzte Maxime lautet: »Ich glaube an das Kommen des Messias, obgleich er zögert.«

Mit einer Gottheit als prädikatloser prima causa des Seins lassen sich solche Aussagen überhaupt nicht in Einklang bringen, und so ist es denn kein Wunder, daß die frommen Chassidim, die beim Nennen des Namens Maimuni ausspucken, nicht gemerkt haben, daß »RAMBAM«, wie sie den Verfasser der Talmud-Kodifikation und der 13 Maximen nennen, nichts anderes ist als das Akronym aus R-abbi M-osche B-en M-aimon und damit identisch mit dem »Ketzer«, der das philosophische Werk »More n'wuchim« (Lehrer der Verirrten) geschrieben hat . . .

Als mir Isaak Bashevis Singer vor ein paar Jahren ein Interview gewährte, kamen wir auch hierauf zu sprechen. Beide waren wir uns klar darüber, daß Maimonides, bei seiner überragenden Klugheit und Nüchternheit, sich der absoluten Diskrepanz zwischen diesen beiden Konzeptionen voll bewußt sein mußte. Nun fiel aber die Lebenszeit Maimunis in eine für die Juden besonders bittere Zeit: Die zuvor großartige geistige Symbiose mit den moslemischen Invasoren auf der pyrenäischen Halbinsel begann eben sich aufzulösen, weil sich bei den Arabern jener gleiche Glaubensfanatismus anbahnte, den wir heute in einer unheimlichen Variante im Iran wieder vor uns haben. Von Toleranz und kultureller Gemeinschaft mit Andersgläubigen konnte da keine Rede mehr sein, in weiten moslemischen Regionen waren Juden, die nicht zur Lehre Mohammeds konvertierten, mit der Todesstrafe bedroht. Und bei den Christen keimte Kreuzzugsstimmung, die speziell in Spanien dann in die Inquisition und in die Austreibung und Vernichtung der zuvor blühenden jüdischen Gemeinschaft einmündete.

Ohne Zweifel erkannte Maimuni, daß in solchen bösen Jahren den Juden mit einem abstrakten, unpersönlichen Gottesbegriff nicht gedient war, daß sie, um das kommende Leid durchstehen zu können, einen festen Rückhalt brauchten: eine intime Beziehung zu einem väterlichen Gott, ein stützendes »Corsett« aus rituellen Normen, und außerdem noch die Hoffnung auf eine messianische Erlösung.

Nun gibt es von Maimonides aber den Ausspruch, gewisse Geheimnisse müsse man dem Volk vorenthalten.

»Könnte es sein« – so fragte ich den Schriftsteller I.B. Singer, der übrigens auch approbierter Rabbiner ist (wovon er aber praktisch keinen Gebrauch macht) –, »daß Maimonides seine Talmudkodifikation und seine 13 Maximen nicht aus eigenem Glauben, sondern nur aus Mitleid mit den Todgeweihten abfaßte, daß also die einleitenden Worte einer jeden dieser Maximen (›Ich glaube, daß . . .‹) bewußte Lüge waren und er genau wußte, daß er hier nichts bot als ein ›Opium des Volkes‹, um Marxens Bezeichnung einer jeden auf Jenseits- oder Erlösungsglauben basierenden Religion zu gebrauchen?«

Darauf Singer: »Ich nehme nicht an, daß er bewußt log, ich vermute eher: Er *wollte* glauben.«

Tatsache ist jedenfalls, daß besonders diese dreizehnte Maxime, die den Glauben an eine endzeitliche Welterlösung bejaht, bei denselben mystisch entflammten Juden, die den rationalistischen Philosophen Maimuni so verabscheuten, als Lebens- und Sterbenshilfe nicht einmal im Grauen der Vernichtungslager Hitlers versagte: Mit ihren Zaddikim (= Wunderrabbis) an der Spitze betraten die chassidischen Gemeinden furchtlos, ohne schwarzes Entsetzen, sogar die Gaskammern immer mit diesem Messiaslied (die dreizehnte Maxime wird von den Ostjuden nach einer ergreifenden Melodie gesungen) auf den Lippen.

Marx mag recht haben, daß Erlösungsglaube den revolutionären Elan lähmt. Aber in aussichtslosen Situationen, in denen ohnehin nur noch »Opium« hilft, ist solcher Glaube eine wundervolle Hilfe. Das begriffen übrigens etliche der größten chassidischen Zaddikim schon lange vor der Hitlerzeit: Manche von ihnen erkannten klar, daß die ostjüdische Gemeinschaft, die großteils in einem unvorstellbaren und ausweglosen Elend buchstäblich dahin-agonisierte, ihrem Untergang entgegenging, wenn sie auch nicht voraussahen, daß dieser so brutal und radikal eintreten würde. Bewußt vermittelten sie ihren Adepten das Gefühl warmer Geborgenheit und Verbundenheit, dankbare Freude über die wenigen, bescheidenen Genüsse, die ihnen das Leben doch noch gewährte, und vor allem ekstatisches Glücksgefühl in der gemeinsamen Messiaserwartung.

Im deutschen Sprachraum hatte der russisch-jüdische Schriftsteller Ilja Ehrenburg als angeblicher rabiater Kommunist, und vor allem wegen seiner wilden Aufrufe gegen die Nazis zur Zeit, als die Krematorien in den Vernichtungslagern rauchten, keine gute Presse. Ziemlich unbekannt sind daher zwei geniale Jugendromane von ihm, die er in den zwanziger Jahren in Paris schrieb und die in der Sowjetunion bis heute nicht ungekürzt erscheinen durften.

Der eine davon, »Das abenteuerliche Leben des Lasik Roitschwantz«, kreist um einen jüdischen Schneider aus der Ukraine, der ein chassidisch entflammtes Herz mit einem talmudisch geschulten Gehirn verbindet, sich anfangs ehrlich bemüht, an die erlösende Auswirkung der Weltrevolution zu glauben, mehrfach in sowjetischen und nach seiner Flucht ins Ausland in »kapitalistischen« Gefängnissen landet, es nicht lassen kann, das Unrecht in der Welt mit rabbinischen und chassidischen Legenden zu kommentieren, und sich dabei überall Prügel und Gerichtsstrafen einhandelt. Schließlich stirbt er, abermals halbtot geprügelt, und zwar diesmal von »Zionisten« im Gelobten Lande, mit einer letzten chassidischen Geschichte auf den Lippen, in der Grabhöhle der Bibelpatriarchin Rahel. –

Als er vorher einmal eines belanglosen Mundraubs oder Paßvergehens wegen in Berlin mit einem arbeitslosen Katholiken zusammen in einer Gefängniszelle sitzt, der sich seinerseits aus Hunger ein ähnliches Bagatelldelikt zuschulden kommen ließ, erzählt er ihm aber nicht eine rabbinische, sondern eine selbsterfundene Legende, die jedoch auf dem durchaus nicht erfundenen, sondern historisch belegten, vatikanischen Brauch im Mittelalter basiert, an der Fasnacht jeweils einen nackten Juden unter ständigen Peitschenhieben im Galopp dreimal um die Stadtmauern Roms herumzujagen, was praktisch immer mit dem Tode des Unglücklichen endete. An sich hätte der Brauch – eine stellvertretende Strafe für den »Gottesmord« der Juden vor über 1000 Jahren – besser zum Karfreitag oder Fronleichnamstag gepaßt. Aber weil es halt gar zu lustig war, einen nackten Juden totzupeitschen, wurde das »fidele« Zeremoniell auf den Fasnachtstag vorverlegt.

Diesmal also trifft das schreckliche Los einen armen, kinderreichen Schneider, der schlechthin nichts besaß, um sich von diesem Schicksal loszukaufen. Das Volk schaut von der Mauer herab zu, natürlich auch der ganze Klerus. Der Papst sitzt auf einem goldenen Hocker unter einem Kruzifixus aus schierem Gold mit Diamanten. – Wir zitieren wörtlich, aber stark gekürzt:

So war Leiser (Name des Schneiders) einmal um Rom herumgelaufen. Er konnte schon kaum die Füße heben, und immer schlugen ihn die Reitknechte mit den bereitgehaltenen Peitschen. Das Blut rann ihm schon über seinen ganzen Körper. Als er abermals sein unglückliches Weib erblickte und seine sechs Kinder und den goldenen Hokker mit dem römischen Papst, da verlor er jede Hoffnung, und er hielt im Laufen inne. Der Papst aber schrie: »Lauf doch, du alter Gaul, sonst sind meine Roßknechte bereit, dich ohne Gnade niederzuprügeln.«

Böse war da der Leiser: »Wofür, möchte ich wissen, muß ich so leiden? Dafür, daß der brillantenbesetzte Gott mit seinem Goldgehalt funkeln könne?«

Leiser warf noch einen Blick auf seine künftigen Waisen und rannte weiter. Er war noch nicht hundert Schritt weitergekommen, da fiel er zu Boden und erwartete den Tod. Und da geschah an ihm eine jener Geschichten voller Vorurteile (gemeint: religiös angefärbte Legende):

Plötzlich sieht er nämlich, daß auf der Straße ein nackter Jude dahinläuft, und das ist nicht er, sondern ein anderer Jude. Woher solche Sinnestrübungen? Alle Juden hatten sich ja vom Laufen losgekauft. Er guckt sich diesen zweiten Juden genauer an, und seine Verwunderung wird immer größer: »Er sieht mir ja ähnlich, auch nur Haut und Knochen, und der Schweiß in Strömen, und ganz blutig geschlagen, und das Bärtchen wippt ebenso auf und nieder, daß man sofort sieht: der macht's nicht lange! Aber wer kann denn das sein?« Und Leiser fragt ihn:

»Ihr Gesicht kommt mir bekannt vor. Wie heißen Sie?« Und sodann: »Warum laufen Sie, da ich doch laufen muß?«

Da sagte der zweite Jude zu Leiser: »Ich heiße Jehoschua, und Sie können mich nicht kennen, denn ich bin schon lange tot. Sie aber leben noch. Aber es kommt Ihnen vor, daß Sie mich kennen, – Sie haben sicher meine Portraits gesehen. Ich bin ein armer Jude. Sie sind freilich ein Schneider, und ich bin Zimmermann gewesen, aber wir werden uns verstehen. Ich wollte, daß auf Erden die vollkommene Wahrheit herrschen sollte. Ich habe ja gesehen, daß der Rabbiner kluge Reden führt und Rothschild Enten ißt und daß es auf Erden weder Gerechtigkeit gibt noch Liebe noch auch nur das allerbescheidenste Glück. Ich liebte es, wenn die Sonne warm herniederschien, wenn die Kinder lachen und es allen gut geht, wenn alle Wein trinken, alle einander zulächeln, wenn die Sabbatkerzen brennen und auf dem Tisch das frischgebackene Brot liegt.

Aber welcher Arme liebt das nicht? Zuerst haben sie mich natürlich getötet, jetzt aber lassen sie mich nicht ruhig in der Erde liegen. Sie plündern die Armen und rufen dabei meinen unglückseligen Namen an, daß ich im Grabe mich umdrehen muß. Sie setzen irgendwelche unglücklichen Menschen ins tiefste Verlies und singen ihnen Lieder von meinem hundertjährigen Leide, aber dann schlagen sie ihnen die Köpfe ab, auf daß ich abermals im Grabe hochhüpfen muß. Sie verfertigen meine Bildnisse aus Gold und Diamanten, und sie stellen sie vor die hungernden Kinder hin und sogar vor den Galgen selbst. Und ich habe doch das frische Brot auf dem Tisch der Armen so geliebt! Sie, Leiser, werden sterben, und man wird Sie begraben, und Sie werden in Ruhe gelassen werden, ich aber muß wie im Fieber über die ganze Welt laufen. Ich liege in der Erde, und plötzlich sehe ich diesen

Papst. *Er lacht und denkt sich Ihren lustigen Tod aus – und dazu hängt über ihm mein goldenes Bildnis. Und so laufe ich hierher ... Weh mir, sie sagen, ich sei ›allmächtig‹. Haben Sie schon einen armen Juden gesehen, der alles gekonnt hätte? Ja wenn ich nur die Hälfte von allem könnte – würden Sie dann noch um Rom herumlaufen müssen? Ich kann nur Tag und Nacht als blutiger Schatten dahinlaufen, so, wie Sie heute gelaufen sind.‹*

Da richtete sich Leiser auf und umarmte den zweiten Juden. »Sie tun mir leid, Zimmermann Jehoschua, aber heute können Sie ausruhen, heute laufe ich für mich und für Sie.«

Aber der tote Jude erwiderte Leiser: »Nein, Sie können noch leben, Sie haben sechs Kinder, das ist keine Kleinigkeit. Ich glaube, wir werden sie überlisten, von weitem sehen wir uns ähnlich. Ich muß ja sowieso laufen, wenn nicht hier, so in einer andern Stadt, denn sicher schlagen sie in diesem Augenblick einen Menschen und nennen meinen Namen, damit ich nicht ruhig liege...«

(Dann wendet sich Roitschwantz wieder seinem Zellengenossen zu:) »Da haben Sie die ganze Begebenheit, teurer Genosse Kotz. Sie können sich natürlich nochmals bekreuzigen. Meinen Sie, ich hätte nicht gesehen, daß Sie sich die ganze Zeit über, während ich hier erzähle, bekreuzigt haben? Ich will Sie jetzt fragen, wem erweisen Sie die Verehrung? Wenn einem armen Juden, so beansprucht er das gar nicht, wenn aber einem allmächtigen Gott: Warum befinden Sie sich dann hier nur wegen eines Stückchens Wurst?«

Das Kommen des Messias wird durch den Schall eines Schofars (= Posaune) in Jerusalem angekündigt werden. – Ein chassidischer Zaddik (Wunderrabbi) hört während einer Pilgerfahrt nach Jerusalem von draußen den Schall eines Schofars. Er öffnet das Fenster, schaut hinaus und erklärt: »Ich sehe keine Veränderung; der Messias ist noch nicht gekommen.«

Aus der autobiographischen Erzählung »Argamak« des russisch-jüdischen Schriftstellers Isaak Babel, der sich zum Marxismus bekannte, 1938 im Verlauf einer stalinistischen »Säuberungswelle«

aber dennoch verhaftet wurde und vermutlich 1941 umkam.

Wir zitieren wieder wörtlich, aber stark gekürzt. Die Geschichte spielt kurz nach der russischen Revolution im Krieg gegen Polen, den Babel als Berichterstatter mitmachte:

Ich wollte an die Front. Der Divisionskommandeur runzelte die Stirn:

»Wozu in aller Welt drängelst du dich da rein? Wirst dämlich das Maul aufreißen, und man wird dich zum Teufel jagen.«

Aber ich bestand darauf, wollte noch dazu in die kriegerischste Division. Der Schwadronschef war der Schlosser Baulin. Fast noch ein Knabe. Mit seinen zweiundzwanzig Jahren kannte er keine Skrupel. Diese Eigenschaft von Tausenden von Baulins hat ganz entscheidend zum Sieg der Revolution beigetragen.

Sie gaben mir ein Pferd (obwohl man damals keine Pferde mehr auftreiben konnte). Der Kosak Tichomolow hatte nämlich ohne Erlaubnis zwei gefangene polnische Offiziere umgebracht (von denen man Informationen erhofft hatte). Er sollte darauf dem Revolutionstribunal übergeben werden. Baulin (aber) dachte sich eine viel schlimmere Strafe aus: Er nahm Tichomolow seinen Hengst Argamak weg und steckte ihn selbst zum Troß.

An den ungebärdigen, harten Tritt Argamaks konnte ich mich nicht gewöhnen. Ganz offenbar hatte Tichomolow seinem Hengst gerade jene diabolischen Eigenschaften vererbt, die zu seiner Strafversetzung geführt hatten. Wie ein hilfloser Sack flog ich auf dem langen, mageren Pferderücken herum. Dabei scheuerte sich Argamak rasch wund, metallisch glänzende Fliegen hockten sich gierig auf die Wunden. Schweiß und geronnenes Blut zog Streifen über den Pferdebauch. Seine Augen bekamen den seltsamen Glanz gequälter Pferde: eine Mischung von Aufsässigkeit und Hysterie.

Paschka Tichomolow beobachtete mich von weitem, sein Haß zog mit mir durch die Wälder, über Flüsse, seine blutunterlaufenen Augen hefteten sich auf meinen Weg.

(In einer Schlacht zeichnet sich der Delinquent so aus, daß er das Pferd wieder in Besitz nehmen kann, ohne daß der Kommandant Einspruch erhebt.)

Er stellte sich neben das Pferd.

»So steht es also«, sagte er ganz leise.

Ich ging zu ihm hin.

»Laß uns Frieden schließen, Paschka. Ich bin froh, daß das Pferd wieder bei dir ist. Ich werde mit ihm nicht fertig. Machen wir Frieden?«

»Ist doch nicht Ostern, daß man sich versöhnen muß«, sagte hinter mir der Zugführer.

Der Kosak drehte sich blitzschnell zu mir um und sagte unerbittlich: »Mit dir werde ich mich nicht versöhnen.«

Mit schleppenden Galoschen ging er über die von Hitze verbrannte Kalkstraße zurück, Argamak folgte ihm wie ein Hund. Baulin wusch noch immer seine (von Blut und Eiter) wie Eisen rötlich schimmernden Füße in der Bütte.

»Du hast mich zum Feind abgestempelt«, sagte ich zu ihm, »wodurch habe ich mich schuldig gemacht?«

Der Schwadronchef hob den Kopf.

»Ich verachte dich«, sagte er, »von ganzer Seele. Dir gefällt es, ohne Feinde zu leben. Bloß darauf sind deine Gedanken gerichtet . . . ohne Feinde . . .«

Auf Baulins Stirn erschien ein brandroter Fleck, seine Backen bebten:

»Du weißt, was das zu bedeuten hat«, seine Stimme gehorchte ihm kaum noch. »Ganz großen Ärger hat das zu bedeuten . . . Geh weg von uns, mach daß du zur Teufelsgroßmutter kommst . . .«

Mir blieb nichts übrig, als mich versetzen zu lassen.

Von der amerikanischen Nobelpreisträgerin für Literatur Pearl S. Buck gibt es ein an sich weder besonders kluges noch besonders gutes Buch mit den »schönsten Bibelgeschichten«. Darin beschäftigt sie sich auch mit Kain und Abel. Mit dieser Episode haben sich schon die alten Talmudlehrer schwergetan, denn sie birgt viel Rätselhaftes. Daß das Ganze – im Gegensatz zu den meisten anderen Bibelerzählungen – keinen realen, historischen Kern birgt, sondern ein reiner Mythos ist, können wir dabei ausklammern. Der Sinn, die Bedeutung und Deutung des Vorganges bleiben davon unberührt.

Ausklammern können wir gleich auch im voraus die Interpreta-

tionen neunmalkluger moderner Psychologen und Kulturphilosophen, die aus diesem Mythos auf den fragwürdigen Charakter
der gesamten Menschheit schließen, da der unschuldige Abel
doch gleich a priori von der »Zuchtwahl« ausgeschlossen wurde
und wir also allesamt vom »Brudermörder« Kain abstammen:
Sie haben, wie die meisten modernen Bibeldeuter, im Gegensatz
sowohl zu den christlichen wie zu den jüdischen Bibelgelehrten
bis zu Beginn unseres Jahrhunderts nicht einmal die Bibel genau
gelesen und also auch nicht gemerkt, daß das Urpaar Adam/Eva
noch weitere Kinder zeugte. –

Mit dieser Geschichte hatten aber, wie gesagt, schon die jüdischen Schriftgelehrten des Altertums viel Mühe. Allein schon die
Voraussetzung, daß nämlich auf ein und demselben Feld, also
unmittelbar nebeneinander, der Rauch aus zwei Opfergaben sich
verschieden verhält, ist rätselhaft und wäre nur erklärlich, wenn
einer der zwei Brüder auf einer kleinen Bodenerhöhung, der
andere aber in einer Kuhle sein Feuer entfacht hätte. Dann aber
hätte Kain seinen Fehler selber merken und eine zweite Flamme
an einer geeigneteren Stelle entzünden können.

War aber eine solche natürliche Ursache für das »Fehlverhalten«
der einen Rauchsäule nicht auszumachen, dann ist der Zorn
Kains und am Ende auch seine Untat zwar so wenig exkulpiert,
wie dann Jahrhunderte später der Verkauf des vom Vater, dem
Bibelpatriarchen Jakob, übermäßig gehätschelten jungen Joseph
durch seine Brüder an ägyptische Sklavenhändler, aber doch begreiflich und erklärlich. »Mord« im juristischen Sinne war es jedenfalls nicht, denn von einem solchen spricht man nur bei einem tückischen, geplanten Akt, sondern »nur Totschlag«.

Rätselhaft jedoch bleibt das Verhalten Gottes. Warum refüsiert
er die Gabe Kains?

Manche Talmudlehrer haben die Vermutung geäußert, der Hirte
Abel habe sein erlesenstes Lamm dargebracht, der Landwirt
Kain jedoch nur Küchenabfälle. Hierzu fehlt aber im Bibeltext
auch die geringste Andeutung. Und dann wäre Kain auch nicht
zornig geworden, sondern er hätte – je nach Temperament – Gottes Fachkenntnisse im »Agrarsektor« entweder erheitert oder
verärgert bewundert ...

Vereinzelt brachten die alten Rabbinen hier – wie auch an anderen Stellen, die auf eine ungerechte Welt hindeuten – den Gedanken vor, daß eben Gottes Wege unerforschlich seien, man sie nicht an menschlichen Moralmaßstäben messen könne und es keinen Anspruch auf Auserwähltheit oder auch nur Gerechtigkeit und Gnade gebe. Doch diese Vorstellung hat dann im christlichen Umkreis (etwa bei Calvin) stärker Fuß gefaßt als bei den Juden selbst.

Es ist daher wohl kaum ein Zufall, daß die Talmudlehrer und späteren Rabbinen auch mit dem Buch Hiob wenig anzufangen wußten. Es spiegelt eindeutig die Wirklichkeit, wie sie ist, stellt aber die göttliche Gerechtigkeit doch allzu deutlich in Frage. Es spricht daher für die tiefe Weisheit und Einsicht der alten jüdischen Schriftgelehrten, daß sie das Happy-End der Story anzweifelten und den Verdacht äußerten, Hiob sei wohl einfach im Elend gestorben. Ohnehin ist ja die »Wiedergutmachung«, die ihm der Bibeltext zuteil werden läßt, denkbar schäbig und abstoßend:

Er bekommt neuen Reichtum und neue Frauen und Kinder. Recht und schön. Aber welche »Wiedergutmachung« widerfährt seiner unschuldig hingemordeten Familie?

Zwar verspricht Gott seinem »auserwählten Volk« immer wieder Schutz und Wohlergehen als Lohn für Wohlverhalten – aber in alle Ewigkeit läßt sich das Vertrauen in ein eindeutig leeres Versprechen nicht aufrechterhalten. Daß gerade der Gerechte besonders viel leiden muß und der Frevler oft genug blüht und gedeiht – das konnte auch den Hebräern auf die Dauer nicht verborgen bleiben. Mit dem pharisäischen Jenseits- und Messiasglauben, den die Fünf Bücher Mosis noch nicht kennen, stand und fiel daher die Widerstandskraft und Bereitschaft des jüdischen Volkes, jede Katastrophe zu erdulden, ohne ihrem Gott und Glauben den Rücken zu kehren.

Nur die siegreiche Kirche, nicht aber die besiegte und zu fast pausenlosen Qualen verdammte Synagoge, konnte es sich daher leisten, allmählich das endzeitliche Kommen des Messias, bei den Christen: die Wiederkehr Jesu, zu vergessen und zu verdrängen und sich mit der individuellen Erlösung durch Christi stellvertretenden Opfertod am Kreuze und durch den mystischen Akt der Taufe zufriedenzugeben. Die Juden sind auf das »Prinzip Hoffnung« in ganz anderem Ausmaß angewiesen als die siegreichen Christen. Daher ihre Neigung, auch immer wieder eine gefährliche Fata Morgana selber zu kreieren und ihr selber »aufzusitzen« wie den pseudomessianischen Schüben der Scharlatane Sabbatai Zwi und Jakob Frank im 17. und 18. Jahrhundert und später den Erlösungsformeln von Karl Marx oder dem Hippie-messianismus eines Herbert Marcuse. Mit der Forderung, die Wirklichkeit zu akzeptieren und ihr nüchtern ins Auge zu blikken, sind sie überfordert. –

Tatsächlich kommt denn auch die plausibelste Deutung zur Bibelstelle über Kain und Abel von christlicher Seite, nämlich eben von der alles andere als »schriftgelehrten«, protestantischen Missionarstochter Pearl S. Buck: Gott hat demnach die »vegetarische Platte« Kains, die an sich ganz köstlich zusammengestellt war, einzig deshalb abgelehnt, weil er eben Blutopfer fordere. Wir zitieren wörtlich:

Kain opferte, was die Felder hervorgebracht hatten. Abel opferte Lämmer aus seiner Herde. Gott freute sich über Abel und sein Opfer, weil ihm der jüngere der Brüder Geschöpfe darbrachte, die wie er selbst lebten und atmeten, so daß es fast war, als ob er sich selbst Gott zum Opfer brachte. Doch mit Kain war Gott nicht zufrieden, denn der Ältere gab nicht großmütig sich selbst hin und bot also nicht alles dar, was Gott von ihm wünschte. –

An sich ist diese Vorstellung auch den alten Hebräern nicht fremd. Die Forderung Gottes nach dem Blutopfer durchzieht das gesamte Bibelgeschehen, wobei allerdings das Menschenopfer – noch für den Patriarchen Abraham durchaus eine Möglichkeit – schon gleich zu Beginn der biblischen Geschichte vom Tieropfer abgelöst und im mosaischen Gesetz auch ausdrücklich als »heidnischer Greuel« nicht nur abgelehnt, sondern ausdrücklich verboten wird. Als sehr viel später Richter Jephta aufgrund eines unsinnigen Gelübdes seine eigene junge Tochter in maiorem dei gloriam schlachtete, begeht er also – Gelübde hin oder her – nach Bibelgesetz ein eindeutiges Verbrechen, das auch von der gesamten rabbinischen Literatur hart kritisiert wird. Immerhin fällt auf, daß ihn dieser Ritualmord trotzdem nicht seine Position als Richter – das war die damalige Bezeichnung für einen Volksführer in Notzeiten – kostet. Und dies, obwohl den letzten Bibelpropheten sogar schon das Tieropfer als fragwürdig und sinnlos erscheint und Gott durch ihren Mund verkünden läßt, der Blutgeruch dieser Schlachtopfer sei religiös wertlos und erfülle ihn mit Abscheu. Nach der Zerstörung des Tempels von Jerusalem ist denn auch dieser Brauch bis auf rudimentäre Überreste bei den Juden untergegangen: Einzig vor Jom-Kippur, dem Sühne-, Fast- und Bußtag im Herbst, schwingen besonders fromme Juden ein rituell geschächtetes Geflügel (Männer einen Hahn, Frauen eine Henne) rund um den eigenen Kopf im Kreise herum, wobei sie eine feste Formel rezitieren, in welcher das getötete Tier als »Kappara«, Reinigungsopfer, bezeichnet wird. Es wird aber nicht im »Holocaust-Verfahren« hernach ganz verbrannt, sondern ratzekahl aufgegessen, während man damals im Tempel wenigstens bestimmte für den menschlichen Genuß tabuisierte Fett-Bestandteile, zumindest von Säugetieren, auf dem Altar opferte. Auch heute noch gelten sie für den frommen Juden als verboten; sie wurden früher zu Talg für Kerzen verarbeitet. Sie gelten längst als minderwertig und verächtlich. Doch das Wissen darum, daß sie, solange es den Tempelkult in Jerusalem gab, gleichsam als »Gottes-Speise« auf dem Altar dargebracht wurden, kann sich jeder durch Bibellektüre holen.

Und auch das mosaische Verbot des Blutgenusses offenbart sich schon bei flüchtiger Durchsicht der betreffenden Bibelstellen eindeutig als Tabuisierung zugunsten Gottes: Das mit »Leben« in eins gesetzte Blut darf nur auf dem Altar vergossen werden und soll restlos aus dem Fleisch ausfließen, ehe man dieses der Küche zuführt. Jüdische Aufklärer, die das Verbot rational auf die rasche Zersetzbarkeit von Blut im heißen Klima des Nahen Ostens zurückführen wollen, mögen zwar für die medizinisch und hygienisch positive Auswirkung des Verbots in halbtropischen Regionen bei Fehlen moderner Konservierungs- und Tiefkühlmethoden recht haben; der Ursprung der Tabuisierung hängt aber zweifellos nur mit der Forderung Gottes nach dem Blutopfer zusammen. Einer Vorstellung, die aber im rein jüdischen Ambiente immer stärker zurücktrat.

Doch ihre Spuren blieben erhalten. Nicht nur im Kappara-Brauch vor Jom-Kippur, der schließlich auch von vielen frommen Juden als unwichtig betrachtet und nicht ausgeübt wird (für jüdische Vegetarier kommt er ohnehin nicht in Frage). Sondern schon im jüdischen Grundgebot der Zirkumzision an allen neugeborenen Knäblein, also an deren Beschneidung. Daß im Abschneiden dieses kleinen, blutenden Hautfetzchens eine ferne Erinnerung nicht nur an ein tierisches, sondern an ein menschliches Blutopfer nachklingt, wird besonders deutlich in jener sonst völlig rätselhaften Episode, in welcher Gott den Propheten Moses nachts mit tödlicher Absicht anfällt und von seinem Vorhaben erst abläßt, als Mosis Weib Zippora ihr neugeborenes Knäblein eigenhändig beschneidet und die Vorhaut Gott entgegenwirft . . .

Eindeutig tritt uns die Idee des geforderten – wenn auch nunmehr freiwilligen – menschlichen Blutopfers aber vor allem in jener Jesajastelle (52, 13 ff) entgegen, die den Erlöser als Märtyrer schildert, der sich widerstandslos wie ein Lamm dem schmachvollen und qualenreichen Tod am Holze unterwirft. Es folgt allerdings aus dieser Stelle nicht zwingend, daß sie sich auf Jesus bezieht. Und zudem gibt es bei den Juden auch die Vorstellung eines Erlösers, der wie ein König einzieht und die Juden zugleich auch politisch befreit. Die Vorstellung eines Gottes, der stellvertretende Blutopfer fordert, trat nach der Zerstörung des Tempels von Jerusalem und der mit ihm verbundenen Schlachtopfer bei den Juden so stark zurück, daß es prinzipiell denkbar wäre, wenn ein Jude Bekehrungsversuche zum Christentum mit den Worten beantworten würde: »Was immer ›Erlösung‹ bedeuten mag – um den Preis des stellvertretenden Martertodes eines Unschuldigen will ich sie nicht haben! Und mit einer durch den Foltertod dieses Unschuldigen ausgelösten innerlichen und mystischen ›Erlösung‹ inmitten einer von Greueln überquellenden, unerlösten Welt ist uns Juden auch nicht geholfen. Wir brauchen für die Kraft zum Durchhalten die konkrete Hoffnung, daß man uns endlich nicht mehr jagen, metzeln, vergasen, lebendig verbrennen und verscharren wird. Wir brauchen das endzeitliche Paradies auf Erden.«

Auch der Begriff der »chewlej–maschiach«, der Messiaswehen, der im Talmud schon früh auftaucht, der Vorstellung also, wonach dem Kommen des Messias für die dazumal lebenden Menschen unerträgliche Qualen vorangehen werden, ist nicht in diesem Sinne zu verstehen. Der gläubige Jude hofft, daß Gott sich beim Anblick von so schwerem Leid seines Volkes endlich erbarmen könnte. Die Gemarterten sterben aber nicht als stellvertretende schuldlose Opfer für die Schuldigen. Die Entsühnung muß jeder für sich selbst »ableisten«.

Für den Christen dagegen steht das stellvertretende Blutopfer Christi so völlig im Zentrum seines Glaubens, daß mit dieser Vorstellung das Christentum steht und fällt.

Es bedurfte daher für die gläubige Missionarstochter Pearl S. Buck keiner genialen religiösen Intuition, um auf Anhieb die einzig mögliche und richtige Deutung der Bibel-Episode rund um Kain und Abel herauszufinden, an der sich durch volle 2000 Jahre hindurch die jüdischen Schriftgelehrten vergeblich »die Zähne ausgebissen« haben und noch heute ausbeißen.

Und doch spukt der Gedanke des stellvertretenden Blutopfers nicht nur in Relikten und symbolischen Andeutungen, sondern sogar in der ganz konkreten Form des Schlachtopfers auf dem Altar bis heute auch in der jüdischen Vorstellungswelt weiter umher.

Noch jetzt diskutieren talmudgelehrte Juden darüber, ob dermaleinst, auf einer messianisch erlösten »Neuen Erde«, wenn es bekanntlich Leid, Unrecht, Schmerz und selbst den Tod nicht mehr geben wird, der bereits von den Bibelpropheten negativ gewertete Tempelkult mit seinen tierischen Schlachtopfern am Ende doch wieder fröhliche Urständ feiern wird. Sie sind darüber ge-

teilter Meinung, obwohl man doch in diesem erträumten diessei-
tigen Paradies die Schwerter zu Pflugscharen umschmieden wird
und die Löwen friedlich neben den Schafen lagern werden:
Wenn nicht einmal die Raubtiere töten werden – wie sollten es
dann die Menschen tun dürfen oder sogar auf (angebliches) Got-
tesgeheiß hin tun müssen? Denn selbst wenn man in diesem
zweiten Teil der Prophezeiungen nur ein poetisches Bild sehen
und also nicht annehmen will, daß auch die außermenschliche
Kreatur an der Erlösung teilhaben wird und daß folglich die
Raubtiere an ihrer bisherigen Speisekarte festhalten werden,
müßte es doch selbstverständlich sein, daß zumindest der
»neue«, sündenfreie Mensch sich an dem Gemetzel, mit dem das
animalische Sein auf Erden steht und fällt, in keiner Form mehr
beteiligen darf und daß folglich auch Gott dann keine Schlachtopfer mehr einfordern könnte.

Standort der Untersuchung

Die Glaubensfrage

Auch wenn in einem Buch über religiöse Thematik die Glaubensfrage weitgehend ausgespart bleibt, ist es doch am Platze, wenn der Verfasser seine eigene Einstellung zur Religion klarstellt. Denn ganz von selbst wird sie auf seine Erkenntnisse – oder nur vermeintlichen Erkenntnisse – abfärben. Der Leser muß also wissen, auf welchen Voraussetzungen und Vorstellungen eine Untersuchung basiert, und ob sie ihn folglich überhaupt etwas »angeht«. Bis zu Beginn unseres Jahrhunderts hätte es dabei genügt zu fragen: »Gläubig oder ungläubig?«. Beide Begriffe hätten sich nur auf die eigene Religion oder Konfession des Befragten bezogen. Als »gläubig« galt, wer die Thesen und Maximen der Glaubensform, in der er aufgewachsen war, konditionslos bejahte.

Für den »Ungläubigen« galten differenziertere Maßstäbe. Er konnte den »Wahrheitsgehalt« der betreffenden religiösen Thesen und Begriffe im vollen und extremen Sinne abstreiten, als konsequenter Atheist oder sogar Materialist. Er konnte auch nur Agnostiker sein, das heißt sich darauf berufen, daß niemand – und also auch nicht er selbst – über letzte metaphysische und religiöse Fragen etwas Verläßliches wissen und folglich aussagen könne.

Er konnte auch Pan-Entheist sein wie Spinoza, also an ein göttliches Prinzip glauben, das aber dem realen Sein immanent ist und ihm folglich nicht so, wie in allen auf der Bibel fußenden Religionen, als außer- und überweltliche Instanz gegenübersteht.

Er konnte auch Pantheist sein, das heißt, das gesamte reale Sein mit dem »Prinzip Gottheit« gleichsetzen.

Für eine Untersuchung über Jesus hätte man alle diese Positionen (ausgenommen das klipp und klar ausgesprochene Bekenntnis zum »Glauben«), sofern der Verfasser gebürtiger Christ war, unter »ungläubig« rubriziert.

Das »Kollektive Unbewußte« von C.G. Jung

Es wäre am besten gewesen, wenn es dabei geblieben wäre und man diese beiden Begriffe »gläubig« und »ungläubig« auch heute noch so definieren würde. Das war klar und unmißverständlich.

Es ist aber inzwischen dem Schweizer Psychologen und Kulturphilosophen C.G. Jung gelungen, gerade unter den (angeblich) »Gebildeten« in dieser Hinsicht ein heilloses Durcheinander anzurichten. Das ergab sich aus Jungs emotionalem Widerstand gegen seinen früheren Lehrer Sigmund Freud, den Begründer der Psychoanalyse, von dem Jung sich auch in Religionsfragen von einem gewissen Augenblick an möglichst radikal absetzen wollte.

Freud hatte die Religion, zumindest in jenen Varianten, die auf der Bibel fußen, also auf dem Glauben an einen allmächtigen, gerechten und gütigen Gottvater, aus dem kindlichen Bedürfnis nach Anlehnung und Schutz bei einer überlegenen Autorität hergeleitet. Diese Auffassung denunzierte Jung – an sich mit Recht – als Demontage des religiösen Glaubens, die er, Jung, ablehnte.

Mehr als fragwürdig dagegen ist seine eigene angebliche »Rückkehr« zur Religion. Eine solche läge nur vor, wenn Jung erklären würde: Es gibt diesen Gott, ganz unabhängig von irgendwelchen psychischen Bedürfnissen, und auch unabhängig davon, ob jemand ihn entdeckt und an ihn glaubt. Davon ist bei Jung aber keine Rede. Nur daß religiöse Inhalte nach ihm nicht, wie nach Freud, aus einem individuellen, sondern aus einem kollektiven Un- und Unterbewußten heraus entstehen. Damit seien sie – so Jung – nicht mehr »subjektiv«, sondern »objektiv« . . .

Das hat nicht Kopf noch Fuß. Denn erstens hatte Freud ja nicht behauptet, daß jedes einzelne Kind aus dem Geltungsbereich der Bibelreligionen die Idee eines göttlichen »Schutzherrn« immer wieder selbstständig und neu aus seinem »privaten« Unterbewußtsein heraus kreiere. Er stellte nur fest, daß das Kind ein Bedürfnis nach einer solchen väterlichen, bergenden Schutzinstanz in sich trägt. Er bestritt nie und nirgends, daß das Kind passende Glaubensinhalte in der Gemeinschaft fertig vorgebildet vorfinden kann und sie von dorther übernimmt. Mit der Frage, ob sich das Kind mit diesen vorgefundenen Religionsformen und -inhalten deshalb leichter anfreundet, weil sie seit Urzeiten bereits in einer kollektiven Variante in sein Unterbewußtsein abgesunken und dort »eingelagert« sind, hat Freuds Aufdeckung des psychischen Urgrunds aller »Vaterreligionen« rein gar nichts zu tun. Das eine schließt das andere nicht aus, schließt es sogar weitgehend mit ein.

Sodann aber: Wieso verwandeln sich diese Inhalte dadurch, daß sie innerhalb einer Kultur- und Glaubensgruppe für das ganze Kollektiv identisch sind, mit einem Mal in nicht mehr bloß »subjektive«, sondern in »objektive« Größen? Entweder bedeutet »objektiv«, daß ein bestimmter Inhalt unabhängig vom menschlichen Bewußtsein existiert, daß er also »real« im vollen Sinne sei. Dann hängt er auch nicht von einem »kollektiven« Bewußtsein ab.

Oder aber es gibt eine solche Abhängigkeit. Dann ist von »Objektivität« im Sinne eines »Seins an sich« keine Rede. Und dann ist der betreffende Inhalt genauso »subjektiv« und ausschließlich psychisch existent wie für Freud. Bloß daß jetzt eben nicht nur ein einzelnes Subjekt, sondern viele Subjekte an ihm teilhaben. Der betreffende Inhalt oder Gegenstand wird dadurch aber nicht so subjekt-unabhängig wie ein (realer) Fluß oder Stein. Er behält den Charakter der Abhängigkeit von einem Bewußtsein.

Nur daß Jung – anders als Freud – nicht nach den psychischen Uranfängen des betreffenden Glaubens fragt. Und daß Jung dazu neigt, von »Religion« oder »Objektivität« erst dann zu reden, wenn diese aus dem kollektiven Unbewußten aufsteigenden Inhalte und Erkenntnisse sich nicht nur bei einem einzelnen manifestieren, sondern bei einem ganzen Kollektiv. Das eine schließt nämlich das andere keineswegs aus. Es kann ja durchaus vorkommen, daß eine an sich aus einer kollektiven Urvorstellung gespeiste Idee – zum Beispiel die des stellvertretenden Blutopfers – nur in einem einzelnen Individuum wieder aufflackert und nicht weiter um sich greift.

Umgekehrt kann ein Kollektiv auch von einer Idee – einer Ideologie, einer Utopie, einem politischen Projekt – »gepackt« werden, die keineswegs im Un- und Unterbewußtsein wurzelt. Dies gilt – um ein fast beliebiges Beispiel zu wählen – etwa für Marxens angeblich allein seligmachendes Prinzip der Expropriation und »Vergesellschaftung« der Produktionsmittel. Solche Besitzfeindlichkeit widerspricht radikal der Natur des Menschen und damit auch seinem »kollektiven Unbewußten«. Daher wohl auch das Scheitern des sozialistischen »Erlösungsprogramms« überall dort, wo man es gewaltsam einer größeren Gemeinschaft aufzwingt. Produkte des kollektiven Unbewußten haben wohl eben dieses Ursprungs wegen auf die Dauer bessere Überlebenschancen. So betrachtet, ist das kollektive Unbewußte von immenser historischer und psychischer Bedeutung. Für die Durchschlagskraft von Ideen ist deren Verwurzelung in solchen kollektiven Urgründen der Seele zweifellos von fundamentalem Gewicht. Darauf kommen wir noch im Zusammenhang mit dem frühen Christentum mehrfach zurück.

Das hat aber rein gar nichts zu tun mit der Tatsache, daß sich Inhalte aus dem kollektiven Unterbewußtsein nicht unbedingt bei einer großen Anzahl von Menschen gleichzeitig heraufdrängen müssen. Eine aus solchen Urgründen gespeiste Idee kann sich auch bei einer Miniaturgruppe oder sogar nur bei einem einzelnen manifestieren, ohne Resonanz zu finden.

Doch »objektiv« im Sinne von »real« und bewußtseinsunabhängig werden die Glaubensinhalte auch dann nicht, wenn sie von Millionen geteilt werden. Der korrekte philosophische Terminus lautet hierfür »intersubjektiv«. Intersubjektiv ist, woran viele Subjekte teilhaben. Ob nur ein einziges Subjekt oder unzählige an bestimmte Vorstellungen glauben, ändert aber nichts an deren subjektivem Charakter.

Jung bringt also dem wahrhaft Gläubigen keinen besseren Trost als Freud. Im Jungschen Sinne »objektiv« sind ja auch Inhalte von Massenwahn und Massenpsychose. Diese Form von »Objektivität« streitet auch Freud den Religionsinhalten nicht ab, und auch nicht der dezidierte Atheist Marx, der in der Religion – vor allem in deren Jenseits- und Erlösungsglauben – nichts sieht als ein »Opium des Volkes«.

Und von dieser Definition der »Objektivität« her gibt es auch keinerlei brauchbares Kriterium, religiöse Inhalte und Ideen von den rein privaten Wahnvorstellungen eindeutiger Psychotiker abzugrenzen. Ein psychotisches und sogar kriminelles Kollektiv steht dann gleichwertig und gleichbedeutend neben den Jüngern Jesu.

Wir wiederholen: Gott ist für Jung genauso irreal wie für Freud. Nur daß Jung sich nicht dafür interessiert, aus welchen psychischen Urbedürfnissen des Kindes die Vorstellung eines schützenden Gottvaters hervorgegangen ist. Dagegen wäre an sich nichts einzuwenden.

Sehr viel einzuwenden ist aber dagegen, daß Jung und seine Adepten bis auf den heutigen Tag Freud als »Atheisten« abtun (was er auch ist), für sich selbst jedoch in Anspruch nehmen, den religiösen Inhalten zu einem höheren Seinsgrad verholfen zu haben, als Freud ihnen zugesteht, der sie offen als nur psychisch bedingt und folglich irreal bezeichnet. Die »Jungianer« sind überzeugt davon, der religiösen Sphäre wieder zu ihrem vollen Daseinsrecht verholfen zu haben.

Dies aber ist offensichtlich falsch.

Dennoch ist es ihnen gelungen, mit ihrer Behauptung vor allem intellektuelle Kreise zu überzeugen.

Der »wirkliche« Gott

Diese ganze Konfusion, diese Verwechslung von »objektiv« und »real« mit bloß »intersubjektiv«, ist an sich schon schlimm genug. Außerdem behaupten die »Jungianer« aber – mit ihrem Meister zusammen –, auch der wahrhaft Gläubige sei sich durchaus klar darüber, daß Gott nur eine Emanation seines kollektiven

Unbewußten sei und darüber hinaus keine Realität besitze.

Dies nun ist barer Unsinn. Keiner betet zu einer Gottheit, die er selbst für eine bloße Wahnidee hält, egal, ob sie nur seinem individuellen Unbewußten entstiegen ist und niemand weit und breit seinen Glauben teilt oder ob sie in einem kollektiv geprägten Unterbewußtsein wurzelt und folglich bessere Chancen hat, auch von andern und sogar von einer Riesengemeinschaft akzeptiert zu werden. Für den Gläubigen der drei Bibelreligionen (Judentum, Christentum und Lehre Mohammeds) jedoch war Gott schon vor dem ersten Menschen da, und er wird die Menschheit auch in alle Ewigkeit überdauern.

Die Jungianer versuchen freilich, die Grenzen zwischen Objektivität (im Sinne einer bloß intersubjektiven Existenz) und dem realen Sein der Gottheit dadurch zu verwischen, daß sie ihre Beispiele gern aus der innerasiatischen Mystik schöpfen: Der mystische Adept, der mit der Gottheit in der Ekstase zur Einheit verschmilzt, muß nach Jung einer solchen Definition, einer solchen Abhängigkeit Gottes vom menschlichen Bewußtsein, am ehesten zustimmen.

Auf den ersten Blick hat diese These etwas Bestechendes. Es gibt ja in der Tat Varianten sowohl der europäischen wie vor allem auch der innerasiatischen Mystik, bei welchen Gott in und mit dieser mystischen Verschmelzung und ihrem Erlebtwerden entsteht und stirbt.

Doch auch dann ist das nicht so zu verstehen, daß Gott nur als kollektives – oder auch als bloß individuelles, wenn auch aus kollektivem Unbewußtsein gespeistes – Wahnbild, als eine Halluzination und Fata Morgana, entstehe und vergehe. Vielmehr ist das so zu verstehen wie in der altgriechischen Sagenwelt, wo die Schatten der Verstorbenen zwar nur dann zum Bewußtsein erwachen, wenn ihnen Blutopfer dargebracht werden. Sie existieren aber trotzdem nicht nur in der (egal ob individuellen oder kollektiven) Phantasie der Opfernden, sondern sind, einmal zum »Leben« erweckt, durchaus real und für jedermann wahrnehmbar, auch wenn sie nach dem Opferakt wieder in den Todesschlaf absinken und absterben.

Mit andern Worten: Auch für jeden Mystiker, für den Gott nur in der mystischen Ekstase ins Sein eintritt, ist dieser Gott nicht bloß eine Halluzination, sondern voll »real«. Und zwar auch dann, wenn er nach Abklingen der Ekstase immer wieder abstirbt und erst in der neuen mystischen Vereinigung wieder ersteht.

Jung räumt also der Religion, um es im philosophischen Fachjargon auszudrücken, so wenig eine »ontologische Basis« ein wie Freud.

Religion, Wahn, Psychose

Die amerikanischen Computer-Fachleute haben einen witzigen Slogan geprägt: »Garbage in – garbage out« (Mist hinein – Mist heraus). Gemeint ist damit, daß auch der perfekteste Computer keine brauchbaren Resultate »ausspucken« kann, wenn man ihn mit falschen und unbrauchbaren Prämissen füttert. Diese simple, alte Wahrheit bestätigt sich auch an Jungs Religionstheorien:

Der religiös Ergriffene erlebt Inhalte, deren Existenz sich weder mit nüchterner Wahrnehmung noch mit naturwissenschaftlichen Methoden beweisen und belegen lassen. Wie aber will man dann »echte« religiöse Erleuchtung von einer bloßen Halluzination oder einem psychotischen Wahngebilde unterscheiden? Wobei wir die Frage, ob das betreffende Gebilde in einem rein individuellen oder einem von kollektiven Inhalten geprägten Unbewußten wurzelt und ob es sich nur einem einzelnen präsentiert oder einer beliebig umfassenden Gemeinschaft, zunächst ausklammern können.

Für den viel klarer denkenden Freud ergeben sich hieraus keine Probleme: Wenn es Gott nur in der Phantasie des Gläubigen gibt, unterscheidet sich Glaube und Begegnung mit einer Gottheit im Prinzip durch nichts vom Wahnerlebnis des Psychotikers. Ob man den religiös Entflammten deshalb schon als »verrückt« bezeichnen will, ist wieder eine Frage für sich. Die Antwort des Psychiaters ist bei der Beurteilung solcher Situationen zumindest in der Praxis nicht von rein prinzipiellen Erwägungen bestimmt, sondern einzig von der Frage her, ob der Klient, allen irrealen Erlebnisinhalten zum Trotz, von denen er »heimgesucht« wird, mit seinem Leben und seiner Umwelt halbwegs zurechtkommt oder nicht.

Hierbei kann es unendlich viele Varianten geben. Es kann jemand solchen »parapsychologischen« Begegnungen nur sporadisch und »ganz am Rande« ausgesetzt sein, so daß sie seine Existenz kaum prägen. Sie können ihn aber auch umgekehrt dauernd intensiv bedrängen und unter Umständen total unfähig machen, sich einer Gemeinschaft einzufügen und einem Broterwerb nachzugehen.

Solche Erlebnisse können ferner rein privaten Charakter tragen, so daß der Betreffende auch selbst den Eindruck hat, sie gingen nur ihn allein etwas an. Er kann auch umgekehrt vom Wunsch und der Überzeugung inspiriert sein, andere müßten an seiner »Erleuchtung« unbedingt teilhaben. Dann wird er aufgrund einer solchen Begegnung vielleicht, mit oder ohne Erfolg, versuchen zu »missionieren«.

Auch im geistigen und moralischen Niveau können sich solche Erlebnisse radikal unterscheiden. Die offenbarte »Wahrheit« oder Gottheit kann sich zum Beispiel in den Zehn Bibelgeboten äußern und das Geheiß der Nächstenliebe enthalten oder aber auf die Forderung von ganzen Hekatomben menschlicher Blutopfer hinauslaufen wie beim mexikanischen Sonnengott Vitzliputzli.

Massenwahn und soziale Integration

Rein praktisch ist es für den einzelnen – er möge nun vom Arzt als mehr oder weniger psychisch »gesund« oder als »krank« eingestuft werden – dabei in jedem Fall von immenser Bedeutung, ob solche Erlebnisse nur ihm allein zuteil werden oder einem ganzen Kollektiv, einer umfassenden Gemeinschaft.

Wird ein ganzes Volk von einem Massenwahn gepackt, dann kann es für den einzelnen umgekehrt sogar lebensgefährlich werden, wahnfrei und nüchtern zu bleiben und dies womöglich noch offen und sogar öffentlich zuzugeben.

Und kommt es schließlich soweit, daß nicht nur die »Volksmeinung«, sondern auch die Gesetzgebung in den Bann einer Massenpsychose gerät, dann rollen im Namen dieses Wahns sogar die Köpfe.

Ein Psychiater, dem nicht am prinzipiellen und theoretischen Statement gelegen ist, ob sein Klient »gesund« oder »krank« sei, sondern der ihm nur zur konfliktlosen Einordnung in die Gemeinschaft verhelfen will, wird sich dann hüten, solchen Patienten zur psychischen und geistigen »Gesundung« und damit in eins zur Wahnfreiheit zu verhelfen, obwohl dies eigentlich seine vornehmste Aufgabe sein sollte. Aber einen hitlergläubigen SS-Mann erfolgreich davon zu überzeugen, daß die offizielle Rassen-Gesetzgebung auf einem reinen Massenwahn beruht, würde darauf hinauslaufen, ihm den Boden unter den Füßen wegzuziehen und ihn ins Verderben zu treiben. Und es könnte auch für den Psychiater selbst tödliche Folgen haben.

Ich habe selber einen solchen Fall gekannt: Ein deutsch-baltischer Psychoanalyt behandelte in jenen Jahren eine von Hitler fanatisch begeisterte Patientin, die alle ihre drei Söhne als blutjunge Freiwillige an die Ostfront drängte, wo sie umkamen, genau wie auch ihr Ehemann. Als sie ihm, vom Unglück total gebrochen, nach Kriegsende begegnete, machte er sie ungerührt auf ihre eigene Schuld am Tod der drei Knaben aufmerksam. – »Warum haben Sie mir das nicht damals rechtzeitig gesagt?« fragte sie erbittert. – »Weil Sie mich denunziert hätten«, gab er zur Antwort. –

Allerdings wird sich für den Arzt das hier geschilderte Problem nur selten stellen: Wer sich in einem von Massenwahn beherrschten Gemeinwesen glücklich geborgen fühlt, braucht wohl kaum je eine psychologische Behandlung. Der Arzt wird sich also nur ausnahmsweise mit einer solchen Gewissensfrage konfrontiert sehen.

Das aber sind nur rein praktische Erwägungen. Theoretisch und im Prinzip ist für den Atheisten Freud der Glaube an einen (vermeintlich) realen Gott ein kindliches, psychisches Relikt und eine partielle Paranoia, ganz unabhängig von der Frage, ob einer mit seinem religiösen Erlebnis allein dasteht oder es mit Millionen teilt, und auch unabhängig vom geistigen und moralischen Niveau der betreffenden offenbarten Maximen.

Der Inhalt dieser Maximen braucht seinerseits in keiner Weise paranoide Züge zu tragen: Die Zehn Gebote des Propheten Moses zum Beispiel behalten zum größten Teil ihre Geltung auch für den Atheisten, sofern er ein moralischer Mensch ist.

Für Jung liegen die Dinge schwieriger und wirrer. Ist jede Produktion und Emanation des kollektiven Unbewußten vor allem dann, wenn sie sich bei einer größeren Gruppe in identischer Form manifestiert, »objektiv« und also religiös bedeutsam, dann ist »Religion« in diesem Sinne auf alle Fälle positiv zu werten. Dann gibt es kein Kriterium mehr, den bösartigsten und mordträchtigsten Massenwahn von einem Glauben mit den erhabensten ethischen Grundsätzen zu unterscheiden.

Jung selbst war das lebende Beispiel der gefährlichen und fragwürdigen Folgen seiner konditionslosen positiven Wertung jeder Emanation des kollektiven Unbewußten vor allem dann und dort, wo sie von einer umfassenden Gemeinschaft geteilt wird: Er bejahte den Nationalsozialismus und dessen antijüdischen Rassismus, teilte auch die Meinung, wonach die »Judenrasse« geistig steril sei.

Ausgerechnet bei C.G. Jung, der Religion so positiv wertet, ist ein solches Pauschalurteil über ein Volk, das speziell in religiöser Hinsicht so schöpferisch war wie die Juden, geradezu pervers.

Die Position dieses Buches

Der erbärmlichen und verantwortungslosen Konfusion zum Trotz, die C.G. Jung in Religionsfragen angerichtet hat, läßt sich aber nicht bestreiten, daß sein Begriff des »Kollektiven Unbewußten« sich gerade auch für religiöse Thematik als eminent brauchbar erweist. Dies gilt in besonders hohem Ausmaß für die Frühphase des Christentums. Nicht für den lebenden Jesus, wohl aber im Zusammenhang mit seiner Kreuzigung und allem, was diese für den jungen Glauben zur Folge hatte, waren kollektive unbewußte Inhalte und Vorstellungen der damaligen vorderasiatischen und hellenistischen Welt von immenser Bedeutung. Die ungeheuer rasche und intensive Ausbreitung des Christentums läßt sich zumindest teilweise nur daraus erklären.

Darauf kommen wir noch ganz ausführlich zurück, obwohl ja nicht dies das zentrale Thema unserer Untersuchung ist. Uns interessiert, wie gesagt, in erster Linie nur, weshalb die Juden dem noch lebenden Jesus in nur so geringer Anzahl Gefolgschaft leisteten, obwohl er unbestreitbar der genialste und ergreifendste »Volksprediger« des jüdischen Volkes seit Anbeginn seiner Geschichte war und seine Lehre zudem in keinem einzigen Punkte den Grundsätzen und Postulaten des damaligen Judentums, namentlich in dessen pharisäischer Ausprägung, in wesentlichen Fragen widersprach. Buchstäblich für jeden Ausspruch Jesu lassen sich aus Bibel, Talmud, Midrasch, außerbiblischer jüdischer Spruchweisheit und Religionsphilosophie und homiletischer Literatur Parallelen beibringen.

Daß die Juden in ihm nicht den ersehnten Messias sehen wollten, ist dabei verständlich: Er erfüllte keine einzige Erwartung, die sie mit der Idee des Erlösers verknüpften. Es ist daher begreiflich, daß sie bei der aus außerevangelischen Quellen zwar nirgends belegten, aber wohl dennoch historischen Sitte der Amnestie eines jüdischen Todeskandidaten durch den römischen Statthalter jeweils zum Pessach-Fest für den politischen Insurgenten und »Terroristen« Barrabas optierten und nicht für den Galiläer Jesus, der sich »wie ein Lamm« widerstandslos martern und töten ließ – obwohl im Deuterojesaja (52 ff) auch ein leidender Messias angedeutet und angesagt ist. Doch die im jüdischen Sinne »erlöste« »Neue Erde« stellte sich ja auch nach seinem Martertod nicht ein.

Warum aber konnten und wollten sie ihn nicht in ihre geistige und religiöse Tradition als eine der vielen nachbiblischen, legendären Gestalten integrieren wie so manchen Talmudlehrer, dem die Ehre solcher Verewigung sicher weit weniger gebührt hätte? Warum blieb er bei ihnen so unbeachtet, daß die zeitgenössische rabbinische Literatur ihn überhaupt mit keiner Silbe erwähnt und daß er erst Jahrhunderte später im jüdischen Schrifttum in einer Form auftaucht, die eindeutig beweist, daß die Berichte über ihn in diesen Kreisen nur aus zweiter Hand stammten und als historische Quelle überhaupt nicht ernst zu nehmen sind? Es gab hierfür, wie wir noch sehen werden, gute Gründe.

Jesus und die Wehrdienst-Frage

In eins damit werden wir auch versuchen, etliche brennend aktuelle Fragen aus dem »Jesuskomplex« zu klären. So auch jene des Wehrdienstes.

Die modische Friedensbewegung beruft sich ja im freien Westen hierbei auf Jesus. Wir werden klarzustellen suchen, ob dies eindeutig zu Recht oder zu Unrecht geschieht oder ob am Ende auch diametral einander entgegengesetzte Antworten von Jesus her vertretbar sind und unter welchen besonderen Voraussetzungen sich aus Jesu Persönlichkeit und Lehre die eine oder die andere oder am Ende auch beide einander widersprechenden Positionen verantworten lassen. Solche Widersprüche kann es im Zusammenhang mit Jesus durchaus geben, denn er war kein starrer und sturer Dogmatiker, und es machte ihm wenig aus, seine Adepten mit solchen Schwierigkeiten zu konfrontieren. Dies gilt keineswegs nur für die Wehrdienstfrage.

Gerade in dieser Frage herrscht aber in der modischen Friedensdiskussion ein ähnliches heilloses Durcheinander wie bei Jungs Definition der »Religion«. Sie erfordert daher gleichfalls eine Klärung, zu der wir durch unsere Diskussion beizutragen hoffen. Und zwar, wie gesagt, der Tatsache zum Trotz, daß dies nicht das primäre und schon gar nicht das zentrale Thema unserer Analyse ist. Uns geht es – wir wiederholen es – einzig um die Antwort auf die Frage, weshalb das kanonische Judentum die Gestalt und Lehre Jesu nicht nur nicht integrierte, sondern nicht einmal beachtete, obwohl Jesus eine sehr intensive Beachtung wirklich verdient hätte und seine Lehre – auch das erwähnten wir schon – im Gegensatz zur Meinung vieler Christen, die aber das Schrifttum der Juden jener Zeit und sogar das Alte Testament nur ganz fragmentarisch kennen, im Prinzip nirgends gegen die Grundlagen und (wenig einheitlichen) Postulate und Direktiven seiner rabbinischen Zeitgenossen verstieß.

Es bleibt also noch die ganz zu Beginn aufgeworfene Frage nach der Glaubensposition dieser Untersuchung selbst, obwohl diese Position für das hier behandelte Thema an sich bedeutungslos ist. Man braucht sich aber nichts vorzumachen: diese an sich rein private Position eines Verfassers färbt trotzdem auf Darstellung, Interpretation und Verständnis der von ihm behandelten Materie bis ins Detail hinein ab. Dem Leser steht daher eine diesbezügliche kurze Information zu:

Die Verfasserin ist von Geburt Jüdin, jedoch »ungläubig«. Sie steht also weder auf jüdischem noch auf christlichem Boden. Sie geht zwar nicht von Jungs unsinniger These aus, wonach auch der Gläubige selbst sich mit dem Wissen darum zufriedengeben müsse, daß religiöse Inhalte und Vorstellungen nur Emanation des kollektiven Unbewußten seien. Sie selbst spricht aber diesen Inhalten (als Ungläubige) keine reale Existenz außerhalb und unabhängig vom Erlebtwerden zu. Hierin also ist sie mit C.G. Jung einig.

Sie geht jedoch – dies muß noch einmal festgehalten werden – davon aus, daß für den Gläubigen Gott (und auch alle sonstigen religiösen Vorstellungen, Inhalte, Größen, Bilder etc.) unabhängig davon existieren, ob jemand an sie glaubt oder auch nur von ihnen weiß. Den jüdischen Schöpfergott gab es, nach Meinung des wahrhaft Gläubigen, schon ehe der erste Mensch da war, geschweige denn ehe Stammvater Abraham Gott »entdeckte«. Und Gott wird den letzten Menschen in alle Ewigkeit überdauern.

Desgleichen fand die Auferstehung des gekreuzigten Jesus für die Überzeugung der Jünger nicht nur in deren von gemeinsamen kollektiven Ideen aus dem Unbewußten gespeistem Erleben statt; für sie war er nicht nur gemeinsame Vision und Halluzination, sondern »real« und »wirklich«.

Dies bedeutet: Jesus wäre demnach – nach Überzeugung der Gläubigen – auch dann auferstanden, wenn der römische Statthalter nicht nur ihn selbst, sondern seine sämtlichen Jünger mit ihm zusammen gekreuzigt hätte. Schließlich war es doch reiner

Zufall, daß dies nicht geschah. Mit vermeintlichen Insurgenten – und als einen solchen hatte das Priesterkollegium Jesus den Römern ja denunziert, obwohl es ganz genau wußte, daß dies eine reine Lüge und Verleumdung war – pflegten die römischen Statthalter Judäas nämlich wenig Federlesens zu machen. Demselben Pilatus, der angeblich Jesus amnestieren wollte und so dramatisch seine »Hände in Unschuld wusch«, als die Juden statt dessen den politischen Aufrührer Barrabas freisetzen wollten, bereitete es wenig Skrupel, wenig später sowohl in Samaria wie in Galiläa ein Blutbad anzurichten, das ihn sogar seine Stellung kostete. Er hatte auch zuvor Juden zu Dutzenden und sogar zu Hunderten kreuzigen lassen, wenn auch nur der mindeste Verdacht auf Revolte oder auch nur schon Insubordination bestand. Er hätte ohne weiteres auch alle Jünger Jesu auftreiben und liquidieren können.

Dann hätte es zwar nach wie vor Maria aus Magdala und die beiden andern Frauen gegeben, die – im Gegensatz zu den Jüngern – furchtlos dageblieben waren (möglicherweise waren sie als Mädchen auch weniger gefährdet) und die am Ostermorgen das Familiengrab – eine Felsenhöhle – des Joseph von Arimathia aufsuchten, um Jesu Leichnam, den man bei Sabbat- und Pessachanbruch überstürzt und provisorisch hier hineingetragen hatte, auf übliche Weise zu pflegen und herzurichten. Sie hätten das Grab leer vorgefunden, und Jesus wäre eben nur ihnen allein erschienen.

Aber wem hätten sie es dann erzählen sollen, wenn alle – oder doch die meisten – Anhänger tot gewesen wären?

Und selbst wenn sie Zuhörer gefunden hätten: Wer hätte ihnen allein schon geglaubt? Denn wir wissen zwar nicht mit Sicherheit, ob Maria aus Magdala mit jener »Sünderin« identisch ist, welche die Füße Jesu mit ihren Tränen wusch und mit kostbarer Narde salbte (hier sind die Evangelien unklar und nicht eindeutig), aber ganz gewiß ist sie identisch mit jener Frau, die von Dibbukim (Dämonen, Totengeistern) besessen war und durch Jesus Heilung fand. Man hätte ihren Bericht als den einer »schweren Hysterikerin« verächtlich und gleichgültig als bloße Phantasie und krankhafte Halluzination abgetan.

Auf diese einzige Meldung hin hätte sich in Jerusalem keine Gemeinde von Judenchristen herausgebildet. Es hätte die Steinigung des Christen Stephanus nicht gegeben, an der sich Saulus/Paulus beteiligte. Saulus/Paulus selbst hätte sein Damaskuserlebnis nicht gehabt, hätte für den jungen Glauben nicht missioniert und ihm nicht zum Durchbruch und Sieg verholfen. Kurz – es wäre kein Christentum entstanden und wir hätten von Jesus nichts erfahren.

Für den wahren Christen hätte die Auferstehung Jesu und die von ihm angesagte (wenigstens prinzipielle) Erlösung der Menschen von der Erbsünde trotzdem stattgefunden. Religiöse Wahrheit ist für den wirklich Gläubigen eben nicht von einer »Objektivität« im Sinne C.G. Jungs abhängig.

Übrigens gibt es auch aus dem rabbinischen Schrifttum vereinzelt die Auffassung, daß der Messias an und für sich nicht auf eine solche »Objektivität« im Sinne einer intersubjektiven Anerkennung angewiesen sei, daß er vielmehr in jeder Generation neu und vielleicht sogar mehrfach geboren werde, jedoch die Welterlösung nicht einleiten könne, weil die betreffende Generation blind und seiner nicht würdig sei und ihn folglich nicht erkenne und wahrnehme. Nur insofern ist er vom »Gesehenwerden« abhängig. Nicht aber in seiner Existenz als solcher.

Soviel zur Abgrenzung gegen die konfuse Lehre von Jung, nach welchem auch die wirklich Gläubigen nicht nur an einen in der Realität nicht existenten Gott glauben (das würde auch kein Atheist bestreiten), sondern auch selber wissen, daß es diesen Gott nur in ihrer Phantasie gibt. –

Die subjektive Ehrlichkeit der Jünger

Die Autorin selbst ist »ungläubig«, jedoch von der subjektiven Ehrlichkeit wahrhaft religiös Ergriffener – und also auch der Jünger Jesu – restlos überzeugt.

Sie nimmt also an, daß die Jünger Jesu viele (wenn auch nicht alle) ihm in den Evangelien zugesprochenen Wunder des Meisters selber miterlebten, daß manche dieser Wunder (etwa die

Spontanheilungen) auch in dem Sinne »real« waren, daß es sie nicht nur im Erlebnis der Gläubigen, sondern »an und für sich« gab, daß sie den Auferstandenen am Abend des Dritten Tages nach seinem Kreuzestod sahen, mit ihm sprachen, ihn berührten – hier nun vermutet die Verfasserin allerdings nur eine »Objektivität« im Sinne Jungs, also ein nur intersubjektives Erlebnis der ekstatisch ergriffenen Adepten Jesu –, daß die Jünger Jesu ihrerseits aber überzeugt waren, daß ihr Meister »in Wahrheit erstanden« war und nicht nur in ihrer gemeinsamen Phantasie.

Und sie ist auch fest überzeugt, daß keiner der Jünger oder sonstigen »Sympathisanten« des Gekreuzigten zum Aufkommen dieser Inhalte und damit der Entstehung des Christentums etwa dadurch »nachgeholfen« hat, daß er den Leichnam des Meisters aus der Grabhöhle heimlich entfernte, um hiermit für die Vision eines leiblichen Auferstandenen überhaupt Raum und Voraussetzung zu schaffen. Vermutlich hat Joseph von Arimathia, der sein Familiengrab aus Mitleid mit dem unschuldig Gemordeten provisorisch zur Verfügung stellte, gleich nach Sabbatausgang – also noch am Samstag selbst nach Anbruch der Dunkelheit, oder aber am Sonntag ganz früh, bevor die drei Frauen dort eintrafen – den Leichnam wegtragen und korrekt beerdigen lassen. Daß er niemanden davon benachrichtigte, wäre nicht weiter verwunderlich: Die Jünger waren ja alle zusammen geflohen, das wußte auch Joseph von Arimathia. Daß Jesu Mutter damals in Jerusalem gewesen und die Hinrichtung ihres Sohnes miterlebt hätte, berichtet nur das Johannes-Evangelium, dessen biographische Berichte am stärksten von christologischem Gedankengut angefärbt und am wenigsten verläßlich sind. Offenbar war die Familie Jesu – Mutter und Geschwister; der Vater, Joseph, scheint lange vorher bereits gestorben zu sein – gerade zu diesem Pessachfest nicht nach Jerusalem gekommen, so blieb es ihnen auch erspart, das furchtbare Martyrium Jesu als Augenzeugen mitzuerleben und mit zu erleiden.

Schlechthin absurd dagegen scheint mir die Annahme mancher »Aufklärer«, die Jünger Jesu hätten den Leichnam ihres Meisters selber beiseite geschafft, um so das »Märchen« seiner Auferstehung in Umlauf setzen zu können. Sie waren nach seiner Kreuzigung in Panik davongerannt und hatten nur eines im Kopf: ihre Haut zu retten. Zwar unterstellen ihnen laut Neuem Testament damals schon die Schriftgelehrten – und also nicht erst die heutigen »Aufklärer« – solche Absichten. Die Annahme jedoch, daß die Jünger in jenem Augenblick Pläne zu einer gemeinsamen Lüge zwecks Mythosbildung ausgeheckt hätten, ist völlig grotesk.

Und schließlich und endlich: Aus einer fundamentalen Lüge schöpft keiner die Kraft zum Martyrium, wie es dann wenigstens einem Teil der Jünger Jesu auferlegt wurde, als sie sich von ihrem Schock erholt hatten und wieder den Mut fanden, sich zu ihrem Meister zu bekennen.

An der subjektiven Ehrlichkeit der Jünger Jesu, und übrigens auch des Apostels Paulus, sollte man also auch als Atheist und Agnostiker nicht zweifeln. –

Das alles spielt für das zentrale Problem unserer Untersuchung, für die Frage, warum die Juden Jesus zu seinen Lebzeiten so wenig beachteten, an sich keine Rolle. Wir erwähnen es, wie gesagt, nur, weil es eine totale Objektivität auch bei bestem Willen und Wissen nicht gibt und folglich die Position des Verfassers – wie neutral er selbst auch zu sein und zu urteilen wähnt – unwillkürlich auf seine Ausführungen abfärben muß.

Der Leser hat daher ein Recht darauf, in einem Buch mit religiöser Thematik die Einstellung des Autors zu Religionsfragen zu erfahren.

Apropos »Palästina«

Nur dies sei hier noch kurz angemerkt:

Der Leser wird die Bezeichnung »Palästina« in diesem Buch vergeblich suchen, obwohl praktisch die gesamte Jesus-Literatur – die christliche wie die jüdische – davon ausgeht, daß Jesus in »Palästina« gelebt habe.

Wenn in unserer Untersuchung dieser Begriff vermieden wird, so geschieht dies aber nicht aus Aversion gegen jene Variante der modischen Jesus-Darstellungen, die unter der Flagge der PLO-

Begeisterung segeln und klipp und klar behaupten, Jesus sei im Grunde nicht »Jude«, sondern (offenbar arabischer) »Palästinenser« gewesen, denn er habe sein Lebtag die Partei der Schwächeren gegen das herrschende Establishment ergriffen, und dies seien damals, genau wie heute, nicht die Juden, sondern die arabischen »Autochthonen« im Lande gewesen, die schon damals von den Juden unterdrückt worden und mit den Armen identisch gewesen seien.

Diesen originellen Blödsinn geben speziell in der Schweiz sogar vereinzelte Theologen zum besten. Besonders einer von ihnen fand mit seinen Thesen vor allem bei der Jugend begeisterten Beifall und avancierte aufgrund seiner Beliebtheit sogar aus seiner dörflichen Gemeinde in die einer größeren Stadt, während gleichzeitig ein Kollege von ihm weiter östlich im Lande, der zwar das Neue Testament korrekt lehrte, jedoch einen neonazistischen Kongreß besucht hatte, deshalb prompt seine Stelle verlor ...

Für Leser der älteren Generation – auch die weniger Gebildeten unter ihnen – würde sich natürlich eine Auseinandersetzung mit diesem heillosen Unsinn erübrigen. Für den Fall aber, daß Absolventen einer modischen Gesamtschule oder eines Reformgymnasiums ähnlichen Niveaus an dieses Buch geraten sollten, deren Wissen um Religion und Geschichte sowohl des Altertums wie auch der Gegenwart namentlich in Nahost-Fragen ähnlich »fundiert« sind wie die mancher »Mode-Theologen«, ist eine kurze Orientierung zur Frage »Jesus und die Palästinenser« wohl unerläßlich:

Es gab damals im ganzen nahöstlichen Judenstaat – Judäa, Samaria, Galiläa – überhaupt noch keine Araber. Oder genauer: Es gab sie wohl vereinzelt, aber nicht als Volksgruppe, auch nicht in Form einer »Minorität«. Es gab im »Heiligen Lande« außer Hebräern (also Juden) zu jenem Zeitpunkt verschiedene kanaanäische Stämme: Jebusiter, Amoriter etc. Weiter nördlich siedelten die Phönizier, die jetzt meist unter dem Namen »Syrer« firmierten, weiter östlich Moabiter, ebenfalls dem semitischen Kulturkreis angehörend. Und weiter südlich, im Gazastreifen, hatte es zuvor die Philister gegeben, die aber jetzt weitgehend ausgestorben waren. Sie waren keine Semiten wie die Juden oder Araber, sondern gehörten ursprünglich der indogermanischen Kultur- und Sprachgruppe an und waren stammverwandt mit den alten Griechen.

Araber bewohnten weiter südlich Nabatäa und riesige Regionen noch viel weiter südlich und östlich, aber sie drangen erst rund 500 Jahre später, zur Zeit Mohammeds, in das Geburtsland Jesu vor. König Herodes – der angebliche Baby-Killer von Bethlehem, was er aber sicher nicht war! – war freilich »Halbaraber«, sein Vater war Nabatäer, aber er stammte direkt aus Nabatäa. Eine arabische Kolonie oder Minorität gab es im jüdischen Siedlungsgebiet, der Geburtsregion Jesu, damals überhaupt nicht.

Trotzdem wäre die ganze dumme Konfusion, die Modetheologen und PLO-Fans rund um den Begriff der »Palästinenser« angerichtet haben (die nach ihrer Meinung die »Ureinwohner« des Landes Israel sind), noch kein Grund, den Ausdruck »Palästina« in unserer Untersuchung zu meiden, wenn Jesus wirklich in einem Land dieses Namens gelebt hätte.

Jedoch: Der Tatsache zum Trotz, daß auch die seriösesten – sowohl jüdischen wie christlichen – Alt- und Neutestamentler, Semitisten und Religionshistoriker im Zusammenhang mit Jesus immer von »Palästina« reden, gab es zu seinen Lebzeiten überhaupt keinen Judenstaat mit diesem Namen. Allerdings war auch die Bezeichnung »Israel« für diese Region längst nicht mehr üblich; es gab Judäa, Samaria und Galiläa.

Oder genauer: Es gab schon auch ein »Palästina«, aber nur im Gazastreifen. Dies war nämlich die römische Bezeichnung für Philistäa, also Philisterland. Kein Mensch dachte zur Lebenszeit Jesu daran, auch die von den Juden bewohnten Regionen weiter nördlich so zu nennen. Auf diese Idee verfielen erst die Römer nach dem zunächst erfolgreichen Aufstand der Juden unter Bar-Kochba im zweiten nachchristlichen Jahrhundert, der jahrelang einige der besten und kriegserfahrensten Legionen an dieses jüdische Miniaturland fesselte. Nach ihrem Sieg schlugen die Römer Tausende von Juden ans Kreuz, verkauften den Rest weitgehend in die Sklaverei, machten Jerusalem (das ohnehin nur noch aus Ruinen bestand) »judenrein« und rächten sich schließlich auch semantisch an den Juden, indem sie Jerusalem in »Aelia Capitolina« umtauften, den Namen Judäa (= Judenstaat) von der Landkarte auslöschten und den bisherigen Siedlungsbereich der Juden nach deren einstigen Erz- und Erbfeinden in »Palästina«, also »Philisterland« umbenannten.

Von »Jesus in Palästina« zu sprechen ist also ähnlich »sinnvoll«, als wollte man von Kaiser Wilhelms II. Jagdausflügen in die Ostregionen seines Reiches berichten, er sei damals nach Polen, Rußland und in die DDR gereist.

Nur nebenbei sei hier angemerkt, daß die angeblich so hochgescheiten Juden keine sehr glückliche Idee hatten, als sie im Zusammenhang mit ihren Rückkehrträumen ins Land ihrer Urväter seit Ende des 19. Jahrhunderts in ihren Schriften und Forderungen von einer »Heimkehr nach Palästina« sprachen. Sie nannten ihre weltliche Rückkehrbewegung ja nach König Davids Feste oberhalb Jerusalems »Zionismus«, das war ein brauchbarer Name. Sie hätten sich natürlich auch schon zur Zeit der türkischen Herrschaft (also bis 1916) für die Region des Namens »Erez Israel« (Land Israel) oder auch einfach »Israel« bedienen können. Eine jüdische »Rückkehr nach Palästina« jedoch ist ein hölzernes Eisen: Ein Land dieses Namens hat ihnen nie gehört. Indem sie ihn aber akzeptierten, trugen sie schon zu Beginn des zionistischen Aufbauwerks in dieser damals menschenarmen und jämmerlich verrotteten Region zum späteren für sie so verhängnisvollen »PLO-Rummel« bei.

Doch das alles geht uns hier letztlich nichts an. Wir halten nur fest: Zur Zeit Jesu gab es keinen Judenstaat – und auch keine jüdisch-römische Provinz – mit Namen »Palästina«. Der Begriff wird also in unserem Buch nicht vorkommen. –

Die totale Nichtbeachtung Jesu im alten jüdischen Schrifttum

Der Judenhaß speiste und speist sich seit jeher aus vielerlei Quellen. Speziell für den Christen war dabei von Anfang an bedeutsam, daß die Juden – eine kleine Gruppe ausgenommen – in Jesus nicht ihren erhofften Erlöser sahen.

Man könnte ihnen aber, aus christlicher Sicht, noch weit Schlimmeres vorwerfen. Denn nach neutestamentlicher Überlieferung haben sich die schriftgelehrten pharisäischen Rabbinen mit Jesus immerhin heftig und intensiv auseinandergesetzt. Es besteht aber guter Grund zur Annahme, daß auch dies in Wirklichkeit kaum in dem Umfang geschah, wie die Evangelisten es schildern und behaupten. Denn wäre es wirklich in nennenswertem Ausmaß geschehen, dann hätten sich hierüber auch im zeitgenössischen jüdischen Schrifttum wenigstens ein paar Zeilen und Hinweise erhalten. Auch Debatten mit »Ketzern« gingen ja ungekürzt in den Talmud ein. Über Jesus hingegen findet sich während seiner Lebenszeit im jüdischen Schrifttum keine Silbe.

Dies bedeutet: Die Pharisäer hatten wenig Kontakt mit ihm, maßen den paar Unterhaltungen mit ihm – sofern sie wirklich stattfanden – kein Gewicht bei. Möglich ist unter solchen Umständen auch, daß es diese Debatten mit den Schriftgelehrten kaum oder nur ansatzweise gab.

Kein Zweifel kann zwar bestehen, daß Jesus die Aussprüche, die ihm in diesem Zusammenhang zugeordnet werden, auch tatsächlich getan hat. Die Formulierungen sind zu treffend, ja zu genial, als daß man sie als nachträgliche Erfindung anonymer Chronisten und Redaktoren abtun könnte. Aber Jesus könnte zum Beispiel seine Direktiven mit Bezug auf die Ehebrecherin auch rein theoretisch dargelegt haben und nicht im Zusammenhang mit raffinierten pharisäischen »Fangfragen«. Er kann zu jeder Zeit und überall geäußert haben, daß nur derjenige einen Delinquenten steinigen dürfe, der selber schuldlos sei, und er kann hierfür das Beispiel einer Ehebrecherin angeführt haben. Für eine solche Äußerung hätte es der Konfrontation mit Schriftgelehrten nicht bedurft.

Die humanen Pharisäer und die Ehebruchfrage

Sie hätte sich schon deshalb erübrigt, weil sich in diesem Punkte die Position Jesu zumindest mit der milderen Talmudausrichtung restlos deckte. Wörtlich findet sich im Talmud die Maxime, man dürfe keinen verurteilen, in dessen Lage man sich selbst nie befunden habe. Allerdings wird dabei nicht das Beispiel des Ehebruchs durch eine Frau angeführt. Aber es ist auch bei jenen entsprechenden Talmudstellen klar, daß damit nicht Lust- oder Meuchelmörder und andere besonders gefährliche oder abartige Gewaltverbrecher gemeint sind, sondern Menschen, die aus einer ungewöhnlichen Not oder Emotion heraus spontan sündigen. Es hätte also in diesem Punkt zwischen Jesus und den Schriftgelehrten nicht einmal eine Meinungsdifferenz gegeben, obwohl nach altem, hartem Bibelrecht Ehebrecherinnen tatsächlich gesteinigt werden sollen. Oder doch keine schärferen Meinungsdifferenzen als zwischen den Pharisäern der milden Schule Hillels mit jenen des harten Schammai untereinander.

Und die Schriftgelehrten hätten ihn auch kaum gerade zu diesem Problem befragt. Denn zur Zeit Jesu herrschte längst beim Sanhedrin – dem obersten Gerichtshof in Jerusalem – der Grundsatz, daß man Todesurteile nach Möglichkeit vermeiden müsse. Das ging so weit, daß ein Gerichtshof, der innerhalb von sieben Jahren mehr als ein einziges Todesurteil fällte, als »blutrünstig« verschrieen war.

Freilich blieb dieser an sich edle Grundsatz leere Theorie, sobald es um akute politische Fragen ging, oder wenn die Priesterkaste, die mit Abstand unnützeste und reichste Schicht des Landes (darauf kommen wir noch zurück), die Grundlagen ihres Riesen-einkommens durch einen »Aufrührer« gefährdet sah. Dann floß Blut, wenn auch nur auf der Basis von Justizverbrechen – und nicht von rechtlich korrekten Urteilen – wie etwa auch bei der Steinigung des Judenchristen Stephanus.

Aber niemals hätte der Gerichtshof zur Zeit Jesu das Odium, »blutrünstig« zu sein, einer ungetreuen Ehefrau zuliebe auf sich genommen. Die befragten Fachleute – Rabbinen und Richter – hätten dem Ehemann geraten: »Gib ihr den Scheidungsbrief und wirf sie hinaus!« Zumal die Scheidung für den frommen Juden genauso unkompliziert ist wie für den Moslem. Nur daß es bei den Juden die lustige moslemische Scheidungsformel »Ich treibe dich fort, wie man ein Kamel wegjagt« nicht gibt. Aber der fromme Jude, der nach dem Talmudrecht lebt (und nicht nach dem jeweiligen Eherecht des betreffenden Exillandes), braucht seiner Frau sowenig die Gründe für die Scheidung zu explizieren wie der Moslem. Sie muß nicht einmal die Ehe gebrochen haben.

Kurz: Die dramatische und eindrückliche Episode, in welcher der Pöbel bereits putzmunter mit Steineschmeißen gegen das unglückliche Weib anfangen will und sich, von Jesu trefflicher Formulierung beeindruckt, schamvoll verläuft, hat es sicher nie gegeben. Die Formulierung als solche dürfte aber trotzdem von Jesus stammen. Man erkennt seine Logia fast immer mühelos an deren genialer Kürze, Treffsicherheit, Bildhaftigkeit.

Wir halten nur fest: Jesu Meinung zur Frage, ob man ungetreue Weiber steinigen solle, wie das sehr alte mosaische Gesetz es noch forderte, barg keinen Konfliktstoff zu den Schriftgelehrten. Und dasselbe gilt für viele andere, nicht minder großartige Aussprüche Jesu, auf die wir noch zurückkommen. Vieles, was der Christ für überaus »revolutionär« und für eine aufregende, humanitäre Neuerung Jesu hält, ist rein pharisäisches Gedankengut. Die Schriftgelehrten hätten also seine genial artikulierten Logia auch dann ruhig zitieren können, wenn sie nicht zu seinen Lebzeiten so bereitwillig sogar Diskussionen mit »Ketzern« bis ins Detail hinein festgehalten hätten. Obendrein waren Jesu Äußerungen gar nicht »ketzerisch«.

Sie haben Jesus aber nirgends zitiert oder auch nur erwähnt.

Sie haben sich erst Jahrhunderte später überhaupt mit ihm beschäftigt, als das längst erstarkte und nunmehr scharf judenfeindlich gewordene Christentum eine gewisse Beachtung Jesu dann doch noch erforderte und mehr oder weniger erzwang. Doch auch jetzt geschah es in Formen und Aussagen, die eine totale Ahnungslosigkeit der Autoren bezüglich Gestalt, Lehre und Leben Jesu eindeutig verraten. Es entstand jetzt sogar ein ganzes Buch, »Toldoth Jeschu« (Erzählungen über Jesus):

Jesus wäre – so heißt es da zum Beispiel – der illegitime Sproß eines jüdischen Mädchens namens Miriam (Maria) und eines römischen, nichtjüdischen Legionärs namens Pandera oder Panthera gewesen. Miriam sei zu diesem Zeitpunkt bereits mit einem braven jüdischen Zimmermann namens Joseph verlobt gewesen, der naturgemäß über solche »Fraternisierungsfolgen« des heidnischen Soldaten mit seiner Braut wenig begeistert war, sie dann aber aus Mitleid trotzdem heiratete. Jesus wurde dann – immer nach den »Toldoth-Jeschu« – ein geschickter Zaubermeister, wobei ihm diverse Kunststücke unterstellt werden, die in der Bibel in ähnlicher Form den Propheten Moses, Daniel und andern großen Bibelgestalten nachgesagt sind, nur daß diese Zaubereien Jesu nicht auf den erhabenen Zweck hinauslaufen, den Juden zu helfen oder Heiden zu beeindrucken, sondern Jesus sich nur im Wettstreit (im Zirkusstil) mit andern Zauberern diesen gegenüber hervortun will. Die Kreuzigung Jesu wird nicht bestritten.

Diese Jesusdarstellung des rabbinischen Schrifttums ist übrigens nicht besonders »jesusfeindlich«, obwohl zu dieser Zeit die Juden bereits im Namen Jesu von den Christen verfolgt wurden, so daß es an sich kein Wunder gewesen wäre, wenn die jüdischen Autoren ihre Erbitterung an Jesus ausgelassen hätten, obwohl er – ein jüdischer Märtyrer – wirklich nichts dafür konnte. Die Geschichten, die die Juden über ihn verbreiteten, waren aber nicht gehässig, sondern nur ungewöhnlich dumm und respektlos. Und vor allem bergen sie keinerlei historischen Wert.

Denn es ist ganz eindeutig, daß solche Albernheiten über Jesus bei den jüdischen Schriftgelehrten nur aufkommen konnten, weil sie schlechthin gar nichts über ihn wußten. Wenn es also überhaupt Gespräche zwischen ihm und den pharisäischen Gelehrten gab, so blieben diese Debatten fragmentarisch und sporadisch und hinterließen bei seinen Gesprächspartnern keinen Eindruck.

Daß dagegen jüdische Zeitgenossen auch seinen schrecklichen Kreuzestod nirgends erwähnten, ist weiter kein Wunder: Nicht nur der brutale Pilatus, sondern auch seine Vorgänger und Nachfolger kreuzigten damals (angebliche und wirkliche) jüdische Aufrührer fast am laufenden Band. Der Talmud ist ein scholastisches Kompendium und keine jüdische Martyrologie. Er hat auch den qualvollen Tod vieler anderer unschuldiger Juden aus jener Zeitspanne nicht festgehalten.

Eine Ausnahme in dieser Hinsicht bildet der ausführliche Bericht über das Leben und das furchtbare Ende des Rabbi Akiba, der im zweiten nachchristlichen Jahrhundert am jüdischen Aufstand gegen Rom teilnahm, weil er in dessen Anführer, Bar-Kochba, nicht nur den Befreier des Heiligen Landes, sondern sogar den verheißenen Messias sah, und der von den Römern zur Strafe für die Verbreitung der jüdischen Lehre nach der Zerschlagung des Aufstandes lebendig geschunden wurde.

Was aber die dumme und für die Mutter Jesu beleidigende Story vom »fraternisierenden« Legionär Panthera oder Pandera angeht, so ist es ganz offenkundig, daß es ihn nie gegeben hat und daß die jüdischen Fabulierer, die von ihm erzählen, ihn auch nie erfunden hätten, wenn sie außer Hebräisch und Aramäisch – einer ebenfalls semitischen Schwestersprache des Hebräischen, die damals die lingua franca des ganzen Nahen Ostens und damit auch Israels war – auch Griechisch gekonnt hätten. Denn offenkundig steckt hinter »Panthera« nichts als das griechische »hyios parthenou« (Sohn einer Jungfrau), was die betreffenden Juden eben nicht verstanden. Und sonst gar nichts.

Um so peinlicher und sinnloser ist es, wenn vereinzelte jüdische Religionsgelehrte heute bei der modischen Tendenz, Jesus in die jüdische Welt, der er entstammte und angehörte, »heimzuholen«, hinter dieser dummen Story einen historischen Kern vermuten und annehmen, Jesus wäre am Ende tatsächlich das Produkt eines vorehelichen Fehltritts seiner Mutter Maria mit einem römischen Legionär gewesen. Und eben deshalb habe sich Jesus auch zeitlebens so unfreundlich zu seiner Mutter verhalten (darauf kommen wir noch zurück): Er habe ihr diesen »Fehltritt« und seine eigene illegitime Geburt halt nie verziehen.

Zugegeben, die christliche Annahme einer übernatürlichen Herkunft Jesu, der Glaube also, wonach Jesus nicht der leibliche Sohn des Zimmermanns Joseph gewesen wäre, gibt jedem »Realisten« Rätsel auf. Aber erstens kam diese Auffassung erst nach Jesu Kreuzigung, und nicht schon zu seinen Lebzeiten, auf, und zweitens ist auch dies kein Grund, eine so alberne Kolportagestory für bare Münze zu nehmen, in der offenkundig auch nicht die Spur eines historischen Kernes steckt, sondern nur sprachliche Ignoranz ihrer Produzenten. –

Doch das nur nebenbei. Uns interessiert hier nur die eindeutige Tatsache, daß die Rabbinen aus ihrem eigenen Umkreis über Jesus offenkundig rein gar nichts wußten.

Und dies, obwohl sie – wir wiederholen es – auch »Ketzer« durchaus in ihren Debatten zu Worte kommen ließen und deren Aussprüche – negativ kommentiert – minutiös festhielten. Das rabbinische Schrifttum enthält ja keine Dogmen, sondern Debatten, deren Thesen sich am laufenden Band widersprechen.

Davon abgesehen war Jesus in keinem einzigen Punkte ein »Ketzer«. Darauf kommen wir noch zurück.

Und das rabbinische Schrifttum hält doch sonst auch vieles reichlich Überflüssige und Unwichtige fest. So etwa Auseinandersetzungen über die Frage, ob man ein Ei konsumieren darf, das vom Huhn am Sabbat gelegt wurde, oder Milch, die am Sabbat gemolken wurde. Wobei die erstere Frage total sinnlos ist – seit wann gelten die Gebote der Sabbatheiligung auch für Federvieh? –; das Problem der am Sabbat gemolkenen Milch aber wenigstens insofern »einen Sinn macht«, als schließlich die Milch nicht von selbst aus dem Euter abfließt und also eine Verletzung des Sabbatverbotes für Arbeit hier unerläßlich ist. Obwohl die Rabbinen, die solche Fragen aufwarfen, offenkundig nicht mehr Landwirte waren (sonst hätten sie gewußt, daß der Landwirt die Sabbatgesetze ohnehin auf Schritt und Tritt verletzen muß, da bei deren pingeliger Beachtung jeder Bauernbetrieb zusammenbrechen muß), sahen sie übrigens ein, daß man die Kuh nicht ungemolken stehenlassen darf, weil ihr dies Qualen bereiten würde und die mosaische Gesetzgebung jede Tierquälerei verbietet und sogar ausdrücklich befiehlt, die Sabbatruhe in jeder Notsituation gegebenenfalls zu verletzen. Man darf und muß die Kuh also melken. Trotzdem haben neunmalgescheite moderne Orthodoxe für besonders streng »observante« israelische Kibbuzim entschieden, daß man die Kuh zwar melken, die »Sabbatmilch« jedoch wegschütten solle ...

Aber auch in späteren, nachtalmudischen Diskussionen und Dezisionen der Rabbinen findet sich viel Überflüssiges und Belangloses. So etwa ausführliche Überlegungen zu der Frage, ob eine Frau sich am Sabbat schminken darf und soll.

Ganz sinnlos ist die Frage natürlich nicht, und sie birgt auch ein echtes kleines Problem: Sex in legalen Grenzen wird vom Alten Testament und rabbinischen Schrifttum positiv gewertet und nicht als unerlaubte »Arbeit«, sondern als echte Sabbatfreude eingestuft. Auch Kosmetik wird bei den Juden von Anbeginn ihres Schrifttums an, nämlich bereits in der Bibel, bejaht: Es ist sogar ein Scheidungsgrund, wenn ein Ehemann seinem Weibe Kosmetika verweigert.

Anderseits schmiert man beim Schminken nicht einfach mit bloßen Fingern Farben und Salben ins Gesicht, man bedient sich hierfür auch verschiedener Stifte und Pinsel. Das jedoch sind Schreibutensilien, und Schreiben zählt zu jenen Tätigkeiten, die am Sabbat untersagt sind.

Soll die Frau also ausgerechnet am Sabbat »ungeschönt« herumlaufen?

Das geht auch nicht.

Also haben die gelehrten Herren exakte Direktiven darüber erlassen, welche Schminkprozeduren am Sabbat erlaubt, welche andere verboten sind ...

Man kann nicht behaupten, daß das ein hochwichtiges Problem sei. Ganz davon abgesehen, daß auch fromme jüdische Frauen im allgemeinen das rabbinische Schrifttum nicht selber studieren und nur aus Familientradition die zahlreichen die Frau und den Haushalt betreffenden Maximen und Direktiven kennen.

Wir erwähnen diese rabbinischen »Schminkdebatten« aber nicht, um an ihnen Kritik zu üben oder sie zu verspotten, sondern nur um darauf hinzuweisen, mit was für abwegigen Bagatellen dieselben gelehrten Herren ihre Zeit vergeudeten, die es überflüssig fanden, auch nur einen einzigen Ausspruch Jesu festzuhalten.

Rabbi Chanina ben Dossa

Aber auch Jesu Gestalt, seine Persönlichkeit, seine ganze Lebenshaltung hätten doch gelohnt, für die Nachwelt festgehalten zu werden. Wurden doch zur selben Zeit im Talmud und Midrasch Figuren nicht nur flüchtig erwähnt, sondern ganz ausführlich behandelt, die in mancher Hinsicht Jesus glichen, ihn an Format und Bedeutung jedoch bei weitem nicht erreichten.

Da gibt es zum Beispiel im ersten nachchristlichen Jahrhundert den legendenumwobenen Rabbi Chanina ben Dossa, dem man dieselbe Selbstentäußerung und Demutshaltung nachsagte wie Jesus, auch denselben Verzicht auf Eigenvor- und -fürsorge und den gleichen Totaleinsatz nicht nur für den Freund und »Nächsten«, sondern auch für den Feind und Unwürdigen, und dies sogar auf Kosten der eigenen Familie, die doch – so sollte man denken – auch ein Anrecht auf Schutz, Geborgenheit und ein menschenwürdiges Leben hat. Er verschenkt alles, während Weib und Kind vor Hunger weinen, und vertröstet sie auf die Gnade Gottes und das Jenseits. Stellenweise wirkt er wie eine bösartige Parodie auf Jesus. Und dennoch wird er im Talmud ausführlich und respektvoll behandelt.

Jesus und der Chassidismus

Doch nicht nur unter Jesu Zeitgenossen gab es jüdische Persönlichkeiten, die das Ethos der völligen Selbstentäußerung predigten und vorlebten, Jesus auch sonst ähnelten, jedoch, im Gegensatz zu ihm, entweder beim gesamten kanonischen Judentum oder doch bei großen Teilen der jüdischen Gemeinschaft intensive Beachtung fanden:

Volle 1800 Jahre später tauchen in der ostjüdisch-mystischen Volksbewegung des Chassidismus, auf den wir noch ausführlich zurückkommen, »Wunderrabbis« auf, denen man zum Teil die genau gleiche Grundhaltung nachsagt wie dem Nazarener. Einer von ihnen verteilt das Geld aus der Armenkasse an habgierige Lumpen, ohne etwas davon für die Seinen zurückzuhalten, obwohl seine Familie in bitterer Not lebt. Als sein Sohn ihn rügt, weil einer dieser Almosenempfänger auf dem Markt teure Delikatessen einkauft, während bei ihnen zu Hause sogar das trockene Brot fehlt, entgegnet der Rabbi: »Dann muß ich sein Wochengeld erhöhen – ich wußte nicht, daß er so anspruchsvoll ist.«

Hier schlagen Demut und Selbstentäußerung ins Groteske und Abstoßende um, was in den Legenden, die man Jesus nachsagt, oder in den Beispielen, die er selbst erzählt, nur sehr selten und höchstens in schwachen Ansätzen der Fall ist. Immerhin – es kommt auch bei ihm vor. So in der Geschichte vom verlorenen Sohn, der alles verpraßt und nur heimkommt, weil ihm das Wasser bis zum Munde steht und er nichts mehr zu beißen hat – sein Brotherr, bei dem er zuletzt landete, gönnte ihm nicht einmal die Schweinetreber. Es ist also nicht Reue und Einsicht, die ihn heimwärts treiben, sondern einzig die nackte Not.

Und trotzdem wird ihm zuliebe das gemästete Kalb geschlachtet und ein großes Fest gefeiert, während der brave Sohn unbelohnt bleibt.

Zugegeben, auch im jüdischen Schrifttum jener Zeitperiode werden Reue und Umkehr höher eingestuft als problemlose Sündlosigkeit. Aber der Heimkehrer in der Legende vom verlorenen Sohn bereut ja gar nicht, jedenfalls hören wir von einer solchen Reue in der Geschichte kein Wort. Nichts hindert uns an der Annahme, daß dieses »saubere Früchtchen«, falls der Vater närrisch genug wäre, seine Habe erneut zu halbieren und dem Heimkehrer – diesmal auf Kosten des älteren Bruders – abermals einen Erbanteil auszuzahlen, zum zweitenmal mit dem Geld »abhauen« und es erneut leichtsinnig verprassen würde.

Und trotzdem wird ihm zuliebe das gemästete Kalb geschlachtet und ein Fest zelebriert, genauso wie jener Wunderrabbi dem luxuriös dahinlebenden Schmarotzer nicht nur weiterhin sein Wochengeld auszahlen, sondern es sogar verdoppeln will, obwohl seine – des Rabbi – Familie gleichzeitig hungert.

Aber solche fragwürdigen Züge finden sich in den jesuanischen Parabeln relativ selten, und jedenfalls konnten die rabbinischen Gelehrten daran keinen Anstoß nehmen, denn ihr eigenes Schrifttum wimmelt von ähnlichen Episoden. Umgekehrt dürften auch den Gegner jesuanischen Verhaltens, Tuns und Denkens die Worte seiner Bergpredigt trotzdem tief berühren.

Uns interessiert hier aber nicht die hohe Qualität der Logia Jesu, sondern die vielen Ähnlichkeiten zwischen seiner Grundhaltung und jener zahlreicher Talmudlehrer und legendärer Talmudfiguren. Und auch die Parallelen zu den Wunderrabbis Ostgaliziens im 18. und 19. Jahrhundert lassen sich nicht übersehen. Warum erzählten sich die Juden also so eifrig und freudig die Legenden des Rabbi Chanina ben Dossa und der ostgalizischen Zaddikim, nicht aber die zum größern Teil weit schöneren und rührenderen Geschichten und Parabeln Jesu?

Nehmen wir noch die allgemeine Debattier- und Schreibfreudigkeit der jüdischen Gelehrtenkreise von damals bis zum heutigen Tag hinzu, dann erscheint die Tatsache, daß ausgerechnet Jesus im zeitgenössischen jüdischen Schrifttum überhaupt keine Beachtung fand, zumindest auf den ersten Blick völlig rätselhaft.

Jesus und die Juden im Mittelalter und heute

Noch später, während der religiös aufgeheizten und aufgehetzten Phase der Kreuzzüge, verwandelte sich Jesus, obgleich selber Jude und sogar jüdischer Märtyrer, für seine einstigen Glaubensgenossen nur noch zum furchterregenden Symbol, in dessen Namen sie als »Gottesmörder«, »Hostienschänder«, »Brunnenvergifter« und »Ritualschächter« christlicher Kinder unterdrückt, verfolgt, gejagt, gefoltert und hingemordet wurden. Das in diesen Jahren aufgekommene Fronleichnamsfest war bis in die jüngste

Neuzeit herein vielerorts Anlaß für Judenpogrome, oft genug sogar unter Anführung des Klerus.

Kein Wunder, daß die mittelalterlichen Juden unter solchen Umständen wenig Gedanken an die Frage verloren, wer und wie Jesus in Wirklichkeit war und was er vielleicht auch ihnen zu seinen Lebzeiten und eventuell auch später hätte bedeuten können. Das änderte sich erst in der jüngsten Neuzeit, vor allem unter der Einwirkung eines neuartigen, nunmehr nicht mehr religiös, sondern rassistisch begründeten Antisemitismus, der sich zugleich auch gegen das »judenstämmige« Christentum wandte und es mit seinem Haß mit umfaßte.

Jetzt kam in jüdischen religionswissenschaftlichen Kreisen (jenen der strengen Orthodoxie ausgenommen) die Tendenz auf, den gemeinsamen Wurzeln von Judentum und Christentum nachzugehen und »Bruder Jesus« ganz oder doch weitgehend aus der jüdischen Tradition heraus zu erklären und für sich zu »reklamieren«.

Das war aus der aktuellen Situation heraus begreiflich und auch sachlich partiell gerechtfertigt.

Doppelt rätselhaft erscheint dann aber, weshalb sich die Rabbinen nicht wenigstens ganz zu Anfang intensiv mit Jesus beschäftigten, als man die Judenchristen in Judäa und Galiläa noch nicht als fremde, abgetrennte Religionsgruppe betrachtete, sondern als eine jüdische Sekte neben vielen andern. Es geschah aber, wie gesagt, nicht. Davon können wir mit Sicherheit ausgehen. Denn hätten die pharisäischen Religionsgelehrten, aus deren Umkreis der Talmud hervorging, sich wirklich mit der Persönlichkeit und Lehre Jesu auseinandergesetzt, so hätten sie darüber – und sei es auch nur in polemischer Form – in ihren Texten berichtet, als sie dann nach der Eroberung Jerusalems durch die Römer (70 n. Chr.) damit begannen, ihre bisher nur mündlich überlieferten Diskussionen schriftlich zu fixieren. Man kann dies schon deshalb fast mit Sicherheit annehmen, weil – das sagten wir bereits wiederholt – in jenen Jahren ausführlich auch weit weniger profilierte Figuren (Künder, Prediger, volkstümliche Heilige etc.) in die talmudische und außertalmudische Literatur eingingen.

Wie also ist dies zu erklären?

Auf bloßem Zufall kann das nicht beruhen, und auch nicht auf einer besonderen »Verstocktheit« der Juden, wie sie ihnen von christlicher Seite bis heute unterstellt wird.

Die angeklagten Pharisäer

Es kann auch nicht daran liegen, daß die pharisäischen Rabbinen, welche den Talmud, die jüdische Scholastik, etwa zwischen 500 v. Chr. bis 500 n. Chr. schufen, zu »starr am Alten« hafteten, wie es im Neuen Testament heißt. Es ist sogar unsicher, ob dieser Ausspruch wirklich auf Jesus zurückgeht, obwohl er sich bereits im frühesten der Evangelien, jenem des Judenchristen Markus aus Jerusalem, findet, der schon im ersten Jahrhundert lebte. Es haben sich aber nur sehr viel spätere Abschriften der neutestamentlichen Texte erhalten. Durch die Bank stammen sie erst aus einer Zeitphase, in welcher das nunmehr siegreiche Christentum bereits begann, judenfeindliche Tendenzen zu entwickeln, was sich natürlich auch in der Redaktion und Bearbeitung der religiösen Schriften niederschlug.

Auch die syrisch-aramäischen Fassungen des Neuen Testamentes, die sich neben den griechischen erhalten haben und die zumindest sprachlich sich weitgehend mit den Formulierungen Jesu decken dürften, stammen erst aus dem zweiten Jahrhundert.

Doch zurück zu den harten Vorwürfen Jesu an die pharisäischen Schriftgelehrten, wobei diesen geistige und religiöse Starre nachgesagt wird. Fast mit Sicherheit läßt sich hier eine nachträgliche Überarbeitung des Textes schon deshalb vermuten, weil Jesus im Neuen Testament seine Vorwürfe an die falsche Adresse richtet. Starr und geistig unbeweglich waren nicht die Pharisäer, die Schriftgelehrten, sondern die (überhaupt nicht sehr gelehrten) Sadduzäer, die Priester- und Tempelkreise. Ein solcher Irrtum wäre weder Jesus, der ja selbst ein wenig schriftgelehrt war (wenn seine im Hügelnest Nazareth und später auf seinen Wanderungen während möglicher Aufenthalte bei verschiedenen eschatologischen Sekten erworbenen Kenntnisse auch sicher nicht jenen in den Lehrstätten Jerusalems gleichkamen), noch auch dem Judenchristen und judaistisch gebildeten Markus aus Jerusalem unterlaufen. Beide kannten die »Insiderstruktur« Jerusalems denn doch zu genau, um nicht zu wissen, daß gerade die Pharisäer fortschrittsfreundlich und neuen Ideen und Reformen gegenüber sehr aufgeschlossen waren.

Den Vorwurf der »Heuchelei« und »Bigotterie« mag Jesus schon eher gegen die Schriftgelehrten erhoben haben. Denn aus Gründen, auf die wir noch ausführlich zurückkommen, legten die Pharisäer viel Gewicht auf die exakte Erfüllung der zahlreichen biblischen und nachbiblischen Ritualvorschriften.

Zwar betonten sie – hierin durchaus konform den Fünf Büchern Mosis und vor allem den Propheten –, daß diese Vorschriften im Vergleich zu den zentralen sittlichen Forderungen wenig Bedeutung hätten. Trotzdem schleicht sich natürlich ins Gemüt eines jeden, der religiöse (und womöglich auch noch lästige) Detailgebote übergenau befolgt, über kurz oder lang das Gefühl ein, damit zugleich auch ein moralisches »Übersoll« erfüllt zu haben. Insofern waren manche Pharisäer in den Augen Jesu ohne Zweifel »Heuchler«. Diese Vorwürfe dürften also auf ihn selbst – und nicht erst auf eine judenfeindliche nachträgliche Redaktion der Texte – zurückgehen.

Dennoch überwiegen ganz erheblich die Übereinstimmungen zwischen Jesus und den Pharisäern.

Pharisäischer Erlösungsglaube

Die Pharisäer glaubten ja auch, genau wie Jesus, erstens an ein individuelles Weiterleben der Seele nach dem Tode und zweitens an eine messianische Welterlösung, ein endzeitliches »Himmelreich auf Erden« mit einer kollektiven leiblichen Auferstehung aller Toten auf der nunmehr erlösten »neuen Erde«. Es waren nicht sie, sondern die Sadduzäer, die Tempelpriester, die solchen Glauben radikal ablehnten, weil er sich aus den Fünf Büchern Mosis noch nicht herauslesen läßt und messianische Ideen erst bei den spätesten Bibelpropheten zum ersten Mal auftauchen.

Und der Glaube an das Weiterleben der Seele bereits unmittelbar nach dem Tode und an eine Belohnung und Strafe schon beliebig lang vor der kollektiven Erlösung und leiblichen Wiederauferstehung ist sogar – bei den Juden – noch jüngeren Datums: Aus der Bibel läßt er sich nirgends belegen; er taucht erst im nachbiblischen Schrifttum auf und setzt sich beim Volk erst im zweiten vorchristlichen Jahrhundert ziemlich allgemein durch. Heute gehört er zu den jüdischen Glaubensgrundlagen. Darauf kommen wir noch zurück.

Hier interessiert uns nur, daß es gerade in diesen eminent wichtigen Punkten zwischen Jesus und den rabbinischen Schriftgelehrten keinerlei Meinungsdifferenzen gab und geben konnte, obgleich sich von einem konservativen Standpunkt her auch andere Positionen vertreten ließen und ja auch tatsächlich zu Jesu Lebenszeit nach wie vor vertreten wurden. Aber eben nicht durch die Pharisäer, sondern durch die sehr konservativen Sadduzäer, die Tempel- und Priesterkreise. Auch darauf kommen wir noch zurück.

Der Tempelschatz und die sadduzäischen Todfeinde Jesu

Die Sadduzäer als Denunzianten Jesu

Jesus wurde denn auch nicht von den im Neuen Testament so häufig und heftig gescholtenen Pharisäern der römischen Kolonialjustiz denunziert und ausgeliefert, sondern von Sadduzäern, die ihren religiösen Hyperkonservatismus und -formalismus mit einer wenig heroischen, in jeder Hinsicht fragwürdigen Kollaboration mit der römischen Kolonialmacht verbanden.

Indes haben auch sie Jesus nicht religiös-ideologischer Differenzen wegen an die Römer ausgeliefert. Diesen dürften interne religiös-ideologische Streitereien der Juden untereinander ohnehin unverständlich und obendrein total gleichgültig gewesen sein. Auch daß dieser arme Wanderprediger beim einfachen Volk offenbar einigen Zulauf hatte und beliebt war, hätte für sich allein die Sadduzäer noch nicht sehr aufgeregt. Und sie wußten auch ganz genau, daß sie logen, wenn sie den Römern einzureden suchten, man habe es bei ihm mit einem gefährlichen politischen Aufwiegler zu tun. Es war – allen jenen modernen Publikationen zum Trotz, die das Gegenteil zu beweisen suchen – ganz offenkundig, daß Jesus politisch total desinteressiert und auch gar nicht revolutionär gestimmt war.

Er war ja auch höchstwahrscheinlich zusammen mit seinen Jüngern schon vorher mindestens einmal zu einem Wallfahrtsdatum nach Jerusalem gepilgert und hatte auch damals schon etliches Aufsehen erregt und Sympathiekundgebungen evoziert, ohne daß die Priesterschaft auch nur einen Finger gerührt hätte.

Jesus zu Sukkoth in Jerusalem

Die Annahme, daß Jesus schon vorher mindestens einmal mit den Jüngern zusammen nach Jerusalem gekommen war, findet sich erstens durch einen entsprechenden Bericht im Neuen Testament selbst bestätigt, läßt sich aber aus den Evangelien auch indirekt erschließen: Demnach kamen nämlich die Sympathisanten Jesu ihm und seinen Jüngern mit Palmwedeln und Hosianna-Rufen entgegen. Nach neutestamentlicher Überlieferung geschah dies zwar am Sonntag vor dem Pessachfest, das er nicht mehr miterlebte, weil er am Rüsttag zuvor gekreuzigt wurde.

Das aber ist ausgeschlossen, weil bei den Juden die Bittgebete mit den Hosianna-Rufen (Hoschia-na: Hilf bitte!) und die Palmwedel nicht zum Ritual des Pessachfestes, sondern zu jenem des Laubhüttenfestes (»Sukkoth«) im Herbst gehören.

Die Evangelien behaupten, Jesus sei auf einem Esel in Jerusalem eingeritten. Er dürfte im allgemeinen mit seinen Jüngern zusammen zu Fuß gewandert sein. Wenn er wirklich je auf einem Esel in Jerusalem eingeritten sein sollte, dann muß er in dem betreffenden Augenblick bereits daran geglaubt haben, daß er der Messias sei. Denn einer festen jüdischen Tradition gemäß wird dieser auf einer Eselin nach Jerusalem kommen. Daran glauben fromme Juden noch heute.

Nun: Sehr zahlreiche Berichte über Jesus sind entweder verlorengegangen oder auch von den kanonischen, siegreichen Vertretern der Kirche schon früh vernichtet worden. Eine Chance, daß man noch jemals apokryphe Schriften auffinden wird, aus denen sich ablesen ließe, was es mit diesen Hosianna-Rufen und Palmwedeln auf sich hatte, ist praktisch gleich Null. Möglich sind drei verschiedene Varianten:

– Die wahrscheinlichste: Jesus war schon im Herbst zuvor einmal in Jerusalem und blieb von den Priestern ungeschoren, obwohl er
– wenn man dem neutestamentlichen Bericht Glauben schenken darf – auch damals schon auf dem »Messias-Esel« einritt und mit Hosianna-Rufen begrüßt wurde. Damit in eins wäre der Beweis geliefert, daß es den Priestern egal war, wenn man ihn als Messias feierte, und sie ihn dann zu Pessach aus andern Gründen verfolg-

ten und vernichteten, was wir auch versuchen werden zu beweisen. – Oder aber:

– Jesus wurde in Wirklichkeit im Herbst gekreuzigt. Dafür spricht ein einziger Punkt: Die im Neuen Testament erwähnte Sonnenfinsternis am Nachmittag der Kreuzigung soll – wenn die Berechnungen der heutigen Astronomen stimmen – in Wirklichkeit im Herbst des Jahres 28 oder 29 stattgefunden haben, und also nicht zur Osterzeit. Diese Sonnenfinsternis war aber für die Entstehung des neuen Glaubens zwar nicht von fundamentaler Bedeutung, aber doch nicht ganz unwichtig. Darauf kommen wir noch zurück.

Vielleicht irren aber die Astronomen. Und alle übrigen Details und Begleitumstände rund um Jesu Kreuzigung deuten allzu genau auf den Ostertermin, als daß man ihn anzweifeln dürfte.

– Man kann natürlich davon ausgehen, diese Details seien erst nachträglich zum Ostertermin passend hinzu erfunden worden und diesen selbst hätten die Initiatoren des neuen Glaubens als unerläßlich empfunden, weil es im ganzen heidnischen Nahen Osten den Glauben an einen jungen Vegetationsgott gab, der ebenfalls grausam hingemordet wurde und alljährlich genau zu Ostern wieder vom Tode auferstand. Fiel die Auferstehung Jesu auf denselben Termin, dann war der Zuzug von Heiden zu dem neuen Glauben wesentlich erleichtert.

Doch das alles hört sich unwahrscheinlich und an den Haaren und Ohren herbeigezogen an. Von den Jüngern Jesu war keiner ein derart gewiegter »PR-Mann«, daß er der Heidenmission zuliebe Tatsachen bewußt verfälscht hätte – ganz davon abgesehen, daß die Jünger zunächst nur unter Juden missionierten. Für diese war die Tatsache, daß auch der »Götze« Adonis um die Osterzeit vom Tode wiedererwachte, bestimmt kein Motiv und Anreiz, sich zum Christentum zu bekennen.

Aber auch der Apostel Paulus, der vielleicht genialste religiöse »PR-Mann« aller Zeiten und Kulturkreise, hätte niemals aus solchen Motiven heraus die Heilsgeschichte bewußt verfälscht.

Dann bleibt also nur die Annahme, daß Jesus schon im Herbst vor seiner Kreuzigung mit seinen Jüngern zusammen eine Wallfahrt nach Jerusalem unternommen hat, bei der sich jedoch nur wenig wirklich Wichtiges ereignet hat. Einzig die Palmwedel und Hosianna-Rufe blieben in der Erinnerung haften, wurden aber von den nunmehr nichtjüdischen Bearbeitern der Texte zeitlich falsch plaziert und datiert.

– Ewig unentschieden wird unter solchen Umständen auch die Frage bleiben, ob Jesus wirklich schon damals im Herbst auf einer Eselin in Jerusalem einritt oder erst zu Ostern. Möglich ist beides.

– Falls er es aber wirklich schon im Herbst zuvor tat, dann muß er schon damals an seine messianische Mission fest geglaubt haben; das eine wäre ohne das andere sinnlos.

– Und falls er wirklich schon zum Laubhüttenfest auf einem Esel einherritt und von Sympathisanten mit Hosianna-Rufen und freudig geschwungenen Palmwedeln begrüßt wurde und also einiges Aufsehen erregte, dann ist es – wir sagten es schon – auch klar, daß die Priester, die ihn damals ungeschoren ließen, ihn auch zu Ostern nicht aus religiösen Gründen verhafteten und den Römern denunzierten und zur Hinrichtung auslieferten. Es gab in jenen eschatologisch erregten Jahren sowohl unter den Juden wie auch unter den »Heiden« im ganzen Römerreich, vor allem aber in Vorderasien, zahlreiche charismatische Führergestalten, von denen messianisch gefärbte Erlösungsbewegungen verschiedenster Art ausgingen. Daran stieß sich keiner, solange eine solche Gruppe nicht zugleich politisch für das »Regime« gefährlich wurde oder an den Lebensnerv einer machtvollen und im Lande maßgeblichen Clique rührte. Ersteres war bei Jesus nie der Fall, allen Gegenbehauptungen mancher modischer Bibelinterpreten zum Trotz; gegen das zweite Grundgebot politisch gebotener Vorsicht verstieß er dagegen in spektakulärer, unübersehbarer Form erst bei seinem letzten Aufenthalt in Jerusalem. Und das kostete ihn denn auch das Leben. Wir kommen darauf noch ausführlich zurück.

Wir halten hier nur fest: Es waren nicht die pharisäischen Schriftgelehrten, die »stur am Alten hafteten«, sondern ausschließlich die sadduzäischen Priesterkreise. Aber mit ihnen kam Jesus ohnehin nicht in Kontakt, außer kurz vor seiner Hinrichtung. Doch auch da war es nicht der Konservatismus dieser Kreise, der ihm zum Verhängnis wurde, sondern, wie wir noch sehen werden, ganz etwas anderes.

Mit den Pharisäern dagegen hätte und hat sich Jesus in den meisten Punkten tadellos verstanden. Zwar findet man im gesamten rabbinischen Schrifttum keine ähnlich genial und ergreifend formulierten Parabeln wie in der Bergpredigt, aber im Prinzip kann man trotzdem – rein vom Inhalt her betrachtet – bei den meisten Aussprüchen Jesu sagen: »Das könnte ebensogut im Talmud oder in einem Midrasch stehen.«

Und trotzdem haben diese gleichen Schriftgelehrten, die in ihren Aufzeichnungen auch völlig Belangloses und sogar ketzerische Äußerungen ohne weiteres zu Wort kommen lassen, von Jesus keine Silbe festgehalten. Mit Feindschaft gegen Jesus hatte dies aber rein gar nichts zu tun. –

Nehmen wir aber, um uns nachher auf die Beziehung Jesu zu jenen Kreisen, aus denen das rabbinische Schrifttum der Juden hervorging, zu den Pharisäern also, vollständiger konzentrieren zu können, hier gleich die Klärung der Frage vorweg, weshalb die Sadduzäer – also die Priesterkreise – sich an ihn wie Zecken oder Blutegel geheftet und ihn einem an Grausamkeit nicht zu übertreffenden Tode ausgefolgt haben.

Jesu »Tempelreinigung«

Die Tatsache als solche können wir dem Neuen Testament selber entnehmen: Jesus warf die Tische und Bänke der Geldwechsler und »Devotionalienhändler« im Tempelhof um, versuchte, sie hinauszujagen, und bezeichnete ihre Tätigkeit als im Grunde dem Sinn und Inhalt der Religion widersprechend und zumindest sinnlos und überflüssig. Und zwar tat er dies nicht an einem beliebigen Tag des Jahres, sondern unmittelbar vor dem Wallfahrtstermin Pessach, zu einem Zeitpunkt also, da die Stadt von Pilgern aus dem ganzen Römerreich und dem restlichen Nahen Osten wimmelte.

Die Tatsachen als solche kann man mühelos im Neuen Testament nachlesen. Und Jesus sagt auch deutlich genug, was ihm an diesen Vorgängen im Tempelhof so mißfällt. Es ist an sich nichts Neues oder gar Revolutionäres, was er da vorbringt. Denn obgleich der Tempel von Jerusalem in den nationalen und religiösen Träumen der Juden sogar heute noch eine gewisse Rolle spielt, hatten doch schon die Bibelpropheten beanstandet, daß man solchen Kult und solche Rituale viel zu hoch bewerte. Und gerade die angeblich so starren und sturen Schriftgelehrten haben schon wenige Jahrzehnte nach Jesu Kreuzestod eindeutig bewiesen, daß auch sie dem Tempelkult mit seinen Schlachtopfern und seinem rituellen Schofarblasen keine zentrale Bedeutung für das Judentum beimaßen. Die Beweise:

Bis zum Fall Jerusalems im Jahre 70 n. Chr. und der damit verbundenen Zerstörung des Tempels hatten die Rabbinen ihre talmudischen Debatten nur mündlich tradiert. Das schlägt sich übrigens bis heute in den Talmudtexten nieder, obwohl es sie nun schon bald 2000 Jahre auch schriftlich gibt: An jeder halbwegs passenden Stelle holen die Gesprächspartner zu kleinen »Repetitorien« aus, memorieren gleichsam bei dieser Gelegenheit auch andere Punkte, damit ja nichts in Vergessenheit geriet . . .

Als sich aber während der römischen Belagerung Jerusalems die Niederlage der Juden allmählich deutlich abzuzeichnen begann, kamen den Schriftgelehrten in der Stadt doch schwere Bedenken, ob dieses Prinzip der rein mündlichen Tradition wirklich der Weisheit letzter Schluß sei? Was, wenn sie allesamt von den Römern abgeschlachtet wurden? Außerhalb der Metropole lebten nur sehr wenige talmudisch geschulte Persönlichkeiten. Es konnte also leicht geschehen, daß dann ihr Wissen mit ihnen zusammen für immer verlorenging.

Daß sie den Märtyrertod an sich nicht fürchteten, bewiesen sie schon damals und sogar bereits früher durch ihr todesmutiges Verhalten auch den jeweiligen Besatzungsherren gegenüber. Sie glaubten ja an ein Weiterleben der Seele nach dem Tode und außerdem an eine leibliche Auferstehung in einer messianischen Endzeit auf einer »neuen Erde«. So betrachtet, hatten sie auch weniger Grund, den Tod zu fürchten, als die Sadduzäer, für die der leibliche Tod das definitive Ende eines jeden bedeutete.

Aber sie wußten, wie ungemein wichtig ihr Wissen und ihre scholastische Tätigkeit für den Weiterbestand des jüdischen Volkes namentlich in allen Exilländern war. Ohne den Tempel dagegen konnten die Juden ganz gut weiterleben.

Also entwichen sie aus der belagerten Stadt und bauten, noch ehe Jerusalem gefallen war, in dem Städtchen Jawne eine neue Talmudakademie auf. Der spätere Leiter der Akademie, Jochanen ben Sakkai, ließ sich angeblich in einem Sarg aus der belagerten Stadt hinaustragen. Das mag Sage und Legende sein.

Keineswegs Sage und Legende, sondern historisches Faktum dagegen ist es, daß er vom Kommandanten der römischen Legionen, welche Jerusalem zernierten, die ausdrückliche Erlaubnis erwirkte, in Jawne ein Lehrhaus zu errichten. Im Prinzip dachte er also nicht viel anders als Jesus: Die lebendige Lehre war wichtiger.

Aber mit seiner nicht ganz friedfertigen Demonstration gegen die Händler und Geldwechsler im Tempelhof bekam es Jesus eben nicht mit Pharisäern zu tun, sondern mit Sadduzäern. Für Tempelfragen waren sie ganz allein zuständig ...

Jesus kein Marxist

Es gibt modische Interpretatoren, die in dieser Aktion Jesu eine kleine marxistische Revolte sehen wollen. Das aber würde voraussetzen, daß hier im Tempelhof die Jerusalemer Bankiers eine Art Miniaturniederlassung eröffnet hätten.

Etwas Derartiges läßt sich jedoch aus den neutestamentlichen Stellen, die hierüber berichten, auch mit dem besten Willen nicht herauslesen. Es ist überhaupt nicht sicher, daß in Jerusalem Bankgeschäfte jemals sehr blühten. Das Land war auch in den besten Zeiten eher arm und »dörfisch« geprägt. Eigentliche Metropolen gab es keine, es sei denn, man wollte Jerusalem als eine »Großstadt« bezeichnen. Aber erhebliche Menschenmassen strömten auch dort nur zu den paar Wallfahrtsterminen zusammen.

Es gab nicht einmal so etwas wie einen Landadel, der so, wie später der christliche im Mittelalter, für seine Luxusbedürfnisse zeitweise größere Summen zu pumpen pflegte. Es gab auch weit und breit keine Großunternehmen, die Kupferminen ganz weit im Süden, bei Elath, ausgenommen. Aber dieses Gebiet gehörte zu diesem Zeitpunkt nicht mehr zu Judäa, und außerdem war der Betrieb dort längst erloschen.

Doch selbst wenn zur Zeit Jesu ein paar nennenswerte Banker in Jerusalem gelebt haben sollten – sie hatten ihre Bureaus sicher nicht im Tempelhof. Dort saßen kleine Leute, die in ihren Buden beliebiges Silbergeld gegen Tempelmünzen einwechselten. Denn es galt als unerwünscht und ungeziemend, Metallmünzen mit heidnischen Kultsymbolen für jüdisch-rituelle Zwecke zu verwenden.

Ja schon ein Cäsarenportrait auf einer Münze konnte sie für diesen Zweck fragwürdig machen. Denn erstens lautet das mosaische Bildverbot nicht etwa: »Du sollst dir kein Götzenbild anfertigen«, sondern es ist nur von »Bildnis« schlechthin die Rede – wenn man auch davon ausgehen darf, daß damit das Bild einer Gottheit gemeint war. Und zweitens kam, unter vorderasiatischem Einfluß, auch bei den an sich sehr nüchternen Römern um die Zeitwende herum der Brauch auf, die eigenen Cäsaren zu Söhnen Jupiters oder eines andern Gottes zu befördern, so daß die Grenze zwischen gewöhnlichem Portrait und »Götzenbild« fließend war. Bedeutsame Geldgeschäfte wurden hier also bestimmt nicht getätigt.

Außerdem konnte man hier im Tempelhof kleinere Tiere für Opferzwecke (Tauben, Schafe, Ziegen etc.) erstehen. Auch hierbei waren – sogar bei optimalem Umsatz während der Wallfahrtstage – keine Riesengeschäfte zu machen, zumal die Konkurrenz sicher erheblich war.

Jesus konnte also im Tempelhof keinen Kampf gegen die »Kapitalisten« Jerusalems führen, weil es sie in nennenswertem Ausmaß wohl in ganz Jerusalem nicht gab, mit Sicherheit aber nicht im Tempelhof. Hier saßen »Devotionalienhändler«, genau wie rund um die Kultstätten aller andern Religionen auch, nicht zuletzt jenen der einmal etablierten Kirche.

Davon abgesehen hat Jesus das Bankgeschäft nie kriminalisiert.

Er fordert wohl einmal einen Jüngling, der sich ihm anschließen möchte, dazu auf, seine Familie zu verlassen und seine ganze Habe wegzugeben. Das hat aber mit der Frage, was Jesus vom Geldgeschäft hielt, rein gar nichts zu tun. Er macht jenem jungen Manne nur klar, daß der Jüngste Tag und das Himmelreich auf Erden unmittelbar bevorstehen und daß es unter solchen Umständen sinnlos sei, an irgend etwas oder irgend jemandem festzuhalten.

Daß aber ohne diese Naherwartung der messianischen Erlösung Geldgeschäfte sinnvoll und notwendig sind, darüber ist sich auch Jesus völlig im klaren. Hiervon zeugt seine Parabel von dem Herrn, der seinen Untergebenen Kapital anvertraut und bei seiner Rückkehr jenen einen Knecht ausschilt, der das Geld liegenließ, ohne Profit daraus zu schlagen.

Mag sein, daß Jesus diese ganze Episode nur als Gleichnis verstanden haben wollte, daß er damit seine Jünger dazu ermuntern wollte, die von ihm empfangenen Erkenntnisse weiterzuverbreiten und nicht einfach für sich zu behalten. Er hat sich ja auch zeitweise von seinen Jüngern getrennt und sie ausgeschickt, damit sie missionieren sollten.

Doch auch dann muß man davon ausgehen, daß er das Zinsgeschäft als solches nicht kriminalisierte, sonst hätte er das Beispiel aus einem andern Berufsbereich geschöpft.

Jesus kein politischer Revoluzzer

Noch unfundierter und dümmer ist allerdings die ebenfalls in der neuzeitlichen Jesusliteratur vereinzelt geäußerte These, nach welcher Jesus eine politische oder gar militärische Revolte geplant habe. An sich ist sie nicht unfundierter als die Auffassung, er habe (gleichsam) Marx gelesen und von ihm die Meinung übernommen, daß jedes Einkommen aus Unternehmertum und Geldgeschäft kriminell sei.

Aber immerhin ging er im Tempelhof auf »Geldwechsler« los, wenn auch aus ganz andern Gründen. Und außerdem gibt es im Alten Testament ein Zinsverbot, wenn hierbei auch eindeutig nicht die Geschäfte einer entwickelten Geldwirtschaft anvisiert sind, die ohne Zinsen nicht auskommen kann. Höchstens kann man dann, rein semantisch, die Zinsen als »Geschäfts- und Gewinnbeteiligung« interpretieren und formulieren, auf sie verzichten kann man nicht. Auf diesen Ausweg sind denn die Juden auch zeitweise verfallen, obwohl sie es kaum nötig gehabt hätten: Das Zinsverbot der Fünf Bücher Mosis bezieht sich eindeutig nur auf Nothilfe in bäuerlichem Ambiente. Es ist klar, daß man als anständiger Mensch dem Nachbarn mit ein wenig Saatgut oder Lebensmitteln bis zur nächsten Ernte aushilft, ohne nachher das doppelte Quantum von ihm zurückzuverlangen. Man hat aber keinen Grund, kein zureichendes Motiv, jemandem die eigenen Ersparnisse für dessen vielleicht sehr risikoreiche, geplante Geschäfte anzuvertrauen, wenn man nur am möglichen Verlust, nicht aber am möglichen Gewinn mit beteiligt ist. Jesus, ein Mann von ungewöhnlicher Intelligenz (wenn dies auch keineswegs der Grund war, aus dem heraus er Weltbedeutung gewann), wußte und begriff das auch. Es gibt ja von ihm das bereits erwähnte Beispiel von dem Herrn, der seinen Untergebenen mit Recht rügt, weil er ihm anvertrautes Kapital ungenützt liegenließ, statt es gewinnbringend anzulegen. Sein Zorn richtet sich denn auch ganz ausdrücklich nicht gegen die Geldgeschäfte als solche, die hier im Tempelhof getätigt werden, sondern dagegen, daß sie eben an diesem Ort und im eindeutigen Zusammenhang mit dem Tempelkult vorgenommen werden.

Immerhin: Man kann, wenn auch mühsam und eindeutig falsch, aus dieser Stelle des Neuen Testamentes auf eine Aversion Jesu ganz generell gegen das Geldgeschäft schließen.

Wo aber nimmt man die Belege für eine (angebliche), und sei es auch nur schwache und fragmentarisch angedeutete, Neigung Jesu zur politischen Revolte her?

Die einzige Stelle, die überhaupt auf die Herrschaft Roms im Gelobten Lande Bezug nimmt, jene, die sich auf die an die römische Kolonialverwaltung abzuführende Steuer bezieht, sagt das genaue Gegenteil aus: Aus dem Cäsarenbild auf der Münze konkludiert Jesus: »Gebt dem Cäsar, was des Cäsars ist, und Gott, was Gott zusteht.« Und selbst wenn wir annehmen wollen, daß diese Stelle ungenau überliefert sei und es hierbei ursprünglich nicht um die Steuern ging, sondern nur ganz generell um die Frage, wieweit man sich der Fremdherrschaft fügen oder ihr widersetzen soll, läßt sich aus der Parabel keine Aufforderung zum Widerstand herauslesen, solange diese landes- und religionsfremden Verwaltungsorgane an die Bevölkerung keine Forderungen stellen, die gegen jüdische Religionsverbote ausdrücklich verstoßen.

Religionskonflikte mit Besatzungsmächten ·

Dergleichen hatte es allerdings auch schon gegeben. Im zweiten vorchristlichen Jahrhundert hatten die (syrischen) Seleukiden, die damals das Land beherrschten, den Juden kurzerhand die Ausübung ihrer Religionsbräuche bei Todesstrafe untersagt und beim jüdischen Volk penetrant für ihren heidnischen Glauben missioniert. Es kam denn auch zum Aufstand gegen die Seleukiden unter der Führung des Hasmonäers Jehuda Makkabi, und die Juden siegten. Diesen Aufstand hätte Jesus ohne Zweifel auch dann gutgeheißen, wenn die Seleukiden gesiegt hätten. Ob er und seine Jünger allerdings selber mit gekämpft hätten, läßt sich aus seinem Verhalten nicht eindeutig erschließen.

Und im zweiten nachchristlichen Jahrhundert gab es abermals einen jüdischen Aufstand im Gelobten Lande, diesmal gegen Rom, zunächst mit ähnlich großartigen Erfolgen. Nur daß sich eben, anders als damals gegen die Syrer, gegen das allmächtige Rom zwar sehr wohl Schlachten, aber niemals ein ganzer Krieg gewinnen ließ. Es gelang zwar dem Anführer, Bar-Kochba, dem »Sternensohn«, den Judenstaat neu zu errichten; zuletzt aber endete das Unternehmen mit dem Totalsieg Roms und der Ausrottung und Verschleppung praktisch der ganzen jüdischen Bevölkerung des Landes.

Diesen Aufstand hätte Jesus vermutlich abgelehnt, denn die Römer waren im großen und ganzen in Religionsfragen tolerant und ließen die verschiedenen unterworfenen Völker in dieser Hinsicht nicht nur gewähren, sondern übernahmen sogar aus Höflichkeit deren Gottheiten – soweit sich diese nicht mit den römisch-griechischen bereits deckten – in den eigenen Kult. Sie kannten ja ohnehin zahllose männliche und weibliche, lokale und überlokale Gottheiten – auf ein paar zusätzliche kam es ihnen nicht an. Und es war eine freundliche Geste an die Unterworfenen, die nichts kostete und eine Menge Sympathie einbrachte.

Speziell mit den Juden aber gerieten die Römer, dieser löblichen Bereitschaft zu religiösen »Goodwill-Gesten« zum Trotz, dennoch zeitweise in Konflikte. Das lag aber nur daran, daß die Römer – von ihrem Standpunkt aus zu Recht – von den Kolonialvölkern ähnlichen »Goodwill« im Hinblick auf rein römische Kultformen und Gottheiten erwarteten. Dies inkludierte, daß man, zumindest an allen bedeutenden Kultstätten der betreffenden Kolonie, auch die Götterstatuen der Sieger aufstellte und verehrte.

Das aber vertrug sich nun einmal nicht mit dem Heno- und erst recht nicht mit dem Monotheismus der Juden.

Indes waren die Römer viel zu kluge Politiker und Kolonialverwalter, als daß sie Revolten religiös erregter Massen aus solchen an sich unwichtigen Gründen provoziert hätten. Sie gaben meist nach. Schwierigkeiten gab es nur vereinzelt, etwa mit dem halb verrückten Cäsar Caligula, der 37–41 n. Chr. herrschte und nicht nur seine eigene göttliche Herkunft proklamierte – das taten die Herrscher ganz Vorderasiens und auch Roms damals fast alle –, sondern schließlich zu einem rein privaten Henotheismus überging und eines Tages in einem Anfall von Größenwahn erklärte, er sei auch selber ein Gott wie sein (angeblicher) Erzeuger Jupiter/Zeus, und obendrein der einzige Gott überhaupt, weshalb er sich auch daranmachte, allen Götterstatuen im ganzen Römerreich seine Portraitmaske (meist aus Goldblech) überstülpen zu lassen. Jetzt waren Konzessionen an den jüdischen, bildlosen Tempelkult natürlich ausgeschlossen.

Zum Glück wurde Caligula aber ermordet, ehe er sein neues »theologisches« Projekt zu Ende durchgeführt hatte. Und mit den andern Cäsaren konnte man sich, wenn auch mitunter nach anfänglichen Schwierigkeiten, in solchen Fragen schließlich einigen.

Zur Zeit Jesu bestand jedenfalls in dieser Hinsicht kein Grund für die Juden zur Aufregung. Der römische Statthalter Pilatus war zwar korrupt, brutal und habgierig. Er plünderte die Kolonie Judäa erbarmungslos. Religiöse Fragen jedoch waren ihm gleichgültig. Für Jesus gab es also keinen Anlaß, gegen Rom zum Widerstand aufzurufen.

Übrigens sei hier schon angemerkt, daß die Judenchristen zur Zeit des Bar-Kochba-Aufstandes ähnlich dachten, wie wir es für Jesus vermuten. Sie lebten in Jerusalem in einem kommunistischen Kollektiv ohne Privatbesitz, weshalb man sie die »Ebioniten« (von hebr. ewion = arm) nannte, und sie beteiligten sich am Aufstand nicht und unterstützten ihn nicht einmal. Einzig deshalb – und nicht aus religiösen Gründen – war denn Bar-Kochba, der »Sternensohn«, auf die Christen im Lande auch sehr schlecht zu sprechen, und es kam damals nach seinem Sieg sogar zu Christenverfolgungen durch die restlichen Juden, die sich nicht zu Jesus bekannten. Im übrigen sah Bar-Kochba in den Judenchristen eine der vielen jüdischen Sekten, von denen es damals im Lande wimmelte. Religiöse Detailfragen waren ihm gleichgültig. Er dachte, handelte und fühlte nur in nationalen Kategorien.

Nach der Niederlage Bar-Kochbas wurde die jüdische Bevölkerung des Gelobten Landes weitgehend deportiert oder hingerichtet. Kleine Gruppen konnten aber offenbar trotzdem entkommen, und unter ihnen befand sich der berühmte Rabbi Akiba, der in Bar-Kochba den Messias gesehen hatte. Die frühere Toleranz der Römer war jetzt restlos erloschen. Auch sie verboten den noch im Lande verbliebenen, wenigen Juden die Ausübung ihrer Religionsbräuche und vor allem die Verbreitung der jüdischen Lehre. Der große Talmudlehrer Rabbi Akiba, der gegen diesen Ukas verstieß, wurde von den Römern lebendig geschunden – daß er aktiv am Aufstand teilgenommen hatte, wußten sie offenbar nicht, sonst hätten sie ihn schon gleich nach ihrem Sieg gekreuzigt oder in die Sklaverei verkauft.

Wir können wohl annehmen: Obgleich Jesus den Aufstand gegen Rom mit an Sicherheit grenzender Wahrscheinlichkeit abgelehnt hätte, wäre er, mit Akiba zusammen, derselben Meinung gewesen im Hinblick auf Ausübung der Religion und Verbreitung der Lehre, in diesen Punkten hätte er wohl den Widerstand gegen die Kolonialmacht bejaht.

Zu seinen Lebzeiten eskalierte der Zwist mit Rom aber noch nicht in solchem Ausmaß, daß sich eine Auseinandersetzung mit der mächtigen Kolonialmacht als notwendig erwiesen hätte. Und Jesus hat denn auch nicht nur in der Parabel von der Münze mit dem Cäsarenbildnis den Widerstand indirekt abgelehnt, sondern auch selber diese Staatssteuer an Rom protestlos erlegt, wenn auch nur mit Hilfe eines Wunders: Er entnimmt die hierfür benötigte Silbermünze angeblich dem Magen eines frisch gefangenen Fisches . . .

Nun: Zweifellos hat Jesus, wie jeder große charismatische religiöse Meister, viele Wunder vollbracht. Und zwar nicht nur im Jungschen Sinne »objektiv«, also nur im Glauben und in den Augen seiner Jünger und übrigen Anhänger, sondern ganz konkret und für jeden auch völlig »Ungläubigen« wahrnehmbar und kontrollierbar. Diese Wunder dürften sich aber im wesentlichen in den zwischenmenschlichen Beziehungen abgespielt haben. Übernatürliche Heilungen und vielleicht auch die Auferweckung eines Mädchens, das man bereits auf der Bahre zur Beerdigung trug, sind ihm zweifellos oft geglückt.

Daß aber genau zum richtigen Augenblick ein Fisch die benötigte Sesterze für die Steuer an Rom im Magen daherbringt, darf man wohl als Legende ohne realen Boden einstufen.

Doch darauf kommt es hier nicht an. Wichtig ist nur, daß er die Steuer protestlos erlegt. Und es hat auch wenig Sinn, die Legende dahin zu deuten, daß er die Steuer nur deshalb bezahlt habe, weil er das Geld nicht »aus eigener Tasche« erbringen mußte und es nur dank einem Wunder erhielt.

Vielmehr wird aus solchen Episoden deutlich, daß die römische Besatzung für ihn »kein Thema« war. Er erwartete – und dies brachte er oft und deutlich genug zum Ausdruck – schon sehr bald die messianische Welterlösung, das Paradies auf Erden. Ob es sich tatsächlich verwirklichte, hing einzig am Willen und der Gnade Gottes und – soweit irdische Faktoren dabei mitzählten – am Verhalten des Volkes Israel. Mit Rom hing dieser ganze für Jesus einzig wichtige Komplex überhaupt nicht zusammen.

Rein logisch betrachtet, gab es für Jesus also kein Motiv zum Aufstand gegen Rom. Man kann natürlich einwenden: Jesus äußerte sich und handelte manchmal auch inkonsequent und widersprüchlich. Prinzipiell könnte es bei ihm folglich auch Andeutungen geben, die das genaue Gegenteil von dem hier Ausgesagten belegen.

Nur gibt es solche Aussprüche von ihm eben nicht. Auch wenn er einmal sagt, er sei nicht gekommen, um den Frieden zu bringen, sondern den Zwist bis ins Innere der Familie hinein, ist es offenkundig, daß es dabei nicht um politische, sondern nur um Glaubensfragen geht.

Bevor wir detailliert auf die Frage eingehen, weshalb die Pharisäer, bei so viel Übereinstimmung zwischen ihnen und Jesus, sich trotzdem nie mit ihm beschäftigten, bleiben wir noch bei seinen wirklichen Feinden stehen, die dann ja auch seinen Tod verschuldet haben: bei den sadduzäischen Tempelkreisen. Hier konnte es, nachdem Jesus den Konflikt mit ihnen einmal provoziert hatte, keinen Konsens und auch keinen »Pardon« für ihn geben.

Um das zu verstehen, müssen wir uns kurz mit dieser »Tempelclique« (der respektlose Ausdruck ist durchaus am Platze) befassen.

Die Tempel-Einnahmen

In der Antike waren praktisch alle größeren Kultstätten zugleich Bankinstitute. Der jüdische Tempel von Jerusalem bildete, der angeblichen und sprichwörtlichen »Geldbegabung« der Juden zum Trotz, die einzige Ausnahme.

Wie ist das zu erklären?

Nun: Alle andern Kultstätten mußten mit scharfer Konkurrenz rechnen. Auch ein Wallfahrtsort mit gutem Zulauf war nicht dagegen gefeit, daß schon morgen jemand eine weitere irgendwie geartete »Gottesbegegnung« hatte, die die Errichtung eines neuen Kultzentrums ermöglichte und anregte. Daran hat sich übrigens auch bei den Christen nichts geändert; neue Kultstätten entstehen fast am laufenden Band. Berühmt ist jene bei Lourdes, nachdem die Muttergottes dem Dorfmädchen Bernadette Soubirous dort in einer Grotte bei einer Quelle erschien. Und in meiner ostgalizischen Heimat fischte eines Tages ein völlig verblüffter Bauer aus seinem tiefen Ziehbrunnen ein Muttergottesbild herauf. Er hatte keine Ahnung, wie es dort hineingeraten war, und also einigte man sich auf ein »Wunder«, und es entstand ein Wallfahrtsort – ob er dann von der Kirche anerkannt wurde oder ob sie ihn ablehnte und die Beliebtheit der Stätte wieder abklang, weiß ich nicht mehr.

Aber bekannt sind zwei berühmte Wallfahrtsorte rund um je ein Christenknäblein, das angeblich von Juden rituell geschächtet wurde, weil sie (angeblich) zur Bereitung ihres hefefreien Osterbrotes unbedingt Blut von Christen brauchten. Obwohl der Vatikan inzwischen diesen bösartigen und für die Juden lebensgefährlichen Aberglauben als reine Phantasie eingestuft hat, haben beide Kultorte auch heute noch regen Zulauf. Und schon morgen kann sogar in unmittelbarer Nachbarschaft eines solchen berühmten und lukrativen Kultzentrums ein neues »Wunder« eintreten und zur Entstehung eines »Konkurrenzunternehmens« führen.

Aber schon die Vielzahl der bereits bestehenden Kultzentren allein genügte in der Antike vollauf, um das »Religionsgeschäft« zu einem risikoreichen Unternehmen zu machen. Die jeweilige Priesterschaft mußte sich meist ganz schön »abstrampeln«, um auf ihre Rechnung zu kommen.

Ganz von selbst ergab es sich dabei, daß auch Leute, die vielleicht an der Existenz der betreffenden Götter ernsthafte Zweifel hegten, trotzdem den Priestern als (vermeintlich oder auch wirklich) besonders honorigen Leuten volles Vertrauen in jeder, und also auch in finanzieller Hinsicht entgegenbrachten und ihnen daher Geldwerte zur Aufbewahrung übergaben. Die Priester ihrerseits kassierten nicht nur Depotgebühren, sondern ließen das Geld nicht einfach ungenützt liegen (wir hörten, daß nicht einmal Jesus solche Vergeudung des »Zinswertes« billigte!), sondern sie liehen die Beträge aus, betätigten sich also zugleich als Bankiers, die als besonders krisensicher und ehrbar galten.

Die einzige Ausnahme weit und breit bildete der Jerusalemer

Tempel der angeblich so geldgierigen und im Geldgeschäft über-
tüchtigen Juden. Der Grund war einfach genug: Die jüdische
Priesterschaft hatte es als einzige in der gesamten antiken
Umwelt einfach nicht nötig, sich so »abzustrampeln«. Denn man
darf ja nicht vergessen, daß das Geldgeschäft risikoreich, anstren-
gend und aufregend ist. Wer genug hat, um auch ohne solche
Transaktionen auszukommen, nimmt sie sicher nicht auf sich . . .
Ich kannte einen deutsch-jüdischen Bankier aus einer weltbe-
kannten jüdischen Banker-Dynastie, der auf seinem großen
Schreibtisch einen fast lebensgroßen Holzesel stehen hatte und
jedem neuen Klienten erklärte, dies sei das Symbol seines Berufes: Erst verleihe man das Geld, und dann renne man ihm mit
heraushängender Zunge nach, um es wieder hereinzubekom-
men. Übrigens – dies nur nebenbei –: Ihm selbst mißlang es, trotz
seiner Tüchtigkeit und Intelligenz, nach Strich und Faden; er ver-
spielte bei seinen Transaktionen nicht nur ein Gutteil der Kun-
dengelder, sondern auch sein eigenes Vermögen und das seiner
allernächsten Blutsverwandten. Welcher vernünftige Mensch
geht also ein solches Risiko ein, wenn er statt dessen zu jeder Zeit
beliebig hohe Summen einfach seinem »Safe« entnehmen kann,
weil immerzu neues Geld zufließt, ohne daß er hierfür auch nur
den Finger krumm machen muß?
Niemand. Nur daß eben fast niemand über einen solchen beinahe märchenhaften »Goldesel« verfügt.
Die jüdischen Priester Jerusalems hatten aber einen solchen
»Goldesel«, nämlich das gesamte jüdische Volk:
Es gab zur Zeit Jesu im ganzen Römerreich und in den außerrö-
mischen Regionen Vorderasiens zusammengenommen Millionen von Juden. Die genaue Zahl weiß man nicht, aber manche se-
riösen Historiker nehmen an, daß es – einschließlich jener »Judensympathisanten«, die sich auf das jüdische Grundgebot der
Beschneidung nicht einlassen wollten, dennoch aber an den Gott
der Juden glaubten und in deren Bet- und Lehrhäusern beteten
und auch an allen übrigen Judenbräuchen festhielten – zeitweise
ein volles Viertel der Gesamtbevölkerung war. Die meisten von
ihnen zahlten auch die freiwilligen Tempelsteuern, die ausschließlich in Jerusalem zusammenflossen, denn einen zweiten

Kultort besaßen die Juden zur Zeit Jesu nicht einmal mehr im Heiligen Lande, geschweige denn im Ausland. Natürlich gab es überall, wo ein paar Juden und Judensympathisanten lebten, Lokale, Betstuben, in denen man die Gebete in der liturgisch vorgeschriebenen Form rezitierte und sich nachher auch gern über Religionsfragen miteinander unterhielt. Aber einen Kult, der Geldmittel und feste Angestellte erfordert hätte, gab es nirgends sonst. Auch fest beamtete Vorbeter und bezahlte »Rabbiner« gab es damals noch kaum. Spenden und Steuern flossen ausschließlich nach Jerusalem.

Zur Illustration über das Ausmaß dieser Spenden und Steuern für den Tempel folgende dokumentarisch belegte Tatsache: Aus den paar Metropolen Babylons, in denen auch die berühmtesten Talmudakademien der Juden standen, begleiteten jeweils tausend Juden diese Geldtransporte zum Schutz gegen Beduinen-Überfälle. Natürlich hätten für diesen Zweck auch schon etliche hundert bewaffnete Mann genügt. Wir können mit Sicherheit annehmen, daß viele sich nur anschlossen, um zugleich der rituellen Pflicht nachzukommen, wonach man an den drei Wallfahrtsterminen des Jahres unbedingt persönlich beim Tempel ein Opfer darbringen sollte. Zweifellos verlegte man die Geldtransporte auf solche Festtermine. So kam die große Zahl der Begleiter zustande. Ohnehin kann man nicht davon ausgehen, daß jeder noch so fromme Jude dieser »Wallfahrtspflicht« regelmäßig dreimal pro Jahr nachgekommen wäre. Das war praktisch ausgeschlossen. Nicht einmal im Gelobten Lande selbst konnte sich die gesamte Bevölkerung dreimal im Jahr gleichzeitig zur Reise nach Jerusalem aufmachen, geschweige denn jene aus fernen Kolonien.

Doch das ist hier unwichtig. Uns interessiert in unserm Zusammenhang nur die Tatsache, daß ganz offenkundig für diese alljährlichen Tempelsteuern sehr beachtliche Beträge zusammenkamen. Man hätte es andernfalls nicht für nötig befunden, ihnen einen solchen riesigen Geleitschutz anzugliedern.

Ebenfalls für unseren Zusammenhang unwichtig, aber als weiterer Beweis für den Riesenumfang dieser Beträge mag folgende Tatsache dienen: Nach der Zerstörung des Tempels von Jerusalem erlaubte sich Rom mit den Juden in seinem gesamten Reich den bösen Witz, von ihnen ab jetzt diese ursprünglich für den Tempel bestimmten, freiwilligen Steuern zur Zwangssteuer für alle Juden zu erheben und nunmehr für heidnische Kultzwecke einzuheimsen. So kam es zur allerersten Sondersteuer für die Juden in der Geschichte. (Später, unter christlicher Vorherrschaft, waren dann solche Sonderabgaben der Juden die Regel.) Wären es nur Bagatellzahlungen gewesen, so hätte es den Römern sicher nicht gelohnt, einer Bevölkerungsgruppe im gesamten Reich eine solche Separatsteuer aufzuerlegen. –

Die »Gegenleistungen« der Priesterschaft

Das alles floß also Jahr für Jahr, solange der Tempel in Jerusalem bestand, bei der dortigen Priesterschaft zusammen.

Was mußte sie hierfür leisten und welche Leistungen erbrachte sie eventuell hierfür auch freiwillig?

Praktisch fast gar keine. Einmal im Jahr mußte der Cohen ha-gadol, der Hohepriester, während der höchsten Feiertage im Herbst den Schofar, die rituelle Posaune, ein altertümliches Instrument aus einem Widderhorn, vor dem versammelten Volke blasen ...

Ich gebe zu: Das ist gar nicht so leicht. Mein Großvater Hersch Gottesmann, Schriftgelehrter, aber nicht ordinierter Rabbiner, der, nach der Flucht unserer Familie aus Ostgalizien in die Schweiz, jahrelang bei der anfangs eher armen ostjüdischen Gemeinde von St. Gallen gratis und franko als Vorbeter fungierte, pflegte vor den hohen Festtagen im Herbst den Schofar mit heimzubringen (das Schofarblasen ist nämlich auch heute noch üblich und obligatorisch) und stundenlang zu üben, ehe er dem gekrümmten Horn endlich wenigstens einen schwachen Quäkton entlocken konnte. Ich selber, damals noch ein Kind, habe gleichfalls versucht, dieser rituellen Posaune zum Spaß irgendeinen Laut abzuzwingen – es ist mir nie gelungen!

Dennoch scheint mir diese »Leistung« nicht so bedeutend, daß man sie überhaupt zu honorieren brauchte. Es ist denn heutzutage längst üblich geworden, das Schofarblasen auch in Gemeinden mit besoldeten Rabbinern, Vorbetern, Vorsängern (Chasanim) etc. nur als eine ehrenvolle, unbezahlte Vergünstigung für besonders respektierte Gemeindemitglieder zu betrachten, die nicht einmal unbedingt Cohanim (Priester) sein müssen.

Was taten die Tempelpriester zu Jerusalem sonst noch? Sie segneten bei bestimmten Festanlässen die Gemeinde – auch dieser Priestersegen ist bis heute üblich geblieben. Wofür man wissen muß, daß die rituellen Funktionen (Priesteramt und Hilfsdienst im Tempel) sich im jüdischen Volk über die männliche Linie vererben: Die Cohanim (Priester) und die Leviten (Hilfsbeamte beim Kult) gibt es folglich auch jetzt noch. Speziell den Cohanim stehen bis heute etliche liturgische Sonderaufgaben zu. Das Schofarblasen gehört heute nicht mehr dazu, das sagten wir schon. Den liturgischen Segen kann aber bis heute nur der Cohen der Gemeinde erteilen. Es ist eine altertümliche und eindrückliche Prozedur: Bei den segnenden Händen werden die Finger so gespreizt, daß sie wie Hörner auseinanderstehen, und die Gemeinde darf auf keinen Fall hinschauen: Uralter Volks-Aberglaube (der aber nirgends im religiösen Schrifttum fixiert ist) warnt vor Unheil bei Übertretung des Verbotes. Zumindest Kinder pflegen, hierzu gerade durch das Verbot angereizt, natürlich trotzdem hinzublinzeln und sich mächtig zu freuen, daß sie die himmlische Überwachung offenbar überlisten konnten, was nach ihrer Meinung eindeutig dadurch erwiesen ist, daß nicht auf der Stelle Pech und Schwefel herniederregnen wie weiland auf Sodom und Gomorrha oder sich die Erde auftut, um die »Sünder« zu verschlingen wie damals die aufrührerische Rotte Korah in der Wüste Sinai während der vierzigjährigen Wanderung der Hebräer nach ihrem Auszug aus Ägypten. Dieses Zeremoniell also gibt es auch heute noch, aber die Cohanim bekommen dafür keinen Pfennig, sie tun es gratis und franko und empfinden es als eine Ehrenaufgabe, über die sie sich freuen.

Schächtgesetze

Selbst wenn wir als weitere »Gegenleistung« der Priesterschaft für ihre Riseneinkünfte das Schächten der Opfertiere und die zugehörige »Schlachtkontrolle« hinzuaddieren wollen, die, zugegeben, ziemlich kompliziert ist, stand diesen Einnahmen nun einmal keine halbwegs adäquate Gegenleistung gegenüber! Zugegeben, das Schächten nach jüdischem Gesetz erfordert einiges Wissen und Können: Das Schlachtmesser muß so scharf und schartenfrei sein, daß die Halsadern des Opfertieres völlig glatt, ohne den geringsten Einriß, mit einem einzigen Messerschnitt durchgetrennt werden – was übrigens auch vom Standpunkt des Tierschutzes her löblich ist. Das tabuisierte Blut muß möglichst vollständig aus- und abfließen. Es ist nach altem Bibelglauben die eigentliche Lebenssubstanz und daher vom menschlichen Konsum ausgeschlossen.

Tabuisiert sind ferner bestimme Fetteile, die ebenfalls einzig als Brandopfer auf dem Altar verwendet und auf keinen Fall konsumiert werden dürfen. Dieses Verbot gilt für den frommen Juden auch heute noch, nur daß man mittlerweile den heiligen Zweck dieser Fettbestandteile vergessen hat und die Tabuisierung, das Konsumverbot, dieser Stücke negativ wertet: Man bereitet aus diesem Talg und Unschlitt Kerzen!

Außerdem mußte der rituelle Schächter damals – und muß dies auch heute noch – eine bestimmte, für den Konsum ebenfalls tabuisierte Hüftsehne aus dem Fleisch wegoperieren – offenbar ein uraltes Gebot, das auf den Kampf des Patriarchen Jakob mit dem Engel damals nachts, bei Beth-El, hinweisen soll: Genau diese Hüftsehne Jakobs soll der Engel damals mit dem Finger berührt haben, mit der Folge, daß der Patriarch von da an bis zu seinem Lebensende hinkte.

Auch dieses Gebot wird übrigens bis heute eingehalten, mit dem Effekt, daß gerade eines der saftigsten und besten Fleisch-Stücke des Schlachtviehs dabei übel zerfetzt wird, so daß manche jüdischen Metzger es vorziehen, es an christliche Kollegen zu verkaufen.

Zum Schächten gehörte auch eine sehr gute und verläßliche Schlachtkontrolle der Innereien, soweit eine solche ohne die modernen technischen Möglichkeiten sich überhaupt durchführen läßt. Es ist dies – nur nebenbei – die älteste offiziell vorgeschriebene Schlachtkontrolle der gesamten Weltgeschichte, und sie hat sich bis heute nicht schlecht bewährt: Zur Zeit der Textil-Hochblüte in St. Gallen gab es hier zahlreiche nichtjüdische Fabrikanten und Exporteure, die bei ihren Geschäftsreisen in heiße Länder selbst dann nur »koscher« aßen, wenn sie im übrigen eher Antisemiten waren. Sie wußten, daß sie nur so gegen die vielen möglichen Infektionen durch fragwürdiges Fleisch gefeit blieben.

Rituelles Schächten und Schlachtkontrolle nach den uralten biblischen und inzwischen auch den zahlreichen rabbinischen Vorschriften ist heute noch bei den Juden üblich, und diese Tätigkeit wird nicht als »Ehrenaufgabe«, sondern als bezahlter Beruf betrachtet, der aber durch Fachleute beliebiger Provenienz – und also nicht nur durch Cohanim – ausgeübt wird.

Aber auch diese Tätigkeit der Priester ist nicht solcher Art, daß sie ein Rieseneinkommen der Priesterschaft gerechtfertigt hätte. Ganz abgesehen davon, daß die Herren die Schlachtkontrolle sicher teilweise, wenn nicht ganz, den »Tempeldienern«, den Leviten, überließen.

Rituelle Erstgeburt-Probleme

Schächten und Schächtkontrolle ist also heute nicht mehr eine priesterliche Funktion, sondern Aufgabe von rabbinisch geschulten Fachleuten, die natürlich für ihre Leistung bezahlt werden, was für das Erteilen des Priestersegens heute nicht mehr gilt.

In andern Fällen sind diese alten priesterlichen Pflichten und Aufgaben tatsächlich auch jetzt noch mit einem gewissen Honorar verbunden: Solange es den Tempel in Jerusalem gab, gehörte z.B. jede erste Frucht und Erstgeburt des Haushaltes den Priestern. Bei vegetabilen Substanzen war das ganz einfach: Man übergab sie den Priestern als Geschenk, und diese brauchten nichts davon auf dem Altar zu verbrennen. Seit der Affaire von Kain und Abel wußten die Hebräer ja, daß vegetabile Spenden Jahwe unerwünscht waren. Haustiere – natürlich nur die »koscheren«, die zum Genuß freigegebenen (und also beileibe nicht etwa junge Pferde, Katzen, Hunde etc.) – wurden auf dem Altar geschächtet, jedoch nicht als »Holocaust« (= zur Gänze verbranntes Opfer) dargebracht; nur das Blut des Tieres und bestimmte Fetteile speisten die aufsteigenden Altarflammen, den Rest durften die Priester aufessen. Religionsgeschichtlich hochinteressant, in unserm Zusammenhang jedoch ohne Bedeutung, ist hierbei, daß nur die männliche Erstgeburt dem Tempel zustand.

Ein besonderes Problem bildete die menschliche männliche Erstgeburt. Vor der Entstehung des jüdischen Glaubens wurde zweifellos auch sie der Gottheit als Opfer dargebracht, hiervon zeugt, wenn auch in dunkler, gewandelter Form, noch die Überzeugung des Patriarchen Abraham, daß auch er Gott die Schlachtung seines Söhnchens Isaak schulde. Dieser »Ritualmord« unterbleibt dann aber, und obgleich der Bibeltext den Erzvater Abraham nirgends seiner Bereitschaft wegen tadelt, sich auf eine solche Kindesschlachtung einlassen zu wollen, gilt Kindesopfer von jetzt an als heidnischer Greuel, verboten wie jeder Mord und absolut nicht als »gottgefällig«.

Das Darbringen der menschlichen männlichen Erstgeburt wurde denn auch durch die Prozedur eines »Loskaufens« des ersten Söhnleins ersetzt: Man spendete statt dessen der Priesterschaft ein Geschenk oder einen Geldbetrag. Vielleicht überließ man mitunter den ältesten Knaben auch den Priestern zur Erziehung, ähnlich wie Christen im Mittelalter zumindest einen ihrer Söhne gern in ein Priesterseminar steckten. Die Erzählung von der Geburt und Kindheit des Propheten Samuel scheint etwas derartiges anzudeuten. Anderseits gab es aber für den Tempeldienst die Leviten. Es ist also nicht ganz klar, was solche erstgeborenen Söhne im Tempel zu suchen hätten.

Aber dies war auf keinen Fall die Norm. Üblich war das »Auslösen« des Knaben durch ein Geldgeschenk. Und diese Prozedur – genannt »Pidian ha-Ben« (Auslösung des Sohnes) – gibt es also bis heute. Man »löst« den Sohn nicht bei der Priesterschaft als ganzer aus – das ist seit der Zerstörung des Tempels nicht mehr möglich –, sondern bei einem einzelnen Cohen. Es geschieht in einem genau festgelegten, festlichen Zeremoniell, bei welchem diesem einzelnen Priestersproß tatsächlich auch heute noch eine kleine Geldsumme überreicht wird, die aber längst den Charakter eines Almosens angenommen hat: Man wählt für diese alte Prozedur immer einen besonders armen, womöglich sogar notleidenden Cohen, läßt auch, wenn in der eigenen Gemeinde keiner der Cohanim am Hungertuch nagt, manchmal einen von auswärts kommen. Es gab in Osteuropa vereinzelt Cohanim, die von solchen »Pidian-ha-Ben«-Spenden sogar weitgehend ihren kümmerlichen Lebensunterhalt bestritten. Aber so reich wurde natürlich keiner davon, wie weiland die Priesterschaft in Jerusalem es war.

Sondernormen und Pfründen der Priester

Für den gebürtigen Cohen gelten übrigens – dies nur nebenbei – bis heute auch noch etliche eher lästige Sondergesetze: Da Berührung mit Leichen als rituelle Verunreinigung gilt, darf der Cohen, der besonders strengen religiösen Reinheitsnormen untersteht, an kein Totenbett herantreten und auch keinen Friedhof besuchen. Er darf ferner, obwohl bei den Juden Heirat kein Sakrament und die Ehe sehr leicht scheidbar ist, keine geschiedene Frau heiraten und ist – wie gesagt: bis heute! – noch weiteren eher lästigen Einschränkungen unterworfen, die seit fast zweitausend Jahren in keiner Weise mehr durch ein Riseneinkommen aus den Tempelsteuern und -spenden ausgeglichen sind.

Damals aber war die Position eines Priesters eine großartige Sinekure, die kaum durch entsprechende Pflichten und Aufgaben aufgewogen war. Die Priester erbrachten auch keine freiwilligen »Fleißaufgaben« wie die pharisäischen Schriftgelehrten, die sich in mühsamer Detaildiskussion um die Anpassung der zum Teil veralteten Bibelgesetze an die Gegenwart bemühten (das rabbinische Schrifttum, das talmudische und auch das spätere, kreist weitgehend um solche Fragen).

Und dabei erhielten die Talmudlehrer für den Aufbau und Ausbau ihrer »Scholastik« keinen »müden Pfennig«, denn sie bezogen für ihre wissenschaftlichen Expertisen und ihre Lehrtätigkeit an den Talmudakademien kein Gehalt. Es galt für sie die – selbstgewählte – Norm, daß ein jeder neben seiner Lehrtätigkeit noch irgendein Gewerbe betreiben und sich hiervon ernähren sollte. Das hatte auch den unerhörten Vorteil, daß lernbegierige, mittellose Studenten keine »Kolleggelder« zu zahlen brauchten.

Die Tempelpriester waren aber keine Schriftgelehrten, sie waren auch an der unerläßlichen Modernisierung des alten Bibelgesetzes gar nicht interessiert. Denn schließlich stand und fiel ihre Sinekure mit den altertümlichen Opferbräuchen, sie waren also schon aus reinem Selbsterhaltungstrieb streng konservativ.

Sie erbrachten auch sonst keine Kulturleistungen, wie dies viele heidnische und später christliche Theologen-Gremien taten: In Babylon und Ägypten waren die Priester zugleich prominente Astronomen und Mathematiker, was zum Teil mit den komplizierten, zentral gesteuerten Bewässerungsanlagen ihres Landes zusammenhing. Im Mittelalter bemühten sich die Klöster um landwirtschaftliche Innovationen und um Heilkunde, waren zugleich Gründer und Leiter von Schulen und Hochschulen, entwickelten eine hinreißende Buchkunst und vieles mehr.

Nichts davon traf für die Tempelpriester Jerusalems zu: Sie kassierten Riesenbeträge ohne eine nennenswerte Gegenleistung, die auch nur gute Gehälter und Pensionen gerechtfertigt hätte. Wir kommen später noch darauf zurück, daß auch die allerersten Christengemeinden demgegenüber an dem sehr klugen und einleuchtenden Prinzip der Pharisäer festhielten, wonach die »Theologen« honorarfrei arbeiten und sich durch eine praktische Tätigkeit selber ernähren sollten. Hier halten wir nur fest, daß die jüdische Priesterschaft im gesamten antiken Umfeld wohl als einzige ihr Rieseneinkommen konkurrenz- und mühelos und praktisch ohne eine nennenswerte Gegenleistung einkassierte.

Die »bildlosen« Tempelmünzen

Die Jerusalemer Priesterschaft hat – dem »Image« des geldbegabten und geldgierigen Juden zum Trotz – als einziges Priestergremium der Antike keine Bankgeschäfte getätigt. Das hing aber nicht mit dem mosaischen Zinsverbot zusammen, das sich eindeutig nur auf bäuerliche, gegenseitige Nothilfe und nicht auf entwickelte Wirtschaftszustände bezieht, die ohne Kapitaltransaktionen und damit auch Kapitalzins nicht auskommen können, sondern eindeutig bloß damit, daß die jüdische Priesterschaft solche Geschäfte nicht nötig hatte. Wie im Schlaraffenland die gebratenen Tauben, so flogen ihr Riesenbeträge mir nichts, dir nichts einfach »in den Mund«.

Auf diese Gelder legte sie aber ganz gewaltigen Wert. Hierfür eine Illustration, die zugleich die Frage nach dem mosaischen Bildverbot mit einschließt, das seinerseits der Grund für die ganze Geldwechselei im Tempelhof war: Für Kultzwecke waren Münzen mit aufgeprägten Portraits von Göttern oder Cäsaren nicht statthaft, wobei sich die Grenzen zwischen »Götzenbild« und Herrscherbild im hellenistischen Umfeld schwer abstecken ließen, da damals jeder Kaiser oder König, der etwas auf sich hielt, als Sohn einer Gottheit firmierte.

In diesem Zusammenhang ist nun folgende Tatsache besonders interessant, weil sie ein etwas eigenartiges Licht auf die Beziehung dieser Priester einerseits zum mosaischen Bildverbot und anderseits zum Geld wirft:

Für die Bagatellspenden und für die Bezahlung der Opfertiere beharrten die Priester zwar auf bildlosen Münzen. Bei den Riesensummen, die sie aus Spenden und Steuern aus dem gesamten Römerreich einkassierten, legten sie aber ganz andere Maßstäbe an: Da war ihnen das ganze Bildverbot mit einem Mal so lang wie breit, und es zählte nur noch der reine Silbergehalt der betreffenden Geldstücke, denn mit ihm stand und fiel ja die Inflationssicherheit der betreffenden Währung.

Nun war aber die einzige Münzprägeanstalt weit und breit, bei der man vor solchen wertmindernden Manipulationen restlos sicher war, eine in Südsyrien. Und dort scherte man sich den Deut um jüdische Sonderwünsche, man versah die Münzen mit dem Abbild kanaanitischer Gottheiten.

Was taten nun diese Tempelpriester Jerusalems, die sich vor lauter Frömmigkeit und »Gesetzestreue« überschlugen, solange es um Kleinspenden der Pilger während der Wallfahrtstermine und um die Bezahlung von Opfertieren ging, und die damit den ganzen Wechslerbetrieb im Tempel-Vorhof evozierten? Verzichteten sie schweren Herzens auf die südsyrischen, inflationssicheren Silberstücke zugunsten von weniger wertbeständigen? Oder schickten sie an jene Prägeanstalt eine Delegation, Jerusalem zuliebe daneben auch portraitfreie Geldstücke zu prägen, worauf sich die betreffenden Prägemeister bei dem Massenabsatz ihrer »Ware« nach Jerusalem sicher auch eingelassen hätten?

Keine Spur. Sie akzeptierten nicht nur jene götzengarnierten Geldstücke, sondern sie lehnten sogar Zahlungen in andern, weniger wertbeständigen Münzsorten für Tempelsteuern kurzerhand ab.

Mit andern Worten: Geld war bei ihnen ganz groß geschrieben, das Gotteswort sehr viel kleiner ...

Kurz: Gemessen an der ihnen abgeforderten Leistung waren die Jerusalemer Priester nicht viel nützlicher als die obersten Kadrowniki der sowjetischen Partei-Nomenklatura. Dieser gegenüber genossen sie aber noch zusätzlich das Privileg, daß ihr Amt und Einkommen in alle Ewigkeit vererbbar blieb. Erst durch die Zerstörung des Tempels und die »Vergeistigung« des jüdischen religiösen Lebens, das seither von der pharisäischen – und nicht von der sadduzäischen – Tradition geprägt ist, hat die Position des Cohen ihren hohen wirtschaftlichen und sozialen Stellenwert bei den Juden eingebüßt.

Zur Zeit Jesu blühte und gedieh das Geschäft aber wie nie zuvor dank der Verbreitung der Juden im ganzen Römerreich und ihrer Bereitschaft, den Tempel auch vom Ausland her üppig zu finanzieren ...

Und nun kam da dieser galiläische Dörfler daher, richtete im Tempelhof einen spektakulären Krawall an und erklärte dadurch zwar indirekt, aber trotzdem klipp und klar: Geldbetrieb, egal in welcher Form, darf nicht mit Religion zusammenhängen, religiöse Tätigkeit darf keine Einkommensquelle sein!

In der Tat hätte sich Jesus sein ganzes Leben hindurch mit den pharisäischen Schriftgelehrten herumstreiten können, »daß die Fetzen flogen« – es hätte ihn nicht das Leben gekostet.

Er hätte auch umgekehrt sich um die Debatten und Meinungen der Schriftgelehrten den Deut scheren, diese ganze »hochgelahr-

te« Gesellschaft »links liegenlassen« und dem Volk nach Gut-
dünken seine eigene Version und Interpretation des Bibelgesetzes darbieten können – auch darüber hätte sich niemand aufgeregt.

Er hätte ferner – was er aber erst als Angeklagter vor dem Sanhedrin tat, und selbst da eher zögernd, nämlich mit der Formulierung: »Du sagst es!« – sich ohne weiteres als »Messias« feiern lassen können. Auch das hätte ihm keine Anklage und gar Verurteilung zum Tode eingebracht, denn das taten in der von Erlösungs-
fieber glühenden Atmosphäre jener Tage noch viele andere, und
es wurde von niemandem ernsthaft beanstandet. Heiden wie Juden fühlten sich damals innerlich aufgewühlt, unruhig, suchten
nach einer neuen Sinnerfüllung. Man muß sich die allgemeine
Stimmung ein wenig ähnlich vorstellen wie heute. In solcher
»Luft« entstehen neue Sekten am laufenden Band. Und die Pharisäer, selber »Neuerer«, die sich angestrengt bemühten, das zum
Teil obsolet gewordene, sehr harte und altertümliche Bibelgesetz
dem »modernen« Alltag anzupassen, waren generell tolerant
auch gegen abweichende Thesen.

Doch all das ging nur so lange gut, als man nicht mit den Tempelkreisen zusammenstieß. Oder genauer: Auch eine Konfrontation
mit den Sadduzäern wirkte sich nicht immer tödlich oder auch
nur gefährlich für den kühnen Kontrahenten aus – solange er
nicht auf die unglückliche Idee verfiel, die priesterlichen Einnahmen zu beanstanden. In diesem Punkte verstanden die Herren
keinen Spaß. Und dann wurden sie gefährlich und bösartig.

Der Tempelschatz und die Wasserleitung

Wir wiederholen, was wir bereits sagten: Es flossen hier Riesenbeträge zusammen, und die den Priestern abgeforderte Gegenleistung war minim. Sie hatten etliche rituelle Repräsentations-
pflichten, und sie mußten sich außerdem um den Schächtbetrieb,
auf den der Brauch der Tieropfer hinauslief, mit dem levitischen
Hilfspersonal zusammen kümmern, was aber nur während der
paar Wallfahrtstermine hektisch und ermüdend war. Sie waren –

im Gegensatz zu den Pharisäern – keine Schriftgelehrten, mußten sich also auch geistig nicht sonderlich anstrengen. Sie gründeten keine Schulen und religiösen Akademien wie die fleißigen und um die Volksbildung intensiv bemühten Pharisäer, die aber hierfür – auch das sagten wir schon – keinerlei Honorare kassierten, sondern sich daneben durch irgendein Handwerk selber ernährten.

Sie waren weit und breit im gesamten antiken Umkreis der einzige Tempelbetrieb, der es auch nicht nötig hatte, zugleich als Geldinstitut, als Bank tätig zu sein: Das Geld floß ihnen mühe- und risikofrei von allen Seiten in Riesenmengen zu.

Zudem war ihre Position, anders als z.B. die der ähnlich unnützen obersten sowjetischen Nomenklatura, erblich: Alle Söhne waren a priori auf Lebensdauer glänzend versorgt, und wenn man klug genug war, die Töchter nur mit Nachkommen von Kollegen zu vermählen, so stand auch diesen ein Leben in üppigstem Wohlstand bevor ...

Manchmal fragt man sich: Was in aller Welt fingen die Priester mit dem vielen Geld an? Sie reicherten den kultischen Tempelschatz mit schwerem Goldgerät an. Die Römer staunten nach dem Fall von Jerusalem nicht schlecht, als man beim Triumphzug durch Rom die riesengroßen, rein goldenen Leuchter und anderen rituellen Gegenstände vorbeitrug; dergleichen hatten sie noch nie und nirgends gesehen. Reparaturen am Tempelbau werden auch einiges gekostet haben.

Aber es blieben immer noch immense Summen zurück. Wurden sie in irgendeiner Form zum Wohl des Volkes und Landes eingesetzt?

Keine Spur. Direkt wird dies zwar innerhalb vom jüdischen Schrifttum nirgends bestritten, indirekt jedoch läßt es sich aus der einen oder andern historischen Nachricht erschließen: Zur Zeit des römischen Statthalters Pilatus bedurfte offenbar das Bewässerungssystem Jerusalems dringend irgendwelcher Reparaturen und Ergänzungen. Für so etwas hatten die Römer einen guten Blick, denn sie badeten gern und häufig und brauchten folglich viel sauberes Wasser.

Da Jerusalem nicht an einem Fluß liegt, sondern auf einer Erhöhung, lief natürlich der Unterhalt der Wasserzufuhr auf erhebliche Kosten hinaus. Daß Pilatus diese Beträge nicht von den einkassierten Steuergeldern abzweigen wollte oder konnte, kann man verstehen. Vielleicht hätte er es auch beim besten Willen nicht vermocht, weil er bestimmte Minimalabgaben an Rom nicht unterschreiten durfte.

Item: Er verfiel auf die gar nicht so abwegige Idee, das hierfür nötige Geld von der Priesterschaft anzufordern. Das war jedenfalls sinnvoller und anständiger, als der ohnehin erbarmungslos ausgeplünderten Bevölkerung noch eine Zusatzsteuer aufzulasten oder aber die Wasserzuleitungen weiter verlottern zu lassen.

Und wenn die Cohanim wirklich mit dem Volk ähnlich intim verbunden gewesen wären wie heute die katholischen Priester in Polen, dann hätten sie freudig zugestimmt.

Sie erhoben aber ein gewaltiges Wehgeschrei über solche »Plünderung« ihres Tempelschatzes, was ihnen allerdings nichts half: Sie mußten trotzdem den Ausbau des Wassernetzes in der Stadt bezahlen ...

Das also war das Priestergremium, mit dem sich Jesus durch seine zwar harmlose, aber recht spektakuläre »Tempelreinigung« anlegte ...

(Verläßliche Dokumentation über den Tempelschatz zur Zeit Jesu bietet: Heinz Schröder in »Jesus und das Geld«, Karlsruhe 1979.)

Jüdischer Tempelschatz und moderne Priestergehälter

Wir möchten hier ein mögliches Mißverständnis ausräumen. Diese Anklage gegen die Jerusalemer Priester hört sich ein wenig an wie ein judenfeindlicher Exkurs: »Aha! Da sieht man es! Sie waren also schon damals ungewöhnlich geldgierig, die Juden!« Unerläßlich ist es, in diesem Zusammenhang noch einmal darauf zu verweisen, daß auch Jesus selbst, samt allen seinen Jüngern, dem jüdischen Volk angehörte, und desgleichen die Schriftgelehrten, die völlig honorarfrei lehrten und forschten und sich gleichzeitig noch mit einem bescheidenen Handwerk ernährten. Einer der größten Talmudlehrer war zugleich Schuhmacher.

Doch davon abgesehen ist solche unsympathische Geldgier nicht rasse-, volks- oder religionsspezifisch. Daß Leute, denen die gebratenen Tauben ins Maul fliegen und denen – anders als der sowjetischen Nomenklatura – diese Vorteile durch Religion und Gesetz obendrein noch als unveräußerliches und unabstreitbares Privileg auch für alle Zukunft zugesichert sind, sehr böse werden, wenn jemand es wagt, an dieser für sie so vorteilhaften Institution zu rütteln, das dürfte immer und überall dort eintreten, wo es solche Privilegien überhaupt gibt. Natürlich ist es die pure Niedertracht, wenn man sich eines lästigen Kritikers dadurch erwehrt, daß man ihn kurzerhand einem qualvollen Tod ausliefert. Aber auch solche Niedertracht ist nicht spezifisch jüdisch. Schon weit geringere Privilegien als die der Jerusalemer Tempelpriester werden mit Nägeln und Zähnen immer und überall verteidigt, wo man sie angreift oder nur schon in Frage stellt.

Nichts hindert, dies sogar in theologischem Umkreis der Gegenwart unter Beweis zu stellen: Da gibt es die angeblich von jesuanischem Ethos inspirierten Modetheologen, welche nicht nur vom Staat immer horrendere Zahlungen an die darbende Dritte Welt fordern und sich sogar zu der abstrusen Behauptung versteigen, einzig der Wohlstand des freien Westens trage Schuld an der Misere der einstigen Kolonialgebiete. Sie entblöden sich nicht einmal, die Spenden und Steuern der Kirchenmitglieder »zweckentfremdet« statt für religiöse Aufgaben für die Mitfinanzierung von solchen sogenannten »Befreiungsbewegungen« zu mißbrauchen, welche unter »Befreiung« nur Massenmord in Formen verstehen, die sogar in einem Video-Horrorthriller der Zensur anheimfallen würden. Und auf jeden Festtagstermin hin tun sich solche Modetheologen und ihre Nachläufer und Nachbeter dadurch hervor, daß sie den Kindern jede noch so bescheidene Festfreude mit dem Hinweis auf die Hungersnöte in der Dritten Welt vergällen. Da marschieren dann die armen, eingeschüchterten Kleinen rudelweise vor den visuellen Massenmedien auf und verkünden stolz, sie hätten radikal sogar auf Lebküchlein oder Schokoladehäschen verzichtet und statt dessen ihr Taschengeld der SWAPO oder den kommunistischen Rebellen und Terroristen in irgendeinem mittelamerikanischen Staat gespendet . . .

Man berufe doch statt dessen einmal einen Konvent ein und verkünde vor amtlich bestellten Theologen die geplante offizielle Rückkehr zu urchristlichen Maximen in puncto Lebensunterhalt all jener, die sich mit religiösen Angelegenheiten beschäftigten, die also predigten, missionierten, liturgische Aufgaben erfüllten und religionswissenschaftlichen Studien nachgingen. Die feste Regel lautete, genau wie bei den Pharisäern, daß sie hierfür kein Geld nehmen durften. Und nicht nur das: Sie durften auf ihren Missionsreisen auch keiner Gemeinde länger als drei Tage »auf der Tasche liegen«, und sie konnten das Gebot auch nicht etwa dadurch umgehen, daß sie nach drei Tagen das Logis wechselten, sich einen andern Gastgeber innerhalb der Gemeinde aussuchten. Dies wurde ausdrücklich untersagt. Fanden sie es nötig, ihren Aufenthalt irgendwo etwas auszudehnen, dann mußten sie eben eine bezahlte Arbeit in ihrem erlernten Beruf suchen.

Von dieser Regel wichen die Urchristen nur im Zusammenhang mit den zwölf Jüngern Jesu ab: Die Zeit und Kraft dieser wenigen Augenzeugen seines Erdenwandels und seiner Auferstehung waren denn doch zu kostbar und zu unersetzlich, als daß man sie für den Lebensunterhalt dieser »Urzeugen« verschwenden durfte. Sie als einzige durften auf Kosten der Gläubigen leben.

Aber nicht einmal für den Apostel Paulus wurde eine Ausnahme gemacht, obwohl gerade dies vielleicht ein Fehler war. Er war von Beruf Zeltweber, und er ging auf seinen Missionsreisen diesem Gewerbe auch tatsächlich immer wieder nach. Daß es ihm trotzdem gelang, daneben noch so zahlreiche, für die Entstehung und Entfaltung der christlichen Kirche grundlegende Schriften zu verfassen und zu hinterlassen, grenzt fast an ein Wunder, zumal er schwächlich und kränklich war und obendrein von epileptischen Anfällen in schwerster Form heimgesucht wurde. Vielleicht diktierte er seine zahlreichen Briefe an die verschiedenen jungen Christengemeinden seinem Sekretär, während er gleichzeitig Zeltstoffe webte oder zusammennähte. Daß ein Religionsgelehrter sich eines Sekretärs bediente, war ja bei den Hebräern nichts Ungewöhnliches. Schon der Bibelprophet Jeremias hielt seine Texte mit Hilfe eines solchen Assistenten fest, wir wissen sogar aus der Bibel seinen Namen: Baruch. Und Paulus reiste ja nur selten allein, er konnte also seinem jeweiligen Begleiter alles diktieren.

Trotzdem war es pure Verschwendung wertvollster »Missionskraft«, wenn man ausgerechnet einen Paulus diesem an sich löblichen Prinzip der unbezahlten religiösen Tätigkeit unterstellte. Aber schließlich hielten ja auch die jüdischen Schriftgelehrten aus dem pharisäischen Umkreis eisern an dieser Regel fest, und sie fuhren gut dabei: Es drängte sich keiner in ihr Gremium nur um praktischer Vorteile willen, denn die Lehrtätigkeit brachte nichts ein. Man war also sicher, daß sich nur wirklich »Berufene« zu ihr entschlossen.

Uns interessiert hier aber nicht die Frage, ob die paar Urchristen richtig oder falsch handelten, wenn sie auch Paulus diesem Prinzip unterstellten. Uns geht es hier nur darum, daß Pharisäer wie Urchristen bezahlte »Religionsarbeit« ausdrücklich verboten.

Was also hindert die von angeblich »urchristlichen«, »jesuanischen« Impulsen entflammten modernen Theologen, statt den Kindern ihre Osterhäslein und bunten Weihnachtsküchlein zu vermiesen (was ohnehin wenig Spendengelder einbringt), kollektiv zu deklarieren: Wir verzichten ab sofort auf unsere Gehälter und Pensionen, beides verträgt sich nicht mit urchristlichen Prinzipien? Wir suchen uns eine »profane« Arbeit, einen »Job«, und predigen, trauen und konfirmieren ab heute nur noch gratis an den freien Sonntagen ...

Im Verhältnis zum Jerusalemer Tempelschatz sind die Einnahmen der Pfarrer bescheiden. Und obendrein sind diese Gehälter nicht erblich, Sohn oder Tochter bekommen von der Kirche nur Geld, wenn sie in irgendeiner Form selber permanente Kirchenfunktionen übernehmen.

Trotzdem wäre es interessant festzustellen, wie die Konventsmitglieder auf einen solchen Vorschlag reagieren würden. Natürlich würden sie den Initianten einer solchen »Neuerung« nicht ans Kreuz schlagen lassen, denn dazu fehlt ihnen heute weltweit die Kompetenz, und diese besonders barbarische Hinrichtungsart ist ohnehin schon seit geraumer Zeit aus der Mode geraten. Sie war eine Erfindung Vorderasiens und hatte ursprünglich religiöse Hintergründe (darauf kommen wir noch zurück), wurde dann allerdings von den Römern, als diese die Prozedur in ihr Justizverfahren übernahmen, nur noch als rein profaner Vorgang aufgefaßt.

Doch auch darauf kommt es hier nicht an. Schließlich war es ja auch reiner Zufall, daß damals in Jerusalem die Hinrichtung Jesu gerade auf diese Weise stattfand, wenn diese Tatsache (eben diese Hinrichtungsform) dann auch fundamentale Bedeutung für das junge Christentum hatte. Auch darauf kommen wir noch zurück.

Uns geht es hier nur darum, daß beliebige Leute – Theologen wie »Laien« – immer und überall sehr böse werden, wenn man ihre Privilegien und Einnahmen in Frage stellt. Auch die angeblich vom Gebot der »imitatio Christi« glühend entbrannten Modetheologen würden da plötzlich – im Rahmen ihrer Möglichkeit – sehr gefährlich und bösartig reagieren. Die Jerusalemer Tempelpriester verhielten sich also keineswegs etwa »typisch jüdisch«. Aber ob nun »typisch jüdisch« oder nicht – was sie Jesus antaten, war ein schweres Justizverbrechen.

Schuldlosigkeit Jesu nach jüdischem Recht

Bei diesem Punkt müssen wir .einen Augenblick innehalten, obwohl auch er mit unserem Thema – der Nichtbeachtung Jesu durch das zeitgenössische jüdische Schrifttum – nichts zu tun hat. Es gibt gerade auch unter »philosemitisch« inspirierten heutigen Jesusforschern welche, die meinen, man könne den Sadduzäern im Sanhedrin keine Vorwürfe wegen der Verurteilung Jesu machen, sie hätten, vom jüdischen Religionsgesetz her, »nicht anders gekonnt«, denn Jesus habe – eben vom jüdischen Gesichtspunkt her – tatsächlich Blasphemien und damit Todeswürdiges ausgesprochen.

Dies aber ist schlechthin unwahr. Denn was ist eine Blasphemie? Eine massive Beleidigung und Verleumdung Gottes. Wann aber hätte sich Jesus je etwas Derartiges zuschulden kommen lassen? Er hatte zu Gott sogar eine besonders innige und demütige Beziehung.

Daß er ihn immer oder fast immer als »Vater« ansprach, war für jüdisches Empfinden weder damals noch je in späterer Zeit eine Gotteslästerung, denn so reden die Juden Gott bis heute in den Gebeten der zehn Tage zwischen Rosch-ha-Schana (= Neujahr) und Jom-Kippur an. »Awinu«, hebräisch »unser Vater«, sagen sie zu ihm, und die mystisch inspirierten Chassidim nennen ihn in ihren Liedern und spontanen Anrufen auf jiddisch sogar zärtlich »Väterchen«: »Tatenju!« (von polnisch tata). Auch das Vaterunser ist jüdischer Herkunft.

Natürlich ist das nicht im hellenistisch-heidnischen Sinne zu begreifen, wo man davon ausging, daß tatsächlich einer der Götter – meist war es der jederzeit zu Ehebruch aufgelegte Jupiter/Zeus – vom Olymp herabgestiegen sei, um sich mit einer irdischen Schönheit zu vergnügen und sie zu schwängern. Gemeint war und ist mit diesem Ausdruck »Awinu« nur eine besonders nahe, intime Verbundenheit mit Gott, und zwar nicht bloß dieses einen, individuellen, gerade im Gebet begriffenen Juden, sondern des ganzen jüdischen Volkes. Etwas anderes kann auch Jesus mit seiner Anrede an Gott als »Vater unser« nicht gemeint haben. Das war alles andere als Gotteslästerung.

Diese aber war das einzige nach jüdischem Gesetz todeswürdige Religionsvergehen. In den Fünf Büchern Mosis werden allerdings sogar Verstöße gegen die Sabbatruhe als Kapitalverbrechen eingestuft und entsprechend mit Todesstrafe bedroht. Ob man wirklich jemals so drakonisch gegen Ritualsünder vorging, wissen wir nicht. Sicher war dies aber zur Zeit Jesu längst nicht mehr der Fall. Die Sanhedrin-Richter denken denn auch nicht im Traum daran, ihm etwas Derartiges vorzuwerfen.

Dagegen scheinen sie – wenn das Gespräch zwischen ihnen und Jesus korrekt überliefert ist – die Frage aufgeworfen zu haben, ob er sich wirklich für den Messias halte? Es fällt dabei aber auf, daß sie – immer korrekte Wiedergabe des damaligen Protokolls (wenn es überhaupt eines gab) vorausgesetzt – dabei nicht den Ausdruck »Messias« (Maschiach, also »der Gesalbte«) benutzt haben, sondern den aramäischen Begriff »Bar-Enosch« (= Menschensohn). Vielleicht deshalb, weil es denn doch zu offenkundig war, daß Jesus nicht von einer politischen Lösung und Erlösung träumte, wie sie im Ausdruck »Messias« mitklingt: »Gesalbt« wurden nämlich nach altjüdischem Brauch nur die Könige.

Nebenbei: Wenn sie eben deshalb den Begriff »Maschiach« im Zusammenhang mit Jesus mieden, so war es nachher doppelt niederträchtig, daß sie ihn dann den Römern als angeblichen politischen »Revoluzzer« auslieferten, der eine solche Königswürde und -rolle anstrebe, und ihn dadurch nicht nur dem qualvollen Tod, sondern obendrein dem Hohn der römischen Soldateska aussetzten, die ihn mit einem roten Legionärsmantel als »Judenkönig« kostümierte, ihm eine Dornenkrone aufpreßte und sein Kreuz entsprechend beschriftete.

Allerdings hätten ihn die Römer andernfalls – wenn ihm der Sanhedrin ausschließlich religiöse Vergehen unterstellt hätte – nicht hingerichtet, sondern dem jüdischen Richterkollegium sagen lassen: »Was gehn uns eure religiösen Kabbeleien an? Macht mit ihm, was ihr wollt!«

Tatsächlich scheint der im Neuen Testament behauptete Widerwille des römischen Statthalters, Jesus und nicht den eindeutigen Widerstandskämpfer Barrabas zu kreuzigen, in diese Richtung zu deuten: Er scheint gemerkt zu haben, daß man ihn mit der Denunziation Jesu als angeblichem Initiator eines Aufstandes hereingelegt und letztlich mißbraucht hatte.

Wie immer: Daß jemand von seinen Anhängern oder auch durch sich selbst als »Messias« oder »Bar-Enosch« bezeichnet wurde, war kein Sakrileg und kein Todesverbrechen. Auch dann nicht, wenn der Betreffende – und seine Jünger – daraus auf eine besondere Nähe zu Gott und zusätzliche Auserwähltheit durch ihn (zu der allgemein jüdischen Auserwähltheit hinzu) schlossen. Ob also der Hohepriester bei einem Ausspruch Jesu, der in diese Richtung deutete, wirklich, wie die Evangelisten berichten, sein Gewand zum Ausdruck der Trauer und des Entsetzens zerriß, ist fraglich. Und wenn er es tat, dann war es billiges, deplaziertes Theater.

Analogien zwischen Justizverbrechen an Jesus
und Stephanus

Daß dies nicht eine willkürliche und modernistische Interpretation der damaligen Gerichtsverhandlung gegen Jesus ist, läßt sich zwar nur indirekt, aber eindeutig beweisen: Es gab ja wenige Jahre später eine Gerichtsverhandlung vor dem Sanhedrin von Jerusalem auf ganz ähnlicher Basis, nämlich jene gegen den unglücklichen Stephanus, der sich genauso wenig wie weiland Jesus respektlos oder gar blasphemisch über Gott geäußert, jedoch gleichfalls den Wert des Tempelkults und sogar des Tempels selbst angezweifelt hatte. Die vorliegenden Quellen berichten für beide Gerichtsverhandlungen, es sei dabei die Bemerkung gefallen, Jesus könne den Tempel im Nu zerstören und innerhalb von drei Tagen wieder aufbauen.

Es ist extrem unwahrscheinlich, daß Jesus etwas Derartiges gesagt haben soll. Streichen muß man in jedem Fall den Hinweis auf die »drei Tage«, denn das setzt denn doch allzu deutlich die Kreuzigung und die Auferstehung nach drei Tagen voraus. Nun hatte Jesus zwar guten Grund, das Schlimmste zu befürchten. Aber bis zuletzt war nicht sicher, ob er nicht doch mit einer Ritualstrafe – vierzig minus einem Peitschenhieb – davonkommen würde.

Doch selbst wenn er die Hoffnung bereits verloren, mit Tod und Auferstehung und einer erst dann anbrechenden messianischen Erlösung rechnete, ist es ausgeschlossen, daß er die drei Tage, die dann tatsächlich verstrichen, ehe er Maria von Magdala und den Jüngern erschien, bereits hier ins Spiel brachte. Denn dieser Dreitagetermin im Zusammenhang mit Auferstehung und Gottwerdung läßt sich im jüdischen Schrifttum, aus dem allein Jesus lebte, fühlte, dachte, nirgends belegen, ihn trug die hellenistische Umwelt bei. Darauf kommen wir noch zurück. Jedenfalls kann erst Stephanus, und nicht schon Jesus, in solchem Zusammenhang von drei Tagen gesprochen haben, wobei es gleichgültig ist, ob Zerstörung und Wiederaufbau des Tempels hier wörtlich gemeint sind oder – was viel wahrscheinlicher ist – nur symbolisch, in dem Sinne, daß der wahre Sinn, das wahre Zentrum des Heilsgeschehens nicht durch Tempeldienst, sondern eben durch Präsenz und Wirkung Jesu erbracht würden.

Aber selbst wenn Jesus etwas Derartiges gesagt haben sollte, wäre es nach jüdischem Religionsgesetz nach wie vor kein todeswürdiges Kapitalverbrechen gewesen. Und das wußten auch die Priester sehr genau, wenn sie etwas Derartiges begreiflicherweise auch äußerst ungern hörten.

Daß und wie genau sie es wußten, belegt der Bericht über das Gerichtsverfahren gegen Stephanus, das zwar etliche Jahre später stattfand, jedoch nach den genau gleichen Regeln und unter den genau gleichen Konditionen abrollte:

Unter den Richtern befand sich damals Rabbi Gemaliel, der große Talmudlehrer und Sohn oder Enkel des Rabbi Hillel, des Zeitgenossen Jesu, der ebenfalls Talmudlehrer war und berühmt für die Milde seiner Entscheide und Auslegungen. Gemaliel folgte hierin den Fußstapfen seines Vorfahrs.

Der Sanhedrin, welcher über das Schicksal des armen Stephanus entscheiden sollte, war aus Vertretern verschiedenster Fraktionen zusammengesetzt. Pharisäer waren in jedem Fall mit dabei – bei der obligatorischen Anzahl von 71 Richtern war eine solche gemischte Zusammensetzung ohnehin kaum vermeidbar.

Als sich nun das Gremium über die Aussprüche des Stephanus gewaltig aufregte, griff Rabbi Gemaliel in die hitzige Debatte ein und sagte (nicht wörtlich, aber dem Sinne nach): »Laßt ihn laufen! Mag Gott entscheiden, ob sein Meister wirklich der erhoffte Messias ist! Das muß sich ja an einer entsprechenden Veränderung der Welt, eben daran, ob die ›neue Erde‹ heraufbricht oder nicht, dann erweisen. Was geht das den Gerichtshof an? Auch wenn Stephanus irrt, ist es nicht unsere Sache. Damit müssen er und seine Glaubensgenossen allein fertig werden.«

Es kam aber trotzdem nicht zum Freispruch des Inkulpierten. Hierfür hatte der Unglückliche, genau wie zuvor schon Jesus durch seine »Tempelreinigung« und seinen Kommentar hierzu, denn doch zu empfindlich an den Lebensnerv dieser Kult-Nomenklatura gerührt.

Freilich konnten sie ihn auch nicht verurteilen. Denn es hatte, wie Rabbi Gemaliel es deutlich darlegte, ein jeder das Recht, sich selbst oder auch einen andern zum Messias zu ernennen. Das war kein Sakrileg, sondern gegebenenfalls ein Irrtum. Und war der Betreffende nicht bereit, seinen »Irrtum« einzusehen, beharrte er auf seiner Ansicht, so war auch das ausschließlich »sein Bier«, um es banal auszudrücken ...

Der Ausgang des Stephanus-Prozesses ist bekannt: Das frustrierte Richterkollegium, in welchem erlesene Geister von der Art des Rabbi Gemaliel offenbar so in der Minderzahl waren, daß sie gegen die Gesamtstimmung nicht aufkommen konnten, rief den Pöbel, der dem Verfahren beiwohnte, zu Hilfe, hetzte ihn mit bösen Verleumdungsparolen gegen den Angeklagten auf, ermunterte die Leute zur Lynchjustiz. So wurde denn der Angeklagte vor die Stadt hinaus geschleppt, auf jenen Platz, der für Steinigungen vorgesehen war, und, ganz ohne vorangegangenes Todesurteil, gesteinigt.

Parallelen zwischen Blutschuld von Paulus und Judas

Wir erwähnten bereits, daß Paulus, obgleich selber pharisäischer Schriftgelehrter, aber damals noch junger Talmudstudent, sich von den Parolen des Pöbels und dessen Mordbereitschaft mit hinreißen ließ. Er hätte auf Rabbi Gemaliel hören können und sollen. Daß er es nicht tat, muß ihm nachträglich schwer zu schaffen gemacht haben. Er schleuderte zwar nicht eigenhändig Steine, aber er nahm jenen, die es tun wollten, die Mäntel ab, so daß sie beim Steinewerfen nicht behindert waren.

Nun: Daß jene der Richter, die den Priesterkreisen angehörten, alles nur Erdenkliche taten und diesen Störenfried, der den Sinn und Wert und damit die Berechtigung der gewaltigen Tempeleinnahmen anzweifelte, aus dem Wege schaffen wollten, ist zwar durch nichts exkulpierbar – denn ein Gericht hat Recht zu sprechen und nicht im Interesse seiner Mitglieder selber Verbrechen zu begehen –, aber man kann es verstehen.

Was in aller Welt bewog aber den Pharisäer Saulus/Paulus, sich dieser abscheulichen Aktion anzuschließen?

Wir wiederholen unsere Vermutung: Er ließ sich unüberlegt

von der Massenpsychose gegen den armen Stephanus mit infizieren, sah aber vermutlich schon vor seiner Bekehrung zum Christentum seinen furchtbaren Fehler ein, und diese Reuestimmung war wohl zumindest ein mit-auslösender Faktor bei seinem Damaskuserlebnis ...

Ein wenig erinnert diese ganze Episode an das Judas-Syndrom: So wie manche Religionstheoretiker meinen, der Verrat des Judas sei ein unerläßlicher Faktor des Heilsgeschehens gewesen, weil es ohne diesen Verrat die Kreuzigung Jesu nicht gegeben hätte (was aber, wie wir noch ausführen werden, nicht stimmt), so kann man vielleicht auch davon ausgehen, daß möglicherweise Paulus, ohne seine eigene Mitschuld am Verbrechen gegen Stephanus, am Ende nie den Weg zu dem neuen Glauben gefunden und also auch nicht dessen wirksamster Promulgator und Propagator geworden wäre. Wahrscheinlich wäre ohne Paulus das Christentum eine kleine, unbedeutende Sekte ausschließlich unter den Juden geblieben und schließlich, zusammen mit der judenchristlichen Gemeinde der Ebioniten in Jerusalem, untergegangen und in Vergessenheit geraten.

Soll man also die Mitwirkung von Saulus/Paulus am Justizverbrechen an Stephanus deshalb positiv werten?

Das sind mühsame, vertrackte religionsphilosophische Überlegungen, die letztlich nichts bringen. Zum Glück gehen sie uns in unserer Untersuchung nichts an. Wir erwähnten diesen ganzen Komplex nur im Zusammenhang mit der heute viel diskutierten Frage, ob das Urteil gegen Jesus wenigstens vom jüdisch-rechtlichen Standpunkt her gerechtfertigt war.

Davon also konnte keine Rede sein. Es war schlichtweg ein Justizverbrechen.

Und man kann nicht einmal behaupten, daß die Priester zu dumm oder zu verbohrt gewesen wären, um dies nicht selber klar zu wissen. Sie wußten es. Und sie verurteilten Jesus denn auch, um sich in den Augen der kritischen Pharisäer nicht lächerlich zu machen, gar nicht aus religiösen Gründen, sondern denunzierten ihn als angeblichen »politischen Aufrührer« an den römischen Statthalter, genau wissend, daß er das nicht war. Hierfür gab und gibt es keine Entschuldigung.

Und auch jene sollten lieber schweigen, die den Sanhedrin dadurch exkulpieren wollen, daß sie so eifrig darauf hinweisen, die Juden hätten Jesus ja nicht selber gekreuzigt, dies hätten die Römer getan. Denn die Priester und Richter, die Jesus als angeblichen Revoluzzer den Römern denunzierten und auslieferten, wußten sehr genau, wie die Römer mit Unruhestiftern in den Kolonien verfuhren. Das ist, als wollte man den Judenschlächter Adolf Eichmann exkulpieren, indem man darauf hinwiese, daß er nie selber einen Gashahn in Auschwitz aufgedreht habe. Die Hauptschuld trägt, wer ein solches Geschehen in Gang setzt, und nicht, wer es dann durchführt. –

Hier sei nur noch ein einziger Punkt erwähnt: Bei den zahlreichen Versuchen, Legende und Wirklichkeit im Leben Jesu auseinanderzuklauben, fehlt auch nicht die Behauptung, die ganze Tempelreinigung habe in Wirklichkeit nie stattgefunden, sei vielmehr eine spätere Erfindung aus dem Umkreis des frühen Christentums.

Diese Behauptung hat nicht Kopf noch Fuß. Weshalb sollten die Jünger Jesu oder auch spätere christliche Gläubige eine solche Episode überhaupt erfunden haben? Daß sie ihm Wundertaten (über jene hinaus, die er wirklich vollbrachte) andichteten, leuchtet ein. Jedes zusätzliche Wunder bestätigte seine Messianität, auch wenn er selber – genau wie dann sehr viel später gerade die großartigsten unter den chassidischen Wunderrabbis – immer wieder betonte, daß dies nicht das wichtigste Element seines Tuns und Wirkens sei.

Aber der Tempelreinigung haftet nichts Wunderbares an. Tische und Bänke von Wechslern und Händlern umwerfen – das kann ein jeder. Natürlich wäre es trotzdem unerläßlich gewesen, die Aktion nicht nur zu erwähnen, sondern sogar ausführlich zu schildern, wenn sie sich in spektakulärer Form für Jesus positiv ausgewirkt hätte, wenn also zum Beispiel die hier angesammelten Wallfahrer spontan erklärt hätten: »Recht hat er! Schon unsere alten Propheten waren letztlich derselben Meinung! Statt zu opfern und zu spenden, laden wir lieber irgendeinen armen Teufel samt seiner Familie zum rituellen Lamm-Essen ein, der sich – Bibelvorschrift hin oder her – an diesem hohen Feiertag trotzdem nur ein paar ungesäuerte Brotfladen und statt der obligatorischen vier Becher Wein je Nase nur Brunnenwasser leisten kann!«

Aber von einem solchen »Auszug der Juden« (diesmal nicht aus Ägypten, sondern aus dem Tempelhof) weiß das Neue Testament nichts zu berichten. Jesu Aktion »zündete nicht«, sie »kam nicht an«. Sie war, von der Auswirkung auf die Pilgermassen her betrachtet, ein »Flop«.

Warum also hätten die Evangelisten von ihr berichten sollen, wenn sie in Wirklichkeit nicht stattgefunden hätte?

Davon abgesehen: Weshalb hätten sich die Sadduzäer wie Zekken und Blutegel von da an an Jesus heften und ihn zu Fall bringen sollen, wenn sie von ihm nicht genau in ihrem Lebensnerv – nämlich in ihrem märchenhaften Reichtum – getroffen und provoziert worden waren?

Mit andern Worten: Im Gegensatz etwa zur übernatürlichen Vertausendfachung der Lebensmittel beim Hochzeitsmahl von Kana, fand die Tempelreinigung durch Jesus ohne jeden Zweifel wirklich statt. Die Speisung der zahllosen Hochzeitsgäste dagegen durch ein reines Wunder dürfte tatsächlich nur Legende sein, obwohl es auffällt, daß sich die Juden 1800 Jahre später das genau gleiche Speisungswunder – wenngleich in weniger gewaltigem Ausmaß – auch von ihren chassidischen Zaddikim erzählen, es also jahrtausendelang immer wieder in identischer Form bei ihnen auftaucht. Irgendein realer Kern steckt dann wohl meist doch darin. Wir werden später versuchen, dieses jesuanische und zugleich chassidische Speisungswunder zu deuten, ohne Anspruch auf die Gültigkeit unserer Erklärungen zu erheben. – Noch ein Wort zu den Tempelpriestern. Man wird zwar bei der Lektüre des Neuen Testamentes – und andere Quellen haben sich über das Leben und Leiden Jesu leider nur sehr fragmentarisch erhalten – den Eindruck nicht los, daß sie bewußt logen, als sie Jesus als angeblichen Aufrührer den Römern übergaben. Sie befanden sich, wenn sie partout sein Verderben wollten, gleichsam im Zugzwang. Man ist sich zwar bis heute nicht einig dar-

über, ob der Sanhedrin in jener Zeitspanne wirklich keine Todesurteile aussprechen und durchführen durfte oder ob ihm dies
nur bei politischen Verbrechen verboten war, so daß sie »Ritualsünder« auch selber hätten aburteilen und hinrichten dürfen.

Jesus bot aber, wie gesagt, für eine religiöse Aburteilung keine
brauchbare Grundlage, oder genauer: keine Grundlage, die für
eine Hinrichtung ausgereicht hätte. Und die Priesterschaft wußte
genau, daß sie sich mit einem Fehlurteil und gar einer Liquida-
tion des Delinquenten – oder genauer: des angeblichen Delinquenten – beim gesetzestreuen Teil des Richterkollegiums böse
Scherereien einbrocken konnte.

Der Justizmord an Jakobus

Auch hierfür bietet die Geschichte des Frühchristentums einen
schlagenden Beweis: Nach Jesu Tod übernahm sein Bruder Jakobus die Leitung der christlichen Gemeinde von Jerusalem. Er war
in seinem ganzen Naturell von seinem gekreuzigten Bruder völlig verschieden, hatte, wenn man so sagen darf, eher »essenische«
Neigungen und Tendenzen. Er hielt alle Ritualgesetze peinlich
genau ein, fastete und betete viel, und es zog ihn – anders als Jesus – nicht zu heiteren Volksfesten. Er hatte, wenn man so will,
die puritanischen Züge und asketischen Neigungen eines Savonarola. Er dachte nie auch nur im Traum daran, die Priester
ähnlich zu provozieren, wie Jesus es mit seiner Reinigungsaktion
getan hatte.

Trotzdem erregte er aus irgendeinem Grunde das Mißfallen und
die Antipathie des damaligen Oberpriesters, weshalb dieser im
Alleingang, also ohne Konsultation des Richterkollegiums, ihn
kurzerhand köpfen ließ.

Da aber hatte der Oberpriester – Annas hieß er – die Rechnung
ohne den Wirt gemacht. Solche putzmunteren, rein privaten
»Säuberungsaktionen« wollte und konnte der Sanhedrin nicht
dulden. Er schickte eine Delegation dem römischen Statthalter
entgegen, der damals zufällig nicht in Jerusalem weilte, und
erhob bei ihm Anklage gegen den Oberpriester. Dieser wurde

denn auch durch den Statthalter prompt seines Amtes enthoben. Denn die Römer wußten genau, wie leicht erregbar die Juden vor allem in religiösen Belangen waren, und sie mieden jede Konfrontation mit ihnen, wenn es irgendwie machbar war.

Die Priesterschaft konnte also ihr anvisiertes Ziel – den Tod Jesu – nur erreichen, wenn sie ihn den Römern als angeblichen Widerstandskämpfer gegen Rom denunzierte, was er, wie sie genau wußte, nicht war.

Möglich ist aber immerhin, daß wenigstens einer der Richter etwas Derartiges für möglich hielt. Ein einziges der Evangelien rapportiert den (angeblichen) Ausspruch des Oberpriesters, wonach man Jesus opfern müsse, weil es besser sei, wenn nur ein einzelner und einziger für das ganze Volk sterbe, als daß umgekehrt das ganze Volk einem einzelnen zuliebe leiden und untergehen müsse. Das kann man nur dahin deuten, daß der Oberpriester befürchtete, die Römer könnten schon die bloß vermutete Revolte des Nazareners dem ganzen Volk anlasten und dieses dafür bestrafen. Hierzu war Pilatus durchaus imstande, und er hat ja auch später zweimal ein Blutbad unter den Juden angerichtet, das eine in Samaria, das andere in Galiläa. Beide Male boten geringfügige, rein religiös fundierte Unruhen unter den Juden selbst den Anlaß, wobei in beiden Fällen Pilatus die Situation völlig mißdeutet hatte. Die römische Regierung zog ihn denn auch hierfür zur Verantwortung, und er verlor seinen Statthalterposten.

Damit aber Pilatus auch das bißchen »Rabatz« im Tempelhof, das Jesus ausgelöst hatte, in politisch-revolutionärem Sinne mißdeutete, mußte er zuvor in entsprechender Richtung desinformiert werden. Dies aber war durch dieselbe Priesterschaft geschehen, deren Oberhaupt jetzt blauäugig die Befürchtung äußerte, der Statthalter könnte die Juden für die Tempelreinigung bestrafen, weil er sie für einen Aufstand gegen Rom hielt. Ehrlich kann der Hohepriester seine angebliche Befürchtung nicht gemeint haben. –

Die konsequenteren Essener

Die tödlichen Folgen der Tempelreinigung für Jesus

Wir fassen noch einmal kurz zusammen: Um zu verstehen, was Jesus sich mit seiner »Tempelreinigung« – und noch obendrein in Gegenwart Tausender von Pilgern! – einbrockte, muß man sich klarmachen, was es für die Priesterschaft bedeuten konnte, wenn es einem Prediger gelang, bei den Gläubigen Zweifel am Sinn der Tempelsteuern und -spenden zu wecken. Wenn Jesus noch ein Weilchen leben wollte – und er war noch jung und liebte so sehr die kleinen bescheidenen Freuden, die das Leben bot! –, hätte er das niemals tun dürfen! Möglich, daß sie ihm sogar eine wirkliche Blasphemie – die er aber nie beging! – zumindest ohne Todesstrafe hätten durchgehen lassen. Möglich, daß andere »Gurus« damals tatsächlich Theorien von sich gaben, die man allenfalls auch als gotteslästerlich hätte bezeichnen können. Wir erfahren aber nichts von solchen Prozessen und Todesurteilen zur Zeit Jesu. Die Priesterschaft war damals kaum sehr inquisitorisch gestimmt, sie hätte sich auch mit diesem bescheidenen Nazarener kaum auf große Dispute eingelassen. So etwas »brachte ja nichts«.

Den (ideellen) Griff nach der »Tempelkasse« konnten sie Jesus aber nicht durchgehen lassen. Dafür hat er einen schrecklichen Preis bezahlt.

Freilich kann man Jesus den Vorwurf einer gewissen Inkonsequenz in seinem Verhalten nicht ersparen: Wenn er wirklich vom Tempelkult (mit Recht) so wenig hielt: Wozu pilgerte er dann bei allen Wallfahrtsterminen nach Jerusalem?! Man konnte Gott ja auch anderswo dienen, das taten doch die Juden im ganzen Römerreich, das hatte namentlich er selbst zur Genüge bewiesen.

Ohnehin gingen die Juden ja zu keinem Zeitpunkt davon aus, daß Gott im Tempel »wohne«, »residiere«. Er war allgegenwärtig, man konnte ihn zu jeder Zeit allerorten anrufen. Im Tempel lag bloß die Bundeslade, die aber auch keine speziellen Religionsgeheimnisse enthielt, sondern nur die allgemein bekannten Mosaischen Zehn Gebote. Warum also blieb er dem Tempel nicht einfach fern?

Und warum wählte er für seine »Tempelreinigung« nicht wenigstens einen weniger gefährlichen Termin als gerade ein Wallfahrtsfest? Er hätte zwar weniger »Publikum« gehabt bei seiner Reinigungsaktion – sie hätte ihn dann aber vielleicht auch nicht das Leben gekostet.

Jesu Einwände gegen die Essener

Doch wie immer: Die mönchische, eschatologische Sekte der Essener war da konsequenter. Nachdem die Essener zur Überzeugung gelangt waren, daß der Tempelkult religiös wertlos sei, ließen sie sich dort einfach nicht mehr blicken. Nicht daß sie sehr furchtsam gewesen wären. Sie glaubten ja, genau wie Jesus, an eine baldige messianische Erlösung und Auferstehung aller Toten. Nur daß sie die Akzente ein wenig anders setzten. Sie sprachen weniger vom kommenden Himmelreich auf Erden als vom Letzten Gericht, bei dem die Gerechten von den Bösen geschieden und die letzteren mit ewiger Pein furchtbar bestraft werden sollten. Aber das Martyrium scheuten und fürchteten sie genausowenig wie Jesus. Es schien ihnen nur eben sinnlos, sich an den Tempelbräuchen, von denen sie gar nichts hielten, selber zu beteiligen. Und sie waren auch nicht so naiv wie Jesus, der offenbar allen Ernstes die Hoffnung hegte, mit seiner Tempelreinigung vielleicht bei den Sadduzäern eine Metanoia, ein geistiges Umdenken hervorzurufen. Folglich hielten sie sich – prinzipielle Martyriumsbereitschaft hin oder her – von Jerusalem einfach fern.

Warum also folgte Jesus ihrem Beispiel nicht?

Soll man annehmen, er sei einfach nicht darauf verfallen, mit diesem von klein auf geübten Brauch zu brechen, und er habe auch von den Essenern nichts gewußt?

Das erstere mag eine Rolle gespielt haben; das letztere trifft auf keinen Fall zu. Jesus erwähnt zwar nirgends in seinen Logia diese Sekte, aber er muß von ihr gewußt und sogar irgendwann einmal mit ihr Kontakt gehabt haben.

Sicher hat er ihr selber nie angehört, obwohl manche modernen Jesusforscher es vermuten. Dazu sind die Unterschiede zwischen ihm und den Essenern doch zu fundamental. Aus dem baldigen Weltuntergang ziehen sie die genau umgekehrten Schlüsse als Jesus: War dieser nicht zuletzt auch deshalb geneigt, scharfe Gesetze abzumildern, so konkludierten die Essener genau umgekehrt, daß sich, im Hinblick auf das baldige Weltende und Weltgericht, jede Milde erübrige. Sie lehnten Abschwächung oder Aufhebung von Ritualgesetzen auch in jenen Notlagen ab, in welchen das Bibelgesetz dergleichen sogar ausdrücklich vorschreibt. In den Fünf Büchern Mosis ist jedes Ritualgebot bei entsprechender Notlage suspendiert. Der Arzt darf nicht nur, er soll und muß sogar dem Schwerkranken auch am Sabbat helfen; Brände dürfen und sollen gelöscht werden; ist ein Tier oder Mensch am Sabbat verunfallt, so darf man nicht nur, sondern man muß ihm beispringen, auch wenn dabei das Gebot der Sabbatruhe noch so massiv verletzt wird. Und zwar soll in einem solchen Fall keineswegs etwa der Hausherr die Hilfspflicht an einen Untergebenen delegieren, weil er es vorsichtshalber trotzdem besser findet, gegen die Gebote der Sabbatruhe nicht zu verstoßen. Vielmehr befiehlt das Bibelgesetz ausdrücklich, daß er selber Hand anlege.

Die überstrengen Essener

All das mißfiel den Essenern. Nicht ganz unlogisch, konkludierten sie: Wozu solche Rücksichten auf das Wohlbefinden irgendwelcher Geschöpfe sozusagen »kurz vor 12 Uhr«? Bald sind sie ohnehin erlöst, und das zuvor erlittene Leid wird ihnen sogar als »Abschlagszahlung« für ihre Sünden angerechnet.

Eine solche Interpretation der Sabbatgesetze und anderer Ritual-
normen mißfiel hinwiederum dem milden Nazarener ganz eindeutig. Er erwähnt zwar nirgends ausdrücklich die Essener, aber
an allen Stellen, wo er sagt »Es steht zwar geschrieben . . .« und
sich dann von der betreffenden Auffassung absetzt, meint er hierbei nicht den Bibeltext, sondern einzig die Sektennormen der
Essener. So in seinem Ausspruch, der Sabbat sei für die Menschen da und nicht die Menschen für den Sabbat. Da spricht er in
vollem Einklang mit den Fünf Büchern Mosis und auch mit den
pharisäischen Schriftgelehrten. Der Hungrige darf ohne weiteres
auch am Sabbat ein paar Ähren vom Wegrand abrupfen, obwohl
Erntearbeiten an sich am Sabbat untersagt sind.

Und wenn Jesus sagt, es stehe zwar geschrieben, man solle seinen
Freund und Nächsten lieben, seinen »Feind aber hassen«, so di-
stanziert er sich auch mit diesem Ausspruch keineswegs vom
Alten Testament, sondern einzig von den Essenern. Denn in den
Fünf Büchern Mosis steht zwar ausdrücklich der Liebesbefehl für
den »Nächsten«, nirgends aber ein Haßbefehl gegen den Feind.

Im Gegenteil. Als die Söhne Israels jubeln, weil ihre Feinde, die
Ägypter, im Roten Meer ertrinken, werden sie von Gott streng
gerügt: Der Massentod einer ganzen ägyptischen Armee sei kein
geziemender Anlaß für Lustigkeit, sondern für Trauer, auch
wenn man selber dadurch vom Tode errettet wurde . . .

Diese schöne Legende findet sich zwar nicht in den Fünf Büchern Mosis selbst, sondern erst im Talmud. Aber sie fußt auf einer alttestamentlichen Devise aus den Sprüchen Salomonis:
»Beim Sturz deines Feindes sollst du nicht lachen, bei seinem
Strauchelnsoll dein Herz nicht frohlocken« (24, 17). Und die gleiche Gesinnung spricht aus zahlreichen Stellen des Pentateuch:
Sogar in Not geratenen Haustieren des Feindes muß man beispringen. Und Feinde muß man zwar unter Umständen mit der
Waffe bekämpfen, das kann aus taktischen und politischen Gründen unerläßlich sein. Mit einem Haßbefehl sind aber solche
Anweisungen Jahwes nie verbunden.

Wir fassen zusammen: Jesus mochte die Essener offenkundig
nicht ausstehen, distanzierte sich ausdrücklich und nachdrücklich von deren erbarmungsloser Auslegung des Ritualgesetzes.

Doch im Hinblick auf den Tempelbetrieb dachte und empfand er »essenisch«. Warum also ging er trotzdem hin? Und warum in aller Welt provozierte er die Priesterschaft durch seine »Aktion« im Tempelhof?

Wir erwähnten bereits, daß die Annahme, er könnte auf eine Metanoia der Priesterschaft gehofft haben, wenig wahrscheinlich klingt. Das würde bei ihm eine Naivität voraussetzen, für die sonst an ihm die Anzeichen fehlen. Er schätzte meist seine Gegner sehr realistisch ein.

Bleibt noch die mögliche Annahme, er habe gehofft, auf diese Weise die Pilgerscharen im Tempelhof zu überzeugen und zu entflammen, so daß sie ihm in irgendeiner Form nachfolgen und, mit ihm zusammen, den Umschwung und den Auftakt zur messianischen Erlösung einleiten würden. Das trat bekanntlich nicht ein.

Doch selbst wenn er die Lage falsch einschätzte, mußte er – aus seiner Sicht heraus – nicht unbedingt mit seiner Hinrichtung rechnen. Denn hierzu gab es – wie wir bereits darlegten – nach jüdischem Recht für das, was er »verbrochen« hatte, keinen ausreichenden Grund. Er riskierte – solange es beim Gerichtshof mit rechten Dingen herging – nur die bei Ritualvergehen übliche Strafe der Auspeitschung, und zwar genau jene 39 (genauer: 40 minus einen) Hiebe, zu der wenig später auch Apostel Paulus wiederholt von judäischen und ausländischen rabbinischen Gerichtskollegien verurteilt wurde. Als todeswürdiges Religionsvergehen galt einzig schwere Blasphemie, also übelste Beschimpfung und Verunglimpfung des Gottes-Namens. Dergleichen hatte sich Jesus nie zuschulden kommen lassen. Um ihn zur Strecke zu bringen, bedurfte es eines gezielten Justizverbrechens.

Soviel zu Jesus und den Sadduzäern und zu seinem Prozeß vor dem Sanhedrin, dem jüdischen Gerichtshof.

Bevor wir uns dem Fortgang des Prozesses und biographischen Details aus dem Leben Jesu zuwenden, versuchen wir, uns ein Bild von den Pharisäern, den Schriftgelehrten der damaligen Zeit in Jerusalem, zu machen und den Beziehungen zwischen den Pharisäern zu Jesus, von denen das Neue Testament mit Sicherheit verzerrte Eindrücke vermittelt.

Die Übereinstimmungen zwischen Jesus und den Pharisäern

Christliche Wissenslücken

Für unsere Hauptfrage, weshalb Jesus zu seinen Lebzeiten im jüdischen Schrifttum überhaupt keine Beachtung fand und auch Jahrhunderte später nur in einer Form, aus der deutlich hervorgeht, daß die Betreffenden nichts von ihm aus erster Hand wußten, müssen wir die geistige Position Jesu und der maßgeblichen, führenden jüdischen Gruppen zu seiner Lebenszeit kurz ausleuchten und genau untersuchen, wieweit sich seine Aussagen mit jenen mehr oder weniger anerkannter religiöser »Fraktionen« deckten oder ihnen widersprachen.

Dabei wäre es sinnlos, die Frage in der ganz allgemeinen Form zu stellen: »Wieweit stimmte Jesus mit ›den Juden‹ überein?« Denn sie zerfielen gerade damals in unterschiedlichste Gruppierungen. Und zwar nicht nur in der Form wie heute, wo es nur noch um Grad und Stufen der Orthodoxie geht, die Grundthesen jedoch für die gesamte jüdische Religionsgemeinschaft einheitlich sind (darauf kommen wir noch zurück), sondern auch in grundlegenden Fragen. So anerkannten die Sadduzäer – die Priesterkreise – keine unsterbliche Seele und auch keine leibliche Auferstehung der Toten am Jüngsten Tag, weil beides in den Fünf Büchern Mosis noch nicht vorkommt. An einen »Messias« mochten manche von ihnen trotzdem glauben. Dann aber begriffen sie ihn rein politisch als den Befreier des Volkes Israel von Besatzung und Knechtschaft. Eine solche Form der »Erlösung« hat aber Jesus und seine Jünger nie interessiert. Für sie war die Erlösung, wie für jene spätesten Bibelpropheten, denen sein Erlösungsbegriff entstammt, eine mystische und zugleich reale Umwandlung der sünden- und leiderfüllten Welt in ein Paradies auf Erden.

Wenn wir also nach Übereinstimmung oder, umgekehrt, Unterschieden zwischen jesuanischen und »jüdischen« Konzeptionen fragen, dürfen wir im vorhinein nur jene Formationen der Juden ins Auge fassen, denen er geistig am nächsten stand.

Dies nun waren – allen gehässigen Ausfällen der Evangelisten gegen die pharisäischen »Heuchler« zum Trotz – die pharisäischen Schriftgelehrten. –

Diese sind also zunächst zu »portraitieren«, denn der Christ – auch der gebildete – weiß von ihnen im allgemeinen nur das, was er in den Evangelien über sie gelesen hat. Diese nun entstanden nicht zu Lebzeiten Jesu, sondern erst lange nach seiner Kreuzigung. Und obendrein hat sich keine einzige Abschrift erhalten, die weiter als bis ins zweite Jahrhundert zurückreicht. Da aber war die junge Christengemeinde bereits judenfeindlich angeheizt, was auf die Redaktion der Texte entsprechend abfärbte.

In den für das Christentum grundlegenden Thesen – dem Glauben an die unsterbliche Seele und die leibliche Auferstehung am Jüngsten Tag – gab es jedoch zwischen Jesus und den Pharisäern totale Übereinstimmung. Doch auch in der Auslegung des Bibelgesetzes bezogen sie in Wirklichkeit eine fast identische Haltung, was Christen im allgemeinen nicht wissen.

Das schließt natürlich nicht aus, daß Jesus sich mitunter gereizt über Pharisäer geäußert haben mag. Wo gab und gäbe es je ein Gremium, das aus lauter angenehmen und vorbildlichen Leuten bestünde? Da bildeten auch die Schriftgelehrten um die Zeitwende herum sicher keine Ausnahme, und Jesus mag sich oft über sie geärgert haben.

Mit dem Inhalt der pharisäischen Konzeptionen hat das aber nichts zu tun. Diese seien hier kurz präsentiert.

Humanisiertes Strafgesetz der Pharisäer

Die Pharisäer hatten es sich zur Aufgabe gestellt, das alte Bibelgesetz so zu »modernisieren«, daß seine Grundtendenz erhalten blieb, für die Gegenwart und Zukunft aber tragbar wurde. Dabei tendierten sie, genau wie Jesus, zur Humanität und Milde.

Das ist nicht selbstverständlich. Man braucht nur an den neuesten Schub des Fundamentalismus bei den heutigen Mohammedanern zu denken. Die Lehre Mohammeds verträgt sich an und für sich auch mit hoher Toleranz. Das haben die Moslems zeitweise auch unter Beweis gestellt, vor allem im Frühmittelalter, als sie – damals zusammen mit den Juden Vorderasiens und Spaniens – eine großartige Literatur, Kunst, Wissenschaft und Philosophie entwickelten, der das neuzeitliche Abendland grundlegende Beiträge zu verdanken hat. Diese großartige Toleranz ist im Islam erloschen.

Und zur Zeit Jesu gab es – neben den Pharisäern – nicht nur die konservativen, geistig und geistlich unfruchtbaren Sadduzäer, sondern auch fundamentalistische Sekten von der Art jener der Essener, die zwar, genau wie die Christen und zuvor schon die Pharisäer, an ein Jenseits und an eine mystische Endzeiterlösung und leibliche Auferstehung der Toten glaubten, daraus aber für das Ritualgesetz genau umgekehrte Schlüsse zogen als die Schriftgelehrten und Jesus und es mit einer Sturheit deuteten und handhabten, die sogar das Wohlgefallen eines Ayatolla Khomeini erwecken müßte. –

Die Pharisäer also neigten, genau wie Jesus, zur Milde. Der dem pharisäischen Umfeld entsprungene Talmud hält sogar ausdrücklich fest, daß man keinen verurteilen dürfe, in dessen Lage man sich nie befunden habe.

Damit ist – wir sagten es schon – nicht nur für Jesus, sondern auch für die Schriftgelehrten die Steinigung einer Ehebrecherin bereits ausgeschlossen. Denn daß jemand von einer Liebesleidenschaft überwältigt und dadurch zu gesetzwidrigem Verhalten verführt werden kann – das kann im Prinzip jedem zustoßen. Ein solches Vergehen rechtfertigt keine Todesstrafe, mag sie im alten, lapidaren Bibelgesetz für solche Fälle auch vorgesehen sein. Es rechtfertigt sie um so weniger, als die Ehe für die Juden kein Sakrament und leicht scheidbar ist, so daß der gekränkte Ehepartner sich des fehlbaren Gefährten durch Scheidung mühelos entledigen kann.

Wenn es also wirklich je eine Diskussion zwischen Jesus und den Schriftgelehrten zu dieser Frage gab, so kann die Unterhaltung niemals in der durch die Evangelisten überlieferten Form stattgefunden haben. Jesus hätte, rein kasuistisch, antworten können: »Wann hat der Sanhedrin zum letzten Mal eine Ehebrecherin zur Steinigung verurteilt?«

Dann hätte es sich herausgestellt, daß keiner der Anwesenden sich auch nur daran erinnern konnte, und das Gespräch wäre gestorben. Zur Zeit Jesu galt ja bereits die Regel, daß ein Gerichtskollegium, das mehr als einmal in sieben Jahren ein Todesurteil ausspricht, als besonders blutig zu betrachten sei. Auch das sagten wir schon. Natürlich hielt sich der Sanhedrin nicht unbedingt an diese löbliche Direktive. Standen wichtige Interessen der Majorität der Richter auf dem Spiel, dann führten sich die Herren genauso erbärmlich auf wie allerorts und zu allen Zeiten andere Interessengruppen auch. Das bekamen unter andern Jesus und Stephanus bitter zu spüren.

Aber daß sich der Sanhedrin wegen der Seitensprünge eines verliebten, verheirateten Weibsbildes den Ruf der Blutrünstigkeit eingehandelt hätte – das war ausgeschlossen.

Und Steinigungen ohne Gerichtsurteil mochten zur Zeit der Bibelpatriarchen üblich gewesen sein – zur Zeit Jesu kamen sie nicht mehr in Frage. Diese Art von Volksvergnügen galt längst als obsolet. Was natürlich nicht ausschloß, daß es bei entsprechend angeheizter politischer und religiöser Stimmung trotzdem vorkommen konnte. Abermals bietet sich der Fall Stephanus als Beispiel an. Aber immerhin hatte man Stephanus zuvor dem Sanhedrin vorgeführt. Doch ging es dabei um Dinge, die dem Sanhedrin wichtiger waren als eine zerrüttete Ehe. Die Details siehe weiter vorn.

Um modernistische Mißverständnisse auszuräumen: Natürlich ist die pharisäische Direktive, wonach man keinen zum Tode verurteilen soll, in dessen Lage man sich nie befunden habe, nicht im Sinne der herrschenden linkssoziologischen Theorien zu verstehen, wonach schlechthin jede Untat sich einzig aus verfehlten Milieueinflüssen erklärt und folglich auch die abartigsten, perversesten und bösartigsten Verbrechen a priori alle erklärbar und restlos exkulpiert sind. Den Maßstab bildet der mehr oder weniger »normale« Durchschnittsmensch mit zumutbarer psychischer Resistenz gegen Versuchungen und Leiden aller Art. Diese gleiche einschränkende Norm kennt übrigens auch das moderne Strafrecht im Zusammenhang mit Gesetzesübertretungen.

Todesstrafen im Sanhedrin

Vorwegnehmen müssen wir, daß es uns hier nicht darum geht, dem Sanhedrin Fehlverhalten und Justizverbrechen nachzuweisen, die er sich manchmal zuschulden kommen ließ. Dagegen ist kein Justizapparat gefeit. Und gerade im Zusammenhang mit unserem Grundthema – Jesus und die Juden – hat ja ein solches Justizverbrechen des Sanhedrin auch wirklich stattgefunden und grundlegende Bedeutung und Folgen gehabt.

Uns geht es hier nur um die Maximen, nach welchen Todesurteile durch den Sanhedrin ausgesprochen und exekutiert werden durften.

Diese Vorschriften waren nun zur Zeit Jesu so, daß man, wenn man sie respektierte, kaum je in die Lage kam, ein Todesurteil überhaupt zu fällen: Der präsumtive Mörder mußte vorher gewarnt und auf die Folgen seiner Tat aufmerksam gemacht worden sein, und außerdem waren zwei Augenzeugen der Untat des Verbrechens unerläßlich. Prozesse oder gar Todesurteile aufgrund von bloßen Indizien konnte es demnach nicht geben. Praktisch waren dadurch Todesurteile wegen Kapitalverbrechen fast ausgeschlossen.

Es gab aber noch zusätzliche Palliative gegen ein mögliches tödliches Fehlurteil: Der Sanhedrin bestand aus 71 Richtern. Die ungerade Zahl war absichtlich gewählt worden, damit es auf keinen Fall zur Stimmengleichheit kommen konnte. Es ist mir unbekannt, wie man vorging, wenn nicht alle Richter antraten und die Anwesenden doch einmal in gerader Anzahl da waren. Ich nehme an, daß man dann, wenn der sicher sehr seltene Fall einer Stimmengleichheit eintrat, noch einmal mit einem zusätzlichen Richter abstimmte.

Weit wichtiger jedoch ist eine zweite Vorschrift, die im Talmud eindeutig belegt ist: Wenn alle Richter einstimmig für den Tod eines Inkulpierten stimmten, war der Schuldspruch nichtig.

Auf den ersten Blick klingt das unsinnig: Warum sollte man an einer Schuld zweifeln, die offenbar buchstäblich für jeden eindeutig festliegt?

Man muß hier davon ausgehen, daß die Talmudlehrer um die Gefahr der Massenpsychose wußten und sich sagten: Ein so totaler Konsens ist suspekt und kann nur darauf beruhen, daß ein Teil des Richterkollegiums kritiklos die Meinung der erdrückenden Mehrheit akzeptiert. Hier muß – nach Meinung der Rabbinen – gefährliche – bewußte oder unbewußte – Indoktrination im Spiel sein. Und also ist es besser, sogar einen Schuldigen laufen zu lassen, als das mögliche Opfer einer kollektiven Hatz zur Strecke zu bringen.

Ich zögere nicht, dieses alte Talmudgesetz als den genialsten Theriak (Pauschalheilmittel) gegen jede massive Massenpsychose zu bezeichnen. Das Gesetz zeugt von einer genialen Kenntnis der menschlichen Seele gerade in ihren dunkelsten und fragwürdigsten Dimensionen und Bereichen und von einer einzigartigen Besorgtheit um grundlegende Menschenrechte eines jeden Angeklagten. Auch Jesus hätte nicht humaner, vorsichtiger, weiser und sogar genialer dezidieren können, wenn er bei einem juristischen Gremium dieser Art je mitgewirkt hätte. Hier hätte er vorbehaltlos zugestimmt.

Grundgebot contra Zeremonialgesetz

Die Übereinstimmungen zwischen den Rabbinen und Jesus gehen aber noch weiter. Genau wie Jesus – und zuvor schon die alten Bibelpropheten – waren sich die Pharisäer und die später aus ihrem Umkreis hervorgegangenen rabbinischen Gelehrten und Lehrer darin einig, daß den grundlegenden Moralvorschriften dem bloßen Ritual- und Zeremonialgesetz gegenüber weit höhere Bedeutung zukam.

Auch die Pharisäer hätten jederzeit – im Gegensatz zur Priesterkaste, die naturgemäß an den alten Opferriten interessiert war und also an ihnen hing und sie entsprechend überbewertete – genau wie Jesus und eben auch schon die alten Propheten erklärt, daß Gott vor dem Blutgeruch der Schlachtopfer Ekel empfinde. Und auch sie hätten, genau wie der milde Talmudlehrer Hillel, der Zeitgenosse Jesu, einem Heiden auf die an sich provokativ gemeinte Aufforderung, die Essenz der Bibelgebote so konzentriert zu formulieren, daß man sie auf einem Fuße stehend anhören konnte, mit dem Zitat des Gebotes der Nächstenliebe geantwortet, das sich – was viele Christen ebenfalls nicht wissen – in der genau gleichen Formulierung wie bei Jesus schon im Dritten Buch Mosis findet. Rabbi Hillel hat damals hinzugefügt, daß das gesamte, umfassende Bibelgesetz letztlich nur ein Kommentar zu diesem Gebot der Nächstenliebe sei.

Übrigens setzt diese Tendenz schon bei den mosaischen Gesetzen selber ein. Besonders deutlich wird das im Zusammenhang mit dem Gebot der Sabbatruhe. Wir erwähnten bereits, daß diese nicht nur durchbrochen werden darf, sondern sogar verletzt werden muß, sobald irgendeine Notlage es erfordert.

Tatsache ist allerdings, daß besonders orthodoxe Juden sich mit dieser Auslegung der Sabbatvorschriften im Laufe der Geschichte bis auf den heutigen Tag immer wieder schwertaten und -tun. Das hat sich für die Gemeinschaft mitunter katastrophal ausgewirkt.

Der jüdische Kollektivselbstmord auf Massada

Im jüdisch-römischen Krieg zogen sich nach dem Fall von Jerusalem und der Zerstörung des Tempels etwa tausend Überlebende in die Bergfeste Massada über dem Toten Meer zurück, die König Herodes (der angebliche »Baby-Killer« von Bethlehem) dort als letzte Zufluchtsstätte für äußerste Notsituationen überaus geschickt angelegt hatte. Die Festung war praktisch uneinnehmbar und auch mit Wasserreservoirs ausgerüstet, die ein fast beliebig langes Durchhalten möglich machten. Die Juden, die samt ihren Familien dort hinauf geflohen waren, brachten denn auch Lebensmittelvorräte mit, die für Jahre ausgereicht hätten. Die Römer belagerten Massada, konnten aber wenig ausrichten. Schließlich verfielen sie auf die Idee, einen Wall bis an die

Festung heran aufzubauen, um von dort aus die Mauern mit ihren gewaltigen Schleudermaschinen zu zertrümmern.

Hierfür mußten sie aber erst einmal bis zu dieser Höhe hinaufgelangen, und das konnten die zernierten Juden auch ohne technisch überlegene Kriegsmaschinen mühelos verhindern, indem sie die Römer mit Felsbrocken von oben herab bombardierten. Gut möglich, daß die Römer schließlich, frustriert und verärgert über die großen und unnützen Verluste, abgezogen wären – wenn es die jüdischen Sabbatgesetze, oder genauer: die von den Belagerten falsch oder zumindest unklug interpretierten Sabbatgesetze nicht gegeben hätte. Sie versteiften sich nämlich darauf, den Begriff der »Notlage« so wörtlich zu deuten, daß die Bedrohung durch die feindlichen Belagerer hierfür nicht ausreichte. Bevor man das Messer des Mörders an der Kehle sitzen hatte, war man demnach noch nicht genügend »bedroht«, um am Sabbat eine sonst unerlaubte Arbeit vollbringen zu dürfen.

Als die Römer das »spitzgekriegt« hatten, hörten sie einfach auf, die Festung an gewöhnlichen Wochentagen zu »berennen«. Sie bauten ihren Wall ausschließlich an den Sabbattagen, von den Juden völlig ungestört, immer höher auf. Die Woche über hatten sie gleichsam Urlaub vom Dienst, konnten, wenn sie das für den Wall benötigte Material für die nächsten Tage herbeigeschafft hatten (wofür sie aber jüdische Zwangsarbeiter rekrutierten), herumsaufen, würfeln und sich auch anders vergnügen. Vermutlich behielten sie diese Monate in angenehmster Erinnerung. Als dann der Wall fertig errichtet und die Wurfmaschine aufgestellt waren, bot die Eroberung der Feste keine Probleme mehr. Die Juden ihrerseits kamen den Folgen ihrer hartnäckigen Resistenz (Kreuzigung oder Verkauf in die Sklaverei) durch kollektiven Selbstmord zuvor. Dieses Ende hätten sie voraussehen müssen. Trotzdem kam offenbar keiner der Zernierten auf die Idee, daß hier eindeutig einer der Fälle vorlag, in welchen die Bibel selbst die Aufhebung eines jeden bloßen Ritualgesetzes ausdrücklich befiehlt und also nicht bloß erlaubt.

Die gleiche sinnwidrige Pedanterie findet man übrigens bei manchen jüdischen Gruppierungen bis auf den heutigen Tag. So vor allem bei den sogenannten »Neoorthodoxen« der entsprechen-

den »Frankfurter Schule« – wie ja überhaupt »Gegenreformatio-
nen« immer und überall fanatischer zu sein pflegen als Gruppen,
die ihre Formierung nicht solchen Kampfpositionen verdanken.
Das war bei den Christen nicht viel anders.

Pedantische Neoorthodoxie

Mir selbst ist ein Fall bekannt, der kurz vor dem Zweiten Weltkrieg in der Schweiz stattfand und über den sich weniger orthodoxe jüdische Kreise sehr aufregten: Ein jüdischer, hyperorthodo-
xer Arzt sah sich am Sabbat mit einem (jüdischen) Patienten konfrontiert, der tödlich gefährdet war, wenn nicht sehr bald ein kleiner Eingriff vorgenommen wurde. Ich kann mich nicht erinnern,
weshalb ausgerechnet ein jüdischer Arzt hier konsultiert worden
war – vielleicht war er ein Hausgenosse des Patienten. Und ich
weiß auch nicht mehr, weshalb man nicht blitzschnell einen Christen beizog. Vielleicht war ein christlicher Kollege in der unmittelbaren Nachbarschaft nicht vorhanden oder nicht zugegen, und
Hyperorthodoxe vermeiden ja am Sabbat sogar Telefongesprä-
che, weil diese elektrischen Strom, also etwas »Flammenartiges«
voraussetzen, das Entfachen einer Flamme am Sabbat jedoch
untersagt ist ...
Dieses Verbot hatte zur Bibelzeit einen guten Sinn: Feuer anzünden war damals eine mühsame Prozedur. Man konnte den Gläubigen also mit einem solchen Verbot sogar einen gewissen Gefallen erweisen, zumal diese Vorschrift nicht pedantisch gehand-
habt wurde: Man durfte – und darf auch heute – Wärmequellen,
für die man vor Sabbatanbruch gesorgt hat, auch an dem Heiligen
Ruhetag benützen.
Im Zeitalter der modernen Technik jedoch ist das Verbot völlig
sinnlos. Dennoch wird es von Hyperorthodoxen eingehalten.
Aber was immer bei jener ärztlichen Konsultation der Grund war
– der Patient war offenbar auf diesen einen hyperorthodoxen, jüdischen Arzt angewiesen. Und dieser also nahm den Begriff der
»Nothilfe«, die allein vom Gesetz der Sabbatruhe dispensieren
kann, so wörtlich genau, daß er sich neben den Patienten hinsetz-

te und ihn unentwegt scharf beobachtete, um ja den Augenblick nicht zu verpassen, in welchem vielleicht Todesgefahr eintrat. Erst dann fühlte er sich befugt einzugreifen. Er tat es dann auch, und zwar mit gutem Erfolg.

Trotzdem war der Zorn seiner weniger orthodoxen Kollegen voll gerechtfertigt. Obwohl dieser Arzt nicht so weit gegangen war, wie weiland die Essener, die, Bibeldispens hin oder her, trotzdem das Ritualgesetz höher einstuften als den Befehl zur raschen Hilfeleistung und die in einem solchen Fall aus ihrer eschatologischen Grundhaltung heraus den Patienten zweifellos hätten sterben lassen, da sie ja ohnehin schon morgen das endzeitliche Strafgericht und die Welterlösung erwarteten, so daß es auf kurz vorher erlittenes Leid jetzt nicht mehr ankam. Vielleicht taten sie – von ihrem Standpunkt her – damit dem Patienten sogar einen Gefallen, vielleicht wurden ihm diese physischen Leiden beim Jüngsten Gericht positiv angerechnet, so daß die Höllenstrafe – sofern ihm überhaupt eine zustand – nunmehr milder und kürzer ausfallen konnte. Trotzdem wird kein vernünftiger Mensch die Superpedanterie jenes Arztes als »gottgefällig« einstufen. –

Ich selbst war auch einmal Augenzeuge einer solchen hyperpedantischen, bibelwidrigen Auslegung des Gebotes der Sabbatruhe:

Das war während der festtäglichen Einladung bei einer orthodoxen Familie. Der Hausherr war ein sowohl »weltlich« wie religiös solid gebildeter Mann, nämlich promovierter Jurist, der dann zwanzig Jahre später maßgeblich an der Gesetzgebung des jungen Staates Israel mitarbeitete.

Bei dem Festmahl kippte nun der Kerzenleuchter, und es entstand ein kleiner Brand, den ich, rasch und spontan, mit meiner Serviette und etwas Apfelsaft löschte, während alle Familienmitglieder unbeweglich sitzen und stehen blieben wie seinerzeit das zur Salzsäule erstarrte Weib des biblischen Loth während des Untergangs von Sodom und Gomorrha, statt daß wenigstens der Hausherr sofort mit den Worten an mich herangetreten wäre: »Pardon! Aber das ist nach Bibelgesetz meine und nicht Ihre Aufgabe!«

Offenbar dachten sie alle zusammen: »Diese Studentin ist ohnehin nicht ›fromm‹, mag sie gleichsam als ›Schabbesgoi‹ (= feste Bezeichnung für den Nichtjuden, der in einem jüdischen Haushalt am Sabbat dem frommen Juden unerlaubte Aufgaben erfüllt) agieren! Man kann nicht vorsichtig genug sein! Am Ende ist das Löschen eines noch nicht lebensgefährlichen Brandes doch auch schon ein kleines Sakrileg!« ...

Das war vor fünfzig Jahren. Aber bis heute tut es mir ein bißchen leid, daß ich damals einsprang, statt ebenfalls zur Salzsäule zu erstarren und abzuwarten, ob der Hausherr vom Dispens des Hantierens mit Feuer am Sabbat rechtzeitig Gebrauch machen oder solange zögern würde, bis es zu spät war und wir alle aus der brennenden Wohnung Hals über Kopf fliehen mußten ...

Und ich habe damals in Basel auch orthodoxe Juden gekannt, die am Sabbat – oder an andern hohen Feiertagen – auf keinen Fall eine elektrische Klingel in Funktion setzten, weil auch sie, genau wie ein Telefon oder ein Lichtschalter, etwas mit elektrischem Strom und damit mit etwas Feuerartigem zu tun hat, und die statt dessen, wenn sie jemanden besuchen wollten, lieber endlos lang vor dem Haus krähten und brüllten und zuletzt sogar Kieselsteine gegen die Fenster schleuderten – als ob dies nicht zehnmal anstrengender und folglich eine weit größere Sabbatsünde wäre als der leichte Druck auf einen Klingelknopf ...

Solche Pedanterie entsprach und entspricht aber nicht dem wahren, toleranten, humanen pharisäischen Geist. Jesus hätte kaum Grund gehabt, sich mit den Schriftgelehrten unter seinen Zeitgenossen so erbittert herumzustreiten, wie das Neue Testament es darstellt und behauptet. In den uns allein vorliegenden Fassungen sind diese Episoden – sofern sie überhaupt stattfanden – offenkundig vom Bestreben der betreffenden Redaktoren und Bearbeiter des neutestamentlichen Geschehens inspiriert, sich vom Judentum in besonders deutlicher und profilierter Form zu distanzieren. –

Wenden wir uns also den »Sabbatsünden« Jesu zu.

Da wir soeben von der dummen Pedanterie eines orthodoxen Arztes am Sabbat berichteten, wenden wir uns zunächst Jesu Heiltätigkeit am Sabbat zu.

Das biblische und talmudische Gesetz ist in diesem Punkte plausibel: Der Arzt soll an Heiligen Tagen nur in Notfällen eingreifen.

Das deckt sich übrigens auch mit unsern heutigen weltlichen Gesetzen: An Sonn- und Feiertagen bleibt die Arztpraxis geschlossen, man muß sich gegebenenfalls an den »Notarzt« wenden. Das könnte die heutige Gesetzgebung direkt aus Bibel und Talmud abgeschrieben haben, was aber natürlich nicht der Fall ist: Das Gesetz ergibt sich in jeder vernünftigen, zivilisierten Gemeinschaft ganz von selbst. –

Will man nun den Evangelien glauben, dann haben pharisäische Schriftgelehrte Jesus seine Wunderheilungen am Sabbat zum Vorwurf gemacht.

Konnten sie das aus ihrer eigenen Perspektive heraus überhaupt tun?

Genaugenommen: Nein. Wäre Jesus ein üblicher praktischer Arzt gewesen, der Heilkräuter sammelte, Medikamente mixte und braute, Kuren nicht nur verordnete, sondern womöglich selber am Patienten durchführte und alle möglichen auch nicht unbedingt dringenden Eingriffe vornahm, dann hätten sie ihn natürlich rügen und sagen können: »Hatte das nicht Zeit bis Samstag abend nach Anbruch der Dunkelheit, also nach Sabbatausgang, oder bis Sonntag früh? Ob ein Patient, der sich einer langwierigen Behandlung unterziehen muß, ein paar Stunden früher oder später gesundet – darauf kommt es doch wirklich nicht an!«

Doch Wunderheilungen sind im Katalog der verbotenen Sabbatverletzungen nicht vorgesehen. Wenigstens solange nicht, als sie ohne komplizierte magische und »handwerkliche« Prozeduren ablaufen. Jesus kochte aber keine Zaubertränke und führte auch keinerlei anstrengenden, »arbeitsintensiven« Hokuspokus auf, sondern heilte durch Segenssprüche und durch Handauflegen. Beides ist auch an den allerhöchsten und allerstrengsten jüdischen Feiertagen erlaubt.

Hätte irgendein Dummkopf oder Streithammel Jesus dennoch wegen seiner Heiltätigkeit am Sabbat Vorwürfe gemacht, dann hätte Jesus sich mit dem Manne nicht auf eine Debatte einzulassen, sondern nur zu erwidern brauchen: »Du himmeltrauriger Ignorant: Frag doch hierüber den nächstbesten Rabbi!«

Damit wäre die Kontroverse beendet gewesen. –

Das Neue Testament zitiert aber noch andere »Sabbatsünden« Jesu.

Ährenzupfen am Sabbat und warme Sabbatspeisen

Als Jesus und die Jünger an einem Sabbat hungrig bei einem Getreidefeld vorbeikommen, zupfen die Jünger ein paar Ähren ab, um die rohen Körner aufzuessen.

Hierzu berichtet das Neue Testament keine Kontroverse mit Schriftgelehrten, sondern nur ein paar Gedanken Jesu, welcher diese Bagatellsünde (Pflanzen abzupfen ist an sich am Sabbat untersagt) eben mit dem Hunger der Jünger rechtfertigt und mit der Bemerkung, der Mensch sei nicht für den Sabbat da, sondern der Sabbat für den Menschen.

Tatsächlich sind die Sabbatgesetze auch einzig so zu verstehen: »Sabbat« (hebr. schabat) heißt soviel wie »ruhen«, und so wie Gott seinerzeit nach der Weltschöpfung am siebenten Tag ausruhte, so soll sich auch der Mensch nach sechs Tagen strenger Arbeit erholen, indem er an diesem siebenten Tag jede Arbeit, die nicht unerläßlich ist, beiseite schiebt.

Und man darf nach mosaischem Gebot auch Knecht und Magd an diesem heiligen Tage nicht zur Arbeit anhalten, auch ihnen steht die gottbefohlene Ruhe zu.

Eindeutig sind das humane Vorschriften, offenkundig nicht dazu angetan, den Menschen durch überspitzte Sabbatvorschriften zu plagen.

So ist denn auch die Zubereitung noch so komplizierter Mahlzeiten am Sabbat gestattet, sofern man hierzu keine Flamme entfachen muß. Bei warm zu genießenden Speisen soll man also Vorkehrungen treffen, daß sie, am Vorabend zubereitet, bis Sabbat mittags durchgegart oder nach wie vor schön heiß sind. Hierfür haben die Juden – ein kochbegabtes Volk – sogar eigens köstliche, wenn auch enorm kalorienreiche, nämlich fette Sabbatspezialitäten erfunden, die am Freitag spätnachmittags in den Backofen geschoben werden und bei sehr geringer Hitze bis Sabbat mittags gar brodeln. Diese leckeren Kalorienbomben gibt es in unzähligen, kulinarisch trefflich ausgewogenen Variationen, und sie haben einen Sammelnamen, der auf eben ihre Fähigkeit hinweist, die Wärme fast einen ganzen Tag lang zu konservieren. Hebräisch heißen sie »Chamin« (von cham = warm), und in Europa firmieren sie unter der Sammelbezeichnung »Scholent« oder »Tschalent« von altfranzösisch chauld = warm . . .

Wir haben diesen Exkurs in die jüdische Küche, der an und für sich gewiß nicht in eine Abhandlung über Jesus hineingehört, deshalb so ausführlich dargebracht, um an diesem Detail zu illustrieren, in welchem Ausmaß die Talmudlehrer und späteren Rabbinen zu jeder Zeit bemüht waren, dem jüdischen Volk die Freude am Sabbat nicht zu schmälern.

Wenn nun jemand so arm ist wie Jesus und seine Jünger, die kein Zuhause haben und auf die nirgends ein köstliches Sabbatmahl wartet, so wird sicher kein Talmudlehrer oder sonstiger Schriftgelehrter beanstanden, daß die Männer ein paar Ähren ausrupfen, um wenigstens ihren Heißhunger notdürftig zu stillen. Da man am Sabbat ohnehin Lebensmittel auf beliebig komplizierte Art bearbeiten darf, um sie genießbar zu machen, ist die Sünde schließlich nicht so groß, wenn man sich notfalls – »Abreißverbot« hin oder her – auch ein paar Früchte oder Ähren direkt vom Felde, und sogar von einem fremden Felde, holt. Mundraub ist nach altjüdischem Recht ohnehin erlaubt.

Und nicht nur das: Das altjüdische Agrarrecht verbietet ausdrücklich auf den Feldern die Nachlese durch den Besitzer selbst, auf diese haben vielmehr die Armen ein Anrecht. Ohne dieses agrarische Armenrecht hätte es – dies nur ganz nebenbei – nicht einmal den König David gegeben, denn sein direkter Vorfahr Boas lernte seine spätere Frau, die Moabiterin Ruth, die als Witwe ihrer Schwiegermutter in deren Heimatort Bethlehem gefolgt war, eben dadurch kennen, daß sie auf seinen Feldern Nachlese hielt – was der reiche Boas, als er die Armut seiner angeheirateten Verwandten Ruth erkannte, noch dadurch heimlich unterstützte, daß er seine Knechte dazu anhielt, das Getreide mit Absicht nur ganz nachlässig einzusammeln, so daß für die Armen recht viel liegenblieb . . .

An sich hat diese Episode hier nichts zu suchen. Aber auch sie mag als Illustration dazu beitragen, in welchem Ausmaß das angeblich so harte und grausame alttestamentliche Recht darauf bedacht ist, niemanden im Lande darben und hungern zu lassen. Hierfür gab es übrigens zugunsten von Witwen und Waisen sogar eine spezielle Armensteuer.

Kurz: Über den Mundraub Jesu und seiner Jünger am Sabbat zum Stillen ihres ärgsten Hungers – von ein paar Ähren kann man schwerlich satt werden! – bei ihrer Wanderung durch die Landschaft hätten sich höchstens die Essener aufgeregt, aber keine einzige »kanonisch« ausgerichtete Religionsgruppe der Juden.

Essenisches Sabbat-Verständnis

Und vermutlich visiert Jesus mit den kritischen Bemerkungen zu einer lebens- und freudefeindlichen Gesetzesinterpretation und -anwendung auch tatsächlich immer nur die essenische Sekte an und nicht die an sich fortschritts- und lebensfreundlichen Pharisäer. Jesus hat keineswegs das alttestamentliche Gesetz in höherem Ausmaß abgemildert, als es die Schriftgelehrten seiner Zeit bereits getan hatten und noch weiterhin taten.

Seine häufigen Polemiken gegen eine unerquickliche Gesetzeshärte deuten aber darauf hin, daß er mit den profiliertesten Repräsentanten solcher Normen, eben mit den Essenern, irgendwann im Laufe seines Lebens wohl Kontakt hatte, dann aber vermutlich rasch erkannte, daß dies nicht der Weg zur Welt- oder doch wenigstens Volkserlösung war, den er selbst als gangbar und sinnvoll empfand.

Es ist aber reiner Zufall, daß wir über diese Zusammenhänge – wenn auch nur indirekt – orientiert sind. Denn weder aus dem Neuen Testament noch aus dem rabbinischen Schrifttum erfahren wir über die Essener auch nur eine Silbe, letzteres aus denselben Gründen, aus denen es auch nichts über Jesus berichtet – darauf kommen wir noch ausführlich zurück. Wir verdanken die Nachrichten über diesen mönchisch geprägten Orden in der judäischen Wüste nicht weit vom Toten Meer dem jüdischen Historiker Flavius Josephus, der selber noch im römisch-jüdischen Krieg als Feldherr mitgekämpft hatte, sich dann aber rechtzeitig den Römern ergab und in Rom lebte und schrieb.

Außerdem fanden sich in den trockenen Höhlen jener gleichen Region essenische Schriften, die eine Zeitlang namentlich christliche Theologen in große Aufregung versetzten, weil manche Aussprüche der Essener etlichen Logia Jesu so stark gleichen, daß man fast den Eindruck gewinnt, Jesus habe – wenn auch nur partiell – einfach essenisches Ideengut übernommen. Man übersah dabei die genau entgegengesetzten Grundtendenzen Jesu. Daß aber Zeitgenossen sich ähnlicher Gleichnisse und Parabeln bedienen, zumal wenn ihr Denken und Fühlen um dieselben Probleme kreist, ist fast selbstverständlich. Man hätte sich also lieber über diesen zusätzlichen Beweis für die Echtheit der überlieferten Aussprüche Jesu freuen sollen.

Jedenfalls verlief die religiös-ideologische Trennungslinie vor allem auch im Hinblick auf die Unsterblichkeit der Seele, die leibliche Auferstehung der Toten und die Endzeiterlösung nicht zwischen Jesus und den schriftgelehrten Rabbinen, sondern zwischen diesen beiden (und noch etlichen eschatologisch ausgerichteten Sekten von der Art der essenischen) zusammen auf der einen und den streng konservativen und formalistischen Priestern, den Sadduzäern, auf der anderen Seite. In wesentlichen Punkten war Jesus somit »Pharisäer«.

Gegensätze zwischen Jesus und den Essenern

»Familie« aus pharisäischer, essenischer und jesuanischer Sicht

In anderen Fragen jedoch läßt sich Jesus keineswegs eindeutig den Pharisäern zuordnen. Diese bewerteten die Familie und ihre Erhaltung sehr hoch. Hier weicht Jesus teilweise von ihnen ab und nähert sich essenischen Positionen.

Wir finden im Neuen Testament die bereits mehrfach erwähnte, zweifellos echte Episode, wie Jesus einem Jüngling, der sich ihm anschließen will, die Bedingung stellt, er möge sich zuvor von seiner ganzen Habe und Familie trennen.

Marxisten, die für Jesus optieren (das tun nicht alle: speziell Marx hat ja bekanntlich den religiösen Erlösungsglauben als »Opium des Volkes« denunziert), sehen hier »antikapitalistische« Tendenzen.

Davon ist natürlich keine Rede. Jesus visiert hier nicht unternehmerfeindliche Umverteilung der Produktionsmittel (Kapital und Boden) und eine sich daraus ergebende neue Gesellschaftsordnung an, sondern er macht dem Jüngling nur in der kürzesten möglichen Formulierung klar: »Wenn du wirklich, mit uns zusammen, fest daran glaubst, daß morgen schon das Paradies auf Erden heraufbrechen wird, dann beweise es, indem du dich aus allen irdischen Bindungen restlos herauslösest, genau wie auch wir es getan haben.«

Auch die Trennung von der Familie ist von diesem Standpunkt aus nicht als verantwortungsloser Rückzug aus gesetzlich und moralisch bindenden Pflichten oder als leichtsinnige Auffassung von der Ehe zu begreifen. Jesus sagt ja nicht: »Wozu brauchst du dein angetrautes Weib? Es ziehen ja mit uns etliche Frauen mit, darunter eine ehemalige, nicht grundlos sehr reiche Hetäre: Sie muß viel Erfolg bei Männern gehabt haben. Schau dich doch unter diesen nach Ersatz um!«

Man braucht nur konkret zu formulieren, um sofort zu sehen und zu spüren, daß Jesus nichts Derartiges gemeint haben kann. Er war zwar gegen »Sexsünderinnen« freundlich und tolerant, wies sie nicht zurück, wenn sie sich ihm, ergriffen von seiner Lehre, näherten, und holte sich damit hie und da auch den Tadel pedantischer »Gesetzeshüter« ein. Aber er nahm die Ehe trotzdem sehr ernst. Zweifellos echt sind seine Bemerkungen darüber, daß schon ein unausgelebtes heimliches »Gelüsten« nach einer Frau und selbst die gesetzlich erlaubte Ehescheidung im Grunde Formen des Ehebruches seien. Er hat damit – schon lange, bevor Paulus mit seinen gnostisch-asketischen, leibfeindlichen Tendenzen auf den Plan trat – bereits das katholische Eherecht programmiert, für das, anders als für die Juden, die Ehe ein Sakrament und damit unauflöslich ist.

Von irgendwelchen leichtfertigen Hintergedanken kann also bei seiner Aufforderung an den jungen Mann, die Familie zu verlassen, gar keine Rede sein.

Man versteht auch diese Stelle – wie noch manches andere in Jesu Aussagen – nur dann richtig, wenn man seine eschatologische Naherwartung wirklich ernst nimmt. Breit ausgewalzt, würde seine Antwort an den Jüngling lauten: »An sich darf man natürlich Weib und Kind nicht verlassen, und schon gar nicht, ohne sie vorher mit den nötigen Mitteln für den Lebensunterhalt zu versehen. Aber das Weltende und die messianische Erlösung stehen nach meiner und meiner Adepten Meinung so nahe bevor, daß man sich ruhig von dieser an sich hochbedeutenden Aufgabe selber dispensieren und ganz auf diese Naherwartung einstellen und vorbereiten darf und soll. Verspürst du aber den geringsten Zweifel, dann hast du in unserem Kreise nichts zu suchen.«

Bekanntlich ging daraufhin der Jüngling traurig davon. Und er tat – rein praktisch betrachtet – gut daran. Denn was immer Christen unter »Erlösung« durch Jesus verstehen mögen – in einer Form, die das Verlassen der zuvor auch noch ihrer Mittel beraubten Familie rechtfertigen würde, ist die Welt bis heute nicht »erlöst«.

Im Hinblick auf Familienfragen steht Jesus den Essenern jedenfalls näher als den Pharisäern, so sehr er in vielen anderen Punkten mit letzteren übereinstimmt. Die Essener lebten in frauenlosen Mönchsgemeinschaften, aber – im Gegensatz zu den Pharisäern – auch in jeder anderen Hinsicht asketisch. Sie ernährten sich sehr bescheiden, tranken, anders als die »kanonischen« Juden, bei denen Wein sogar fest zum Sabbatzeremoniell gehört, nichts »Alkoholisches«, genau wie etwa 500 Jahre später die in Sexfragen ganz und gar nicht asketisch gestimmten Moslems, kleideten sich sehr einfach und schmucklos und legten generell auf Lebensfreuden kein Gewicht.

Indes: Volle Sexaskese hätte dem Bibelgebot »pru u'rwu« (Seid fruchtbar und mehret euch!) widersprochen. Solchem Verstoß gegen das mosaische Gesetz begegneten sie dadurch, daß sie, ehe sie dem »Mönchsorden« – anders kann man die essenische Gemeinschaft kaum nennen – beitraten, eben doch eine Familie gründeten und sie erst verließen, nachdem sie für deren Unterhalt ausreichend gesorgt hatten. Vielleicht gab es hierfür auch eine »Ordenskasse« aus dem Vermögen reicher Mitglieder.

(Nur nebenbei sei hier bemerkt, daß sich auch der berühmte Innerschweizer Heilige Niklaus von der Flühe genauso benahm: Er verließ seine Frau und seine zahlreichen Kinder erst, als diese erwachsen und genügend »etabliert« waren, um für sich selbst und die Mutter zu sorgen.)

Hier stehen wir aber tatsächlich bei einem Punkt, über den sich die Pharisäer mit Jesus niemals geeinigt hätten. Sie bewerteten – in Übereinstimmung mit dem mosaischen Gesetz – die Familienbindung und übrigens auch den Sex in den statthaften Formen rein positiv, Askese hingegen negativ. Einen Hinweis, daß Sexverzicht – wie bei Paulus – höher gewertet würde als die Ehe, wird man im Alten Testament und im Talmud und im gesamten nachfolgenden rabbinischen Schrifttum vergeblich suchen.

Sex-Bewertung im Alten Testament und im Talmud

Im Gegenteil. Askese im Sexbereich wird nur als Strafe gewertet, die man wohl sich selbst für eine begrenzte Zeit als Buße für eigene Sünden auferlegen, aber keinem zweiten zumuten darf. Man schuldet vielmehr dem Nachwuchs eine frühe und in sexueller Hinsicht befriedigende Heirat. Ein Mädchen ehelos sitzenzulassen ist ein schweres Vergehen. Haben die Eltern keine Mittel, die Tochter mit dem vielleicht unerläßlichen Brautschatz auszustatten, dann hat die Gemeinschaft einzuspringen: Jede ostjüdische Gemeinde besaß eine Kasse eigens für Brautausstattung armer Mädchen. Findet sich kein passender Ehepartner für die Tochter, dann muß – schon nach dem alten mosaischen Recht! – der Vater gegebenenfalls sogar den Sklaven freisprechen und mit dem Mädchen vermählen.

Auf keinen Fall aber darf er das Mädchen mit einem Partner zusammengeben, den es nicht mag. Bei Söhnen wird in dieser Hinsicht weniger Rücksicht genommen, was wohl einfach damit zusammenhängt, daß der Mann nach jüdischem Recht viel leichter die Scheidung erreichen kann als die Frau, er kann sich also von einer unerwünschten Partnerin im Handumdrehen selber befreien.

Der Vater darf das Mädchen auch nicht mit einem alten Manne verheiraten, denn »dadurch macht er die Tochter zur Hure«.

Ferner erwartet man von verwitweten Ehepartnern, daß sie nach einer geziemenden, aber recht kurzen Trauerzeit sofort wieder heiraten. Vor allem für führende religiöse »Funktionäre« gilt diese Regel besonders streng: Ein Rabbiner, der sich darauf versteift, Witwer zu bleiben, verliert zwar deswegen nicht gerade sein Amt, muß aber mit allgemeiner Mißbilligung rechnen . . .

Sexfeindliche Spuren bei Jesus?

Bei Jesus bahnen sich aber, trotz seiner generellen Toleranz gegenüber »Sexsünden«, eindeutig entgegengesetzte Tendenzen an. So vor allem in seinem Ausspruch, daß man ein Glied, das Ärgernis bereitet, indem es Anstoß zu sündigen Gelüsten oder Aktionen gibt, »ausreißen« solle. Sogar ein Auge soll man gegebenenfalls sich selber ausstechen, was aber keinen Sinn ergibt, weil das zweite, gesunde Auge vollauf genügen würde, sündige

Impressionen und Impulse einzufangen und zu vermitteln. Man müßte sich also schon, wie König Ödipus in der alten Griechensage, gleich beide Augen zur Selbstbestrafung ausstechen und von da an total blind, und dadurch hilfsbedürftig und eine Last für die Umwelt, durchs Leben tappen, was aber schon der mitgeplagten Umwelt wegen nicht sehr sinnvoll erscheint.

Tatsächlich drängt sich hier die Vermutung auf, daß Jesus die Selbstentmannung im Auge hat, die aber nach jüdischem – und später auch christlichem – Religionsgesetz streng verboten ist. Und einmal spricht er dies auch ziemlich deutlich aus ...

Ist diese Stelle echt? Man hat Mühe, es von Jesu sonstiger Haltung und Ausrichtung her zu glauben.

Oder ist sie eine spätere Einfügung durch einen Redakteur aus jenem gnostisch-heidnischen, leibfeindlichen Umfeld, dessen Auswirkungen bis zu Paulus ausstrahlten und seine (gelinde gesagt:) Geringschätzung des Sex hervorriefen?

Wir wissen es nicht und werden es nie erfahren. Sicher ist nur, daß ein solcher Ausspruch aus dem Munde eines pharisäischen Schriftgelehrten ausgeschlossen wäre und daß Jesus zumindest in solchen Zusammenhängen keineswegs milder, sondern weit härter als das kanonische Judentum sämtlicher Schattierungen denkt und urteilt. In solchen Fragen wäre ein Konsens zwischen ihm und den Pharisäern ausgeschlossen gewesen. Doch darüber hat er sich mit ihnen offenbar auch nie auseinandergesetzt, sonst fände man wohl zumindest Spuren hierzu im Neuen Testament.

Jesus als Initiator der unscheidbaren Ehe

Sicher ist jedenfalls, daß Jesus durch etliche seiner Bemerkungen, die wenigstens teilweise sicher echt sind, im Ehebereich Erschwerungen hervorgerufen hat, die sich dann auf das etablierte Christentum entsprechend auswirkten. Sein rührender Ausspruch zum Beispiel, daß der Mensch nicht auseinanderreißen solle, was der Himmel zusammengefügt hat, deutet eine Bewertung der Heirat als Sakrament zumindest an und damit in eins die Kriminalisierung der Ehescheidung. In diese Richtung geht auch seine strenge Verurteilung eines Sexgelüstes selbst dann, wenn es nicht ausgelebt, sondern brav unterdrückt wird. Und auch die Heirat mit einer geschiedenen Frau verurteilt Jesus mit einer ganz und gar nicht pharisäischen Härte.

Dies sind aber nicht die einzigen Diskrepanzen zwischen Jesus und den Pharisäern.

Gegensätze zwischen Jesus und den Schriftgelehrten

Rituelle Speisegesetze in pharisäischer und jesuanischer Sicht

Jesus hat zwar mehr als einmal betont, er sei nicht gekommen, das vorliegende jüdische Gesetz aufzuheben, sondern es zu erfüllen, es werde und dürfe in alle Ewigkeit kein Tüpflein oder Häklein daran geändert werden.

Tatsächlich aber weicht er in anderen Aussprüchen und auch in manchen Verhaltensweisen deutlich davon ab. So in seiner an sich richtigen Feststellung, daß Speisegesetze niemals von zentraler religiöser Bedeutung sein könnten, weil rein oder umgekehrt unrein und sündig nur sein könne, was aus dem Mund herauskommt, und niemals, was in den Mund hineingeht und vom Körper wieder ausgeschieden wird.

Das leuchtet unmittelbar ein.

Aber in dieser radikalen und überspitzten Form haben auch die Pharisäer eine gleich hohe Bedeutung von bloß rituellen und moralischen Normen und Vorschriften nie behauptet. Wir kennen bereits den Ausspruch des großen Talmudlehrers Hillel, des Zeitgenossen Jesu, wonach letztlich das gesamte Bibelgesetz nichts sei als Kommentar und Explikation zum Gebot der Nächstenliebe. Und natürlich hat der Konsum von verbotenen Speisen oder Kombinationen wie Schweinefleisch, Reptilien, Einhufern, Raubtieren oder auch »Gerissenem« (Aas) oder gar von Mischungen aus Fleisch mit Milch und Milchsubstanzen aller Art (Käse, Butter etc.) mit der Frage der Nächstenliebe rein gar nichts zu tun. Das wußten auch die Schriftgelehrten.

Und sie waren sich auch völlig klar darüber, daß das, »was aus dem Mund herauskommt« (also etwa gütiger Zuspruch oder umgekehrt eine tödliche Lüge und Verleumdung) ein ganz anderes moralisches Gewicht hat als jede noch so radikale Verletzung der mosaischen und talmudischen Speisevorschriften.

Sie wußten denn auch ganz genau, daß diese rituellen Speisevorschriften, wenn überhaupt, nur in ganz anderer Hinsicht und Richtung bedeutsam sein konnten. Einem Teil von ihnen läßt sich eine gewisse hygienische und medizinische Bedeutung wohl nicht abstreiten, wenn man andererseits auch vermuten darf, daß nicht dies die ursprünglichen Gründe des Verbotes waren. Die Tabuisierung des Blutes für menschlichen Genuß hängt sicher nur damit zusammen, daß das »Blut« für die alten Hebräer identisch war mit Leben und Lebenssubstanz, weshalb es ausschließlich dem Altar vorbehalten blieb. Zugleich wirkte sich das Verbot aber für die Gesundheit der Konsumenten positiv aus, denn im heißen Klima Vorderasiens zersetzt sich Blut wohl rascher als festes Muskelfleisch. Konsumiert man es ohne moderne Kühlungsmöglichkeiten nicht blitzschnell nach der Schlachtung, dann kann man sich leicht alle möglichen Darm- und Magenerkrankungen holen.

Dasselbe gilt wohl auch für die Fettstücke, die dem Altar vorbehalten blieben. Auch tierisches Fett ist bei Hitze rascher Fäulnis ausgesetzt, und es kann dem Konsumenten nur nützen – und auf keinen Fall schaden! –, wenn man es teilweise vom Konsum ausschließt. Daß man es heute, nachdem es keinen Opferkult mehr gibt, nicht einfach verbrennt, sondern für Kerzen und Schmierzwecke verwendet, sagten wir schon.

Auch Aas vom Verzehr auszuschließen kann sicher nicht schaden, wenn man Magenvergiftungen vermeiden will.

Bei andern Verboten ist ein sinnvoller Grund jedoch nicht auszumachen. So zum Beispiel beim Verbot, schuppenlose Fische zu verzehren. Aale scheiden damit aus dem jüdischen Küchenzettel aus. Man kann hierfür anführen, daß sie sich auf unerfreulich unappetitliche Art ernähren (erkundigen Sie sich einmal, wo man am meisten Aale findet!), das läßt sich immerhin hören.

Doch was hat man zum Beispiel am Stör und damit in eins am echten Kaviar zu beanstanden? Weil er aber nicht Schuppen, sondern eine Art Platten trägt, darf er nicht gegessen werden. Ist das ein einsichtiger Grund?

Die verbotene Milch/Fleischmischung

Am unbegreiflichsten ist das talmudische Verbot, Fleisch und Milch samt ihren Derivaten zu mischen oder auch nur in denselben Gefäßen zu kochen und zu essen. Fromme Juden schalten nach Fleischgenuß sogar eine Pause von vollen vier Stunden ein, ehe sie Milch oder ein Milchprodukt anrühren, damit sich diese Substanzen nicht einmal im Magen vermischen sollen!

Immerhin deutet diese Vorschrift auf ganz beachtliche ernährungsphysiologische Kenntnisse hin: Die Hebräer wußten also schon vor über 2000 Jahren, daß Fleisch besonders langsam verdaut wird. Entsprechend gibt es kein Talmudverbot, Fleischgerichte schon ziemlich bald nach solchen mit Milchsubstanzen zu genießen, von denen man eben wußte, daß sie in viel kürzerer Zeit verdaut sind. Vermutlich haben die damaligen Juden diese – wie auch viele andere – medizinischen und hygienischen Kenntnisse in den babylonischen Metropolen erworben, wo sie seit dem sechsten vorchristlichen Jahrhundert im Exil saßen und wo auch die paar großen Talmudakademien standen. Die Babylonier waren damals nicht nur treffliche Astronomen, sondern auch in vielen anderen Wissenschaften glänzend beschlagen.

Ein medizinischer oder hygienischer Grund, keine Rahmschnitzel oder Steaks mit Beurre de Paris zu genießen, läßt sich aber nicht ausmachen.

Tatsächlich ist der Grund für das Verbot der Milch/Fleischmischung wirr und unklar. Man führt es auf eine Stelle im Dritten Buch Mosis zurück, in welcher es untersagt wird, »das Böcklein in der Milch seiner Mutter« zu »kochen«.

Warum dies allerdings nicht erlaubt sein soll, weiß bis heute niemand. Neuerdings wurden Vermutungen angestellt, daß die heidnischen Kanaaniter den pervers anmutenden Brauch hatten, Jungtiere in deren Muttermilch gekocht auf dem Altar zu opfern. Doch das ist eine bloße Vermutung. Es klingt auch unwahrscheinlich, zumal man auf dem Altar das Fleisch im allgemeinen nur röstete und verbrannte, aber nicht im Kochtopf schmurgeln ließ.

Andere »Bibeldeuter«, vor allem jüdische, haben denn auch ganz andere vermeintliche Gründe für dieses eigentümliche Verbot vermutet. So zum Beispiel, daß das Fleisch von sehr jungen Tieren – also solchen, die sich noch von Muttermilch ernähren –, unbekömmlich sei.

Doch auch dann bliebe es rätselhaft, warum hier speziell von der Milch des betreffenden Muttertiers die Rede ist. Und zudem ist es reiner Unsinn: Die Unbekömmlichkeit des Fleisches sehr junger Tiere ist bis heute nicht bewiesen worden.

Weit besser leuchtet Luthers Übersetzung dieser Bibelstelle ein, welcher meint, sie besage, daß man Jungtiere nicht dem Muttertier entreißen und aufessen solle, solange sie an der Mutter saugen. Tatsächlich kann man den Satz ohne weiteres auch so übersetzen, und dann ergibt er einen guten Sinn: Es ist eine humane Rücksicht auf das Muttertier. –

Ja – und schließlich gibt es auch welche, die behaupten, der Satz werde von der gesamten rabbinischen Literatur seit 2000 Jahren mißverstanden, es sei hier gar nicht von »chaláw« (Milch) die Rede, sondern von »chélew« (Talg, Unschlitt). Ein solches Mißverständnis ist in einem hebräischen Text durchaus möglich, weil die hebräische Schrift eine Art Silben- oder Konsonanten-Stenogramm ist ohne (oder doch fast ohne) Vokale, die man erst im frühen Mittelalter in Gestalt kleiner Hilfszeichen in, über und unter den Konsonanten einfügte. Der sogenannte »massoretische« (= traditionsgesicherte) Bibeltext wird immer nur mit solchen Vokal-Zeichen gedruckt; für handschriftliche Ausgaben galt und gilt das nur teilweise.

In jedem Fall muß sich aber dieser Fehler – wenn es denn einer war – schon sehr früh eingeschlichen haben, sonst läge er nicht schon den talmudischen Debatten zugrunde.

Doch ganz hiervon abgesehen: Daß man das Fleisch nicht mit diesen (verbotenen, tabuisierten und für den Altar reservierten) Talgstücken zusammen zubereiten soll, leuchtet zwar ein – aber was haben Jungtier und Muttertier damit zu schaffen?

Kurz – die Stelle bleibt rätselhaft.

Doch selbst wenn es eines Tages gelingen sollte, ihren Sinn aufzuklären: Eine profunde religiöse Bedeutung kann man diesem Verbot unmöglich zumessen . . .

Wenn man sich dann aber anschaut, was die rabbinische Speise-gesetzgebung für einen Wust von Detailvorschriften um dieses eine unverständliche Verbot herumgebaut hat, dreht sich einem der Kopf. Wie bizarr es ausgeufert ist, kann man schon daraus ersehen, daß die koschere Küche auch die Mischung von Geflü-gel mit Milchprodukten verbietet – seit wann sondern Vögel (die Tauben ausgenommen) Milchsaft ab?! Die richtige Handhabung der Fleisch/Milchverbote ist zu einer regelrechten Wissenschaft angewachsen. Sehr reiche Leute vereinfachten das Problem manchmal dadurch, daß sie in ihrem Haus für »milchige« und »fleischige« Speisen einfach zwei verschiedene Küchenabteilun-gen oder sogar zwei Küchen benützten, so daß es auf keinen Fall zur sündhaften Konfusion und Berührung der Substanzen unter-einander kommen konnte.

Und ich weiß sogar von einer besonders frommen und reichen Familie in Frankfurt (wo, wie wir schon erwähnten, die fanatische »Neoorthodoxie« blühte), bei der es in einem Gartenpavillon na-he beim Haus sogar noch eine dritte Küche gab: nämlich eine zweigeteilte speziell für Pessach, also für das Osterfest, während welchem kein gesäuertes oder mit Hefe hochgetriebenes Brot, sondern nur die flache Mazze genossen werden darf, und für das man, falls man nur eine einzige Küche hat, alle Koch- und Eßge-räte entweder ausglühen oder sehr gründlich auskochen oder aber gegen ein spezielles »Pessachgeschirr« auswechseln muß, welches das ganze Jahr über einzig für diesen Zweck bereitsteht und also garantiert nie mit Sauerteig in Berührung kommt.

Und natürlich muß auch bei diesem Spezialgeschirr für die Oster-woche die saubere Trennung zwischen Milch- und Fleischge-fäßen und -geräten noch einmal vorgenommen werden.

Der sehr fromme jüdische Haushalt besitzt also sämtliche Kü-chenelemente, sofern sie mit Speisen in Berührung kommen, in vierfacher Ausführung ...

All diese Späße hatten zur Lebenszeit Jesu noch nicht ihren vol-len Höhepunkt erreicht. Aber die Tendenz war natürlich schon damals deutlich zu erkennen. Und wenn also Jesus deklarierte: »Darauf kommt es nun aber wirklich nicht an!«, so kann man ihm an sich nur beipflichten.

Hier jedoch waren die Schriftgelehrten anderer Meinung, wir werden bald hören, weshalb.

Rituelle jüdische Hygieneregeln

Jesus spottet auch über die detaillierten jüdischen Hygienevorschriften unter religiösem Signet.

Prinzipiell ist er natürlich im Recht. Was hat denn das Gebot, zum Beispiel vor dem Essen die Hände zu waschen und einen festgelegten Segensspruch dazu zu murmeln, mit wahrer Gottesfurcht zu tun? Oder wie hängt das Gesetz, welches den Frauen vorschreibt, sich nach ihrer Monatsregel ihrem Ehemann erst wieder zu nähern, nachdem sie sich in der Mikwe (= Tauchbekken mit fließendem Wasser) gründlich gereinigt haben, mit echtem Gottesglauben zusammen?

Überhaupt nicht. Man könnte noch verstehen, wenn Bibel und Talmud eine Körperreinigung vor dem Betreten einer Kultstätte – Tempel, Synagoge etc. – als religiöse Vorschrift festschreiben würden: Daß man sich Gott nur in reinlichem Zustand nähern soll, leuchtet ein.

Aber die genannten Waschregeln haben ja mit religiösen Belangen nichts zu tun, sie sind Auftakt zum Essen oder zum ehelichen Verkehr.

Und sie stehen nicht vereinzelt da. Nicht immer segeln diese Anweisungen unter der Flagge des Gottesgebotes, aber sie sind doch in demselben Talmud festgehalten, der sich auch mit der Detailauslegung von rituellen Reinigungsvorschriften beschäftigt und die nichtreligiösen Regeln als fast gleichwertig danebenstellt.

Hygiene zwecks Volkserhaltung

Beliebige Beispiele:

Es ist verboten, in einer Stadt zu leben, wo es keine Schulen, Ärzte und Bäder gibt, und man soll täglich zuerst warm und dann kalt baden. Der Talmud weiß auch schon – zweitausend Jahre vor den entsprechenden Entdeckungen der modernen Medizin! – genau um die Gefahren der Ansteckung. Niemals hätten die Rabbinen es zugelassen, daß die Menschen sich bei Epidemien versammeln, und sei es zum Gebet. Im Mittelalter war man sich nicht genügend klar darüber: Brach die Pest aus, dann formierten sich die verzweifelten Gläubigen zu kollektiven Reuekundgebungen und zu Bittprozessionen und trugen damit wacker zur Ausbreitung der Epidemien bei.

Der Talmud weiß auch, daß der Genuß von Früchten »die Augen leuchtend macht«, während die bürgerliche Küche bis tief ins 19. Jahrhundert hinein Obst als »Schleckzeug« und reinen Luxus mißachtete und im Speisezettel nur ganz am Rande berücksichtigte.

Schon in der Bibel selbst finden sich Hinweise, daß karge Mahlzeiten das Leben verlängern. Und der Talmud macht darauf aufmerksam, daß Sonnenlicht lebenswichtig ist und man also auf keinen Fall in einer völlig sonnenlosen Wohnung hausen soll . . .

Noch in meiner Jugendzeit hingen an vielen öffentlichen Brunnen Eisenbecher zum Trinken – dagegen würden die Talmudlehrer wohl keinen Einspruch erhoben haben, aber sie machen darauf aufmerksam, daß man aus einem benützten Gefäß erst trinken darf, wenn man es zuvor gut ausgewaschen hat, und man darf es auch einem andern nur in gründlich gereinigtem Zustand anbieten.

Man soll ferner Münzen auf keinen Fall in den Mund stecken und ein unverpacktes Brot nicht unter der Achsel tragen. Und Speisen darf man nicht unter dem Bett aufbewahren.

Was speziell das Religionsgebot angeht, vor jeder Mahlzeit die Hände zu waschen, so ist es im Talmud nicht einfach wiedergekäut und womöglich mit der Drohung kombiniert, daß man sich daran halten müsse, weil Gott es so befiehlt, sondern es wird ausführlich erklärt, daß jeder, der sich mit ungewaschenen Händen zu Tische setzt, damit sein eigenes Leben verkürze . . .

Mit andern Worten: Die Rabbinen wissen genausogut wie Jesus, daß die Reinheitsgesetze keinesfalls auf derselben Höhe stehen wie etwa die mosaischen Zehn Gebote.

Aber sie wissen auch, daß diese Direktiven lebenswichtig sind. Sowohl für den einzelnen wie letztlich für die ganze Gemeinschaft, der er angehört. Es geht nicht um fundamentale Glaubensgrundsätze, sondern schlechtweg um Volkshygiene und Volkserhaltung.

Dies freilich war ein Gesichtspunkt, der für Jesus, der schon morgen die »Neue Erde«, das Himmelreich auf Erden, erwartete, überhaupt nicht zählen konnte.

Um so mehr zählte es für die Rabbinen, die zwar gleichfalls, genau wie Jesus, sowohl an ein Jenseits unmittelbar nach dem Tode wie auch an eine endzeitliche messianische Kollektiverlösung und leibliche Auferstehung glaubten, jedoch nicht sicher waren, daß das erträumte und erhoffte Paradies auf Erden schon morgen dasein werde.

Was aber, wenn es erst in hundert, in tausend oder gar noch mehr Jahren eintrat?

Bis dahin sollte und mußte das jüdische Volk erhalten werden. Und hierfür waren hygienische und medizinische Regeln genauso wichtig wie die mosaischen Grundgebote.

Und auch die Einhaltung familienrechtlicher Normen war hierfür notwendig. Daß da einer im Hinblick auf die möglicherweise schon morgen eintretende Welterlösung seine ganze Habe verschenkte und seine Familie im Stiche ließ, kam gar nicht in Frage. Es hatte sich ein jeder so zu benehmen, als ob die Welt einstweilen noch in ihrem unerlösten Zustand vielleicht endlos lange weiterbestehen würde ...

Besonders schön kommt diese Talmudtendenz im Ausspruch eines großen Talmudlehrers zum Ausdruck, welcher erklärt, er würde, sogar wenn bereits der Posaunenstoß erschallen sollte, der das Kommen des Messias ankündigt, zuvor, sofern er in diesem Augenblick gerade bei der Gartenarbeit wäre, den Baumsetzling, den er in der Hand hätte, zu Ende einpflanzen und begießen und sich erst dann erheben, um dem Messias entgegenzugehen.

Übrigens hat auch Luther diese Parabel gekannt und geliebt. Vielleicht lag sie ihm, dem arbeitsamen Deutschen, persönlich besonders gut. Vielleicht wollte er sich damit auch gegen jene adventistischen Sekten seiner Zeitperiode abgrenzen, bei welchen die Tendenz herrschte, die vermeintlich unmittelbar bevorstehende Parusie Christi und damit die endgültige Welterlösung untätig, mit verschränkten Armen abzuwarten ...

Jedenfalls optierte Luther, obwohl von einem gewissen Zeitpunkt an rabiater Judenhasser, damit zumindest in diesem einen Punkt für die Pharisäer und gegen Jesus.

Distanzsicherung durch Ritualgesetze

Bleibt die Frage, weshalb die klugen Rabbinen, die im Prinzip so genau zwischen Wesentlichem und Unwesentlichem unterscheiden konnten und so genau erkannten, daß die talmudischen Hygieneregeln zwar religiös irrelevant, aber für die physische Erhaltung des Volkes doch zu wichtig waren, als daß man sie mißachten durfte, nicht wenigstens solche Speisegesetze abgebaut haben, deren hygienischer und medizinischer Wert eindeutig gleich Null ist und die das Führen einer »koscheren« Küche zu einer komplexen Spezialwissenschaft ohne jeden tieferen Sinn machen?

Die Antwort lautet: Sie taten es eben deshalb nicht. Zur Zeit, da diese komplexen Koscherregeln aufkamen, lebte bereits ein großer Teil des jüdischen Volkes außerhalb der alten Heimat unter Nichtjuden. Natürlich ist es reiner Blödsinn, aus dem an sich schon unverständlichen Ukas, Jungtiere nicht in der Milch ihrer Mutter zu kochen, ein generelles Verbot der Mischung von Fleisch- und Milchsubstanzen abzuleiten und diese Regel auch noch auf das Federvieh auszudehnen, das im allgemeinen keine Milch absondert.

Aber ein Jude, der nach den Koscherregeln lebt, wird zur nichtjüdischen Umwelt notwendig zumindest bei Tafelfreuden eine gewisse Distanz wahren müssen. Genauer: Er kann zwar Nichtjuden ohne weiteres zu sich einladen, kann aber seinerseits nicht unbedingt bei ihnen essen. Das schafft eine gewisse Absicherung der eigenen Gemeinschaft gegen auflösende Tendenzen.

Die gleiche Auswirkung hat auch zum Beispiel das talmudische

Verbot, mit Nichtjuden zusammen Wein zu trinken. Ursprünglich hatte das Verbot tatsächlich einen rein religiösen Sinn: Da die Römer und Griechen jeweils dem Jupiter/Zeus oder Bacchus/Dionysos ein paar Tropfen aus ihrem Becher spendeten, ehe sie ihn an den Mund setzten, beteiligte sich der jüdische Trinkgefährte dadurch indirekt an einem Götzenopfer. Das Verbot wurde aber in jüdischen observanten Kreisen auch eingehalten, als es längst ringsum keine Heiden mehr gab, und zwar nur der distanzschaffenden Wirkung wegen.

Als Regel galt nämlich für die Rabbinen: Man soll zwar in den Exilländern der Regierung treu dienen, und ausdrücklich steht im Talmud: »Das Gesetz des jeweiligen Staates ist dein Gesetz«. Trotzdem soll man aber die »Eigenlinie« bewahren. Das rituelle Gesetz erfüllte also auch dann, wenn es keine hygienische und medizinische Bedeutung hatte, einen volkserhaltenden Sinn.

Für Jesus dagegen, der schon morgen das Himmelreich auf Erden erwartete, war das eine müßige Überlegung. Hier konnte es zwischen ihm und den Schriftgelehrten keinen Konsens geben.

Ehescheidung, Homosexualität, Kastration

Wir wissen nicht – und werden es auch nie herausbekommen –, in welchen Punkten und in welchem Ausmaß die Evangelien die Beziehung zwischen Jesus und den Schriftgelehrten ins Negative verfälschen. Sicher ist, daß es zwischen ihm und ihnen weit mehr Übereinstimmungen gab, als das Neue Testament zugibt. Sicher ist auch, daß alles, was er sagte, tat und lehrte in keinem einzigen Punkt in den Augen der Pharisäer revolutionär, unerlaubt und aufreizend war. Sicher ist ferner, daß er – im Gegensatz zur Meinung auch relativ solider christlicher Kenner beider biblischer Testamente – keineswegs die vorliegenden Gesetze gemildert und von irgendwelchen altertümlichen Härteeinschüssen gereinigt hat – dies hatten die vielgescholtenen Pharisäer längst besorgt, und sie bemühten sich weiter in dieser Richtung. In dieser Hinsicht konnten sie von ihm nichts Neues lernen und erfahren.

Bei der Ehegesetzgebung löste er sogar durch seine Gleichsetzung von (unausgelebten, rein innerlichen) Gelüsten und von Ehescheidung mit Ehebruch eine Verschärfung der Ehegesetze aus, an der ein Teil der Christen – die Katholiken – bis heute schwer zu tragen haben.

Aber auch dieser Verhärtung der Normen durch Jesus konnten sich die Pharisäer unmöglich anschließen. Denn sie werteten zwar die Ehescheidung an und für sich gleichfalls negativ, und im Talmud findet sich der rührende Ausspruch, daß der Altar weine, wenn sich ein Mann von der Gefährtin seiner Jugend trenne. Aber sie sahen in der Ehe kein Sakrament, sondern nur die optimale Voraussetzung zur Erziehung und Erhaltung des Nachwuchses. Erfüllte sie diesen Zweck aus irgendeinem Grunde nicht, oder war das Zusammensein beiden Partnern oder auch nur einem von ihnen zur reinen Qual und unzumutbar geworden, dann hatte es folglich – nach jüdischem Standpunkt – keinen Sinn, den beiden die Scheidung zu verweigern.

Und Jesu – vage – Andeutung, wonach sogar Selbstentmannung vielleicht statthaft sei, wenn man sich von Sexbegierden allzu heftig bedrängt fühle, konnten die Pharisäer nicht billigen. Kastration – auch Selbstkastration – ist nach jüdischem Recht als eine besonders üble Form der Verstümmelung untersagt. Zudem war gerade diese Form der Verstümmelung speziell im vorderasiatischen Umfeld mit der Erinnerung an wüste, matriarchalische, heidnische Tempelhurerei auf homosexueller Basis verknüpft, bei der sich der »Passivpartner« zu Ehren der Mutter- und Liebesgöttin selber entmannte, um die Frauenrolle im kultischen Sexspiel überzeugender verwirklichen zu können.

Nur nebenbei sei hier bemerkt, daß die Unterstellung der Homosexualität durch das jüdische Religionsrecht unter Todesstrafe dabei einzig diese kultische, mit Selbstentmannung verbundene Variante der heidnischen Tempelhurerei anvisiert. Entsprechend verfolgt das alte jüdische Recht gleichgeschlechtliche Beziehungen zwischen Frauen überhaupt nicht mit Strafe. Und auch männliche Liebespaare bleiben straflos, solange sie sich nur aus rein privaten Motiven gleichgeschlechtlich vergnügen und keine solchen heidnischen Greuelsitten anpeilen. Den Beweis hierfür liefert der rührende Trauergesang des Königs David nach dem Tode seines Freundes Jonathan auf dem Schlachtfeld. David darf ungerügt klagen: »Deine Liebe war mir teurer als Frauenliebe!« Und diese Toten- und Liebesklage fand sogar Eingang in die Bibel.

Es ist klar, daß die Pharisäer, wenn sie mit Jesus die Frage der möglichen Selbstentmannung diskutiert hätten, seinen Standpunkt zornig zurückgewiesen hätten.

Aber möglich ist natürlich auch, daß Jesus diesen Ausspruch nie gemacht hat, daß hier ein heidnisch-gnostisch-sexfeindlicher Bearbeiter des Textes die Stelle in seinem Sinne »aufgerundet« hat.

Allerdings hängt dann Jesu Rat, sich sogar ein Glied auszureißen, wenn es sündhafte Tendenzen fördert und Ärgernis erzeugt, ein wenig in der Luft, denn auf die Augen kann man die Anweisung nicht sinnvoll anwenden.

Sollte demnach die ganze Stelle »unecht« und ein späteres Einschiebsel sein?

Dagegen spricht wiederum die prägnante, bildhafte, unmittelbare Formulierung des Ausspruchs, der eindeutig Jesu genialen Stempel trägt . . .

Wir müssen die Frage offenlassen. Jeder Versuch, sie zu beantworten, führt in eine Sackgasse.

Sicher ist nur, daß in puncto Sexfragen die Pharisäer toleranter waren als Jesus, von einer revolutionären Humanisierung also bei ihm in dieser Hinsicht keine Rede sein kann. – Warum also wird Jesus von den Schriftgelehrten nie erwähnt? Der Grund ist, wie wir noch sehen werden, sehr einfach.

Jesus für Pharisäer »kein Thema«

Zugegeben, es haben zur Zeit Jesu, und auch früher und später, weit unbedeutendere Gestalten und Aussprüche in das rabbinische Schrifttum Eingang gefunden. Aber dann ging es immer um einen »scholastischen« Konflikt, um den Austausch von im Prinzip tragbaren verschiedenen Positionen und Deutungen.

Jesu Logia mochten ergreifend, dichterisch vollendet, unmittelbar einleuchtend und sogar erschütternd sein – nicht grundlos gewann er Jünger und wurde er (wenn auch indirekt, durch die großartige PR-Arbeit von Paulus) zum Stifter einer Weltreligion. Den Pharisäern bot er für ihre Debatten keinen Stoff und Anstoß. Daß er weitgehend mit ihnen übereinstimmte, war kein Grund, ihn überhaupt zu erwähnen. Und daß er in einigen wenigen – wenn auch wesentlichen – Punkten eine andere Position vertrat, ging sie gleichfalls nichts an. Diese Abweichungen ergaben sich aus seiner eschatologischen Naherwartung, und diese Überzeugung teilte Jesus auch mit andern damaligen »Adventisten«, von denen die Talmudlehrer gleichfalls keine Notiz nahmen. Ihre Gespräche waren reine »Insider-Diskussionen«. Daß Jesus der mit Abstand genialste Volksprediger war, den das Judentum bis zu jenen Tagen, und vielleicht sogar bis auf den heutigen Tag, hervorgebracht hatte, ging sie nichts an. Sie amteten ja nicht als eine Art Literaturkritiker, sondern als Gesetzeskommentatoren. Vielleicht erkannten einzelne von ihnen sogar seine Genialität und Einzigartigkeit. Aber es fehlte für sie der zureichende Grund, sich mit ihm auf eine Weise zu befassen, die seine Erwähnung im jüdischen Schrifttum gerechtfertigt hätte. Für die Pharisäer – gleichsam eine Kommission zur Anpassung des alten, lapidaren Bibelrechtes an die weit differenzierter und komplizierter gewordene Gegenwart und für die Humanisierung der zum Teil brutalen, beduinischen Rechtsbräuche – boten die jesuanischen Logia keine konkreten Anregungen. Und auch eine Kontroverse mit Jesus, die auf eine Ablehnung seiner Ideen hinausgelaufen wäre, hatte für die Pharisäer wenig Sinn. Jesu Stoßrichtung – die unmittelbare Heilserwartung – schloß jede reformerische oder auch andere Gesetzesrevision aus. Was gab es zu »revidieren« und zu korrigieren, wenn morgen schon ein Weltzustand eintreten würde, der überhaupt jede Sünde, jede Verfehlung, jedes Leid und Unrecht a priori ausschloß und damit in eins auch jegliches Gesetz überflüssig und sinnlos machte?

Mag sein, daß manche Pharisäer sich gelegentlich eine Predigt Jesu mit anhörten. Vielleicht waren sie auch von deren Kraft, Intensität und dichterischen Schönheit tief beeindruckt.

Doch zu einer Auseinandersetzung über jene juristischen und sozialen Fragen, mit denen die Rabbinen sich beschäftigten, boten die Logia Jesu keinen Ansatzpunkt.

Und also blieb er im Talmud unerwähnt und wäre wohl ohne die Entstehung des Christentums im nichtjüdischen Umfeld in Vergessenheit geraten. Denn die judenchristlichen Gemeinden im Heiligen Lande lebten ja auch nach seiner Kreuzigung und Auferstehung immer noch in der intensiven Erwartung seiner baldigen Parusie, seines Wiederkommens, um die Welt definitiv zu erlösen und die »Neue Erde« herbeizubringen. In dieser speziellen Form mußte die messianische Erwartung bald erlahmen. Daher kam im Christentum, als die Parusie ungebührlich lange auf sich warten ließ, allmählich die Meinung auf, daß der Gläubige schon allein durch Jesu stellvertretenden Opfertod und den mystischen Akt der Taufe zumindest von der »Erbsünde« erlöst sei – was immer das heißen mochte. Aber im jüdischen Denken – und auch die Judenchristen blieben ja nach wie vor Juden – hat diese Variante des Erlösungsglaubens nie Fuß gefaßt. An die baldige Parusie Christi glaubte daher auch der Jude Paulus. Und ohne den Zuzug von zahllosen Heidenchristen, die aus heidnischen, hellenistischen Mysterienkulten jener Zeit auch eine rein persönliche und individuelle Form der Erlösung inmitten einer offenkundig unerlösten Welt kannten und psychisch nachvollziehen konnten, wäre das junge Christentum wohl nach wenigen Jahrhunderten genauso untergegangen wie die judenchristlichen Gemeinden in Judäa und Galiläa. –

Wir fassen zusammen: Da es für die Pharisäer nicht zählte, *wie* Jesus predigte, sondern nur, *was* er predigte, hatten sie keinen Grund und Anlaß, sich mit seiner Persönlichkeit und Lehre in ihren Debatten zu beschäftigen. Und also blieb er unerwähnt.

Oder genauer: Er fand erst Erwähnung, als ein bereits erstarktes und judenfeindlich gewordenes Christentum bei den Rabbinen die Neugierde nach der Persönlichkeit jenes Mannes weckte, in dessen Namen man sie jetzt verfolgte und diskriminierte. Da aber war es längst zu spät, »aus erster Hand« etwas Authentisches über ihn zu erfahren und anderen mitzuteilen.

Versuchen wir, einen parallelen Fall für die Gegenwart zu konstruieren. Wir können dabei sogar die religiöse Dimension des damaligen Geschehens vorübergehend ausklammern – sie spielte ohnehin bei den Differenzen zwischen Jesus und den Pharisäern kaum eine wesentliche Rolle, wie wir bereits weiter oben dargelegt haben. Sie waren nicht Dogmatiker, sondern Rechtsgelehrte und Sozialpädagogen, trockene, praktisch ausgerichtete Scholastiker, darum bemüht, das zum Teil obsolet gewordene, alte, harte Bibelgesetz der »modernen«, weit differenzierteren Gegenwart anzupassen, und dabei sehr scharf aufzupassen, daß man nicht allzu viel scheinbar unnütz gewordenen Ballast über Bord warf und dadurch die Unterschiede zwischen der jüdischen und nichtjüdischen Gemeinschaft am Ende allzusehr verwischte, was sich für den Fortbestand des jüdischen Volkes vor allem im Exil verhängnisvoll auswirken konnte. Das waren sehr schwierige Aufgaben, die viel Scharfsinn, Erfahrung und Lebensklugheit erforderten. Die Herren gingen sehr vorsichtig und umsichtig dabei vor. Sie ließen einen jeden des Gremiums zu Worte kommen und unterschlugen in ihren Protokollen auch reichlich abstruse und unkluge Ansichten nicht. Nicht immer fällten sie die bestmögliche Entscheidung. Und bei vielen nicht allzu grundlegenden Fragen ließen sie die Entscheidung auch offen, so daß sich die Talmudgelehrten bis auf den heutigen Tag über manche ungelösten Probleme spitzfindig und scharfsinnig auseinandersetzen können ...

Nehmen wir nun an, es brächen in eine solche heutige juristische Sitzung ein paar lustige Studenten ein und sängen den Herren vor:

> »Wer weiß denn, ob die Welt
> Morgen in Schutt zerfällt!
> Wenn sie nur heut noch hält!
> Heute ist heut!«

Und nehmen wir an, Goethe persönlich befindet sich unter diesen lustigen Studenten, und er rezitiert, mit einem Blick aus dem Fenster auf die blühende Natur, aus dem Stegreif:

>Ein Kerl, der spekuliert,
ist wie ein Tier auf dürrer Heide,
von einem bösen Geist im Kreis herumgeführt,
Und ringsumher liegt schöne, grüne Weide.« –

Oder auch:

>Grau, teurer Freund, ist alle Theorie,
Und grün des Lebens gold'ner Baum . . .«

Je nach Temperament und Laune würden die würdigen Herren die fidelen Studenten durch den Pedell in hohem Bogen hinauswerfen lassen, wie der strenge Talmudlehrer Schamai es mit jenem Heiden tat, der den gesamten Inhalt der jüdischen Lehre so konzentriert vorgetragen haben wollte, daß er solange auf einem Fuß stehen bleiben könnte. Oder sie würden sich mit den »Infiltranten« auf ein kurzes, freundliches Gespräch einlassen und vielleicht auch lachen, sich also ähnlich verhalten, wie es damals der milde Rabbi Hillel tat, der dem Heiden antwortete, dies sei nicht weiter schwierig, das gesamte Religionsgesetz sei nichts als eine Explikation der Forderung nach Nächstenliebe.

Aber in den Protokollen des Gremiums wird dieses lustige Intermezzo natürlich mit keiner Silbe erwähnt sein. Denn der Hinweis darauf, daß es schade ist, sich bei schönem Wetter gemeinsam den Kopf über zum Teil vielleicht gar nicht so wichtige Detailprobleme zu zerbrechen, statt in Gottes schöner Natur herumzuschweifen, ist ja kein Beitrag zur Lösung der anstehenden Probleme. Und auch wenn einer der würdigen Herren bemerkt haben sollte, daß insbesondere die Stegreifverse jenes einen Studenten von einer ungewöhnlichen dichterischen Begabung zeugen, wird er nicht vorschlagen können, diesen Besucher und seine Aussprüche im »Jahresbericht« zu verewigen. Denn in diesen Bericht gehören vielleicht noch so dämliche Diskussionsbeiträge hinein, nicht aber allgemeine Lebensweisheiten, durch welche die Tätigkeit der hier versammelten Gelehrten einfach in Frage gestellt wird. –

Zurück zu Jesus und den Pharisäern. Letztere hatten sich, aus richtiger Erkenntnis der jüdischen Lage zu jenem Zeitpunkt heraus, die bedeutsame und gewichtige Aufgabe selber zugeteilt, die Weichen für die nächsten Jahrhunderte, vielleicht sogar Jahrtau-

sende zu stellen. Mag sein, daß sie dabei nicht immer den aller-
klügsten Weg fanden. Die segelten ja ständig zwischen Skylla
und Charybdis, zwischen der Gefahr, zu viel oder zu wenig preis-
zugeben und an die Gegenwart anzupassen. Da mochten ihnen
schon Fehler unterlaufen und manche Entscheidung lächerlich
ausfallen.

Aber nun kam Jesus daher und verkündete gleichsam: »Was zer-
brecht ihr euch sinnlos den Kopf? Die von euch anvisierte Zukunft des jüdischen Volkes samt den zugehörigen Problemen
und Gefahren wird es ohnehin nicht geben. Bald bricht das Himmelreich auf Erden an. Etliche von euch werden es sogar schon
vor ihrem Tod und der nachfolgenden Auferstehung erleben.
Was sollen da Familien- und Obligationenrecht? Was hygienische und medizinische Fragen? Was Eigen- und Kollektivvorsor-
ge und -fürsorge? Was Überlegungen über das Ausmaß von Inte-
grationen oder umgekehrt Distanz zur nichtjüdischen Umwelt
im Exil?

Vielleicht habt ihr im Prinzip recht mit eurem Einwand, daß Gott
nur die Lilien – und nicht die Menschen – prächtiger kleidet als
den König Salomon und daß man, wenn man nicht nackt oder in
Fetzen herumlaufen und hungern will, tatsächlich für sich und
die Seinen vorsorgen muß. Aber das gilt doch nicht, wenn morgen schon die paradiesische Endzeit heranbricht!«

Darauf könnten die Gelehrten, sofern sie sich überhaupt auf ein
Gespräch einließen, nur einwenden: »Recht und schön – aber
was machen wir, wenn du irrst? Nehmen wir an, der Messias, an
dessen Kommen wir genauso glauben wie du, erscheint erst in
hundert oder unsertwegen erst in tausend Jahren. Was dann?
Zugegeben, du predigst herzergreifend. Aber wenn dir allzu viele
zulaufen, so daß die normale Arbeitsleistung nicht mehr erbracht
wird und auch die vom mosaischen Gesetz vorgeschriebenen
Armenkassen für die Witwen und Waisen sich allmählich leeren,
dann wird doch ein unausmalbares Elend anbrechen, das sich
nicht verantworten läßt!

Predige, was du willst! Aber von uns kann kein ›Adventist‹ Verständnis erwarten! Unsere Aufgabe ist es, für eine geordnete Zukunft des jüdischen Volkes in einer einstweilen unerlösten Welt

mit entsprechenden Gesetzen und Direktiven vorzusorgen. Wir können unsere kostbare Zeit daher auch nicht für Diskussionen mit anderen Adventisten – also etwa den Essenern – verschwenden, die dir im übrigen nur in dem einen Punkt gleichen, daß sie gleichfalls schon morgen das Letzte Gericht und das messianische Endreich erwarten. Und wir können nur hoffen, daß du nicht allzu viele Anhänger findest!«

Es hat denn auch vermutlich lange nicht so viele Auseinandersetzungen zwischen Jesus und den Schriftgelehrten gegeben, wie das Neue Testament es behauptet. Und Jesus hat sie auch schwerlich so massiv und ausgiebig beschimpft, wie die vorliegenden Fassungen der Evangelien es glauben machen wollen. Hierfür gab es zwischen Jesus und den Pharisäern denn doch zu viele und zu grundlegende Gemeinsamkeiten. Und daß sie seinen Adventismus nicht mitmachten, konnte ihn unmöglich zu solchen Haßtiraden hinreißen, wie sie ihm in den Evangelien in den Mund gelegt werden.

»Heuchler« mag er sie genannt haben. Zur Heuchelei neigen alle, die sich für eine religiöse Elite halten und entsprechende Reverenz fordern und erwarten. Heuchelei in der Variante der Bigotterie gab es also wohl auch unter den Schriftgelehrten.

Aber einem aufmerksamen Leser der Evangelien fällt doch auf, daß nicht ein einziges Mal auch nur mit einer Silbe im Neuen Testament behauptet wird, die Schriftgelehrten hätten sich an der Vernichtungskampagne gegen Jesus aktiv beteiligt. Wir wissen nur von einem einzigen Pharisäer, der sich einmal in schlimmster Form gegen Christen vergangen hat. Im Prozeß gegen Jesus – und auch schon vorher – gab es nicht einen einzigen. Aber bei der Anklage gegen Stephanus ein paar Jahrzehnte später »mischte« tatsächlich ein pharisäischer Schriftgelehrter, Paulus, ganz übel mit, obwohl eine solche Haltung in keiner Weise der pharisäischen Ausrichtung entsprach, und obwohl beim Prozeß selbst der Talmudlehrer Gemaliel den Freispruch für Stephanus forderte. Es kam damals – wir sagten es schon – auch nicht zu einer Verurteilung, sondern zur Lynchjustiz, an der sich Saulus/Paulus mit dem gleichen Feuereifer beteiligte, mit dem er dann, nach seinem Damaskuserlebnis, für das Christentum eintrat ...

Wir halten noch einmal fest: Der Adventismus Jesu schloß ihn als Gesprächspartner der pharisäischen Schriftgelehrten aus. Denn sie lebten, wirkten, debattierten und disponierten für eine (unerlöste) Zukunft, die es nach Jesus nicht mehr gab. In allen anderen Punkten war man sich weitgehend einig.

Höhere Toleranz bei Pharisäern als bei Jesus

Betont sei aber noch einmal, daß Jesus nicht, wie auch relativ gute christliche Bibelkenner glauben, das Bibelgesetz toleranter und liberaler auslegte und auslebte als die Schriftgelehrten. Wenn Jesus sagt: ». . . es steht geschrieben, ihr sollt den Feind hassen . . .«, so polemisiert er weder gegen das mosaische Gesetz noch gegen die Schriftgelehrten, denn im Alten Testament steht etwas Derartiges nirgends, und die Talmudlehrer haben irgend etwas dieser Art weder vor noch nach der Lebenszeit Jesu je gelehrt und gefordert. Dies taten einzig die in einer Art Mönchsorden organisierten Essener, die an sich genauso adventistisch ausgerichtet waren wie Jesus, daraus aber in puncto Gesetzesstrenge genau entgegengesetzte Konklusionen und Forderungen zogen und weit mehr Verwandtschaft mit dem finstern Fundamentalismus eines Khomeini als mit den lebensfreundlichen Normen der Pharisäer oder frühen Christen hatten.

Der Gerechtigkeit und historischen Wahrheit zuliebe muß man sogar festhalten, daß die Pharisäer umgekehrt »liberaler« dachten und entschieden als Jesus. Das hing wohl einfach damit zusammen, daß etliche von ihnen aus den babylonischen Metropolen stammten, wo man weltoffener war als in dem galiläischen Nest, in welchem Jesus aufwuchs.

Man braucht hier nur an die paar – zweifellos historischen – Episoden zu erinnern, in welchen Jesus zögert, eine Wunderheilung auch Nichtjuden zuteil werden zu lassen. Er tut es dann schließlich doch: Dem Knecht des römischen Legionärs hilft er, weil ihn der Glaube und das Vertrauen des Offiziers rührt. Und als die Syro-Phönizierin, die um Hilfe für eine Verwandte bat und die er mit den Worten abwies, er müsse sich in erster Linie seinen Glaubensgenossen zuwenden, ihm zu verstehen gibt, man gönne doch sogar einem Hündchen zumindest die Brocken unter dem Tisch – da lenkt er schamvoll ein.

Aber für einen Pharisäer wäre die Hilfeleistung schon auf die erste Bitte hin selbstverständlich gewesen. Denn Hilfe in der Not, unabhängig von der religiösen Zugehörigkeit des Bittstellers, gestattet das mosaische Gesetz nicht nur, sondern es befiehlt sie ausdrücklich. Und zwar auch am Sabbat selbst dann, wenn solche Hilfe die Verletzung aller Ritual- und Zeremonialvorschriften voraussetzt. Und auch dann, wenn es ein Feind ist, der um Hilfe fleht. Sogar Tieren in Bedrängnis darf man Hilfe nicht versagen. Und – dies steht ausdrücklich im Alten Testament – man darf es auch dann nicht, wenn es ein Haustier ist, das zufällig einem Feind gehört.

Jesus und die Pharisäer driften wirklich nur in jenen Fragen auseinander, die sich aus der »Zukunftsausrichtung« der Schriftgelehrten und dem Adventismus Jesu ergeben.

Jesus und die Wehrdienst-Frage

Wehrdienst im Alten Testament

An sich hat Jesu Haltung zur Wehrdienstfrage mit unserem Thema wenig zu tun. Aber es ist seit einiger Zeit Mode geworden, sich gegenseitig im Zusammenhang mit sozialen, politischen und vor allem mit Wehrdienstfragen die Bergpredigt gleichsam »um die Ohren zu hauen«. So mag es am Platze sein, auch dieses Thema hier zur Sprache zu bringen.

Vom Alten Testament her läßt sich Wehrdienst nicht kriminalisieren. Das Tötungsverbot in den Zehn Geboten betrifft nur Mord, nicht Töten und Sterben im Krieg. Oft genug fordert Jahwe persönlich die Söhne Israels zu einem Feldzug auf, verspricht sogar, er werde mit ihnen ziehen, sie brauchten sich also nicht zu fürchten.

Freilich kennt das Alte Testament auch die Freistellung vom Kriegsdienst, aber nicht aus moralischen Erwägungen, sondern nur für Männer in solchen Ausnahmesituationen, daß man befürchten müßte, sie würden sich im Kampf nicht bewähren; für Neuvermählte, die ihre Braut noch nicht heimführen konnten; für solche, die ein Haus erbauten, aber noch nicht bezogen; und für Weinbauern, die Rebstöcke pflanzten, aber von deren Frucht noch nicht genossen. Auf das Alte Testament können sich also Wehrdienstgegner nicht berufen.

Es erhebt sich demnach die Frage, ob die Bergpredigt hierzu eine Handhabe bietet.

Nun hat sich Jesus nirgends direkt zu diesem Problem geäußert. Man kann nur indirekt aus seiner Direktive: »Gebt dem Cäsar, was des Cäsars ist, und Gott, was Gottes ist« allenfalls eine Bejahung des Wehrdienstes erschließen. Man bewegt sich aber bei solchen Konklusionen auf schwankendem Boden. Denn man muß zweierlei dabei beachten:

Erstens gab es damals im Gelobten Lande keine jüdische Milizarmee, sondern nur römische Legionäre. Nun dienten an sich zahlreiche Juden als Soldaten und Offiziere in römischen Armeen. Aber die Römer waren schließlich nicht dumm, und sie haben sicher darauf geachtet, daß keine Juden nach Judäa abkommandiert wurden, weil sich bei den ewigen Unruhen im Gelobten Lande für jüdische Legionäre leicht das Problem der doppelten Loyalität stellen konnte. Man zog es sicher vor, die Juden irgendwo in Spanien oder Germanien kämpfen zu lassen.

Und zweitens ging Jesus ja davon aus, daß morgen schon das Himmelreich auf Erden anbrechen werde. Eine solche Zukunftsperspektive ist aber generell kaum dazu geeignet, auf praktische oder auch theoretische Fragen eine eindeutige Antwort zu finden. Von diesem messianischen Traum abgesehen, war Jesus indes ein ungewöhnlich kluger Realist. Will man also eine Diagnose versuchen, wie Jesus gegen Ende des 20. Jahrhunderts in einem modernen Rechtsstaat über die Wehrdienstfrage geurteilt und sich zu ihr verhalten hätte, so muß man diese beiden Faktoren – seine überragende Intelligenz und seine Erlösungsträume – mit einrechnen.

Moderne Wehrdienstprobleme aus jesuanischer Sicht

Mit Sicherheit würde er nicht, wie manche modischen Friedensapostel, proklamieren, man brauche nur ruhig abzurüsten und die Hände in den Schoß zu legen, dann werde der potentielle Feind bestimmt nicht einmarschieren. Auch seine Empfehlung, dem Angreifer, von dem man geschlagen wurde, die zweite Backe hinzuhalten, ist nicht in diesem Sinne zu verstehen, obwohl manche modischen Jesusinterpreten meinen, er habe damit gleichsam den Feind »entfeindlichen«, das heißt dahin bringen wollen, daß dieser sich schämte und nicht mehr zuschlug. Einzig bei Paulus – aber nirgends bei Jesus – findet sich einmal die Annahme, daß man auf diese Weise »glühende Kohlen auf das

Haupt (des Feindes) häufen« und ihn beschwichtigen und gleichsam bekehren könne. Jesus wußte, daß der Feind ein zweites Mal zuschlagen werde. Und er wußte auch, daß eine solche Begünstigung der Bosheit sich für den Angegriffenen und die Gemeinschaft, der er angehörte, katastrophal auswirken mußte. Nur kam es eben jetzt, fünf Minuten vor zwölf, nicht mehr darauf an, sondern nur noch darauf, demütig Leid auf sich zu nehmen, um das Paradies auf Erden zu verdienen.

Wie Jesus sich heute zur Wehrdienstfrage äußern würde, wissen wir nicht genau. Aber eines ist sicher: Er würde zu jedem, der ihn hierüber befragen wollte, dasselbe sagen wie zu jenem Jüngling, der sich ihm anschließen wollte und dem er die Bedingung stellte, sich zuvor sämtlicher irdischer Bindungen und Vorteile (Habe und Familie) zu entledigen und ihm genauso nachzufolgen wie seine Jünger: mittellos, ohne zu wissen, wohin das Haupt nachts hinzulegen, und am Sabbat ohne Hoffnung auf ein freundliches Festmahl, so daß man unter Umständen mit bescheidenem Mundraub von ein paar Ähren am Wegrand seinen Heißhunger stillen mußte.

Nur dies eine ist also sicher: Er hätte jedem untersagt, sich negativ zur Frage der Landesverteidigung zu äußern, der nicht die gleichen Konsequenzen aus der nahen Endzeiterwartung ziehen würde wie er und seine Jünger; nämlich das Schicksal des Bettelmönchs oder Wanderpredigers ohne jede soziale und wirtschaftliche Absicherung auf sich zu nehmen. Der es also wagte, in einem Rechtsstaat zur Wehrdienstverweigerung aufzurufen, den Soldaten zu kriminalisieren und einem Armeeangehörigen in Uniform die Trauung in der Kirche zu verweigern, ohne selber gleichzeitig im Hinblick auf das nahe bevorstehende Weltende samt messianischer Welterlösung auf sein Gehalt zu verzichten und mit Weib und Kind unter die nächstbeste Steinbrücke oder in eine Kellerecke umzuziehen. Mit einer fetten Pfründe und bequemer staatlicher Versorgung läßt sich das Kriminalisieren der Landesverteidigung nicht vereinen. Das ist schizoid und verantwortungslos.

Beides traf auf Jesus nicht zu. Er seinerseits hat aus seinem Glauben zu jedem Augenblick voll die Konsequenzen gezogen.

Christentum und Chassidismus

Chassidismus

Unsere Hauptfrage ist nun beantwortet. Gehen wir trotzdem noch der weiteren, heute viel diskutierten Frage nach, wieweit man Jesus voll der jüdischen Tradition zurechnen kann und in welchen Punkten er vielleicht stark von ihr abweicht. Einige dieser Punkte haben wir bereits weiter vorn aufgezeigt, im Zusammenhang mit unserem Versuch, Gemeinsamkeiten und Diskrepanzen zwischen jesuanischem und pharisäischem Denken aufzudecken.

Weit interessanter ist aber ein Vergleich zwischen dem jungen Christentum und den zahlreichen mystisch-messianisch inspirierten jüdischen Bewegungen und Sekten durch alle Jahrtausende hindurch bis in die Gegenwart herein. Wenden wir uns zunächst dem Chassidismus zu, mit dem das frühe Christentum besonders viele gemeinsame Züge aufweist.

Keineswegs bloß zufällig nennen sich die Anhänger einiger dieser Strömungen »Chassidim« (plural von chassid, hebr. = fromm, gottgefällig und gottergeben). Sie wollen damit andeuten, daß es ihnen – genau wie Jesus – weniger auf Schriftgelehrtheit und scholastische Schulung ankommt als auf naives, freudiges, demütiges Gottvertrauen, meist verbunden mit intensivem Wunder- und Erlösungsglauben.

Fast immer kommt der Chassidismus bei den Juden in Zeiten bitterster Not auf. Verzweiflung herrschte in Judäa bei der ersten historisch belegbaren Welle dieser Art im zweiten vorchristlichen Jahrhundert unter der besonders brutalen und judenfeindlichen syrischen Seleukiden-Dynastie.

Verbittert und nicht weniger verzweifelt waren weite jüdische

Kreise und Schichten auch zur Zeit Jesu unter der korrupten, rücksichtslosen römischen Kolonialverwaltung. Und entsprechend entfalteten sich bei etlichen Gruppen im Lande wieder chassidische Tendenzen.

Schwerer Bedrückung waren die Juden Deutschlands zur Zeit der Kreuzzüge ausgesetzt. Und abermals blühten chassidische Bewegungen: Es kamen die rührenden, naiven Legenden der beiden Wundertäter Rabbi Schmu'el he-Chassid und Rabbi Jehuda he-Chassid auf.

Jesus und die Wunderrabbis

Am profiliertesten und am bekanntesten ist aber der Chassidismus Osteuropas, der dort nach den furchtbaren Judenmetzeleien des Kosakenhetman Bogdan Chmjelnizki (1648) bei den unglücklichen Überlebenden jener Pogrome aufkam, seit dem 18. Jahrhundert unglaublich rasch große Teile der ostjüdischen Gemeinschaft ergriff und heute, nach dem Judenholocaust, eine verblüffende Neubelebung in allen Großstädten rund um die Welt aufweist, wo sich jüdische Flüchtlinge aus Osteuropa hingerettet haben. Aber auch in der Ukraine selbst gibt es heute wieder, nach über fünfzig Jahren strammer Erziehung zum marxistischen Atheismus, eine chassidische Bewegung, die immerhin virulent und auffällig genug ist, um in der antisemitischen Kiewer Presse wilde judenfeindliche Attacken auszulösen.

Da aber Antisemitismus als solcher in der Sowjetunion offiziell verboten ist, werden die Chassidim kurzerhand des »Zionismus« und »kapitalistischen Imperialismus« bezichtigt, obwohl beides notorischer Unsinn ist. Die Chassidim sind sogar dezidierte Gegner des politischen Zionismus und des weltlichen Staates Israel. Sie betrachten diesen Staat auf dem Boden des Heiligen Landes als unstatthaft. Dort darf erst der Messias wieder ein jüdisches Königreich errichten. Die jüdischen Behörden Israels haben denn auch jede Menge Ärger mit den Hyperorthodoxen im Lande, und namentlich mit den Chassidim unter ihnen, die sich oft weigern, Steuern zu zahlen oder Militärdienst zu leisten.

Kurzum: Die Chassidim der Ukraine sind sicher keine Zionisten. Wir erwähnen die Ausfälle der judenfeindlichen ukrainischen Zeitungen gegen diese angeblichen »Zionisten« nur als Beweis und Illustration dafür, wie auffallend dieser Chassidismus heute in der Sowjetukraine wieder ist, nachdem er anfangs, kurz nach der Revolution, bereits deutlich abzuklingen begann.–

Die chassidischen Wellen gleichen einander alle in ihren Wesenszügen. Immer geht es dabei um volkstümliche, mystische Bewegungen, bei denen sich Jünger, vorwiegend arme, hilflose, ungebildete Menschen, um einen charismatischen Meister scharen, der seinerseits zwar durchaus auch ein Schriftgelehrter sein kann, solches scholastisches Wissen jedoch auf keinen Fall seinen Anhängern abverlangt.

Vielmehr lehrt er, es komme nur auf vorbehaltloses, freudiges Gottvertrauen an, auf Demut und protestlose Hinnahme noch so bitteren Leides und Unrechts als » Gottesfügung«, und vor allem auf innige, selbstlose und unbedingte Nächstenliebe und Gottesfreude. An der messianischen Welterlösung, der endzeitlichen Umwandlung der Erde in ein leid- und unrechtloses Paradies ohne Schmerz, Unrecht und Tod, darf der Chassid nicht zweifeln.

Aber auch vorher schon können jederzeit Wunder eintreten. In freudigem Gesang und ekstatischem Tanz geben daher die tief aufgewühlten Männer ihrem Glauben und Gottvertrauen Ausdruck.

Die Wunder vollbringt einstweilen nicht der Messias, sondern der Meister, weshalb schon der Begründer der Bewegung im 18. Jahrhundert in Ostgalizien, Israel ben Eli'eser, den Beinamen Ba'al-Schem-Tow, abgekürzt BESCHT, erhielt. Das heißt soviel wie »Meister des guten, nämlich des göttlichen, geheimen Namens«, mit dessen Hilfe man zaubern kann. Der Meister, bei den Ostjuden oft auch »Zaddik« (der Gerechte oder Heilige) oder auch einfach »guter Jud« genannt und immer als »Rabbi« (jiddisch »Rebbe«) angeredet, beherrscht also die »weiße Magie«. – Durch die Jahrtausende hindurch sagt man ihm dieselben Wundertaten nach. Von Jesus und den ostjüdischen Zaddikim, den Wunderrabbis, erzählt man sich die genau gleichen Legenden, ohne daß ein direkter Einfluß nachweisbar oder auch nur wahrscheinlich wäre.

Der Meister schreitet über Wasser, heilt durch bloßes Handauflegen und Segensspruch physische und psychische Krankheiten, bei denen jede wissenschaftliche und fachmännische Methode und Behandlung normalerweise versagt.

Beim kargen Festmahl der Armen vermehrt er auf wundersame, übernatürliche Weise die knappen Speisen und Getränke, die jetzt plötzlich für beliebig viele Gäste ausreichen.

Er liebt die Kinder und die Hilflosen. Er entsühnt reuige Sünder. In seinem Umkreis fühlen sich zuvor Verzweifelte und Vereinsamte geborgen, was immer das Schicksal ihnen zumuten mag.

Sie erleben ein beglückendes Gemeinschaftsgefühl, das sich im ekstatischen Gesang und Rundtanz der Männer manifestiert.

Sie halten es für gestattet, dieses Glücksgefühl durch ein Festmahl, verbunden mit Alkoholgetränken und, seit man in der Alten Welt den Tabak kennt, auch durch Rauchen und Tabakschnupfen und überhaupt jede Art von erlaubtem Lebensgenuß als einer Form des freudigen Dankes an Gott, aufzusteigern.

Legendenreichtum

Kennzeichnend für jeden der chassidischen Schübe – das frühe Christentum mit eingeschlossen – ist das Netz der rührenden Legenden, von denen der Meister so dicht umsponnen ist, daß seine Gestalt und Persönlichkeit märchenhafte Züge annimmt, hinter denen die realen Tatsachen und Konturen verschwimmen und sich verwischen. Und zwar in solchem Ausmaß, daß immer wieder Zweifel an deren historischer Existenz aufkommen. Sowohl Jesus wie der Ba'al-Schem-Tow, der Begründer des Chassidismus im 18. Jahrhundert, wurden samt allen Legenden, von denen sie umrankt sind, durch die moderne Forschung schon wiederholt einfach ins Reich der Sage und des Märchens verwiesen. Eindeutig zu Unrecht. Beide haben sie mit Sicherheit gelebt. Tatsache ist aber, daß man von beiden nur wenig historisch und dokumentarisch Gesichertes weiß.

Was solche Zweifel bedeuten, begreift man erst, wenn man sich folgendes klarmacht: Jesus lebte ja nicht in grauer Vorzeit, sondern lange nach den Bibelkönigen, deren Biographie wir samt exakten Daten aus dem Alten Testament und aus außerbiblischen Quellen bis ins Detail genau kennen. Auch aus dem 13. Jahrhundert, in welchem Rabbi Schmu'el und Rabbi Jehuda lebten, sind uns sowohl über nichtjüdische wie über jüdische Figuren, Persönlichkeiten und Vorgänge auch von geringer Bedeutung exakte Einzelheiten bekannt. Und der Ba'al-Schem-Tow war ein Zeitgenosse von Kant und Leibniz!

Spätstadium des Chassidismus

Nur nebenbei sei hier angemerkt, daß der Chassidismus Osteuropas nicht lange seine anfängliche Lauterkeit und liebenswerte Naivität bewahrte. Er erstarrte und »verkirchlichte«. Der Wunderrabbi war schon zu Beginn des 19. Jahrhunderts meist kein armer Wander- und Dorfprediger mehr, wie Jesus und auch einige der ersten Zaddikim Osteuropas es zumindest in ihrer Jugend gewesen waren, sondern fest ansässig und dank der Spenden seiner Anhänger oft sehr reich. Rabbi Israel von Ryschyn (in Ostgalizien) zum Beispiel residierte in einem Palast wie ein polnischer Magnat. Die Frauen seiner Sippe schmückten sich mit Gold und Juwelen. Und an den hohen Feiertagen strömten Tausende seiner Anhänger in Ryschyn zusammen, wo sie fürstlich bewirtet wurden, und zwar ganz ohne jene speisemehrenden Wundertaten, die man manchen seiner bitter armen Vorläufer und auch dem Nazarener bei der Hochzeit in Kana nachsagte.
Es war jetzt auch nicht mehr leicht, mit einer Bitte oder Sorge ohne weiteres zum Rabbi vorzudringen: Bestechliche Gabbaim (Haushofmeister) schirmten ihn gegen Zudrang und Belästigung ab – es sei denn, der Bittsteller konnte sich eine derartige Audienz mit entsprechenden Geldgeschenken an den Gabbai erkaufen. Bei manchen Zaddikim holten sich längst nicht mehr die Armen und Verzweifelten Trost und Hilfe, sondern auch und gerade die Reichen und Mächtigen. Der berühmte Wunderrabbi Israel

Friedmann in Sadagóra an der Grenze zwischen Galizien und Bessarabien zum Beispiel exzellierte weit mehr durch seinen juristischen Scharfsinn als durch Wundertaten. Ihn konsultierten oft genug auch Christen, polnische und rumänische Magnaten, sowohl in finanziellen wie in familiären Problemen.

Vermutlich hatte er aber daneben trotzdem noch ein offenes Ohr für die Leiden und Sorgen armer und hilfloser Glaubensgenossen. Seine immense Beliebtheit bei den Juden seiner Region – und auch weit darüber hinaus – wäre sonst kaum erklärlich.

Zerfallserscheinungen des Chassidismus

Regelrechte Zerfallserscheinungen traten manchmal im Spätstadium des Chassidismus auch dadurch ein, daß die Zaddikim jetzt, eben des Reichtums wegen, den die »Zaddikut« nunmehr einbrachte, nicht mehr so wie die frühesten chassidischen Meister den geeignetsten Schüler und Anhänger zum Nachfolger bestimmten, sondern, ganz unabhängig von jeder Qualität, nur noch den eigenen Sohn oder Schwiegersohn. Dieser brauchte aber durchaus nicht immer ein idealer »Thronerbe« zu sein.

Dazu kam noch dies: Da der finanzielle Erfolg der Zaddikut mit dem Wunder- und Zauberglauben der Anhänger stand und fiel, ein solcher Glaube an übernatürliche Fähigkeiten des Zaddiks jedoch bei wissenschaftlich Geschulten oft abbröckelt, gab es seit der Mitte des 19. Jahrhunderts auch Zaddikim, die ihren Anhängern eben deshalb jeden Kontakt zur modernen »westlichen« Geisteswelt untersagten und für entsprechend hohe und sichere Hürden gegen jede nichtjüdische und vor allem gegen akademische Bildung sorgten, ja sogar schon das Erlernen einer europäischen Schrift untersagten, wenn der Betreffende nicht glaubhaft nachweisen konnte, daß er solche Kenntnisse unbedingt für seinen Broterwerb brauchte und also keineswegs etwa – Gott behüte! – die verwerfliche Absicht hegte, sich der modernen Wissenschaft zu widmen. Hebräisch, Aramäisch und Jiddisch werden nämlich nur mit den semitischen, von rechts nach links laufenden Buchstaben geschrieben. Besonders fanatische Zaddikim konnten also schon die Kenntnis des lateinischen, gotischen oder kyrillischen Alphabets als Ketzerei einstufen und sogar mit dem Cherem, dem Synagogenbann, bestrafen.

Von der freundlichen Liberalität und Toleranz eines Jesus oder der frühen Wunderrabbis ist da nichts mehr übriggeblieben. Sowohl im jüdischen wie im christlichen Umkreis hat die »Verkirchlichung« eines ursprünglich volkstümlichen und menschenfreundlichen mystischen Glaubens zeitweise denselben grausamen inquisitorischen Geist erzeugt.

Horrorimpressionen aus dieser finsteren, fanatischen, tief abergläubischen Atmosphäre des Spätchassidismus beschwört in seinen Geschichten »Die Juden in Barnów« der ostgalizische, deutschsprachige Schriftsteller Karl Emil Franzos (1848–1904) sogar noch aus dem ausgehenden 19. Jahrhundert herauf. Seine Erzählungen lohnen übrigens, trotz einer gewissen Sentimentalität und einem naiven Fortschritts- und Aufklärungsglauben, auch heute noch die Lektüre, werden aber aus unerfindlichen Gründen ausschließlich in der DDR von Zeit zu Zeit neu aufgelegt.

Nur nebenbei sei hier angemerkt, daß ein ähnlich finsterer Fanatismus bei einem Teil der Juden auch damals geherrscht haben muß, als die jüdische Gemeinschaft sich mit den wachsenden antijüdischen Tendenzen des erstarkenden Christentums konfrontiert sah. Zu diesem Zeitpunkt war längst nicht mehr das Aramäische, sondern das Griechische die Lingua franca großer Teile des Römerreiches und auch der Gebildeten im Nahen Osten. Es gehörte schon eine starke, bewußte und starrsinnige Selbstisolation dazu, nicht einmal die Worte »Hyios parthenou« (Sohn einer Jungfrau) zu verstehen und sie als außereheliches Produkt eines Techtelmechtels der Jungfrau Maria mit einem Legionär der römischen Besatzungsmacht zu mißdeuten. Und daß der Erfinder dieser dummen Story in puncto sprachlicher Ignoranz unter den damaligen Rabbinen kein Einzelfall gewesen sein kann, geht eindeutig daraus hervor, daß sich in der ganzen damaligen Generation offenbar nicht ein einziger Kollege fand, der auf den Irrtum aufmerksam machte. Wäre dies geschehen, dann wäre der alberne Plot niemals in das jüdische Schrifttum eingegangen. Denn es

bestand damals – und bis heute – unter den jüdischen Schriftgelehrten zwar der lobenswerte Brauch, auch abweichende Meinungen zu registrieren; hier ging es aber nicht um einen Mei-
nungsunterschied, sondern bloß um einen groben Übersetzungsfehler.

Bewährung des Chassidismus beim Judenholocaust

Nicht verschweigen darf man aber, daß dieser selbe, zum Teil
längst fragwürdig gewordene Chassidismus sich dann in den Todeslagern Hitlers als Sterbehilfe grandios bewährte, was wir bereits in den einleitenden Worten des Buches erwähnt haben.
Er allein gab den unglücklichen Todeskandidaten die Kraft, die
Gaskammern ohne eine Spur von schwarzer Verzweiflung und
Panik zu betreten, wobei sie, unter Anführung ihres Zaddiks,
nach einer alten, ergreifenden Melodie die letzte der 13 Glau-
bensmaximen des großen Maimuni sangen: »Ich glaube,
obschon der Messias zögert zu kommen.«
Marx mag recht haben mit seiner Behauptung, daß Religion – er
meint natürlich Religion in Form von Jenseits- und Erlösungshoffnung – nichts sei als ein »Opium des Volkes«. Aber wenn
ohnehin kein Ausweg da ist, ist Opium unendlich wertvoll.
Aber natürlich begriffen die Zaddikim und ihre Gemeinden den
Erlösungsglauben nicht als Fata Morgana und reine Phantasie.
Sie waren überzeugt, daß der Messias wirklich kommen, die Toten auferwecken und die »Neue Erde« ohne Leid und Tod,
Unrecht und Not herbeibringen werde. Indes waren sich einige
der größten unter den Wunderrabbis durchaus klar darüber, daß
sie angesichts der völlig aussichtslosen Situation der verarmten,
bedrängten und tödlich gefährdeten ostjüdischen Gemeinschaft
tatsächlich nicht viel anderes als Sterbehilfe und Mut zum Martyrium, falls es unausweichlich wurde, zu bieten hatten.

Jüdische Orthodoxie und kabbalistische Mystik

Die Verwandtschaften zwischen chassidischem und urchristli-
chem Denken beschränken sich auf die Frühphase beider Bewe-

gungen. Später driftet die Entwicklung der beiden so radikal auseinander, daß die partiell gleichen Wurzeln kaum noch auszumachen sind. Bleiben wir zunächst noch kurz bei der Frühphase des Chassidismus stehen. Sie erklärt zugleich das Mißtrauen des kanonischen Rabbinertums gegen bestimmte mystische Tendenzen, auch wenn diese im übrigen kaum von seinen eigenen Grundnormen abweichen. Und von daher läßt sich besser verstehen, weshalb diese gleichen Rabbinen andern mystischen Gedanken gegenüber auch dann verblüffend tolerant waren – und sind –, selbst wenn diese sich von der Bibeltradition viel weiter entfernt haben.

Vorweggenommen sei, daß die nachfolgende summarische Analyse speziell für die Beziehung der Pharisäer zu Jesus wenig hergibt. Sie stießen sich nicht an den mystischen Elementen seiner Lehre, die sie ja (im Gegensatz zu den konservativen Sadduzäern!) mit ihm teilten, sondern nur an seinem Adventismus, an seinem unverrückbaren Glauben, daß das Paradies auf Erden unmittelbar bevorstehe, von dem her er – notwendigerweise und logisch – alle spezifisch volkserhaltenden Normen (Medizin, Volkshygiene, Familienrecht, gewisse Vorkehrungen für eine leichte Separation von der andersartigen Umwelt etc. etc.) unmöglich positiv werten konnte, während die Pharisäer ihrerseits gerade auf diese Punkte besonders viel Gewicht legten.

Doch sowohl junges Christentum wie Chassidismus sind besonders stark mystisch imprägniert. Bleiben wir also noch kurz bei diesen Tatsachen und bei der generellen Haltung des kanonischen Judentums zu extrem mystisch orientierten jüdischen Bewegungen.

Zunächst zurück zum Spätchassidismus. Lange nicht immer steckte hinter der Feindschaft mancher Zaddikim gegen Wissenschaft und Aufklärung Berechnung und Eigennutz.

Der Chassidismus selbst hatte sich inzwischen aufs eigenartigste gewandelt. Zu Beginn waren ihm die nüchternen Rabbinen mit Mißtrauen begegnet. Das ist nicht selbstverständlich, denn bei den Juden wurden – anders als im Christentum bis tief ins Mittelalter hinein – spezifisch mystische Tendenzen und Theorien (auch wenn diese mystischen Elemente sich nicht mit jenen deckten und begnügten, die auch in der kanonischen Ausrichtung bereits enthalten waren) nicht als Häresien abgetan und verurteilt. Die Vertreter der nüchternen talmudisch-kanonischen Ausrichtung waren in dieser Hinsicht viel toleranter als die katholische Kirche.

Typisch für diese Toleranz der Rabbinen mystischen Abweichungen gegenüber ist die Tatsache, daß man im offiziellen Judentum sogar die Kabbala, die spanisch-jüdische Mystik des 13. Jahrhunderts, duldete und nur sehr junge Leute von der Beschäftigung mit kabbalistischen Schriften fernhielt, jedoch einzig aus praktischen, und nicht aus »ideologischen« Gründen. Ausschlaggebend für dieses »Jugendverbot« der Kabbala war erstens die Tatsache, daß die Kabbalisten ihre mystischen Exerzitien und magischen Experimente gern mit Selbstkasteiungen (eiskalten Tauchbädern im Freien, tagelangem Fasten etc.) unterstützten und dadurch ihre Gesundheit ruinierten; und zweitens lenkte die Vertiefung in die abstrusen mystisch-kabbalistischen Spekulationen die jungen Männer denn doch zu sehr von ihren praktischen Aufgaben und Pflichten gegen Gemeinde und Familie ab. Die Rabbinen waren daher der Meinung, ein Mann sollte sich auf die Kabbala, wenn überhaupt, so doch erst dann einlassen, wenn er seinen Beitrag für die Erhaltung der Gemeinschaft bereits abgeleistet hatte. Da man damals sehr früh heiratete und durchschnittlich auch weniger lang lebte als heute, glaubten die Rabbinen, das kabbalistische Studium vom 40. Lebensjahr an freigeben zu können.

Um zu begreifen, welches Ausmaß an Toleranz diese Erlaubnis voraussetzte, muß man wissen, daß der Kabbalist unter anderm mit einem abstrusen Zahlen- und Buchstabenpuzzle anhand einzelner Bibelstellen das Datum der messianischen Welterlösung errechnet und auch nach mystischen und magischen Methoden forscht, um diesen Termin zu beschleunigen.

Der Golem

Der Kabbalist glaubt auch, mit ähnlichen Formeln und Methoden zaubern zu können: Die Idee, mittels kabbalistischer Formeln ein totes Stück Lehm in einen Roboter zu verwandeln, kennen übrigens auch Nichtjuden aus der in Literatur und Film viel ausgewerteten Legende vom Rabbi Löw (1525–1609) in Prag, der mit Hilfe einer solchen Zauberformel den Golem (golam = hebr. Lehmklotz) schuf, jenen unheimlichen Roboter, der, autonom geworden, alles zerstörte und verwüstete, so daß der Rabbi ihn schleunigst in toten Lehm zurückverwandeln mußte.

Dies ist übrigens bis heute die eindrucksvollste Parabel für die moderne technische Entwicklung, die sich partiell längst unseren Zielsetzungen entzieht und nach unheimlichen Eigengesetzen zu unserer Selbstzerstörung ansetzt. Ein prophetisches Bild unserer Gegenwart also, entstanden, ehe jemand die moderne Technik wirklich vorausahnen konnte.

Uns interessiert hier aber nicht das prophetische Element der Legende, sondern nur die Tatsache, daß die Rabbinen nicht einmal bei solchen magischen Experimenten und Absichten ihr »Veto« einlegten. Sie duldeten protestlos das ganze wirre Allotria.

Und ähnlich haben auch die Schriftgelehrten zur Zeit Jesu allerhand Wunder-, Zauber- und Dämonenglauben nicht nur toleriert, sondern sogar in ihr eigenes Schrifttum mit eingebaut. Der Wunderheiler und Dämonenaustreiber Jesus konnte ihnen also nicht anstößig sein. Wir sagten ja schon, daß sie an Jesus einzig seinen Adventismus, oder genauer, seine Folgerungen aus dieser Naherwartung der Erlösung, zu beanstanden hatten. Dies allerdings so gründlich, daß er für sie als Gesprächspartner ausfiel und daher auch in ihren Schriften (oder exakter: Debatten, denn die schriftliche Fixierung erfolgte erst nach dem Fall Jerusalems) keine Erwähnung finden konnte.

Wie also soll man es verstehen, daß diese selben Rabbinen dann im 18. und 19. Jahrhundert ausgerechnet den so harmlosen, der Urform des Christentums so nahen Chassidismus anfangs trotzdem zornig bekämpften?

Die Antwort erklärt zugleich zumindest partiell, welche Einwände auch die Rabbinen der jesuanischen Periode gegen die schließlich nicht minder harmlosen und im wesentlichen glaubensfesten Judenchristen und gegen Jesus selbst gehabt haben mögen, auch abgesehen von allen Punkten, die sich aus dem bereits mehrmals erwähnten Adventismus Jesu ergaben. Wir betonen aber nochmals, daß diese Elemente bei den Differenzen und Divergenzen zwischen Jesus und den Schriftgelehrten nicht dieselbe fundamentale Rolle spielten wie beim Duell zwischen den talmudgelehrten Rabbinen, die gleichzeitig der Kabbala so tolerant begegneten, mit den naiven Chassidim.

Das war so: Die Kabbalisten waren durch die Bank zugleich religionswissenschaftlich hochgebildete Männer, sie kannten sehr genau das gesamte tradierte jüdische Schrifttum und folglich auch die mosaischen und talmudischen Ritual- und Zeremonialvorschriften und erfüllten im allgemeinen streng und protestlos alle diese zahlreichen Gebote und Verbote. Es haben sich sogar Korrespondenzen berühmter, nüchterner Talmudgelehrter mit Kabbalisten erhalten, in welchen sich die Briefpartner über die Auslegung einzelner Stellen und Gesetze aus Bibel und Talmud unterhalten und gegenseitig beraten. Dank ihrer soliden Religionsbildung waren die Kabbalisten auch durchaus in der Lage, wichtige Gebote von unwichtigen genau zu unterscheiden und zu wissen, welche Detailvorschriften man allenfalls auch einmal vernachlässigen durfte, ohne deshalb schon eine schwere Sünde zu begehen.

Orthodoxie und früher Chassidismus

Bei den Chassidim jedoch waren sich die talmudgeschulten Rabbinen diesbezüglich nicht so sicher. Es war ja zu Beginn (hierin ähnlich dem frühen Christentum) eine Bewegung sehr armer, einfacher, vorwiegend ungebildeter Menschen gewesen. Nicht zuletzt fühlten sich diese Unglücklichen bei ihrem Zaddik (und zuvor bei Jesus) eben deshalb so geborgen, weil er ihnen keine scholastische Talmudgelehrtheit abverlangte.

Die frühesten Zaddikim neigten außerdem – auch hierin dem Nazarener gleichend – dazu, das Ritualgesetz ganz allgemein den ethischen Grundnormen gegenüber zwar nicht ganz zu negieren, aber doch stark abzuwerten. Und zwar in weit erheblicherem Ausmaß, als es jemals die Pharisäer taten, die zwar gleichfalls die höhere Bedeutung der moralischen Grundforderungen betonten, trotzdem aber auf exakte Befolgung von Ritual- und Zeremonialvorschriften viel Gewicht legten.

Hiervon zeugen einige rührende chassidische Legenden. So jene von dem Wunderrabbi, der am Jom-Kippur, dem strengsten Buß- und Fasttage der Juden, nicht rechtzeitig in der Synagoge eintrifft, weshalb sich einige Chassidim zur Suche nach ihm aufmachen. Sie finden ihn schließlich in einer armseligen Hütte, an der Wiege eines weinenden Kindes, das die Mutter allein gelassen hatte, um ins Bethaus zu eilen.

Das war rührend und auch vom mosaischen Gesetz her gesehen richtig, das die Liebespflicht zum Nebenmenschen – und schon gar zu einem so hilflosen Geschöpf wie einem Säugling! – höher einstuft als die Erfüllung formaler Vorschriften wie eben das Rezitieren hebräischer Gebete in der Synagoge.

Trotzdem empfanden die Rabbinen den Chassidim gegenüber eben wegen deren genereller religiöser Unbildung ein gewisses Mißtrauen: Wenn solche im Hinblick auf das Talmudgesetz Ahnungslose einmal anfingen, einzelne Gebote zu vernachlässigen – und mochte dies auch das eine oder andere Mal aus durchaus akzeptablen honorigen Gründen geschehen –, dann war doch einfach nicht abzusehen, bei welchen bedenklichen Ketzereien sie zuletzt landen würden!

Solche Überlegungen mögen schon zur Zeit Jesu auch die pharisäischen Schriftgelehrten dazu bewogen haben, gerade dem scholastisch ungeschulten, einfachen Volk eine strenge Beachtung der Ritual- und Zeremonialgebote abzuverlangen, auch wenn sie selbst wußten und auch offen zugaben, daß es weit Wesentlicheres gab. In den Auseinandersetzungen mit den Christen spielte sicher auch dies eine gewisse Rolle.

Völlig von solchen Bedenken abgesehen, ging den trockenen, würdevollen Talmudgelehrten der Neuzeit in Ostgalizien dieser ganze fröhliche, tanz-, sanges- und trinkfreudige Rummel der ekstatisch erregten Chassidim ganz einfach auf die Nerven. Daß diese Unglücklichen einzig aus solchen Zusammenkünften bei ihrem Zaddik die Kraft und den Mut schöpften, ihr unendlich elendes und dauernd gefährdetes Leben überhaupt weiter zu ertragen, wollten und konnten die Rabbinen der streng kanonischen Ausrichtung einfach nicht einsehen.

Ähnlich scheinen auch die hochgelehrten Rabbinen zur Zeit Jesu empfunden zu haben. Zahlreich und in allen Evangelien übereinstimmend sind die Stellen, in welchen Jesus sich skeptisch zum vielen Fasten und zur Askese äußert. Umgekehrt geht ebenso deutlich aus allen Evangelien hervor, daß er die bescheidenen Feste der Armen liebte und gern an ihnen teilnahm.

Festmahl und Tanz bei Jesus und Chassidim

Und es fällt auf, daß die gelehrten Herren durch die Jahrtausende hindurch bei ihrer Kritik an den fröhlichen Mystikern die genau gleichen Formulierungen gebrauchen: Sowohl im Neuen Testament gegenüber Jesus und seinen Jüngern wie in Ostgalizien gegen die Zaddikim mit ihren Adepten fällt wörtlich derselbe Vorwurf, sie seien »Fresser und Säufer«. Das erweckt den Eindruck einer unstatthaften und häßlichen Völlerei. Dabei war es da wie dort nur die dankbare Freude für ein wenig Brot, Fisch und Wein (in Ostgalizien statt dessen Schnaps, da es dort kaum Weinbau gab). Zu mehr reichte es da wie dort ohnehin nicht. Man war froh, wenn man nicht hungrig von der Festtafel aufstand. Nicht grundlos entstanden da wie dort die rührenden Legenden, daß der Meister auf übernatürliche Weise die viel zu knappen Speisen zu vervielfachen vermag.

Nur nebenbei sei hier, bei soviel »Gesinnungsähnlichkeit« zwischen Chassidim und Jesus, auch die Frage aufgeworfen: Haben sich Jesus und seine Jünger nie zu ähnlich ekstatischem Rundtanz zusammengefunden wie die Zaddikim und ihre Adepten? Solche Männerreigen sind doch seit jeher und auch heute noch im ganzen Nahen Osten und auch auf dem Balkan aus jeder Feststimmung heraus üblich. Es wäre verwunderlich, wenn Jesus und seine Freunde sich davon ausgeschlossen hätten.

Meines Wissens gibt es in apokryphen Schriften auch vereinzelte Andeutungen über einen »tanzenden Christus«, die aber in den kanonischen Fassungen der Zensur anheimfielen. Vielleicht, weil durch den strengen Asketen Paulus diese Tendenzen bewußt oder auch unbewußt zurückgestellt und verschwiegen wurden. Vielleicht auch, weil es im Nahen Osten damals gleichzeitig denn doch zu viele heidnische Mysterienkulte gab, bei denen die Tanzekstase rasch in sexuelle Orgien umschlug, von denen natürlich weder bei Jesus noch bei den keuschen und braven Chassidim je die Rede sein konnte.

Es tanzten ja auch nur die Männer untereinander. Und die Chassidim bejahen zwar – wie alle frommen Juden – die Ehe und auch die ehelichen Freuden. Aber der streng orthodoxe Jude berührt eine andere Frau als seine eigene nicht einmal mit der Fingerspitze, reicht ihr auch zum Gruß niemals die Hand. Auf streng orthodoxen (und somit auch chassidischen; darauf kommen wir noch zurück) Hochzeiten tanzen Männer und Mädchen auch heute noch getrennt. Nur die Eltern des Brautpaars bilden hierbei eine Ausnahme. Aber auch hier wird die gegenseitige Berührung keusch vermieden: Die beiden Damen schwenken ein eigens zu diesem Zweck mitgebrachtes kleines Tüchlein, die beiden Herren ergreifen einen Zipfel davon . . .

Übrigens widersprach solche Festfreude in keiner Weise den Maximen der orthodoxen Talmudgelehrten. Steht doch im Talmud selbst, der Mensch werde nach seinem Tode Gott für jede erlaubte Freude, die er sich ohne Not entgehen ließ, Rechenschaft ablegen. Man soll also die Gaben der Schöpfung dankbar und erfüllt von Heiterkeit genießen. Aber das ewige Tanzen und Singen der Chassidim war den strengen Rabbinen einfach unausstehlich.

So kam es denn anfänglich vor, daß der eine oder andere sehr würdevolle und eher auf Fasten und sehr viel Beten ausgerichtete Rabbiner einen Zaddik samt seiner lustigen Gemeinde kurzerhand mit dem Synagogenbann belegte, ohne dieses Verdikt ausreichend begründen zu können.

Indes erstarkte der Chassidismus vor allem in Ostgalizien viel zu rasch und zu intensiv, als daß sich die chassidischen Gemeinden davon hätten beeindrucken lassen. Bald schlugen die Zaddikim mit der gleichen Waffe zurück und belegten ihre allzu nüchternen und rationalen Gegner nun ihrerseits gleichfalls mit dem »Cherem«, dem religiösen Bannfluch. Zuletzt flogen die zeremoniellen Verfluchungen – einst eine fürchterliche Waffe gegen Sünder und Abtrünnige – in solcher Häufung hin und her, daß keiner sie mehr ernst nahm.

Zu einer ähnlichen Entwicklung kam es zwischen Judentum und Christentum zu keinem Zeitpunkt. Anfangs nicht, weil die Christen unter den Juden des Gelobten Landes nie eine ähnlich dominierende Bedeutung erlangten wie die Chassidim seit dem 18. Jahrhundert in Osteuropa.

Und später nicht, weil das Christentum schon bald aufhörte nur eine jüdische Sekte zu sein und seine Anhänger, nunmehr großteils konvertierte Heiden, nicht der Kompetenz jüdischer Religionsgelehrter unterstellt waren. Die zur Staatsreligion aufgerückte Kirche konnte nun, ganz einseitig, mit Juden und Judentum umspringen, wie es ihr beliebte.

Zeremonialgesetz bei Jesus und Chassidismus

Von einer Verwandtschaft zwischen Christentum und Chassidismus kann bei beiden nur in deren Frühphase die Rede sein. Werfen wir trotzdem noch einen Blick auf den Spätchassidismus in seinem Zerfallsstadium.

Es trat bei ihm etwas ein, was offenbar niemand – weder Anhänger und Sympathisanten noch die Gegner aus dem Umkreis der »kanonischen« Orthodoxen – vorausgesehen hatte: Die fehlende solide Talmudschulung der meisten frühen Chassidim, von der die gestrengen Rabbinen ernsthafte Verletzungen der mosaischen und späteren rabbinischen Religionsgesetze befürchtet hatten, führte zum entgegengesetzten Ergebnis:

Anders als Jesus hatten ja die Zaddikim – auch die frühesten unter ihnen – die Zeremonialvorschriften nie verhöhnt oder auch nur angezweifelt. Sie hatten bloß – absolut in Übereinstimmung mit den Bibelpropheten und auch der »milden« Fraktion der Talmudlehrer – die höhere Bedeutung der grundlegenden Sittengebote, vor allem der Verpflichtungen zum Nebenmenschen, betont. Ein so konziser Ausspruch wie jener Jesu, es könne niemals rein oder unrein sein, was in den Mund hineingelange und vom

Körper wieder ausgeschieden werde, sondern nur, »was aus dem Mund herauskommt«, war in chassidischem Umkreis unmöglich. Obwohl stärker auf die Endzeithoffnung ausgerichtet als die anderen Juden, teilten doch auch sie die Auffassung der einstigen Pharisäer und jetzigen »nüchternen« Rabbinen, wonach man nicht wissen könne, wann der Messias wirklich kommen werde, und sich folglich bis dahin bemühen müsse, alles Notwendige zur Volkserhaltung zu tun. Hierzu gehörte auch das Einhalten der Ritualgebote, das eine gewisse Distanz zur nichtjüdischen Umwelt garantierte.

Es gab sogar einen großen Zaddik, der zu Gott zu beten pflegte, er möge doch niemals den Juden zur Strafe für ihre Sünden den Talmud wegnehmen, denn dann sei das jüdische Volk verloren.

Übrigens hat sich die Befürchtung jenes Wunderrabbis dann im 19. Jahrhundert, auch ohne göttliche Intervention, voll bestätigt: Als »reformerisch« ausgerichtete Juden, in Altösterreich »Neologen« genannt, anfingen, am tieferen Sinn zahlreicher rabbinischer Detailvorschriften zu zweifeln und sie als »Quantité négligeable« und obsolet über Bord zu werfen, ließen sie zuletzt nur noch so wenige Normen gelten, daß fast nichts spezifisch Jüdisches mehr übrigblieb. Bei den Neologen häuften sich denn auch Austritte aus den jüdischen Gemeinden und – wo immer sich dies als opportun erwies – Übertritte zum Christentum. Hätte es nur noch sie gegeben – und nicht daneben noch Millionen traditionsgebundener Juden, die sehr exakt alle Talmudgebote befolgten –, so wäre tatsächlich die jüdische Gemeinschaft Europas schon lange vor Hitlers Judenholocaust fast völlig verschwunden. Mit andern Worten: Mögen auch viele rabbinische Detailgebote nicht viel tieferen Sinn haben als zum Beispiel der Comment von Couleurstudenten oder anderen Vereinen und sonstigen Bünden und Gruppen, so gaben sie der jüdischen Gemeinschaft doch ihr spezifisches Gepräge und Gesicht und sicherten sie ein wenig gegen allzu starke fremde Einflüsse ab. Sie wirkten sich also volkserhaltend aus.

Gerade dieser Aspekt des Ritualgesetzes konnte Jesus, wie wir bereits wiederholt feststellten, unmöglich interessieren, denn er ging ja davon aus, daß ohnehin schon morgen eine allgemeine

Welterlösung solche Direktiven sinnlos machen werde. Die Zaddikim Ostgaliziens aber gingen, wie seinerzeit auch die Pharisäer, davon aus, daß man nicht wissen könne, wann der Messias wirklich eintreffen werde, obgleich sie ihm buchstäblich entgegenfieberten. Einer von ihnen schickte allabendlich Späher an den Dorfrand aus, damit sie ihn schleunigst benachrichtigten, sobald der Messias auf der Landstraße wirklich auftauchen sollte. Ein anderer legte nachts immer Wanderstab und Proviantsack neben sein Lager, um jederzeit unverzüglich zum Aufbruch nach Jerusalem bereit zu sein, wenn der Messias kommen und rufen würde.

Welterlösung christlich und jüdisch

Sie alle jedoch – dies nur nebenbei – verstanden diese Welterlösung ganz im Sinne der Bibelpropheten als ein Gotteswunder, das sich auch nach außen hin sichtbar und eindeutig manifestieren würde. Die Vorstellung einer rein innerlichen, mystischen, individuellen Erlösung, mit der sich das Christentum allmählich abfand, als die Parusie Christi – seine endzeitliche Wiederkunft – allzu lange auf sich warten ließ, blieb ihnen fremd. Oder genauer: Sie kannten wohl auch eine solche »Erlösung«, nämlich das Paradies, das die Gerechten nach ihrem Tode im Jenseits erwartete. Aber sie trennten diesen Jenseitsglauben streng von ihrem Messianismus, den sie durchaus diesseitig begriffen.

Hierin also waren sich die Zaddikim alle einig. Und nicht einer von ihnen wagte eine feste Prophezeiung über den Termin der Welterlösung. Demzufolge wird man bei ihnen vergeblich eine ähnlich radikale Abkehr vom Ritualgesetz suchen wie bei Jesus, der zwar mehr als einmal erklärte, an den heiligen Bibelgeboten kein Häklein und kein Jota abändern zu wollen, faktisch aber doch den Sinn nicht eindeutig ethischer Gesetze anzweifelte.

Ritus und Magie im Spätchassidismus

Jedoch: Ihrer durchschnittlichen religiösen Unbildung wegen waren die Chassidim, anders als die nichtmystischen Orthodoxen und auch anders als die kabbalistischen Mystiker, kaum in der Lage, wichtige Gebote und Verbote von unwichtigen zu unterscheiden und also zu erkennen, welche Vorschriften man unbedingt einhalten, welche andern man allenfalls auch vernachlässigen durfte. Sie sahen und begriffen auch nicht, daß zahlreiche der biblischen, aber auch der talmudischen Einzelregeln nur religiös getarnte Direktiven der Medizin, der Hygiene, oder auch rechtliche und soziale Normen waren, die der Volkserhaltung namentlich im Exil dienten. Und da sie generell an Wunder und Magie glaubten, begriffen sie schließlich auch das gesamte Ritualgesetz rein magisch, als Zauberformeln, die man nicht verletzen und mißachten durfte, ohne schwerste individuelle oder sogar kollektive Gottesstrafe zu evozieren und vielleich sogar das Kommen des Messias hinauszuzögern.

So ergab es sich ganz von selbst, daß in spätchassidischen Gemeinden nicht nur jeder einzelne pedantisch auf die Einhaltung auch der belanglosesten rabbinischen Vorschriften achtete, sondern daß man sich gegenseitig bespitzelte und denunzierte. Ritualsünder konnten unter Umständen im Vorraum der Synagoge ausgepeitscht werden. (Nur nebenbei sei hier angemerkt, daß dieselbe Strafe mehrfach auch den Apostel Paulus traf, sie war also keine Erfindung der Chassidim.) Es herrschte jedenfalls in vielen chassidischen Gemeinden eine stickige Inquisitionsluft.

Wie weit dies gehen konnte, illustriert eine – nicht erfundene – Geschichte aus den bereits erwähnten »Juden von Barnów« des ostgalizischen Schriftstellers Karl Emil Franzos.

Für diese Erzählung muß man wissen, daß es in der europäisch-jüdischen Orthodoxie Sitte ist, den Bräuten am Hochzeitstag das Haupthaar abzuscheren. Von da an tragen die Frauen bis an ihr Lebensende entweder ein Kopftuch, »Stirntuch« genannt und früher in reichen Familien mit Perlen und Edelsteinen besetzt, oder aber eine Perücke, auf jiddisch »Scheitel«.

Über die Herkunft des Brauches haben sich jüdische Religionsgelehrte viel den Kopf zerbrochen, denn eine solche Vorschrift gibt es nur bei den Juden Europas, und auch hier erst seit dem Mittelalter. Namhafte Rabbinen haben daher den Brauch scharf angegriffen und abgelehnt – vergeblich! In orthodoxen und vor allem auch chassidischen Kreisen hält man bis heute eisern an ihm fest!

Der »Haarfrevel«

Hierzu erzählt Franzos folgende wie gesagt nicht erfundene Episode aus seiner ostgalizischen Heimatstadt Czortków, dem Residenzort einer berühmten Dynastie von Wunderrabbis, die er in seinen Büchern »Barnów« nennt:

Ein schönes, goldlockiges jüdisches Mädchen (nebenbei: Es gab in Galizien und generell in Osteuropa dank einstiger Vermischung der aus Deutschland eingewanderten Juden mit slawischen Heidinnen und deren Übertritt zum Judentum sehr viele hellblonde Juden!) – ein goldlockiges jüdisches Mädchen also hatte mit dem künftigen Ehemann vereinbart, die Zöpfe unter dem Stirntuch wieder nachwachsen zu lassen, anstatt sie, wie üblich, immer aufs neue zu stutzen.

Als sie, hochschwanger, am Jom-Kippur im Bethaus ohnmächtig zusammenbricht, kommt das Geheimnis heraus. Der Ehemann wird vom ansässigen Zaddik mit dem synagogalen Bannfluch (Cherem) belegt, und als kurz darauf eine der vielen dort häufigen Epidemien ausbricht, sieht die Gemeinde darin die kollektive Gottesstrafe für den »Haarfrevel« der jungen Frau. Ein paar fanatische Männer dringen bei ihr, die jetzt mit Fieber im Wochenbett darniederliegt, ein und schneiden ihr gewaltsam die Haare ab. Sie stirbt, nicht zuletzt am Schock, und mit ihr zusammen stirbt ihr Kind. Der durch den Cherem geschäftlich ruinierte Ehemann wandert allein und mittellos aus; die Frau wird am äußersten Rand des Friedhofs – dort, wo die Selbstmörder und die Gehenkten liegen – unter einem Grabstein ohne Aufschrift verscharrt, damit ja kein frommer Passant, der ihren Namen liest, auf die Idee verfallen könnte, für sie ein Totengebet zu sprechen...

Dabei geht der Brauch – was die chassidischen Zaddikim natürlich nicht wußten – auf die slawischen und germanischen Heiden Europas zurück, deren Mädchen am Hochzeitstag ihre Zöpfe der Göttin Berchta als Opfer darbrachten und von da an das »Frauentuch« trugen. Später opferten sie dann nur noch Zopfbrote, wie auch die Juden Europas sie an Festtagen gerne essen. Die Juden nennen ihre geflochtenen Festbrote Berches, was sie zwar – etwas mühsam – von hebräisch »Bracha« (= Segen) herleiten, was aber in Wirklichkeit ganz eindeutig mit »Berchta« identisch ist.

Sieht man also von den christlichen Nonnen, den »Bräuten Jesu«, ab, so sind die orthodoxen und in vielen Punkten mit ihnen identischen chassidischen Juden heute die einzigen, die noch an diesem sehr alten, heidnischen Götzenopfer nicht nur festhalten, sondern es fest in ihre eigenen Glaubensbräuche integriert haben.

Die Brüder Rabbi Sussia und Rabbi Elimelech

Aberglauben und Zerfallserscheinungen aller Art im Chassidismus ändern aber nichts daran, daß, wie wir bereits darlegten, dieser gleiche Chassidismus anfangs den hilflosen, verzweifelten ostjüdischen Massen in ganz anderm Ausmaß seelischen Rückhalt bot als die kühle Orthodoxie und der trockene Talmudscharfsinn.

Wie sehr sich umgekehrt die frühen Zaddikim ihrerseits ihrem armen, gequälten Volk verbunden fühlten, bezeugt eine Episode etwa aus dem Jahr 1800: Die Brüder Sussia und Elimelech, beide später berühmte Wunderrabbis, befanden sich als junge Männer auf einer gemeinsamen Bußwanderung. Einmal trafen sie tief in der Nacht in einem kleinen Ort unweit von Krakau ein. Doch obschon sie todmüde waren, fühlten sie sich von einem ihnen selbst unbegreiflichen panischen Entsetzen gepackt und unwiderstehlich weitergetrieben. Da die chassidischen Jünger alles, was über ihre Meister überliefert wird, getreulich aufnotieren und weitergeben, haben sie auch diese absolut rätselhaft und sinnlos klingende Geschichte schriftlich festgehalten.

Erst heute, nach dem jüdischen Holocaust der Hitlerjahre, offenbart sich uns der Sinn des Vorgangs: Das betreffende Dorf heißt nämlich im jiddischen Originaltext Uschpizim, also Auschwitz. Die beiden Brüder müssen, aus ihrer tiefen, mystischen Liebe und Verbundenheit zu ihrem armen, tödlich gefährdeten Volk heraus, prophetisch dessen Untergang an eben diesem Ort dunkel vorausgeahnt haben.

Es ist dasselbe liebevolle Mitleid mit den Armen und Gequälten, von dem auch Jesu Taten und Aussprüche auf Schritt und Tritt zeugen. Im verkirchlichten Christentum sind dann diese Tendenzen weitgehend erloschen, genau wie in der Spätphase des Chassidismus.

Erlösungsvarianten

»Erlösung« im frühen Christentum

Unmittelbar nach Jesu Tod und Auferstehung fühlten sich zumindest die Judenchristen noch nicht im vollen Sinne »erlöst«. Sie lebten noch in der rein jüdischen Vorstellung eines irdischen Paradieses, das bald anbrechen müßte, und warteten daher auf die Parusie, die Wiederkehr Jesu, die dann die »Neue Erde« herbeibringen würde. Als diese Erwartung enttäuscht wurde, zerfielen diese Gemeinden denn auch. Wir wissen nicht, ob sie begannen, die Heilsbotschaft Jesu anzuzweifeln und daher sich wieder ganz in das »kanonische« Judentum zu integrieren, oder ob sie dann jene Formen der neuen Lehre akzeptierten, die sich bei den Heidenchristen entwickelt hatten. Wahrscheinlich entschieden sich die einzelnen Judenchristen verschieden. Jedenfalls verschwanden sie nach wenigen Jahrhunderten von der historischen Bildfläche. (Im zweiten Jahrhundert, beim Bar-Kochba-Aufstand der Juden gegen die Römer, gab es sie noch. Das erwähnten wir bereits.)

Das Problem stellte sich anfangs für die Heidenchristen nicht viel anders als für die Judenchristen. Auch sie fieberten zunächst der baldigen – und dann definitiven – Wiederkunft Christi entgegen, die das eigentliche messianische Gottesreich auf Erden herbeiführen sollte. Sie spannen dann diese Vorstellung auf abenteuerliche Weise weiter aus. Es kam bei ihnen der Glaube an ein »Tausendjähriges Reich« auf, der aber nicht etwa besagte, daß Jesus erst nach tausend Jahren wiederkommen werde, sondern daß nach seiner Parusie die Erde nur für eine Zeitspanne von tausend Jahren erlöst sein und dann wieder in tiefste Höllentiefen zurücksinken werde. Meines Wissens weiß man nicht – und wird es wohl auch nie wissen –, aus welchen Quellen die frühe christliche Mystik diese Idee schöpfte. Dem Judentum entstammt sie jedenfalls mit Sicherheit nicht. Es ist auch nicht recht zu sehen, was mit dieser Annahme einer zweimaligen Parusie Christi – einmal vor und ein zweites Mal nach dem Tausendjährigen Reich – für den Gläubigen gewonnen ist. Das endlose vergebliche Warten, das manchen Ungeduldigen schließlich wie ein »Warten auf Godot« vorgekommen sein muß, wurde ja dadurch nicht behoben.

Tatsache ist zwar, daß die Juden sich seit rund zweitausend Jahren mit einem solchen »Warten auf Godot« vollauf begnügen und daraus tatsächlich genügend Kraft schöpfen, alle ihre Katastrophen durchzustehen. Es ist aber nicht sicher, ob auch die Heidenchristen soviel Geduld aufgebracht hätten.

Wollte das Christentum also mit Sicherheit weiterbestehen, so mußte es neue, andere Kraftquellen finden, aus denen heraus es leben konnte. Sie wurden gefunden und erwiesen sich als ausreichend, die Gläubigen durch die Jahrtausende hindurch rund um die Welt zu tränken und zu speisen: Durch Jesu Kreuzestod war nunmehr ein jeder Gläubige bereits im vollen Sinne von der »Erbsünde« erlöst, vorausgesetzt, er unterzog sich dem mystischen Akt der Taufe. Die Idee der Kollektiverlösung in einem endzeitlichen messianischen Reich nach der Parusie Christi trat im Bewußtsein der Gläubigen dieser individuellen, innerlichen, mystischen Erlösung gegenüber immer stärker in den Hintergrund. Auch sehr fromme Christen zweifeln unter Umständen an der Parusie, an der leiblichen, endzeitlichen Wiederkehr Christi; sie zweifeln aber nicht daran, daß sie dank seinem Opfertod und der Taufe selber und jetzt schon erlöst seien.

Jüdische Messiasträume
(Fischessen und Talmudstudium)

Es gab nach glaubwürdiger Überlieferung zahllose Fassungen der Evangelien. Was übrigblieb, ist das Ergebnis einer sehr zielbewußten Zensur. Wir werden daher gerade über die zentrale

Frage, wie Jesus sich das Himmelreich auf Erden und die Erlösung aller jener, die an ihn, oder genauer: *mit* ihm, glaubten, vorstellte, nie etwas erfahren.

Vielleicht hatte er auch gar keine genauen diesbezüglichen Vorstellungen. Die jüdische Überlieferung, der er solche Inhalte entnahm, ist ja selber in diesen Punkten wenig einheitlich. Schon zur Zeit Jesu gab es welche, die das messianische Reich eher politisch begriffen: Befreiung Israels von den fremden Bedrückern, eigenes Königtum und Frieden. An die »Neue Erde« ohne Unrecht, Not und Tod verloren sie keine Gedanken. Ohnehin war es unwahrscheinlich, daß – wie die poetischen Bilder des Propheten Jesaja es heraufbeschwören – die Löwen plötzlich zu Vegetariern würden und das gesamte animalische Weltgeschehen, das auf Fressen und Gefressenwerden fußt, mit einemmal durch ein völlig anderes ausgewechselt würde. Wenn aber Löwen und Bären weiterhin Fleisch fraßen – wie wollte man sie dann daran hindern, auch über Menschen herzufallen? Und was half es dann, daß es Krankheiten und den natürlichen Tod nicht mehr gab, wenn nach wie vor die Möglichkeit bestand, von einem Raubtier in Fetzen gerissen zu werden?

Die Juden haben es denn auch sorgfältig vermieden, sich das Paradies auf Erden in der messianischen Endzeit gar zu genau auszumalen. Nur über den Auftakt war sich zumindest das einfache, naive Volk einig: Nach einer alten jüdischen Sage werden die Gerechten und Frommen sich dann zuallererst einmal zu einem Liebesmahl zusammenfinden, bei welchem man das Fleisch des Riesenfisches Leviathan und des Schor-ha-Bar, des paradiesischen Wildstiers, aufessen wird. Inhaltlich ist diese naive Sage natürlich nicht ernst zu nehmen. Aber soziologisch ist sie hochinteressant: Bedenkt man, wie derb, gummös und zäh das Fleisch allzu großer und alter Rinder und riesiger Fische schmeckt, dann kann man aus diesem erträumten Paradiesesmahl ersehen, wie schlecht es dem einfachen Volk schon im Lande Israel, und erst recht später, ging: Es war ihm offenbar auf Erden nicht vergönnt, sich je an Fleisch und Fisch – und sei es auch an kaum genießbarem – satt zu essen, dafür mußte erst der Messias persönlich intervenieren . . .

Aber was würden die Gerechten nach der Mahlzeit mit sich und ihrer Zeit anfangen? Manche Juden – vor allem arme, fromme Ostjuden – träumten davon, sie würden dann ungestört, so viel sie wollten, den Talmud studieren dürfen. Auf Erden war ihnen das nicht immer vergönnt. Wer nicht bei einem reichen Schwiegervater »auf Köst« saß oder selber sehr reich war, mußte dem Lebensunterhalt nachjagen und konnte sich den Luxus solcher zweckfreier geistiger Beschäftigung höchstens am Abend und am Sabbat nach dem Mittagessen gönnen (den Vormittag verbrachte man im Bethaus).

Aber eigentlich »machte das doch gar keinen Sinn« – um diese Modewendung zu benützen –, denn mit dem Unrecht zusammen erlosch ja auch das Gesetz. Damit in eins mußte der Talmud – seine aggadischen (= homiletischen und anekdotischen) Einschüsse ausgenommen – obsolet werden. Sich trotzdem über seine Spitzfindigkeiten und seine Kasuistik den Kopf zu zerbrechen wäre dann nur noch eine Art archäologischer Beschäftigung.

Also was dann? Und womit würden sich die weniger gelehrten Gerechten die Zeit vertreiben, die von solcher komplizierter Scholastik ohnehin nie etwas verstanden hatten?

Und was würde man essen, wenn der Leviathan und der Schor-ha-Bar bis auf die Gräten und Knochen abgenagt waren?

Oder würde der erlöste Mensch keine Nahrung brauchen? Wozu dann aber als Auftakt das Festmahl mit dem Riesenfisch und dem Riesenochsen?

Und dann: Was sollten die Frauen im Paradies anfangen? Jene, die auf Erden durch schwere Arbeit außer sich selber und ihren Kindern auch noch den gelehrten Ehemann durchgebracht hatten, so daß er ungestört seinem Talmudstudium nachgehen konnte, durften dann im Paradies – hierüber war man sich zumindest im jüdischen Osteuropa einig – zu Füßen ihres Gatten sitzen.

Was aber, wenn der Mann kein Gelehrter gewesen war?

Und außerdem birgt ein solches Programm nicht sehr viel »Lebensqualität« für die abgerackerten Ehefrauen ...

Das moslemische Paradies

Mohammed hat alle diese Fragen, zumindest für die Männer, auf lapidare und amüsante Weise gelöst. Ich habe, trotz Befragung mir befreundeter Moslems, nicht herausbekommen können, ob der Mohammedaner, ähnlich wie Juden und Christen, an eine messianische Endzeit glaubt? Er braucht sie aber im Grunde kaum, denn dem Moslem verspricht der Koran vor allem dann, wenn er sich zuvor auf Erden tapfer für seinen Glauben geschlagen hat und womöglich sogar im Glaubenskampf fiel und starb, ein lustiges Paradies voller Sexfreuden, die bei den jüdischen und christlichen Paradiesvorstellungen unerwähnt bleiben. Und zwar sowohl im Hinblick auf das Jenseits unmittelbar nach dem Tode wie auch nach der endzeitlichen Auferstehung.

Bei den Christen ist das begreiflich: Paulus hat in seine Lehre leib- und sexfeindliche Elemente aus der heidnischen Gnosis Kleinasiens, wo er herkam, eingebaut. Leibliche Lust und Liebe sind demnach ungern gewährte Konzessionen an den unerlösten, sündigen Menschen, die man aber auch dem Getauften und damit von der Erbsünde Befreiten nicht ganz untersagen kann, weil nun einmal die Fortpflanzung mit den Sexkontakten steht und fällt. Aber wer kann, soll lieber im Zölibat leben. Da ist es klar, daß man solche fragwürdigen Kontakte auch nach der leiblichen Auferstehung aller Toten meiden wird.

Weniger klar liegen die Dinge für die Juden. Sie haben den Sex – wenn auch nur im Rahmen der Ehe – immer ausdrücklich bejaht und das Zölibat abgelehnt. Es stellt sich also die Gretchenfrage: Was wird mit dem Sex im messianischen Endreich?

Doch gleichgültig, ob man Sex bejaht oder nicht: Es sterben ja die meisten Menschen – außer im Krieg und bei Epidemien – in einem Alter, in welchem leibliche Liebe kaum mehr in Frage kommt. Wozu soll man sich also den Kopf über ihre Rolle im messianischen Endreich zerbrechen? Oder sollte es sich damit im messianischen Endreich anders verhalten, kehrt die sexuelle Kraft dann auch bei Greisen zurück? Eine peinliche und abstoßende Vorstellung. Oder wird ein jeder, egal in welchem Alter er starb, in seiner vollen Jugendblüte auferstehen?

Und was ist mit Säuglingen? Werden sie so pflegebedürftig auferstehen, wie sie starben, und dann im Paradies bis zur Geschlechtsreife heranwachsen? Oder bleiben sie ewig Babys?

Der große Maimonides, den wir bereits mehrfach zitiert haben, hat zumindest diese Frage kurz und bündig dahin entschieden, daß die menschliche Seele nur von einer gewissen Bewußtseinsreife an unsterblich sei. Er teilte also nicht die Meinung Jesu, wonach die Kinder, ihrer Unschuld wegen, als erste ein Anrecht auf das Paradies haben. Und er hätte auch schwerlich die Meinung jener geteilt, welche heute die Unterbrechung der Schwangerschaft sogar schon im frühesten Stadium mit Mord an voll bewußten, leidensfähigen Menschen in Auschwitz gleichsetzen. (Ob er deshalb Fruchtabtreibung ohne Not bejaht hätte, ist trotzdem eine andere Frage.)

Mohammed also geht von einem Paradies voller Sexfreuden aus, wenn auch primär nur für Kämpfer im Glaubenskrieg.

Was aber geschieht nach dem Tode mit den moslemischen Frauen? – Ich selbst habe den Koran nur auszugsweise und die Scharia der Moslems (entspricht in etwa dem Talmud) überhaupt nicht selber gelesen, bin also auf Information aus zweiter Hand angewiesen. Von den Befragten behaupten die einen, Frauen hätten nach moslemischer Lehre überhaupt keine unsterbliche Seele, ihr Dasein erlösche mit dem irdischen Tod.

Andere wiederum – unter ihnen all jene, die in Europa bei Christen für die Lehre Mohammeds missionieren – betonen, es gebe eine einzelne Koranstelle, welche den Frauen, sofern sie auf Erden brav waren und sich im Rahmen ihrer Möglichkeiten für den Glauben eingesetzt hätten, gleichfalls ein Plätzchen im Paradies zusichert.

Unklar bleibt allerdings, was diese Frauen im Paradies mit sich und mit ihrer Zeit anfangen werden? Daß sie nicht identisch sind mit den bildschönen und sexunersättlichen Houren, denen die Männer dort begegnen, darüber sind sich alle Informanten, mit denen ich sprach, einig. Sie sind sich auch alle darin einig, daß der Koran nirgends auch nur mit einer Silbe andeutet, es stünden den Frauen im Paradies ähnliche Freuden mit ganzen Scharen von hübschen Playboys bevor wie den Männern mit ihren Houren

(das Wort ist übrigens identisch mit unserem Begriff »Huren«).
Was also werden die der Unsterblichkeit für würdig befundenen
moslemischen Frauen im Paradies tun? Den Männern bei deren
Vergnügungen zuschauen, von denen sie selbst ausgeschlossen
sind? Oder wird ihnen auch dies untersagt sein, so daß sie in alle
Ewigkeit zu einer Art Nonnenexistenz und Kaffeekränzchen in
rein weiblichem Ambiente verurteilt sein werden?

Nun ja – gab einer meiner Informanten, ein zur Lehre Mohammeds konvertierter bundesdeutscher Gymnasialprofessor zu –,
man müsse halt bedenken, daß die frühmittelalterlichen Moslems eine »reine Kriegergesellschaft« waren.

Dies ist eine Erklärung für das rein männlich geprägte moslemische Paradies; für die moslemischen Frauen bleiben aber die Jen-
seitsaussichten, die Mohammed ihnen zugedacht hat, trotzdem
frustrierend ...

Erlösung im Sinne Jesu

Man mag es drehen und wenden, wie man will – mit konkreten
Vorstellungen und Aussagen zum Sein nach dem Tode hat man
Mühe. Am klügsten gehen wohl jene vor, die meinen, mit unse-
ren beschränkten irdischen Begriffen und Vorstellungen seien
wir eben außerstande, uns die ewige Glückseligkeit auszumalen.
Wir müßten einfach glauben, vertrauen und uns freudig für die
Jenseits- und Endzeitfreuden bereit halten ...

Die Juden haben sich aber nie an diesen weisen Rat gehalten. Sie
haben immer wieder versucht, sich die messianische Endzeit auszumalen. Wobei manche recht bescheidene Maßstäbe und Forderungen an das endzeitliche Paradies richteten. Etwelche diskutierten sogar darüber, ob nach dem Kommen des Messias die
Tieropfer des Jerusalemer Tempels wieder eingeführt würden?
Und sie merkten nicht einmal, in welchem Ausmaß eine solche
Vorstellung unlogisch ist. Denn wenn es keine Sünde mehr
gibt, ist es doch sinnlos, mit Opfern Gott versöhnen zu wollen.
Und außerdem: Wie kommt man dazu, in einer angeblich von

Leid und Unrecht befreiten Welt unschuldigen Tieren Schmerz und Tod zuzufügen? –

Daß Jesus an das unmittelbar bevorstehende Paradies auf Erden glaubte, kann man nicht anzweifeln. Er selbst hat es immer wieder deutlich genug gesagt, und zudem wäre seine Gleichgültigkeit im Hinblick auf Fürsorge für sich selbst und die Familie und in bezug auf jeden Besitz ohne diese Voraussetzung völlig unverantwortlich. Er hätte dem Jüngling, der sich ihm anschließen wollte, nicht gesagt: »Laß deine Habe und Familie im Stich!« – wenn er nicht vollkommen sicher gewesen wäre, daß nur noch eine sehr kurze »Durststrecke« bevorstand.

Wie aber stellte er sich das Himmelreich auf Erden und die Erlösung der Gläubigen vor? Hielt er sich selbst für den Messias oder nur für dessen unmittelbaren Künder und Vorläufer? Und war bereits in seinem Bewußtsein auch jene individuelle, mystische Form der Erlösung wenigstens in Spuren vorgebildet und angedeutet, die dann im Christentum dominieren sollte?

Genaues können wir darüber nicht aussagen. Was über Jesus überliefert ist, hat schon sehr frühe mehrfache strenge Zensuren und Überarbeitungen in der jeweils gewünschten Richtung passiert. Nur weniges von dem, was außerhalb vom kanonisch Anerkannten im Umlauf war, hat sich erhalten. Wir sind auf Zufallsfunde in den Archiven sehr alter Klöster im Nahen Osten und auch auf Andeutungen im Neuen Testament selber angewiesen, die – möglicherweise – etwas Eliminiertes wenigstens in Spuren vermuten lassen. Bei solchen Versuchen können natürlich leicht auch Fehldeutungen unterlaufen. – Wagen wir es trotzdem.

Tauchbad und Taufe

Da wäre zunächst einmal die Taufe, die für den Christen unerläßlicher Auftakt der Entsühnung und Erlösung von der Erbsünde ist.

Das Judentum kennt eine solche mystische »Pauschalentsühnung« nicht. Das rituelle Tauchbad in fließendem Wasser gehört zwar zur alten jüdischen Tradition, aber es reinigt nur von einem in ritueller Hinsicht »unreinen« Zustand und nicht von Sünde oder gar generell von Sündhaftigkeit. Die Frau muß nach ihrer monatlichen Blutung in der Mikwe (= rituelles Tauchbad mit fließendem Wasser) baden, ehe ihr der Kontakt mit ihrem Ehepartner wieder gestattet ist. Speziell die Cohanim (die Nachkommen der Priestergilde) müssen auch heute noch strikte Reinheitsregeln beachten und zum Beispiel den Kontakt mit Toten meiden. Verstoßen sie dagegen, dann müssen sie die Mikwe aufsuchen.

Speziell die mystisch inspirierten Kabbalisten und Chassidim sahen im Tauchbad zwar mehr als solche rituelle Reinigung: Es war zugleich eine seelische und geistige Entsühnung, oder genauer: der Ausdruck zur Bereitschaft, sich um Reinheit auch im moralischen Sinne zu bemühen. In meiner ostgalizischen Heimat gab es Chassidim, denen hierfür die Gemeinde-Mikwe nicht genügte, denn sie lag nicht im Freien, sondern in einem geschlossenen Raum, und ihr Wasser war im Winter angewärmt. Sie zogen Tag für Tag auch bei furchtbarstem Frost mit einer Hacke zum nächsten offenen fließenden Wasser, brachen aus dem Eis ein Loch heraus und tauchten bis über den Scheitel unter.

Doch auch sie dachten nicht im Traum daran, daß ihnen durch diesen Akt wirkliche Vergehen gegen den Mitmenschen vergeben werden könnten. Von solcher Schuld befreien auch keine Gebete oder Selbstkasteiungen. Es gibt zwar bei den Juden den »Jom-Kippur«, den strengen Buß- und Fasttag, an welchem man in genau festgelegten Gebeten Gott um Verzeihung für alle begangenen Verfehlungen anfleht. Aber jeder Jude weiß, daß auch Gott selbst nur jene Sünden vergeben kann, die ihm gegenüber begangen wurden. Also Ritual- und Zeremonialverstöße. Das Leid, das man dem Nebenmenschen zufügte, kann nur dieser allein vergeben.

Daher suchen wirklich fromme Juden vor dem Jom-Kippur all jene auf, mit denen sie sich aus irgendeinem Grund im Lauf des Jahres verfeindet haben, oder sie passen ihre »Feinde« am Jom-Kippur selbst beim Eingang zum Bethaus ab und bieten ihnen die Versöhnung und – wenn notwendig – die Wiedergutmachung an ...

Ein wenig erinnert das an den alten chinesischen Brauch, nach welchem Bankrotteure am Neujahrstag mit einem Strick in der Hand der Reihe nach alle ihre Gläubiger aufsuchten und ihnen anstelle der Zahlung – zu der sie nicht imstande waren – den Selbstmord als »Ersatzleistung« anboten. Ein Ritual, bei dem sie übrigens kaum jemals etwas riskierten, denn kein honoriger Gläubiger war darauf erpicht, das eigene Gesicht dadurch zu verlieren, daß er einen ohnehin Zahlungsunfähigen, bei dem nichts zu holen war, in den Tod trieb. Es lief meist darauf hinaus, daß der unglückliche Gläubiger dem Selbstmordkandidaten die Schuld nicht nur stundete, sondern kurzerhand erließ. – Doch das nur nebenbei. –

Die Juden kennen jedenfalls kein Ritual, das erstens pauschal und auf Lebensdauer und zweitens von wirklichen Verbrechen »reinigt« und entsühnt. Und sehr wahrscheinlich verstand auch Johannes der Täufer, der am Jordan Massentaufen vornahm, die Entsühnung und Reinigung nur in diesem begrenzten Sinn. Eine Entschlackung von der »Erbsünde« konnte auch er schon deshalb nicht anpeilen, weil der stellvertretende Opfertod Jesu, der dies hervorruft, ja erst nach dem Tode Johannes' des Täufers stattfand ...

Johannes selbst – auch dies nur nebenbei – starb übrigens aus genau den gleichen Gründen wie fünfzehnhundert Jahre später der englische Theologe, Kanzler und Philosoph Thomas Morus: Alle beide begingen die Unvorsichtigkeit, eine Eheschließung des Königs aus religiösen Gründen zu beanstanden. Das nahm in England Heinrich VIII. genauso übel, wie zur Zeit Jesu Herodes Antipas (nicht der angebliche Babykiller von Bethlehem, sondern dessen Sohn, der Tetrarch von Galiläa und Peräa). Die künstlerisch und literarisch so fruchtbare Gruselgeschichte von des Antipas angeblicher Stieftochter Salome, die als Honorar für einen lasziven Tanz auf Wunsch ihrer Mutter dem König das Haupt des Johannes abverlangte, ist zwar reine Legende; vermutlich gab es diese Stieftochter überhaupt nicht. Die Hinrichtung des Bußpredigers und Täufers Johannes jedoch fand in der Tat statt.

Doch wenn wir schon vom Täufer Johannes sprechen: Das Neue

Testament schildert zwar in rührenden Bildern die Begegnung sogar schon der Mütter von Johannes und Jesus. Aber sie trägt legendenhafte Züge und fand wohl nie oder nicht in dieser Form statt.

War Jesus getauft?

Ist es wenigstens sicher, daß Johannes und Jesus sich dann als Erwachsene begegneten und daß Jesus sich der Taufe durch Johannes unterzog? Genau besehen wissen wir auch das nicht.

Sicher ist zwar, daß Jesus mit eschatologisch und asketisch ausgerichteten Sektierern von der Art des Johannes irgendwann Kontakt gehabt haben muß, aber seine Hinweise (über den geforderten Feindeshaß und die sture Durchführung der Sabbatgebote auch um den Preis des menschlichen Lebens etc.) deuten eher auf die finsteren Essener als auf Johannes, obwohl auch dieser reichlich asketisch und lebensfeindlich eingestellt war.

Doch ob Jesus selber nun durch Johannes getauft wurde oder nicht – wir hören im Neuen Testament nichts davon, daß auch er seinerseits in ähnlicher Form wie Johannes Massentaufen vorgenommen hätte. Hätte er es aber getan, dann hätten sie – da er ja noch nicht stellvertretend für alle Sünder, sofern sie an ihn glaubten, den Opfertod erlitten hatte – keine tiefere mystische Bedeutung haben können als die Taufrituale des Johannes. Indes wird, wie gesagt, ohnehin nirgends im Neuen Testament etwas Derartiges auch nur angedeutet.

Jesuanische Mysterien-Rituale?

Es gibt aber etliche Stellen in den Evangelien, die so, wie sie dastehen, nicht ganz verständlich sind, wenn man nicht dennoch annimmt, daß Jesus zumindest für seine Jünger ein mystisch angehauchtes Initiationsritual kannte. Als zum Beispiel die Jünger beanstanden, daß Jesus seine Lehre bei seinen Ansprachen an das Volk immer nur in Gleichnissen formuliere, sagt er zu

ihnen, für die Außenstehenden sei dies genug, sie selbst aber –
die Jünger – seien ja in den eigentlichen und geheimen Sinn seiner Gleichnisse eingeweiht.

Woher und wieso? Deutet er damit auf ein geheimes Zeremoniell bei der Aufnahme in den Jüngerkreis, wie man es bei vielen mystisch inspirierten Gemeinschaften sämtlicher historischer Perioden und aller Weltgegenden findet und wie es zum Beispiel auch die längst »entmystifizierten« Freimaurer bis heute kennen? Und falls ja – warum erfahren wir aus den erhalten gebliebenen Texten nichts darüber? Hat da ein vorsichtiger Zensor gewaltet, der, im Hinblick auf die zahllosen Mysterienkulte der Heiden damals im Nahen Osten, darauf bedacht war, hier eine sehr scharfe Trennungslinie zu ziehen, damit keiner auf die Idee kommen konnte, Jesus auch die orgiastischen Exzesse jener Mysterienkulte zu unterstellen?

Aber da ist im Neuen Testament die in der vorliegenden Fassung befremdliche Episode der Auferweckung des Lazarus mehrere Tage nach seinem Tode, als sein Leichnam bereits zu riechen beginnt.

Lazarus

Alle anderen Wiedererweckungen von Toten durch Jesus sind durchaus glaubhaft: Sie erfolgen sogleich nach dem vermeintlichen Hinschied der Betreffenden. Bedenkt man nun, wie rasch unmittelbar nach dem Tode die Juden bis heute ihre Leichen begraben, dann kann man durchaus eine voreilige Bestattung für möglich halten, und damit in eins auch eine Wiedererweckung des Toten, der dann eben nur ein Scheintoter war. Ob dergleichen durch Jesus auch wirklich stattfand, steht auf einem anderen Blatt. Wundertätern sagt man rund um die Welt auch die Fähigkeit nach, Tote wiederzubeleben. Dies konnten angeblich auch die chassidischen Wunderrabbis, wenn auch solche Berichte nur rar auftauchen und desto häufiger mißlungene Versuche zur Wiederbelebung von Toten oder auch nur zu Wundheilungen in boshaften antichassidischen Witzen genüßlich ausgemalt werden.

Im Prinzip brauchen natürlich weder gläubige Juden noch fromme Christen die Wiederauferstehung auch eines bereits in Fäulnis übergehenden Leichnams anzuzweifeln: Wenn wirklich, wie der Prophet Ezechiel es weissagt, am Ende aller Zeiten sogar Jahrtausende alte Gebeinreste sich wieder zu lebendigen Leibern zusammenfügen werden, kann auch ein faulender Leichnam wieder aufwachen.

Man hat aber Mühe, daran zu glauben. Man hat überhaupt Mühe, an Wunder zu glauben, bei denen keine psychosomatischen Faktoren eine Rolle spielen wie bei der Heilung von Lahmen oder Aussätzigen und bei der »Austreibung von Dämonen« aus Geistesgestörten. Man ist daher auch geneigt, die Fähigkeit Jesu – oder eines beliebigen andern jüdischen oder nichtjüdischen Wundertäters – anzuzweifeln, wenn es dabei um außermenschliche Vorgänge geht, wie etwa Einfluß auf das Wetter oder das Herausfischen genau jenes Fisches, der die benötigte Silbermünze verschluckt hat.

Was speziell die angebliche Auferstehung des Lazarus mehrere Tage nach seinem Tode angeht, so haben gute Kenner des apokryphen Schrifttums rund um die jesuanischen Ereignisse gerade aus den penetranten Hinweisen darauf, daß der Tote schon roch und bereits tagelang in der Grabhöhle lag, geschlossen, daß hier im Urtext von etwas ganz anderm die Rede war, was man eben durch diese outrierte, dick aufgetragene Berichterstattung über eine angebliche Totenerweckung unbedingt übertünchen wollte: Demnach habe sich Jesus mit dem durchaus lebenden und gesunden Lazarus, den er auch nach neutestamentlichem Bericht schon vorher gut kannte, zu einem langwierigen, nächtlichen Geheimzeremoniell in eine Grabhöhle begeben, nach welchem der Novize in der Tat – wie bei jeder mystischen Initiationszeremonie – als ein neuer Mensch und also in gewissem Sinne wirklich »vom Tode auferweckt« wieder herausgetreten sei.

Doch selbst wenn dies zutreffen sollte, wird man »dokumentarische« Beweise hierfür heute, nach fast zweitausend Jahren, kaum mehr finden.

Da gibt es aber noch eine zweite Episode im Neuen Testament, die sich – vielleicht – in diesem Sinne deuten läßt. Als die Häscher Jesus in dem Ölgarten, in welchem er seine letzte Nacht im Freien verbrachte, verhaften wollten, ließen ihn zwar seine sämtlichen Jünger schmählich im Stich. Eine einzige Ausnahme bildete möglicherweise Petrus, der angeblich einem der Häscher ein Ohr abschlug, das aber dank einem Wunder Jesu sofort wieder anwuchs.

Die Episode ist unglaubwürdig. Petrus wäre sofort mit verhaftet worden. Und auch ein Wundertäter kann abgehauene Gliedmaßen nicht im Handumdrehen wieder anwachsen lassen. Aus welchen Motiven diese Legende erfunden wurde, werden wir nie eruieren. Sollte mit ihr illustriert werden, daß Jesus jede Gegenwehr ablehnte, weil er zu diesem Zeitpunkt seinen drohenden Martertod bereits innerlich akzeptiert hatte? Vielleicht.

Das Neue Testament berichtet aber außerdem von einem Jüngling, der sich gegen die Festnahme Jesu offenbar heftig zur Wehr setzte, gegen die Vielzahl der Häscher aber nicht ankam und schließlich entfloh, wobei er den Mantel, an dem sie ihn festhielten, in ihren Händen zurückließ, so daß er nur nackt entkam ...

Wieso nackt? Wir wissen nicht, ob im Lande Israel beim einfachen Volk die Sitte herrschte, nackt zu schlafen. Etwas von der Art unserer Nachthemden kannte man sicher nicht. Manches spricht aber dafür, daß man einfach das hemdartige Untergewand, das man auch tagsüber trug, nachts anbehielt. In diese Richtung deutet auch die Tatsache, daß die griechische Bezeichnung »Chiton« für dieses Gewand, im Hebräischen fast unverändert »kutonet«, bei den Juden gleichbedeutend mit »Hemd« ist. Darüber trug man außerdem ein großes, viereckiges Tuch als Mantel. Die Juden tragen es heute noch beim Gebet (sie nennen es »Talith«) und außerdem als Totengewand. Und ob man nun nackt schlief oder im hemdartigen Tageskittel – jedenfalls diente das Manteltuch dem armen Mann zugleich als Bettdecke. Wir wissen es aus dem mosaischen Pfändungsrecht: Hat man einem

Armen den Mantel gepfändet, so muß man ihn spätestens am Abend zurückerstatten, auch wenn der Schuldner ihn nicht auslösen konnte. Denn – so lautet die Begründung wörtlich – für den Armen ist der Mantel nachts zugleich die Bettdecke.

Doch gleichgültig, ob das einfache hebräische Volk damals nackt oder in der »Kutonet« zu schlafen pflegte – draußen im Freien zog sich sicher keiner nackt aus. Jesus wurde aber nicht in seinem Versteck auf dem Dachboden jenes Hauses, wo er das letzte Abendmahl mit seinen Jüngern zelebriert hatte, festgenommen, sondern in einem Ölhain. Wieso also hatte sich dieser Jüngling, von dem wir nicht einmal den Namen erfahren, seines Hemd-Kittels entledigt? (Übrigens: auch das Wort »Kittel« geht auf Chiton und Kutonet zurück.) Und wer war dieser junge Mann überhaupt?

Sicher ist nur, daß er keiner der Jünger war.

Was also hatte er hier zu suchen, und weshalb setzte er sich so mutig für Jesus ein?

Es gibt hierüber allerlei Mutmaßungen. Gleich im vorhinein ausscheiden wollen wir dabei die reichlich impertinente modische Konjektur (von der ich aber nicht weiß, ob sie auch schon gedruckt vorliegt), wonach es sich bei Jesus und seinen Jüngern eben um Gay People gehandelt habe, und sie seien von den Häschern mitten in ihren Sexvergnügungen aufgestört worden. Dabei brauchen wir keineswegs als Haupteinwand anzuführen, daß Homosexualität nach alttestamentlichem Gesetz mit dem Tode bestraft werden sollte. Das mosaische Verdikt richtet sich, wie wir bereits betonten, eindeutig nur gegen die kultische homosexuelle Tempelhurerei Vorderasiens, die – ein Relikt aus matriarchalischer Zeit – mit der Selbstentmannung des »weiblichen« Partners des gleichgeschlechtlichen Paares zu Ehren der Muttergottheit verbunden war. Das ist nicht eine willkürliche, nachträgliche Deutung jener Bibelstelle, sondern es geht aus der Formulierung des Gesetzes eindeutig hervor. Es steht dort nämlich ausdrücklich geschrieben: »Ihr sollt nicht tun nach der Heiden Art.« Anzunehmen, daß das mosaische Gesetz ausschließlich den kanaanitischen Heiden homoerotische Neigungen unterstellt habe, wäre barer Unsinn. Es geht hier einzig um einen mit männlicher Selbstverstümmelung verbundenen Heidenkult, der mit Recht nicht nur abgelehnt, sondern auch streng bestraft wird. Fiel dieser üble kultische Hintergrund weg, dann war es den Juden restlos egal, ob sich jemand ein- oder zweigeschlechtlich vergnügte.

So betrachtet wäre es gleichgültig, ob es zwischen einzelnen Jüngern Jesu oder zwischen ihm und den Jüngern auch homoerotische Kontakte gab.

Nur: Es deutet im Neuen Testament nichts in diese Richtung, und man hat keineswegs den Eindruck, daß dies nur aus entsprechender nachträglicher Zensur zu erklären sei. Auch die besondere Zuneigung Jesu zum jungen Johannes trägt keine Akzente, die über die Sympathie eines Meisters und Lehrers zu einem Adoleszenten hinausgeht, der ihm besonders treu ergeben ist. Zudem hegte Jesus in jener Nacht im Ölhain bereits tiefe, begründete Furcht vor einer drohenden Verhaftung. Auch wenn er nicht wissen konnte, wie weit die gereizte Tempelpriesterschaft in ihrer Niedertracht gegen ihn gehen würde, und also den Kreuzestod wohl nicht vorausahnte, war ihm doch schwer ums Herz, und er hatte regelrecht Angst. Seine Jünger wußten ebenfalls, wie ihm zumute war: Er hatte sie ja gebeten, mit ihm zusammen zu wachen. Das taten sie trotzdem nicht – er konnte sich weder in jenem Augenblick noch wenig später auf sie verlassen. Sie ließen ihn aufs erbärmlichste im Stich.

Er hatte, dies nur nebenbei, auch schon vorher wenig Freude an ihnen. Man braucht sich nur an den Streit zweier seiner Jünger darüber zu erinnern, wer dann im Paradies am nächsten neben Jesus würde sitzen dürfen. Aus seiner Antwort spürt man, daß alles in ihm vor Nervosität über den dämlichen Disput zuckt.

Aber wenn auch mit der Courage der Jünger und ihrer Einsatzbereitschaft für den Meister wenig Staat zu machen war – die gedrückte Stimmung Jesu in dieser Nacht mußten sie wohl trotzdem spüren. Selbst wenn es sich bei ihnen – wofür es aber nirgends auch nur das schwächste Anzeichen gibt – um Gay people gehandelt hätte: In dieser Nacht wäre ihnen nicht nach Sexgaudi zumute gewesen ...

Eine andere Theorie rund um diesen Jüngling, der den Häschern nackt entschlüpfte, nachdem er seinen Mantel in ihren Händen gelassen hatte, läßt sich schon eher hören: Es wäre ein Novize gewesen, der durch dieselben geheimen Initiationsriten in den Kreis der Jünger aufgenommen werden sollte, denen auch sie sich zuvor unterzogen hatten. Zu diesen Riten – wenn es denn überhaupt welche gab — gehörte mit Sicherheit auch das rituelle Tauchbad, für das man sich natürlich ausziehen muß. Und einen Bach gab es in diesem Ölhain ohne Zweifel, er wird im Neuen Testament sogar ausdrücklich erwähnt. Das wäre eine durchaus honorige Erklärung dafür, daß der Jüngling seinen Chiton abgelegt und nur rasch das Manteltuch umgeworfen hatte, ehe er sich den Häschern mutig entgegenstellte.

Aber es setzt eben voraus, daß es überhaupt ein solches geheimes, mystisches Initiationszeremoniell für den Beitritt zum Jüngerkreis gab. Hierfür sprechen die paar bereits erwähnten Bemerkungen Jesu zu den Jüngern, sie seien, im Gegensatz zum herbeigeströmten Volk, in den geheimen und wirklichen Sinn seiner Geheimnisse eingeweiht. Ein stringenter Beweis ist aber auch das nicht. Wir bleiben auf Vermutungen angewiesen.

Mit unserer Frage nach den Gründen, weshalb die Schriftgelehrten zur Lebenszeit Jesu ihn kein einziges Mal zitieren, hat dies natürlich nichts zu tun. Unsere Frage ist mit dem Adventismus Jesu bereits erschöpfend beantwortet.

Aber im Zusammenhang mit einem jüdisch-christlichen Dialog wäre es interessant und wichtig, abklären zu können, ob Jesus – ganz unabhängig von seiner Hoffnung auf eine gesamthaft erlöste »Neue Erde« – auch so etwas wie eine individuell-mystische Erlösung durch ein geheimes Zeremoniell kannte, das in einem »innerlichen« Sinne bereits inmitten einer unerlösten Welt den einzelnen eben doch aus dem sündhaften Geflecht herauslöst.

Diese Vorstellung ist dem Judentum an sich fremd. Sie entstammt eindeutig den nahöstlichen heidnischen Mysterienkulten, die aber zum größten Teil mit Sex- und teilweise sogar mit Ritualmord-Orgien verbunden waren. Kein Wunder, daß die frühe Kirche alle über Jesus vorliegenden Berichte, die auf geheimes Initiations- und Mysterienzeremoniell deuteten, sorgfältig wegzensierte, auch wenn gar kein Zweifel bestand, daß er selbst und seine Jünger ihren Endzeitglauben nie an kollektive Sexexzesse knüpften.

Häretische Sex-Sekten im frühen Christentum

Aber die junge Kirche sah sich ja überhaupt mit schwierigen Aufgaben konfrontiert. Nahm sie nicht sehr viel hellenistisches Ideengut aus Ost und West in sich auf, dann hatte sie keinerlei Chance, sich gegen die vielen anderen Erlösungskulte, die zum Teil schon voll »etabliert« waren, durchzusetzen. Integrierte sie aber allzuviel Nichtjüdisches, dann unterschied sie sich zuletzt nicht mehr von den verschiedenen »Heilsangeboten« der Heiden.

Und was speziell Sexkomponenten innerhalb einer mystisch angehauchten Religion anging (und der Taufakt als Entsühnungszeremoniell, das nicht nur symbolisch gemeint ist, sondern schlechthin von der »Erbsünde« befreit, ist ein mystischer Vorgang), so konnte es jederzeit zum Kippen in heidnische Raserei kommen, auch wenn der Inhalt einer neuen Religion überhaupt nicht in diese Richtung wies. Es gab auch tatsächlich, allen gegenteiligen kirchlichen Tendenzen und Bemühungen zum Trotz, frühchristliche Häresien, die sich Gottesnähe oder auch mystische Vereinigung mit Gott durch den Sexualakt versprachen. Die zur Macht gelangte Kirche räumte mit ihnen aber sehr rasch und gründlich auf. –

Wir bewegen uns mit allen diesen Vermutungen auf dem Glatteis. Wieweit Jesus vielleicht für sich und seine Jünger die Endzeiterlösung bereits hier und jetzt, inmitten der von Grauen und Unrecht überquellenden Welt, möglicherweise durch einen mystischen Wandlungsprozeß vorwegnahm, werden wir nie erfahren. Es hat auch mit unserer Hauptfrage, weshalb die Pharisäer von Jesus so wenig Notiz nahmen, nichts zu tun.

Hier hätten wir aber einen Punkt, in welchem sich Jesus mit dem etablierten Christentum berühren würde, das die Parusie Christi und die endgültige und totale Welterlösung zunehmends aus den Augen verlor und die Welt bereits durch Jesu stellvertretenden Opfertod und den Taufakt als vollzogen betrachtete.

Diese Ablösung vom Glauben an Christi Parusie am Ende der Zeiten wurde im übrigen von der Kirche nie verbal und ausdrücklich vollzogen. Und es kam auch immer wieder zu wilden Angstschüben in der Erwartung des Letzten Gerichts und Weltuntergangs. Es kam auch zu originellen und nicht ganz verständlichen Abwandlungen des Parusie-Glaubens in der Vorstellung eines »Tausendjährigen Reiches«, die nicht etwa besagen will, die Erlösung werde tausend Jahre nach Christi Kreuzigung und Auferstehung eintreten, sondern er werde irgendwann einmal – und zwar ziemlich bald – wiederkommen, die Welt aber nur für tausend Jahre erlösen, worauf sie wieder dem Satan anheimfallen werde, so daß Christus dann ein weiteres Mal kommen müsse, um das definitive Paradies auf Erden zu evozieren. Dem Judentum entstammt diese Vorstellung einer provisorischen Welterlösung jedenfalls auch in dieser Form mit Sicherheit nicht. Die Juden kannten – zumindest in ihrer kanonischen Ausrichtung – nur das absolute Entweder-Oder, die total erlöste oder total unerlöste Welt.

Jüdischer Pseudomessianismus in der Neuzeit

Sabbatai Zwi und Jakob Frank

»Erlösungs-Einsprengsel« in einer ansonsten unerlösten, von blutigen Greueln überquellenden Welt kannten übrigens auch die Chassidim nicht, obwohl sie dem messianischen Endreich entgegenfieberten wie sonst nur noch die düsteren, asketischen Kabbalisten, bei denen aber der Glaube an solche Mischzustände im voraus ausgeschlossen ist: Askese und Selbstkasteiung, die ihnen als Mittel erschienen, das Kommen des Messias zu beschleunigen (sie kannten aber auch noch andere Mittel), sind sinnlos, wenn es für den wahrhaft Gläubigen bereits inmitten von Qual und Verderbnis solche Nischen der Erlösung gibt. So betrachtet würde Jesus, der jede Selbstquälerei – auch das viele Fasten der Essener und übrigens auch des Täufers Johannes – ablehnte, der gerne die bescheidenen Feste der Armen mitfeierte und einfache Lebensgaben so dankbar genoß, ganz gut in die Atmosphäre einer solchen partiellen Erlösung hineinpassen, die ihn zugleich dem späteren etablierten Christentum annähern würde. Aber das bleibt, wie wir schon sahen, eine vage Vermutung.

Dagegen gab es im Judentum tatsächlich in der Neuzeit zwei messianisch inspirierte Sekten, bei denen sich solche »Mischzustände« nicht abstreiten lassen. Es sind jene der Pseudomessiasse Sabbatai Zwi aus Smyrna (1626–76) und Jakob Frank aus Podolien (1726–91).

Mystische Schübe kommen bei den Juden immer als Nachhall besonders schwerer Verfolgungen und Leiden auf, wenn die Gequälten mit der Anforderung, der Realität ins Auge zu blicken, ohne dabei vor Entsetzen den Verstand zu verlieren, einfach überfordert sind. Auch dies wäre also – genau wie Jenseits- und Erlösungsglaube – eine Variante vom »Opium des Volkes«.

Es hatte nun in der Mitte des 17. Jahrhunderts in Ostgalizien und in der Ukraine die furchtbaren Judenpogrome durch den Kosakenhetman Chmjelnizki gegeben, aus denen das Ostjudentum dezimiert, verarmt, verschreckt und seiner geistigen Führung beraubt hervorgegangen war. Der Boden war für ein mystisches »Ausweichmanöver« aufbereitet. Von dem einen mystischen Schub, dem Chassidismus, haben wir bereits gehört, und auch, warum die Bewegung – anfänglicher scharfer Auseinandersetzungen mit den »kanonischen« Rabbinen zum Trotz – schließlich in die Tradition integriert wurde. Eine intensive Ausrichtung auf die messianische Endzeiterlösung blieb aber dem Chassidismus vom ersten Tag an bis heute immanent. Die Zaddikim und ihre Adepten waren sich jedoch immer klar bewußt, daß sie einstweilen in einer restlos unerlösten Welt lebten.

Daneben gab es aber zwei messianische Eruptionen ganz anderer Art. Wir können uns hier nicht allzulange bei den beiden Pseudomessiassen aufhalten, obgleich eine Beschäftigung mit ihnen – auch unabhängig von unserem zentralen Thema – in vieler Hinsicht lohnen würde. Wir beschränken uns auf ein paar Stichworte:

Wir wissen nicht, ob Jesus sich von allem Anfang an für den Messias hielt oder zunächst nur für seinen Verkünder. Auch dies ist eine der vielen Fragen, die sich – da nur einseitig gesichtete Dokumente vorliegen – nie wird beantworten lassen.

Wir wissen aber mit Gewißheit, daß sowohl Sabbatai Zwi wie Jakob Frank als Messias firmierten und auch von ihren Anhängern für den Messias gehalten wurden. Und beide fühlten sich berufen, die Welterlösung »eigenhändig« ins Werk zu setzen.

Beide akzeptierten sie dabei die talmudische These, wonach möglicherweise dem Kommen des Messias besonders verruchte Zeiten vorausgehen würden, eben die »Wehen des Messias«. Was also lag näher, als solche »Wehen« selber auszulösen?

Also mußte man selber feste drauflossündigen und radikal gegen sämtliche mosaischen und talmudischen Gesetze verstoßen.

Es spricht aber für die Gutartigkeit beider, daß sie nicht zu Raub,

Mord und Mißhandlung ihrer Mitmenschen aufriefen, sondern sich im wesentlichen mit dem Verstoß gegen sämtliche Sex- und Zeremionaltabus begnügten. Sie schändeten planmäßig den Sabbat – was niemandem weh tat – und zelebrierten kultischen Gruppensex unter Mißachtung selbst der Inzestgrenze sogar inmitten der Bethäuser.

Dabei mischten sich uralte vorderasiatische, matriarchalische Kultkomponenten mit hinein. Die Anhänger Jakob Franks umtanzten bei ihren Sexorgien auf der Basis der Promiskuität zugleich ein nacktes Frauenzimmer, das sie für die weibliche Hypostase der Gottheit hielten. Bei den Zusammenkünften der Frankisten in Ostgalizien spielte diese Rolle die sehr schöne Tochter Eva von Jakob Frank persönlich, die dann nachher durch ihren Liebreiz sogar den Kronprinzen der Donaumonarchie, den späteren Kaiser Joseph II., zum profunden Abscheu seiner keuschen Mutter Maria Theresia betörte, die denn auch das saubere »Dual« aus Wien hinauspfeffern ließ. Doch davon weiter hinten . . .

In der ostgalizischen Geburtsstadt meines Vaters, in Rohatyn, dagegen übertrugen die messiasseligen Sektierer diese interessante Rolle dem schönen Töchterchen Chajele des Synagogen-Pedells, also des Schammes. Und noch bis in die Hitlerjahre hinein wurden die Rohatyner Juden – die inzwischen längst wieder in die Arme der offiziellen Tradition zurückgekehrt waren – von den Juden der umliegenden Nester mit Abscheu als die »Schabsse-Zwinikess« (Anhänger von Sabbatai Zwi) verbellt.

Der Hippie-Messianismus Herbert Marcuses

Doch auch die ärgsten Feinde der Sabbatianer und Frankisten unterstellten diesen an sich reichlich suspekten Sektierern nicht, daß diese auch kleine Kinder in ihre Ferkeleien mit einbezogen hätten. Es blieb dem modernen Hippie-Ideologen Herbert Marcuse vorbehalten, durch seine Erlösungslehre in den sechziger Jahren die Westberliner sogenannten »Kinderläden« anzuregen: Kindergärten, in welchen man die Kleinen – im Rahmen ihrer physischen Möglichkeiten – zur Sexbetätigung mit- und durcheinander anhielt.

Herbert Marcuse, ein total traditionsentfremdeter deutscher Jude, hat sich sicher nie mit diesen seinen weit originelleren Vorläufern beschäftigt, wußte vielleicht nicht einmal etwas von ihrer Existenz. Trotzdem deckt sich sein Beglückungsprogramm auch noch in einem weiteren Punkte mit jenem der Sabbatianer und Frankisten. Alle drei lehnen sie jegliche Leistung und Anstrengung im Hinblick auf das anbrechende Paradies auf Erden ab.

Für die Anhänger von Herbert Marcuse hatte das nicht weiter schlimme Folgen. Es gelang ihnen, dem »jüdisch-christlichen, asketischen, repressiven und ausbeuterischen Establishment« (so nennt Marcuse die Gesellschaftsform der westlichen Demokratien) einzureden, es trage durch seinen »Leistungsdruck« die Schuld an allen Aggressionen, Kriegen und Greueln in der ganzen Welt und schulde daher ihnen, den Nichtstuern und Nichtswissern, Stipendien und lebenslange Sinekuren an den Bildungsinstitutionen. Sie legten damit den Grundstein zum Niedergang der abendländischen modernen Kultur und Wissenschaft und zur wahrscheinlichen Ablösung des freien Westens durch die fleißigen und hochintelligenten Ostasiaten. Davon werden dann freilich auch die Nachkommen der Marcusianer schlimm mit betroffen sein. Doch zunächst hatten sie von ihrem Hippie-Messianismus nichts als Vorteile.

Bei den Nachläufern von Sabbatai Zwi und Jakob Frank war das anders: Da sie aus der Bibel wußten, daß man im paradiesischen Endreich nicht mehr dem Broterwerb werde nachlaufen müssen, stellten auch sie – genau wie später die Marcusianer – jede anstrengende Tätigkeit ein. Doch da es in den sehr armen ostjüdischen Gemeinden kein solches umfassendes »Establishment« gab, das sich hätte verunsichern, einschüchtern und zu lebenslangen hohen Zahlungen an die »Messiasjünger« verdonnern lassen, hatte die Untätigkeit der messianisch Verzückten ein kaum ausmalbares kollektives Elend zur Folge.

Uns interessiert aber hier nicht dies, sondern die Tatsache, daß diese Messianisten von allem Anfang an offenbar nicht genau wußten, ob sie sündigten und ihre Arbeit vernachlässigten, um damit den verruchten Zustand der »Chewlej-Maschiach«, der Messiaswehen, zu markieren, oder ob sie darin bereits den Auftakt und Anfang der Welterlösung selbst sahen? Denn bekanntlich wird es dann keine Sünde und folglich auch keine Gesetze mehr geben. Alles wird erlaubt sein. Und arbeiten wird man im Paradies auf Erden ohnehin nicht mehr. Wozu auch, da es doch auch den Tod und die Krankheit nicht mehr geben wird und also keiner verhungern können wird?

Zwar haben die Bibelpropheten, die eine »Neue Erde« ohne Leid, Tod, Arbeit und Gesetze erträumten, dabei ganz sicher nicht an Sexpromiskuität gedacht. Sie träumten davon, daß es kein Unrecht mehr geben und die reine Gerechtigkeit auch ohne Gesetzesdruck herrschen werde.

Doch die prophetischen Träume sind so unrealistisch, daß man es keinem übelnehmen kann, wenn er sich die Paradiesesfreuden nach eigenem Geschmack und ganz anders vorstellt. Man hat auch als frommer Mensch Mühe, sich strohfressende, vegetarische Löwen als Begleiterscheinung der messianischen Erlösung vorzustellen, solche sind aber bei Jesaja mehrfach angesagt. Da ist Sex im irdischen Paradies schon weit eher vorstellbar. Für den Moslem gibt es ja Sex sogar im nichtirdischen Paradies ohne leibliche Auferstehung . . .

Ausklang der neuzeitlichen »Messias-Schübe«

Wir erwähnten bereits die relative Toleranz der Rabbinen gegenüber mystischen Konzeptionen und Schüben. Beim Chassidismus lenkten sie nach einer Weile ein; gegen die abenteuerlichen, geistigen Rösselsprünge der Kabbalisten hatten sie von allem Anfang an nichts einzuwenden, sie empfahlen nur, daß man sich erst vom vierzigsten Lebensjahr an mit Kabbala beschäftigen möge, weil diese ihre Adepten doch allzusehr von den Familien- und Berufspflichten ablenke. Für noch nicht »etablierte« junge Menschen konnte sich dies verderblich auswirken. –

Gegen die Messias-Schübe von Sabbatai Zwi und Jakob Frank dagegen wehrten sich die Rabbinen vom ersten bis zum letzten

Augenblick. Es war denn doch zu offenkundig, daß solche Konzeptionen sich für alle von ihnen Befallenen verderblich auswirken mußten.

Beide Bewegungen »versickerten« ziemlich bald. Sabbatai Zwi hatte die gloriose Idee, mit seinen aufgeregten Scharen zusammen in Istanbul beim Sultan um eine Audienz nachzusuchen und ihm klarzumachen, daß nunmehr er selbst, Sabbatai Zwi, den Thron einnehmen werde. Es war eigentlich ein kleines Wunder, daß der Sultan ihn nicht kurzerhand als Rebellen in einem Sack ersäufen, niederstechen oder aufhängen ließ. Offenbar hatte er aber viel Humor, er belegte den Schwärmer, den er vielleicht für halbverrückt hielt, nur mit einem milden Arrest, der ihm nach wie vor Begegnungen mit seinen Jüngern erlaubte. Doch dann gewann der Sultan den Eindruck, daß Sabbatai und seine Sektierer diese Möglichkeit zu sehr mißbrauchten. Und also stellte er den messianischen »Thronprätendenten« vor die Alternative der Hinrichtung oder der Bekehrung zur Lehre Mohammeds. Sabbatai Zwi zweifelte aber offenbar an der leiblichen Auferstehung der Toten und dem sofortigen Anbruch des Paradieses und wurde lieber Moslem.

Merkwürdigerweise tat dies in den Augen zumindest eines Teils seiner Adepten seiner Glaubwürdigkeit keinen Abbruch. Sie bekehrten sich mit ihm zusammen zum Islam, wobei sie aber jüdisch-messianische Elemente in ihren neuen Glauben mit hineinretteten. Unter dem Namen »Dönmehs« bildeten sie in der Türkei und im damals osmanisch besetzten Griechenland ganze Gemeinden. Ob jene in Griechenland von den Deportationen durch die Nazis mit erfaßt wurden, ist mir unbekannt. So etwas hing – genau wie die mögliche Deportation von »Judenmischlingen« – immer ein wenig von den lokalen zuständigen Instanzen und Personen ab. Die zehntausend Karäer Südrußlands, die als Anhänger einer antitalmudischen, mit den restlichen Juden verfeindeten Sekte zunächst von den Deportationen und Massenerschießungen durch die Nazis ausgenommen blieben, wurden zuletzt doch noch liquidiert. Die Dönmehs haben vielleicht wenigstens teilweise die Nazibesetzung überlebt. – Auf die Karäer kommen wir noch zurück.

Weit origineller verlief der Ausklang des Frankismus. Als die nüchternen Talmudgelehrten sich voller Empörung gegen Frank und seine Exzesse wandten, suchte dieser ausgerechnet um Hilfe bei der katholischen Kirche Polens nach, die damals schon seit geraumem extrem judenfeindlich ausgerichtet war. Obgleich Frank, ein in jeder Richtung ungebildeter ostgalizischer Dörfler, das rabbinische Schrifttum nur vom Hörensagen kannte, erzählte er den geistlichen Herren irgendwelche Greueldetails, die angeblich im Talmud stehen sollten. Diese ihrerseits stellten gar nicht erst Untersuchungen darüber an, sondern verbrannten mit größtem Vergnügen ganze Wagenladungen beschlagnahmter Talmudexemplare.

Mit seinen Versuchen, durch vage Parallelen seiner wüsten Gruppensexorgien rund um ein nacktes Weibsbild irgendwelche Verwandtschaft mit dem katholischen Muttergottesglauben zu konstruieren, kam er aber bei den Herren weniger gut an, obgleich er ihnen natürlich die Details seiner kultischen Exzesse verschwieg. Oder genauer: Die Herren hatten nichts dagegen, Parallelen zwischen Franks Santo Senior und Jesus und zwischen seiner Matronita und der Muttergottes zu akzeptieren, wenn die Frankisten ihrerseits ihre angebliche Affinität zu christlichen Ideen dadurch bewiesen, daß sie zum Katholizismus übertraten.

Nun winkte damals, noch vom Mittelalter her, jedem jüdischen Konvertiten in Polen der Adelstitel. Das konnten Staat und Kirche ruhig anbieten, denn es machte praktisch kein einziger Jude davon Gebrauch. Hätte man, so wie seit Ende des 19. Jahrhunderts in Mitteleuropa, mit Massentaufen der Juden rechnen müssen, so hätte man sich natürlich gehütet, diese Bewegung auch noch durch Prämien anzuheizen.

Frank jedoch erklärte sich, zusammen mit seiner Jüngerschar, freudig einverstanden, allerdings nur unter der Voraussetzung, daß der König persönlich als Taufpate fungierte. Dies wurde den Frankisten tatsächlich gewährt. Und seither fallen beim polnischen Adel immer wieder ausdrucksvolle »semitische« Typen auf, manchmal in Verbindung mit rabiater antisemitischer Mentalität . . .

Die Kirche ihrerseits mißtraute dem gutlaunigen Konvertiten

aber nach wie vor: Frank landete in Festungshaft, aus der ihn erst die Russen zwölf Jahre später bei ihrem Vorbeimarsch befreiten. Völlig ungebrochen zog er mit seiner schönen Tochter Eva an den Habsburger Hof in Wien, wo sie dem jungen Thronfolger, dem späteren Kaiser Joseph II., den Kopf verdrehte. Das sah die sittenstrenge Mama, Kaiserin Maria Theresia, sehr ungern. Papa und Töchterchen flogen in hohem Bogen hinaus ...

Jakob Frank, polnischer Nationalismus und Sozialismus

Die Lehre des Scharlatans Jakob Frank hatte aber auch noch andere als nur teils komische und teils (für die Juden selbst) verderbliche Folgen. Die Tochter eines zum Katholizismus bekehrten Frankisten wurde Mutter des polnischen Nationaldichters Adam Mickiewicz (1798-1855). Er seinerseits war feuriger polnischer Patriot, der die ganze messianische Glut seines ketzerischen Vorfahrs in sein polnisch-nationales Empfinden einbrachte und damit verband. Das in Stücke gehackte, entwürdigte, geschundene Polen wurde ihm gleichsam zum leidenden Christus der Nationen. Für die Auferstehung Polens mit schlechthin allen, sogar verbrecherischen Mitteln zu kämpfen war ihm heilige Pflicht und Mission. Und obwohl es nicht einmal sicher ist, daß er um die Herkunft seiner Mutter aus dem Umkreis des jüdischen Pseudomessias Jakob Frank wußte, spürte er doch so intensiv die Verwandtschaft seines irdischen, national durchtränkten Erlösungsglaubens mit jenem der Juden, daß er sogar davon träumte, mit einer jüdisch-polnischen Armee von Konstantinopel aus seine unglückliche Heimat wieder zu befreien.

Er starb, noch bevor er versuchen konnte, seinen Traum in Wirklichkeit umzusetzen, und es wäre wohl in keinem Fall etwas daraus geworden.

Aber etwas anderes glückte ihm vollendet: Es gelang ihm, den polnischen Nationalismus mit jenen messianischen, glühenden Elementen anzureichern, die es den unglücklichen Polen seither in schlechthin jeder noch so aussichtslosen Lage ermöglichen, die Hoffnung nicht zu verlieren und an die Zukunft ihres Landes zu glauben. Aus der Dichtung von Adam Mickiewicz schöpfen die Polen heute auch den Mut, unter dem Druck einer marxistisch-atheistischen Doktrin trotzdem fromme Katholiken zu bleiben. –

Ich zweifle daran, daß man an polnischen Schulen diese Wurzeln des polnischen Nationalismus in einer ketzerischen, pseudomessianischen jüdischen Bewegung der Jugend offenbart. Aber trotzdem beschäftigt man sich im heutigen sozialistischen Polen intensiv mit dem Frankismus. Als nämlich die Französische Revolution losbrach, kamen etliche von Franks Adepten zur Überzeugung, in Paris breche die eigentliche und wahre Welterlösung an, sie zogen nach Frankreich, nahmen an den revolutionären Auseinandersetzungen auf seiten der Aufständischen teil, und einer von ihnen starb, gleichzeitig und zusammen mit Robespierre, auf der Guillotine. Man ist im heutigen marxistischen Polen stolz darauf, daß vor rund zweihundert Jahren von polnischer Seite ein Beitrag zur Welterlösung durch Revolution erbracht wurde, und in diesem einen Fall verzeiht man dem herrschenden Antisemitismus zum Trotz den Frankisten sogar ihre jüdische Herkunft . . .

Soviel zu zwei späteren Schüben von unmittelbarer Heilserwartung in der jüdischen Geschichte. Es ging nicht gut, es konnte nicht gutgehen. Ein Volk, das sich so wie die Juden darauf versteift, allen unvorstellbaren Katastrophen zum Trotz weiterzuleben, statt sich so rasch wie möglich aufzulösen, kann nicht Maximen akzeptieren, die auf den unmittelbar bevorstehenden Weltuntergang und die nachfolgende Erlösung gleich schon morgen abzielen.

Das hat mit dem Niveau der betreffenden messianischen Varianten rein gar nichts zu tun. Ich möchte hier unter keinen Umständen das Mißverständnis aufkommen lassen, daß die beiden neuzeitlichen Scharlatane qualitativ mit Jesus verglichen sein sollten. Und es bleibt auch die Frage offen, ob Jesus am Ende nicht doch recht hatte mit seiner Naherwartung. Das würde allerdings voraussetzen, daß er vielleicht neben der von den Juden erträumten »Neuen Erde« auch eine Erlösung inmitten einer blutigen Horrorwelt für möglich hielt. Was dann allerdings nur auf eine innerliche, mystische Erlösung eines jeden Gläubigen hinauslaufen würde, wie sie sich dann eben im Christentum immer stärker durchsetzte, nachdem man die Hoffnung auf die Parusie Christi – wenn auch uneingestanden – mehr oder weniger aufgegeben hatte. Vielleicht kann es »Erlösung« tatsächlich nur in dieser Form geben.

»Adventismus« als soziale und nationale Gefahr

Wir halten einzig fest: Ein Volk, das als solches (und also nicht bloß in seinen Individuen, die sich vielleicht nicht mehr zur Gemeinschaft und ihren Glaubensinhalten bekennen) weiterleben will, kann keine Direktiven akzeptieren, die nur bei strikter Naherwartung des Weltendes sinnvoll sind. Dies läuft noch einmal auf die Bestätigung unserer These hinaus, daß es für die pharisäischen Schriftgelehrten keinen Grund gab, sich mit den Aussprüchen und der Person Jesu auseinanderzusetzen. Und daß sie also – aus ihrer Perspektive als juristische und soziale Ratgeber und Reformatoren – recht hatten, wenn sie sogar ziemlich mediokre und mehr als überflüssige Voten in ihren Protokollen festhielten, sofern dabei die Zukunftsperspektive gewahrt blieb, nicht aber die genialen und herzergreifenden Aussprüche Jesu, die auf das Gegenteil abzielen. Familien- und sozialrechtliche Normen und Diskussionen lesen sich immer ziemlich langweilig, gemessen etwa an dem Logion Jesu, wonach man sich nicht um den morgigen Tag zu sorgen brauche, weil Gott die Lilien auf dem Felde herrlicher kleide als den König Salomon, obgleich sie keinerlei Vorsorge treffen. Aber was hilft die poetische Kraft und Schönheit der Aussage – wenn sie doch ganz einfach nicht stimmt? Auf einer unerlösten Erde muß man an die Zukunft und an jene von Weib und Kind Aufmerksamkeit und unter Umständen schwerste Anstrengung wenden, sonst gibt es Chaos und Unglück.
Wir fassen zusammen: Messianismus, »Prinzip Hoffnung« in radikalster Form, war, verbunden mit vagem Datum, ohne Zweifel die stärkste und wirksamste Lebens- und Sterbehilfe der Juden vor allem im Exil in Zeiten der Not.

Messianismus dagegen in Form von »Adventismus«, also als unmittelbare Heilserwartung, wie bei Jesus und den kurz geschilderten Pseudomessiassen, war für dieses selbe jüdische Volk eine tödliche Gefahr.

Zwischen dem Adventisten Jesus und den zukunftsbezogenen Schriftgelehrten (mit heutigen Begriffen als Reformer und Deuter auf juristischem, sozialem, pädagogischem und auch medizinischem Gebiet zu betrachten) gab und gibt es keine Brücke. Zwischen Jesus und den zeitgenössischen Schriftgelehrten gab es folglich auch keine Basis für einen sinnvollen Dialog.

Und nachdem das junge Christentum immer weitere, dem Judentum völlig fremde Elemente aus dem hellenistischen Umkreis in seinen Glauben einbaute, erlosch auch jeder noch so geringe Ansatz zu einem Dialog definitiv. Darauf kommen wir noch zurück.

Der Pseudomessianismus von Karl Marx und Herbert Marcuse

Bleiben wir, ehe wir uns wieder der Gestalt und Lehre Jesu zuwenden, noch einen Augenblick bei Jakob Frank und dem sozialistischen Polen stehen.

Wir rekapitulieren zunächst: Die siegreiche Kirche konnte die Erwartung einer Parusie Christi allmählich verdrängen und sich mit dem Wissen um eine rein individuelle Erlösung jedes einzelnen Gläubigen inmitten einer im übrigen unerlösten Welt durch den stellvertretenden Opfertod Christi und den mystischen Akt der Taufe begnügen. Für die ewig von Katastrophen geschüttelte jüdische Gemeinschaft blieb das »Prinzip Hoffnung« in seiner radikalen, ursprünglichen Form, als Glaube an eine irdische Endzeiterlösung, unverzichtbar. Ohne dieses weit intensivere »Opiat« als den bloßen Jenseitsglauben – den die Juden mit den Christen teilen – hätten sie niemals bis heute durchgehalten. Zeitweise jedoch verloren die Juden – oder doch etliche von ihnen – die Geduld, und sie versuchten, die messianische Erlösung selber und eigenhändig herbeizuführen.

Zweimal geschah dies noch unter rein religiösem Vorzeichen: durch Sabbatai Zwi und Jakob Frank. Beide Male waren die Folgen für die Adepten katastrophal. Insbesondere die Leistungsverweigerung und Sexpromiskuität der beiden »Heilskünder« wirkten sich auf die sehr armen ostjüdischen Gemeinden, die den beiden Verführern aufsaßen, verderblich aus.

Im heutigen sozialistischen Polen zelebriert man aber etliche Frankisten, die den religiösen Background der Lehre ihres Meisters preisgaben, zur Überzeugung gelangten, daß die Französische Revolution die Welterlösung einleite, und für sie kämpften und starben. Durchaus richtig erkennen die polnischen sozialistischen Ideologen in diesen revolutionären Frankisten Vorläufer von Karl Marx, der von der Weltrevolution unter sozialistischem Vorzeichen das endzeitliche Paradies auf Erden erwartete.

Tatsächlich ist es kein Zufall, daß auch der säkularisierte, utopisch inspirierte Messianismus der Neuzeit im wesentlichen zwei jüdischen Gehirnen entsprungen ist: Dem von Karl Marx, dem Enkel eines ostgalizischen Rabbiners Namens Lemberger, und dem des deutschen Juden Herbert Marcuse. Beide haben zwar sowohl die jüdische wie die christliche Religion als »Opium des Volkes« oder Vehikel zur »Aggression zeugenden Repression« verabscheut. Beide predigen aber keineswegs statt dessen das »Prinzip nüchterner Realismus«, sondern halten am messianischen »Prinzip Hoffnung« (der Ausdruck stammt von einem dritten messianisch inspirierten Juden, nämlich von Ernst Bloch) fest, das sie in ihre antireligiöse Lehre hinübergerettet haben. Entsprechend bieten sie beide auch selber Opiate an.

Mit Sabbatai Zwi und Jakob Frank teilen sie die Überzeugung, daß man die Welterlösung eigenhändig herbeiführen kann. Jeder der beiden offeriert aber hierfür eine etwas andere Zauberformel: Karl Marx erwartet von der »Vergesellschaftung der Produktionsmittel« das Paradies auf Erden; Herbert Marcuse ergänzt das Rezept noch durch die Forderung nach totaler Leistungsverweigerung und Sexpromiskuität, womit er in die allernächste Nähe seines ideologischen Vorfahrs Jakob Frank rückt, von dem er aber möglicherweise nie etwas gehört hat.

Mit anderen Worten: Das Opiat des Messianismus hat die religiöse Bindung der Juden überlebt. Sie sind gleichsam durch den allzu langen und intimen Umgang mit diesem für sie lebenswichtigen Prinzip »süchtig« geworden und können sich vom »Prinzip Hoffnung« in dieser utopischen Form, wiewohl sie ohne Gottesglauben keinen Boden hat, nicht mehr trennen.

Und wie die meisten Süchtigen betätigen sich auch diese beiden gleichsam als »Dealer«. Sie missionierten für ihre Lehre, und zwar mit einem geradezu unheimlichen und übrigens auch unerklärlichen Erfolg. Obwohl beide Heilsprogramme auf den ersten Blick als total unbrauchbar und sogar für jede Gemeinschaft tödlich erkennbar sind, ist es den beiden »Heilspropheten« dennoch gelungen, auch große Teile der nichtjüdischen Weltbevölkerung zu ihrer Lehre zu bekehren. Der Marxismus hat jetzt schon weit mehr Todesopfer gefordert als alle Epidemien, Kriege und bisherigen Ideologieschübe zusammengenommen – und wir stehen erst am Beginn dieser Entwicklung. Und die Absage Herbert Marcuses an Leistung und Triebbeherrschung hat den vermutlich irreversiblen Zerfall des abendländischen Bildungssystems und damit die Ablösung der »Weißen« durch die hochbegabten Mongoliden, vor allem durch die Japaner, in der modernen Wissenschaft und Technologie eingeleitet. –

Diese Spätfolgen des »judenstämmigen« Messianismus in zwei pervertierten Varianten und deren Auswirkung auf die nichtjüdische Umwelt würden aber eine gesonderte, umfassende Untersuchung erfordern und führen zu weit von unserem eigentlichen Thema weg.–

Kehren wir zurück zu Jesus.

Das Toleranz-Problem

Der christlich-jüdische Dialog

Wir haben im Lauf unserer Untersuchung wiederholt darauf hingewiesen, weshalb und in welchem Ausmaß Judentum und Christentum immer stärker auseinanderdriften mußten, so daß der heute angestrebte christlich-jüdische Dialog, trotz partiell gemeinsamer Wurzeln beider Konfessionen, nicht viel hergeben kann. Die Kluft ist unüberbrückbar geworden.

Man kann natürlich trotzdem solchen Fragen nachgehen und sie ausführlich und fundiert untersuchen. Religionsgeschichte – richtig und seriös betrieben – ist immer hochinteressant. Das hat aber mit einer Art »ökumenischer« Verständigung rein gar nichts zu tun. Man kann sich ja auch mit Buddhisten und Shintoisten über religionsgeschichtliche Fragen unterhalten. Man wird auch da etliches Gemeinsame finden, jedoch feststellen müssen, daß die Unterschiede weit grundlegender und nicht behebbar sind. Es ist daher kein finsterer Fundamentalismus khomeinischer Art, wenn heute ein orthodoxer Oberrabbiner nach dem Papstbesuch in einer römischen Synagoge schlichtweg feststellt, zu einer religiösen gegenseitigen Annäherung könne diese an sich begrüßenswerte Geste trotzdem nicht führen.

Natürlich kann, rein praktisch, eine Menge dabei herauskommen. Man kann sich gegenseitig kennenlernen und dumme, gefährliche, gegenseitige Vorurteile abbauen, die besonders dort, wo die eine Gruppe der anderen an Macht und Zahl stark überlegen ist, sich tödlich auswirken können. Da die Juden – jene Israels ausgenommen – heute über die ganze Welt verstreut als kleine Minoritäten inmitten großer nichtjüdischer Gemeinschaften leben, geht natürlich die Forderung nach Toleranz in erster Linie an die nichtjüdische Umwelt. Wo eine Religionsgemeinschaft – wie der Katholizismus – über eine starke zentrale Machtinstanz verfügt, wäre es zum Beispiel am Platze, wenn diese zentrale Instanz etwa Wallfahrtsorte verbieten würde, an denen angeblich von Juden rituell geschächtete Christenknaben als Heilige verehrt werden.

Aber natürlich geht die gleiche Forderung nach Toleranz und Abbau von Vorurteilen auch an die jüdische Gemeinschaft überall dort, wo sie über irgendwelche »Befehlsgewalt« verfügt. Daß jeder, der die Macht in Händen hat, dazu neigt, dieses gefährliche Instrument auch gelegentlich zu mißbrauchen, ist keineswegs ein »christliches Privileg« und keine christliche »Sondersünde«. Wir haben zwar den Rabbinen im ganzen Mittelalter und bis auf den heutigen Tag lobenswerte Toleranz gegenüber den kabbalistischen Mystikern bescheinigt. Aber es wäre trotzdem falsch, in der Toleranz einen typischen Grundzug der jüdischen Gemeinschaft zu sehen. Auch die Juden haben ihre Macht grausam mißbraucht, sooft sie hierzu in der Lage waren. Daß es im Anfangsstadium, gleich nach der Verkündung der mosaischen Zehn Gebote, dazu kam, ist dabei noch begreiflich: Wie soll ein Wüstenstamm auf der Wanderung einen neuen Glauben durchsetzen, wenn er Rückfälle und Ketzereien nicht mit größter Schärfe ahndet? Daß sich die Söhne Israels der renitenten Rotte Korah radikal entledigten, war vielleicht unerläßlich.

Zwar erzählt die Bibel hier von einem Wunder: Die Glaubensrebellen wurden angeblich von Gott persönlich durch eine Art vulkanischen Ausbruch mit Pech und Schwefel vernichtet. Doch das ist nicht ernst zu nehmen, wenn es auch vermutlich auf dem Sinaiareal damals tatsächlich solche vulkanische Eruptionen gegeben hat: Daß sich Gott seinem Propheten Moses immer wieder in einer Flamme oder in Rauchwolken offenbart, deutet in diese Richtung. Daß aber ein solcher Vulkanausbruch ausgerechnet über die Rotte Korah niederging, daß Gott sich also als eine Art »Inquisitionsscherge« persönlich betätigt hätte, ist trotzdem höchst unwahrscheinlich. Hier hat zweifellos ein mosaischer Befehl an die glaubenstreue Partei nachgeholfen. In bezug auf jene »Dissidenten«, die sich zu einer Miniaturvariante des ägyptischen Apisstiers, zum goldenen Kalb, bekannten, gibt ja der Bibeltext offen zu, daß die Strafaktion direkt durch die nicht abtrünnigen oder wenigstens reuigen Söhne Israels durchgeführt wurde.

Auch bei der Eroberung Kanaans und noch etliche Jahrhunderte darüber hinaus war es mit der Toleranz der Söhne Israels nicht weit her, wobei man sich da allerdings fragen muß, ob es nicht einfach um Sein oder Nichtsein der Jahwe-gläubigen Invasoren ging. Schulter an Schulter mit den weit zahlreicheren Anhängern von Baal, Moloch, Dagon und Aschera wären sie wohl selber ziemlich rasch ins Heidentum zurückgekippt.

Sauls Toleranz als »Gottessünde«

Aber war diese Gefahr noch zu Beginn der Königszeit wirklich so groß, daß sie den Holocaust am besiegten Gegner einschließlich dessen Hausvieh erforderte? Genau dies befal jedoch der Prophet Samuel dem König Saul. Und als dieser den Befehl nicht mit derselben Präzision durchführte, mit der die SS-Schergen die jüdische Gemeinschaft Osteuropas auslöschten, kündigte der Prophet dem König im Namen Jahwes die Gnade und den Thron auf und unterstützte von jetzt an die subversiven Aktivitäten des verschlagenen jungen David.

Und dabei: Was hatte Saul schon Böses getan? Im großen und ganzen hatte er den Befehl, das feindliche Volk total auszurotten, durchaus ausgeführt. Doch da er Bauer war, im Gegensatz zu Samuel, der von klein auf als Tempeldiener des Priesters Eli gelebt und Kontakt zu Haustieren folglich nur gehabt hatte, wenn diese zur Schlachtung auf dem Altar herbeigeführt wurden, hatte er es nicht über sich bringen können, den gesamten Viehbestand des Gegners einfach niederzumetzeln und weder zum Konsum noch als Opfer zu verwenden. Zumal es ja wirklich sinnlos war, dem Vieh dessen Zugehörigkeit zu heidnischen Besitzern in irgendeiner Form anzulasten.

Außerdem verschonte Saul den feindlichen König – und nur ihn allein und also nicht einmal seine Familie! Er ließ ihn auch nicht etwa frei weggehen, sondern schleppte ihn bei seinen weiteren Feldzügen wie einen Zirkusaffen im Käfig hinter der Armee her, so daß der Unglückliche am Ende sicher froh war, als der zornentbrannte Prophet Samuel ihn aus dem Verschlag herauszerrte und eigenhändig niederstach. Mit viel Gnade war also Sauls Verschonung des Gegners nicht verbunden gewesen, und man fragt sich vergeblich, wozu er ihn überhaupt am Leben ließ, wenn er ihm nur ein derart unwürdiges Dasein einräumte? Ein Bekannter, guter Kenner des Alten Testaments, meinte einmal: »Saul war halt Bauer, und da hat ihm der feine aristokratische Stadtkönig wohl imponiert!« . . .

Doch wie immer: War dieses bißchen Toleranz einem besiegten Feind gegenüber wirklich ein so schweres Vergehen, daß Jahwe deshalb dem unglücklichen Saul seine Gunst entziehen und ihn der Vernichtung entgegenführen mußte?

Was wir mit dem Ganzen andeuten wollen ist nur: Auch die Juden waren nicht immer tolerant gegen Andersgläubige, wenn sie diese so in der Hand hatten wie dann später die christliche Kirche ihrerseits die Juden.

Und auch innerhalb der jüdischen Gemeinschaft befleißigten sich die kanonisch ausgerichteten Rabbinen gegen »ketzerische« Strömungen auch nicht immer einer vorbildlichen Toleranz. Den Kabbalisten gegenüber benahmen sie sich zwar tadellos und löblich. Aber zu den chassidischen Zaddikim und deren Gemeinden verhielten sie sich anfangs rabiat. Und noch weit schlimmer sprangen sie mit der antitalmudischen Sekte der Karäer um.

Das rabbinische Judentum und die Karäer

Auf den antitalmudischen Karaismus kommen wir noch später zurück. Hier geht es uns nur um die Frage der Toleranz des kanonischen Judentums diesen »Dissidenten« gegenüber.

Damit war es nun im Zusammenhang mit den Karäern wirklich nicht weit her. In Jerusalem hat man vor ein paar Jahren eine unterirdische karäische Synagoge ausgegraben – in solche unterirdische Verstecke verkriechen sich nur schwer verfolgte Minoritäten! Man braucht nur an die Christen Roms zur Zeit der massiven Christenverfolgungen unter Nero zu denken, die ihre Versammlungen gleichfalls in unterirdischen Grabgewölben, nämlich in den Katakomben, abhielten!

Sie wurden aber von Heiden verfolgt; die Karäer jedoch von ihren eigenen Glaubensgenossen. Und dies, obwohl sie sich strikt an die mosaische Gesetzgebung hielten und fromme Juden waren!

Und bis tief in die Neuzeit herein klangen diese innerjüdischen Auseinandersetzungen und Verfolgungen dieser vermeintlich ketzerischen Judengruppe durch die rabbinische Majorität nicht ab! In Polen gibt es von der berühmten nichtjüdischen Schriftstellerin Eliza Orzeszkowa einen sehr guten Roman über die »Fraktionskämpfe« des kanonischen Judentums gegen die letzten, verarmten Überreste der ehemals großen und blühenden Karäergemeinde im Städtchen Halicz. Die Geschichte endet mit der Ermordung des letzten, greisen Karäers und seiner jungen Enkelin durch die Häscher des fanatischen Rabbi, der die beiden verdächtigt, aufklärerische Schriften eines jungen, rebellischen Gemeindemitgliedes versteckt zu haben.

Es ist – dies nur nebenbei – ein sehr gutes Buch, zählt zur polnischen klassischen Literatur und wird dort an den Schulen gelesen. Es liegt auch in deutscher Übersetzung vor (»Licht in der Finsternis oder Mejr Ezofowicz«), und ich habe mehrfach versucht, eine Neuausgabe anzuregen. Leider vergeblich. Der regelmäßige Einwand von seiten der Verleger: Niemand werde wissen, wie der polnische Name der Autorin auszusprechen sei, man werde sich folglich genieren, das Buch im Laden zu verlangen, und es werde deshalb unverkauft liegenbleiben ...

Rabbinisches Judentum und Fallaschas

Man kann für das moralische Fehlverhalten des kanonischen Judentums in der Frühzeit der Hebräer als Entschuldigung und Erklärung anführen, daß dies vermutlich für das kleine, ursprünglich beduinische Hirtenvolk wohl die unerläßliche und einzige

Voraussetzung war, sich durchzusetzen und zu überleben. Und ähnliche Argumente kann man vielleicht auch für das rüde Umspringen der talmudgläubigen Majorität des Exiljudentums mit den talmudfeindlichen Karäern vorbringen: In schweren Zeiten – und die Zeiten waren für die Exiljuden fast immer sehr schwer – muß ein verfolgtes und gefährdetes Volk eine geschlossene Einheit und Abwehrfront bilden, darf sich nicht in inneren Fraktionskämpfen verzetteln und selber schwächen.

Es zeigt sich aber, daß auch die Rückkehr ins Gelobte Land und die Neuerstehung des Staates Israel hierin keine Änderung herbeigeführt hat: Nach Äthiopien waren schon vor der Entstehung des Talmud (also vor 500 v. Chr.) Juden ausgewandert. Es gelang ihnen, die dunkelhäutigen Autochthonen weitgehend zu missionieren, bis dann das Christentum dort eindrang und mit seinen Bekehrungsversuchen noch mehr Erfolg hatte.

Immerhin, viele Zehntausende blieben ihrem alten jüdischen Glauben treu, obwohl sie von jetzt an verfolgt, entrechtet, diskriminiert und sozial böse bedrängt wurden. Sie suchten schließlich, genau wie die jemenitischen Juden vor ein paar Jahrzehnten, Zuflucht im alt-neuen Judenstaat Israel.

Natürlich kannten sie den Talmud nicht – es gab ihn ja noch gar nicht zum Zeitpunkt ihrer Auswanderung; sie waren also nicht etwa »Dissidenten«, wie die unglücklichen Karäer, sondern an diesem »Manko« total unschuldig. Notwendig ergab sich aber aus dieser Tatsache ein gewisser Unterschied in den Religionsbräuchen zwischen den Juden Äthiopiens und jenen Vorderasiens und Europas.

Was taten nun die Rabbinen Israels? Sie setzten sich zu Komitees und Kolloquien zusammen und begannen mit Feuereifer darüber zu beraten und zu debattieren, ob diese dunkelhäutigen Zuzügler denn überhaupt »richtige« Juden« seien?

Sie kamen zu einer halbherzigen »Anerkennung«: Man habe es zwar in der Tat mit »Juden« zu tun, denen aber aus ihrer Unkenntnis des Talmud heraus etliche Schönheitsfehler anhafteten, die man nur teilweise beheben könne. Sie seien zum Beispiel nicht auf rituell korrekte Weise beschnitten. Nun – man wolle sich mit einem Kompromiß zufriedengeben und durch

Entnahme eines Bluttröpfchens eine symbolische »Korrektur« andeuten.

Außerdem widersprächen die Eheschließungen der äthiopischen Juden den Talmudregeln, viele von ihnen müsse man daher leider unter die »Mamserim« (Bankerte) subsummieren, die nach rabbinischem Recht nur untereinander und beileibe nicht mit Nachkommen aus korrekten Ehen heiraten dürfen . . .

Nun: Die Juden Äthiopiens hatten es seit Aufkommen des Christentums in ihrer afrikanischen Heimat wirklich nicht gut gehabt. Sie waren schon seit langem so an den Rand der Gemeinschaft gedrängt, daß man sie nur noch die »Fallaschas«, die »Fremden« nannte, obwohl sie seit 2500 Jahren im Lande saßen.

In den allerletzten Jahren waren noch schwere zusätzliche Verfolgungen hinzugekommen, weil sie in der Region von Stämmen wohnten, die gegen die Zentralregierung rebellierten und von dieser daher erbarmungslos ausgerottet wurden. In diese Vernichtungsaktion bezog das Regime die Juden kurzerhand mit ein, sie gingen dem Tod durch Verhungern und Verdursten entgegen, und gegen internationale Hilfsaktionen wurde jene ganze Region von den Regierungstruppen total abgeschottet.

Zudem verbot die Regierung jede Auswanderung der Fallaschas. Nur ein Bruchteil jener, die sich trotzdem, zu Fuß, ohne Mittel und ohne Proviant, auf den Weg nach Somalia aufmachten, erreichten ihr Ziel. Von dort wurden sie dann von israelischen Flugzeugen heimlich abgeholt und nach Israel verfrachtet. Insofern benahmen sich die Israelis vorbildlich.

Doch das, was ihnen die fundamentalistisch orientierten Orthodoxen dann in Israel selbst an Kränkung zufügten, hob den Wert dieser ganzen an sich großartigen Hilfsaktion wieder auf. Die beleidigten Fallaschas demonstrierten zu Tausenden vor dem Parlament und verlangten kurzerhand ihre Rückkehr nach Äthiopien, obwohl das für sie den fast sicheren Tod bedeuten würde, und etwa ein Dutzend junger Fallaschas hat sich in Israel bereits das Leben genommen. Das hatte es in Äthiopien nicht gegeben: Dort kämpften sie alle zäh ums Überleben. Doch das, was ihnen im Gelobten Lande durch ihre eigenen Glaubensgenossen zugefügt wurde – und wird –, halten sie einfach nicht aus.

Ich höre längst Äußerungen des Zweifels vor allem von Nichtjuden, die über die »Insiderszene« Israels nicht Bescheid wissen: Die beiden großen Parteien Israels, die sich um die Macht und den Vorrang im Lande zanken, sind doch alle zwei nicht sonderlich religiös ausgerichtet, die Orthodoxie bildet im Lande nur eine kleine, wenn auch penetrante Minorität! Kann denn niemand den Fallaschas gegen solche inquisitorischen Einfälle und derartige Überheblichkeit der orthodoxen Miniaturgruppe zu Hilfe kommen?

Hierzu muß man folgendes wissen: Die Orthodoxen spielen in Israel eine ähnliche Rolle wie in der deutschen Bundesrepublik die FDP. Sie sind das Zünglein an der Waage zwischen den ungefähr gleichstarken »Bürgerlichen« und Sozialisten. Wer sich mit ihnen anlegt, verspielt folglich den politischen Sieg. Und also bekommen die armen Fallaschas von den zwei großen Parteien nur schwache Hilfe . . .

Israelische Orthodoxie contra Mormonen

Mangelt es den orthodoxen Israelis an Toleranz sogar gegen die eigenen Glaubensgefährten, dann ist es klar, daß sie sich anderen Konfessionen und Religionen gegenüber erst recht unduldsam verhalten. Sie stellen dies momentan durch die penetranten Demonstrationen der Jerusalemer Orthodoxen gegen den Bau einer Mormonenakademie auf dem Skopus bei Jerusalem unter Beweis. Sie wollen und können nicht begreifen, daß niemand von andern Glaubensgruppen Toleranz fordern kann, der sie nicht auch seinerseits voll gewährt. Darf auf dem Skopus keine Mormonen-Universität entstehen, dann war auch der Vatikan durch all die Jahrhunderte hindurch im Recht, wenn er in Rom den Bau von Synagogen erschwerte und Juden diskriminierte. Darauf kommen wir noch zurück.

Der historische Jesus (eine »Wahrscheinlich-keitsrechnung«)

Mangel an nüchternen Dokumentationen

Wir fassen zusammen: Jesus, wiewohl Jude, und obgleich er ausschließlich mit Juden lebte und nur auf Juden einzuwirken wünschte, wurde von den Juden wenig beachtet. Die Zahl seiner Jünger war gering, die seiner Sympathisanten nicht überwältigend. Wir wissen darüber zwar nichts Genaues, es läßt sich aber indirekt zum Beispiel aus folgendem erschließen:

Daß die Römer am Vorabend des Pessachfestes, an welchem Jesus dann gekreuzigt wurde, jeweils einem jüdischen Delinquenten, der zum Tode verurteilt war, das Leben schenkten, ist zwar nirgends außerhalb des Neuen Testamentes bezeugt, kann aber trotzdem stimmen. Sie gaben sich ja überhaupt Mühe, die ewig aufrührerischen Juden zu beschwichtigen, sofern diese Gefälligkeiten Rom nichts kosteten. Steuererlaß oder auch nur Steuerreduktion faßten sie wohlweislich nie ins Auge. Aber den Leuten eine kleine Freude bereiten, indem man einen der zahllosen wirklichen und vermeintlichen Aufrührer amnestierte – das lag durchaus »drin«, das kostete nichts und bedeutete auch nichts. Erwies sich der Mann als gefährlich, so konnte man ihn bei der nächsten Gelegenheit abermals dingfest machen und doch noch liquidieren.

Diese Freigabe des Delinquenten erfolgte nun nicht aufgrund schriftlicher Petitionen, sondern durch eine summarische Abstimmung unter jenen, die eben zu diesem Zweck vor der Residenz des Statthalters zusammengelaufen waren. Es kam also, um es sehr modern auszudrücken, auf die »Phon-Stärke« der Petenten für die einzelnen Delinquenten an.

Daß die Jünger hier nicht mit dabei waren, wissen wir aus den

Evangelien: Sie hatten aus Angst Reißaus genommen. Daran zu zweifeln, besteht kein Grund: Die Evangelisten hätten den Jüngern keine negativen Verhaltensweisen angedichtet.

Aber Jesus hatte doch mit Sicherheit auch »Sympathisanten«, die nicht zu seinem engsten Umgang gehörten. Selbst wenn wir annehmen wollen, daß sein Ruhm in Jerusalem selbst gering war, weil Jesus im wesentlichen nur in Galiläa predigte: Jetzt, zum Wallfahrtsfest, waren ja auch Tausende von Pilgern in der Stadt zugegen, und unter ihnen ohne Zweifel auch sehr viele Galiläer. Wenn wir aber den Evangelisten Glauben schenken wollen, dann erhob sich damals, im Vorhof der Residenz des Statthalters, nicht eine einzige Stimme zugunsten Jesu. Große Volksmassen standen also zu seinen Lebzeiten eindeutig nicht auf seiner Seite. Dennoch ging vom gekreuzigten Jesus eine Weltreligion aus.

Versuchen wir – obgleich dies nicht das Hauptthema unseres Buches ist – beide Tatsachen einigermaßen zu erklären. Erschwert ist dabei durch das Fehlen von zeitgenössischen Dokumenten über Jesus zumindest der erste Teil unserer Aufgabe.

Versuchen wir trotzdem, so gut es geht, den realen Jesus, den Mann, den die Juden damals gesehen und erlebt haben, aus den vorliegenden Berichten herauszuschälen. Das Ergebnis wird notwendigerweise vom Autor her subjektiv angehaucht und anfechtbar sein. Ebenso anfechtbar wären aber mit Sicherheit auch entgegengesetzte Folgerungen, denn auch allen andern »Jesusforschern« steht kein zusätzliches Material zur Verfügung.

Im Grunde gibt es nur ein einziges verläßliches Kriterium für die historische Wahrheit eines neutestamentlichen Berichtes: Schlägt sein Inhalt der grundlegenden Ausrichtung des Textes ins Gesicht, dann kann man davon ausgehen, daß er geschichtliche Wirklichkeit birgt und gleichsam nur per nefas dem scharfen Auge des Redaktors und Zensors entging und stehenblieb.

Daß also zum Beispiel Jesus seine Mutter und seine Geschwister nicht sprechen wollte, als sie ihn bei seiner »Missionsreise« in der Synagoge von Nazareth (oder wohl eher irgendwo in der Nähe von Nazareth, denn in diesem Nest selbst dürfte es keine Synagoge gegeben haben, also vielleicht in Kapernaum) aufsuchten und seine Mutter ihn sogar wegen Vernachlässigung der Unterhaltspflicht für seine Sippe anzeigen wollte, wird schon stimmen. Denn die Evangelien sind ja nicht von seinen Feinden, sondern von seinen gläubigen Anhängern verfaßt. Wozu aber hätten sie so etwas erfinden sollen? Sicher haben sie manche ähnliche Stellen wegzensiert; diese eine haben sie übersehen.

Ähnlich kann man auch dem Bericht, daß Jesus bis zu seiner Auferstehung im noch unbenützten, neuen Grabgewölbe des Joseph von Arimathia lag, Glauben schenken. Denn Joseph von Arimathia war Pharisäer und Ratsherr, also ohne Zweifel auch Mitglied des Sanhedrin, durch den Jesus den Römern denunziert und ausgeliefert wurde. Vermutlich war er bei diesem schändlichen Justizverbrechen seiner Kollegen nicht zugegen – sie werden ihn, da sie wohl seinen Widerspruch fürchteten, von der in aller Eile unmittelbar vor dem Festtag anberaumten Gerichtssitzung einfach nicht benachrichtigt haben.

Daß er aber persönlich von den Römern die Erlaubnis erwirkte, Jesu Leichnam noch vor Anbruch des Feiertages (oder genauer: »Feierabends«, denn die jüdischen Festtage beginnen ja am Vorabend) in seinem eigenen, neuen Familiengrab zu bestatten, wird schon stimmen. Das Neue Testament quillt ja über von Schimpfkanonaden gegen die Pharisäer. Weshalb also hätten die Redaktoren der Evangelien dem Joseph von Arimathia Zugehörigkeit zur pharisäischen Fraktion unterstellen sollen, wenn er ihr nicht wirklich angehörte? Es war also ohne Zweifel tatsächlich ein Pharisäer, der sich um Jesu Leichnam kümmerte, während seine Jünger nur daran dachten, ihre eigene Haut zu retten, indem sie sich von ihrem Meister auch nach seinem Tode noch ängstlich distanzierten.

Aber leider gibt es nicht allzu viele solcher verräterischer Stellen im Neuen Testament. Ich tappe daher mit meinen Konjekturen und Konklusionen auf weiten Strecken im dunkeln, wie jeder andere noch so seriöse Interpret der neutestamentlichen Berichte auch.

Versuchen wir es also trotzdem, »den lebendigen Jesus« aus den vorliegenden Quellen so gut herauszuschälen, als wir es eben können.

Viel gewonnen wäre schon, wenn sich die aramäische Original-
fassung seiner Aussprüche erhalten hätte. Das Neue Testament
gibt es zwar tatsächlich auch auf aramäisch, aber diese »Ausgaben« scheinen kaum älter zu sein als die griechischen Übersetzungen, vermitteln also sicher nicht mehr historische Wahrheit
als die letzteren. Dennoch ist es schade, daß moderne Bibelüber-
setzer nicht auf den aramäischen Text zurückgreifen, denn es haben sich in der griechischen Version Übersetzungsfehler eingeschlichen, die dann auch in alle modernen Übertragungen eingingen. Nur durch Vergleich mit dem aramäischen Text könnten
diese Fehler eine Korrektur erfahren. Diese aramäische Fassung
ist auch keineswegs etwa schwer zugänglich, denn die koptischen
Christen benützen sie bis heute und beten auch noch bis heute
auf aramäisch, obwohl dies nicht ihre ursprüngliche Mutterspra-
che ist.

Wie wertvoll aber eine Befragung dieser aramäischen Fassung
für alle Übersetzungsversuche des Neuen Testamentes in beliebige andere Sprachen sein könnte, mögen folgende paar Beispiele belegen, die sich fast beliebig mehren ließen:

Sowohl im Hebräischen wie auch im Aramäischen, einem
gleichfalls semitischen Idiom, das zur Zeit Jesu im ganzen Nahen
Osten und damit auch im Heiligen Lande selbst gesprochen
wurde, heißt das Wort »Ajin« sowohl Auge wie auch »Quelle«,
»Brunnen«, »Zisterne«. Der im Neuen Testament erwähnte Ort
Ejn-Gedi würde also auf deutsch »Geißenquell« heißen. Der
Name dieses Dorfes ist aber weder in der griechischen noch in
irgendeiner anderen Fassung des Neuen Testamentes irgendwo
übersetzt, was weiter kein Unglück ist.

Das »Ajin« in der Bedeutung von »Zisterne« kommt aber auch
noch an einer anderen Stelle im Neuen Testament vor, nämlich
in der Bergpredigt, wo Jesus vom Balken »im eigenen Brunnen«
spricht, den man übersehe, während man den Splitter im Wasserloch des Nachbarn sofort bemerkt und bemäkelt. In allen Übersetzungen des Textes in andere Sprachen steht hier aber statt
»Brunnen« immer »Auge«, und nicht einmal dem sprachgenia-

len Luther ist es aufgefallen, wie wenig diese grobe Übertreibung zum sonst so differenzierten und fein dosierten Witz der jesuanischen Aussprüche paßt: Auch bei Luther schwimmt der Balken nicht im Wasserloch, sondern im Auge! Das wäre Luther, wenn er auch die aramäische Version durchgesehen hätte, niemals passiert.

Zwei weitere Beispiele: Das Wort »gamal« heißt sowohl im Hebräischen wie im Aramäischen Kamel wie auch Seil. Jesus sprach also davon, daß eher ein Seil durch ein Nadelöhr gehe, als daß ein Reicher in den Himmel komme. Ein »Kamel« paßt in dieses Gleichnis überhaupt nicht hinein. Aber da hat nun ein einziger Übersetzer einen groben und dummen Fehler gemacht, und seit fast zweitausend Jahren bleibt die Stelle unkorrigiert.

Oder nehmen wir Jesu berühmten Ausspruch, daß man ja auch nicht »Perlen vor die Säue werfe«. Einen solchen Unsinn hat er natürlich nie gesagt. Man kann zum Beispiel in einer Unterhaltung über gastronomische Fragen im Hinblick auf jemanden mit stumpfen Geschmacksnerven spotten, man könne genausogut Säuen wie diesem »Eß-Ignoranten« Kaviar vorsetzen. Aber Perlen fressen Säue doch auf keinen Fall, weder mit noch ohne Genuß.

In der Tat heißt es hier im aramäischen Urtext »den Säuen Perlen anlegen« (und also nicht zum Fraß vorwerfen!).

Dieser kleine Seitensprung zur Übersetzungsfrage gehört zwar nicht zentral zu unserem Thema, illustriert aber gleichfalls die großartige Sprachbegabung Jesu, die schon allein eine Beschäftigung mit seinen Aussprüchen und deren schriftlicher Überlieferung auch dann sinnvoll macht, wenn man seinen Postulaten und grundsätzlichen Glaubensinhalten nicht folgen kann und will. Im jüdischen Schrifttum blieben all die sprachlichen Kostbarkeiten Jesu aber, wie gesagt, unbeachtet und unerwähnt. –

Doch nun zu Jesu Biographie.

Die Bethlehem-Legende

Der Legende von der Geburt Jesu in der Krippe zu Bethlehem verdankt das Christentum sein ergreifendstes und schönstes

Fest. Schon deshalb rührt man nicht gern an die Frage, wieviel Realität hinter den Berichten rund um die Geburt Jesu steht. Trotzdem ist es für die Antwort darauf, wie die Juden Jesus sahen und erleben mußten, unerläßlich.

Jesus war Galiläer. Darüber sind sich die Evangelisten an sich einig. Nun gab es aber bei den Juden eine feste Überlieferung, wonach der Messias von König David abstammen werde. Die Juden singen daher auch heute noch sehnsuchtsvoll: »Messias, Sohn Davids – wann wird er kommen?« Sooft sie aber im Laufe ihrer Geschichte glaubten, der Messias sei endlich da, fragten sie nicht ein einziges Mal nach seinem Stammbaum. Auf die Herkunft dieser Tradition kommen wir noch zurück.

Jedenfalls hätten auch die Christen die Stammbaumfrage beiseite schieben können. Oder sie hätten erklären können: Seit König Davids Herrschaftstagen ist es bald tausend Jahre her. Das ganze Volk Israel ist zwar heute groß, aber nur wenn wir alle Exiljuden mit einrechnen, und diese rekrutieren sich zu einem erheblichen Teil aus konvertierten Heiden. Doch jene, die nie auswanderten, dürften sich im Lauf dieser tausend Jahre so vielfach miteinander gekreuzt und vermengt haben, daß vermutlich fast jeder von uns auch ein bißchen mit König David verwandt ist. Das kann ohne weiteres auch auf Jesus zutreffen, obwohl die heutigen Juden Galiläas zum Teil erst vor wenigen hundert Jahren zum Judentum konvertierten und also nicht »Altjuden« sind. (Die Christen zur Zeit der spanischen Inquisition unterschieden sehr genau zwischen »Altchristen« und »Neuchristen«, also jüdischen Konvertiten, von denen sie sehr wenig hielten. Analog benützen wir hier die Ausdrücke »Alt«- und »Neujuden«, aber ganz ohne abwertenden Akzent für die letzteren.)

Da aber die Messianität Jesu vom »kanonischen« Judentum her angezweifelt wurde, glaubten sich die Frühchristen verpflichtet, die davidsche Herkunft Christi genau zu belegen. Sie konstruierten also einen entsprechenden Stammbaum, wobei es rätselhaft ist, weshalb sie statt Maria nur Joseph auf König David, oder genauer: auf Davids Vater Isai zurückführten: War Jesus wirklich »Sohn einer Jungfrau«, dann hatte Joseph in seinem Stammbaum nichts zu suchen.

Aber wie immer – der Stammbaum hing ein wenig in der Luft und konnte beliebig angezweifelt werden, wenn man nicht zusätzliche Beweise für ihn beibrachte.

Wir kennen den »Beweis« aus den Evangelien: Die angebliche von Rom angeordnete Volkszählung zu Steuerzwecken, für die sich ein jeder an seinen »Stammsitz« begeben mußte. Wenn also Joseph zu diesem Zweck in den Geburtsort König Davids ziehen mußte, dann war seine davidische Herkunft natürlich erwiesen. Nur: Wir kennen aus anderen Quellen alle römischen Volkszählungen im Gelobten Lande jener Jahre, und keine fällt auf ein auch nur halbwegs passendes Jahr.

Der bethlehemitische Säuglingspogrom

Trotzdem rührt die Schilderung der Geburt des Kindes in einem Stall, dem einzigen Ort, wo sich in diesen Tagen der Volkszählung in Bethlehem überhaupt noch ein Platz für die vielen »Urbethlehemiten« fand, die mit ihren Familien zusammen hatten herkommen müssen, ans Herz. Und auch die Idylle mit den Hirten, denen ein Engel die Geburt des Heilands mitten in der Nacht verkündet, so daß sie hineilen, um das Kind anzubeten, rührt ans Herz. Welcher langweilige Banause wollte da nach der »Historizität« der Idylle fragen, statt Jahr für Jahr weiterhin den Christbaum zu schmücken und die Krippe unter seinen Zweigen aufzubauen? Zumal nicht nur im christlichen Kalender die »Erklärungen« der meisten religiösen und religionshistorisch »begründeten« Jahresfeste ähnlich legendär sind. Man braucht nur an das gleichzeitige Lichterfest der Juden, an Chanukka, zu denken: Es basiert auf dem »Wunder«, wonach sich im Tempel von Jerusalem, nachdem dieser durch den Makkabäeraufstand von der Seleukidenherrschaft befreit worden war, nur ein einziges Fläschlein nicht durch Götzendienst entweihtes Öl fand, das aber ausreichte, die Tempelleuchter volle acht Tage lang zu speisen! Dabei weiß man bis heute nicht einmal, ob Jerusalem überhaupt zur Zeit der winterlichen Sonnenwende zurückerobert wurde!

Das Fazit: Jesus wurde nicht in Bethlehem, sondern in einem galiläischen Dorf geboren. Und auch das genaue Datum kennen wir nicht.

Damit wird natürlich auch alles andere, was mit der angeblichen Geburt Jesu in Bethlehem zusammenhängt, hinfällig. Dies gilt vor allem für die Säuglingsmetzelei des Königs Herodes, die er aus (angeblicher) Angst vor einem künftigen Usurpator seines Thrones begangen haben soll.

Dies ist schon deshalb ausgeschlossen, weil Herodes vier Jahre vor Jesu Geburt starb. Aber auch wenn wir annehmen wollen, Jesus sei eben ein paar Jahre vor dem Jahr Eins oder Null zur Welt gekommen und dies sei tatsächlich in Bethlehem geschehen, spricht nichts dafür und alles dagegen, daß es diesen Säuglingspogrom durch Herodes je gegeben hätte.

Voraussetzung ist ja, daß drei Magier oder Astrologen aus Mesopotamien aufgrund eines kometenartigen Sternzeichens einen entsprechenden Hinweis erhalten hätten.

Nun können Kometenschweife höchstens sehr vage in eine Gegend deuten und niemals auf eine bestimmte Hütte. Selbst wenn es also zu einem passenden Termin wirklich irgendeine solche Erscheinung damals am Himmel gegeben hätte, wäre es ausgeschlossen gewesen, durch sie derart präzise Anweisungen zu gewinnen.

Sodann: Welches Interesse hätten heidnische Astrologen an einem jüdischen Messias im fernen Judäa gehabt?

Am unsinnigsten aber ist die Annahme, König Herodes hätte, wenn ihm ein solches Gerücht zu Ohren gekommen wäre, sich darüber aufgeregt und auch nur die mindeste Aufmerksamkeit daran verschwendet.

Nicht daß es ihm je etwas ausgemacht hätte, potentielle Prätendenten auf seinen Thron brutal zu beseitigen. Er hat sogar zwei oder drei seiner eigenen Söhne liquidieren lassen, als sie ihm gefährlich erschienen. Jedoch vor Astrologen und Babys hatte er keine Angst. Er war ein harter Realist und brillanter Politiker. Das bewies er auch in seinen Unterhandlungen mit Rom. Da unterlief ihm nie ein Fehler.

Aber er stand immer auf dem Boden der nüchternen Tatsachen,

war übrigens gar nicht Jude, sondern »Halbaraber«, und er glaubte vermutlich auch gar nicht an den Gott der Juden, obwohl er ihm einen prachtvollen Tempel in Jerusalem errichten ließ. Das tat er sicher nur aus Prestigegründen, und auch, um sich bei den Juden beliebt zu machen – was übrigens trotzdem nie eintrat. Man hat guten Grund zu der Annahme, daß ihm die religiös erregten Juden, die wegen jedes Bagatellverstoßes der Regierung gegen jüdische Religionsnormen buchstäblich »Amok liefen«, gründlich auf die Nerven fielen. Es liefen damals im Lande zahllose Künder, »Propheten«, angebliche Vorläufer des Messias und religiöse Erneuerer und Mystiker herum. Was sie im einzelnen versprachen oder androhten, war ihm sicher so lang wie breit. Wäre nun wirklich eine Gruppe entstanden, die ein Baby als künftigen Erlöser und zugleich König angebetet hätte, so wäre ihm auch das restlos egal gewesen. Eine Babyschlächterei – und noch gar eine aufs Geratewohl, ohne genau zu wissen, welches der anvisierte Säugling war – hätte er bestimmt nicht angezettelt. Doch, wie gesagt, er kann es schon deshalb nicht getan haben, weil er zu jenem Zeitpunkt bereits seit ein paar Jahren tot war. – Damit im Zusammenhang fällt natürlich auch die Flucht von Joseph und Maria mit dem Säugling nach Ägypten aus.

Der zwölfjährige Jesus bei Tempeldebatten?

Aus Jesu Kindheit in Galiläa erfahren wir praktisch gar nichts. Es gab darüber wohl auch nichts zu berichten. Aber da findet sich immerhin in den Evangelien die eine Episode, nach welcher der zwölfjährige Jesus sich bei einer Wallfahrt seiner Eltern nach Jerusalem auf dem Rückweg nicht wieder den Pilgern angeschlossen habe, sondern im Tempelhof geblieben sei und an den Debatten der Schriftgelehrten so geistvoll und fundiert teilgenommen habe, daß die gelehrten Herren tief beeindruckt waren . . .
Es gibt im jüdischen Schrifttum eine eigentümliche Kontinuität gerade im Zusammenhang mit Mystikern, und zu ihnen zählen sowohl Jesus wie die Chassidim 1800 Jahre später: Den genau selben Meistern, die nicht zuletzt dadurch das Herz und Ver-

trauen des einfachen Volkes gewinnen, daß sie vor der Überbewertung des spitzfindigen Detailwissens warnen, sagt die Legende unerhörte Kenntnisse eben dieser Art nach!

Zu dem wenigen, was man über den Ba'al-Schem-tow, den Begründer der chassidischen Bewegung in Ostgalizien, aus seiner Jugend und Kindheit weiß, gehört, daß er sich aus dem Talmudstudium wenig machte und viel lieber in der freien Natur herumschweifte und neue Lieder zur Lobpreisung Gottes erfand. Das klingt glaubhaft. Er war ein armer Waisenknabe, und als Gegenleistung für den (sehr bescheidenen) Lebensunterhalt, den ihm die arme Dorfgemeinde gewährte, durfte oder mußte er den kleinen Knäblein im Cheder, in der hebräischen Elementarschule, Anfangsunterricht als Hilfslehrer erteilen. Hierfür reichten seine Kenntnisse gerade zur Not aus. Bis zu diesem Punkt stimmt der biographische Bericht sicher ...

Aber dann fangen mit einem Mal die Phantastereien an, und nun soll er also plötzlich ein gewaltiger Kabbalist geworden sein, wobei man wissen muß, daß die vertrackte kabbalistische Mystik zunächst einmal geradezu immense Schrifttumskenntnisse voraussetzt ...

Genau gleich wird uns der Knabe Jesus als ein derart gewaltiger Schriftgelehrter vorgestellt, daß sogar die pharisäischen Rabinnen über ihn staunten. Er, derselbe Jesus, der später über die pingeligen, ausgetüftelten Spitzfindigkeiten der Pharisäer höhnte und die Frömmigkeit des Herzens predigte!

Da müßte er sich nachher schon sehr gewandelt haben!

Davon abgesehen: Jesus war sicher kein Analphabet, er kannte zumindest die Bibel sehr gut. Aber wo hätte er in dem galiläischen Nest, in welchem er als Sohn eines Zimmermanns aufwuchs, Kenntnisse über die scholastischen Auseinandersetzungen zwischen den Schriftgelehrten hernehmen sollen? Man darf ja nicht vergessen: Die Debatten lagen damals noch nicht einmal schriftlich vor. Man mußte also dabeisein, und zwar jahrelang, um überhaupt zu wissen, worum es sich da im einzelnen drehte. Die Annahme, der Knabe Jesus hätte da »mitmischen« und gar Bewunderung erregen können, ist genauso unsinnig, als wenn man behaupten wollte, in eine Runde von Fachleuten zum Obligationen- oder Scheidungsrecht, die über irgendwelche Unzulänglichkeiten der vorliegenden Rechtsverhältnisse und mögliche Korrekturen diskutiert, käme ein blutjunger Gymnasiast hereinspaziert, der nie ein juristisches Kompendium in der Hand hatte, und würde Belehrungen erteilen. Das ist a priori ausgeschlossen. Offenkundig stammt diese Legende noch aus dem jüdisch-christlichen Ambiente Jerusalems und trägt das Stigma der ungeheuerlichen Überschätzung des Intellekts, von der die gesamte nachbiblische Tradition der Juden bis auf den heutigen Tag geprägt ist.

Zugegeben, diese Einstellung war für ein Volk im Exil, das nur durch eine eigene geistige Führerschicht unter Fremden überleben konnte, wichtig und richtig. Und da es seit dem sechsten vorchristlichen Jahrhundert eine jüdische Diaspora gibt, ist es auch nicht verwunderlich, daß zur Zeit Jesu diese Mentalität bereits in voller Blüte stand.

Doch völlig bizarr ist die Annahme, daß ein Knäblein von zwölf Jahren, noch obendrein eines aus der tiefsten Provinz, wo es Lehrakademien dieser Art gar nicht gab, sich an Wissen und logischer Denkkraft der geistigen, fachlich solidest geschulten Elite der Nation als überlegen erweisen könnte. Als Zensoren aus dem Umkreis des etablierten Christentums den Text der Evangelien redigierten, hätten sie folglich diese Episode ruhig streichen dürfen.

Zumal sie ohnehin nicht mehr in der Urfassung vorlag: Die Evangelisten gehen davon aus, daß die Pharisäer im Tempelvorhof lehrten und debattierten: Als Jesus von seinen Eltern endlich aufgefunden wird und sie ihm Vorwürfe machen, weil er »unabgemeldet« wegblieb und ihnen Sorge bereitete, sagt er nämlich, sie hätten doch wissen müssen, daß sie ihn »im Hause seines Vaters«, nämlich Gottes, also beim Tempel, finden würden ...

Man muß sich vorstellen, wie es dort in Wirklichkeit ausschaute: Radau von Devotionalienhändlern, Verkäufern von Opfertieren, Geldwechslern, die ausländisches Geld mit Götter- und Herrscherbildnissen darauf in bildnisfreie Tempelmünzen umtauschten, obendrein das Angstgebrüll der Opfertiere, der Gestank sich zersetzenden Blutes. Die Annahme, daß sich die Schriftgelehrten in diesem ganzen Klamauk niedergelassen hätten, ist absolut grotesk. Sie tagten natürlich in ihren Lehrhäusern, die mit dem Tempel gar nichts zu tun hatten ...

War Jesus verheiratet?

Vor allem bei jüdischen »Jesus-Forschern« findet sich neuerdings mitunter die These, Jesus müsse verheiratet gewesen sein, denn die Juden hätten damals, wie übrigens bis heute die streng Orthodoxen unter ihnen, Söhne und Töchter sehr früh verheiratet, und Jesus tritt uns in den Evangelien erst als Dreißigjähriger entgegen. Zudem erwarte man bis auf den heutigen Tag von einem »Rabbi«, daß er eine Frau habe.

Daß seine (eventuelle) Ehefrau nirgends erwähnt werde, sei kein Gegenbeweis, denn die uns vorliegende Fassung des Neuen Testamentes stamme aus einem Zeitpunkt, da es die leib- und sexfeindlichen Paulinischen Tendenzen bereits voll integriert hatte. Der uns vorliegende Text sei also in entsprechendem Sinne redigiert, zensiert und korrigiert worden.

Das klingt nicht ganz unplausibel. Es spricht aber doch zu vieles dagegen:

– Zunächst darf man das Argument, wonach man bei einem Rabbiner nicht gern sehe, wenn er unbeweibt herumläuft, im Zusammenhang mit Jesus ruhig streichen. Er war kein moderner »Kultusbeamter«, sondern ein »freischaffender« Wanderprediger. Ihm hatte niemand etwas dreinzureden. Zudem war eheloses Leben damals bei fast allen eschatologisch ausgerichteten Sektierern fast die Norm. Man braucht nur an Johannes den Täufer zu denken.

– Dann aber: Aus der eindeutig historischen Szene, in welcher Maria mit sämtlichen Geschwistern Jesu ihn bei der Synagoge von Nazareth (oder wohl eher im nahen Kapernaum; der Ort Nazareth hatte schwerlich eine Synagoge, und Jesus wäre auch kaum ausgerechnet in sein Geburtsdorf predigen gegangen) zu stellen versucht und ihm mit einer behördlichen Klage droht, weil er die Unterhaltspflicht gegen seine Sippe vernachlässigt hat, ersieht man klar, daß der Zimmermann Joseph zu diesem Zeitpunkt nicht mehr lebte. Der älteste Sohn – in diesem Falle also Jesus – rückte erst zum gesetzlich verpflichteten Ernährer der Familie auf, wenn es den Vater nicht mehr gab. Maria war also als mittellose Witwe mit einer großen Kinderschar zurückgeblieben. – Sie hatte sicher viel Mühe, sich und die Ihren auch nur notdürftig durchzubringen. Für Heiratspläne blieb da nicht viel »Luft«. Es wäre sicher nicht einfach gewesen, für den ältesten der Söhne, also für Jesus, einen präsumtiven Schwiegervater aufzutreiben, der bereit war, den mittellosen jungen Handwerker in sein Haus und Geschäft aufzunehmen und sich damit in eins auch noch die Unterhalts- und Versorgungspflicht für die ganze bitterarme Sippe Jesu aufzuladen. Und auch die Aufnahme einer Braut des Sohnes in die eigene Familie, die kaum zu beißen hatte, wäre problematisch gewesen. Heiratspläne mußten unter solchen Umständen wohl zurückgestellt werden, wenn auch schwerlich bis zum dreißigsten Lebensjahr.

– Es gab aber keine gesetzliche, sondern nur eine moralische Pflicht, zu heiraten und Kinder zu zeugen. Und Eltern hatten kein Recht, ihre Kinder zum Heiraten generell oder auch nur zur Ehe mit einem Partner, der ihnen mißfiel, zu zwingen. Wenn also ein Junge oder Mädchen aus irgendeinem Grunde ledig bleiben wollte, konnte niemand etwas dagegen tun.

– Sodann: Jesus blieb sicher nicht bis zu seinem dreißigsten Jahr daheim sitzen. Seine Aussprüche verraten eindeutig, daß er zuvor Kontakt mit verschiedenen eschatologischen Gruppen oder auch Einzelgängern gehabt haben muß. Vielleicht verließ er das Elternhaus schon blutjung.

– Hätte er wirklich eine Frau oder gar auch noch Kinder gehabt, dann wären sie sicher mit dabeigewesen, als seine Sippe versuchte, ihn bei der Synagoge in Nazareth (oder Kapernaum) zu stellen. Diese ganze Szene widerspricht so völlig dem »Heilsgeschehen« und ist derartig nüchtern und realistisch, daß man sich fragt, wie sie dem kritischen Auge des Zensors entgehen und stehenbleiben konnte. Wäre da auch noch ein Eheweib Jesu mit dabeigewesen, so wäre sicher auch sie dem »Index« entschlüpft.

– Ferner: Nach Jesu Kreuzigung leitete sein Bruder Jakobus die

Jerusalemitische Ebionitengemeinde, und bald zog die Mutter Maria zu ihm, vermutlich mit allen übrigen Kindern zusammen. Wo und bei wem hätten sie in Galiläa denn bleiben sollen? Daß sie noch nicht anderweitig versorgt (also etwa verheiratet) waren, wissen wir ja bereits aus der oben erwähnten Szene bei der Synagoge von Nazareth. Hätte es eine Frau oder gar Nachkommen von Jesus gegeben, dann würden wir sicher erfahren, daß sie jetzt bei ihrem Onkel Jakobus oder bei der Großmutter Maria oder auch (wenn diese beiden zusammenlebten) bei beiden zusammen gewohnt hätten.

– Oder soll man annehmen, Jesus habe zwar eine Frau gehabt, ihr aber den Scheidungsbrief gegeben? Er spricht jedoch so negativ von der Scheidung, daß es kaum anzunehmen ist. Zugegeben, er ist nicht immer pedantisch konsequent. Eine Scheidung hätte aber doch zu sehr seiner ganzen Auffassung von der Ehe widersprochen, von der er einmal sagt, sie werde im Himmel geschlossen und der Mensch dürfe sie eben deshalb nicht auseinanderreißen. Damit hat er die Eheschließung bereits lange vor Entstehung der katholischen Kirche zum Sakrament hinaufgehievt. –

In summa: Jesus war wohl mit ziemlicher Sicherheit ledig.

Jesu Wundertaten

Jesu Worte sind herzergreifend, und auch der Ungläubige kann sie immer wieder lesen und hören, ohne daß sie ihm verleidet werden. Dies ist das Kennzeichen zwar nicht der religiösen »Wahrheit« – für sie gibt es kein verläßliches Symptom –, aber der dichterischen Genialität. Eine solche wird auch der rabiateste Gegner jesuanischer Lehrmeinung den Logia Jesu nicht abstreiten können.

Eine andere Frage ist, ob diese geniale Aussagekraft Jesu ausgereicht hätte, ihm die Gefolgschaft seiner Adepten und Sympathisanten zu sichern. Wir wissen es nicht.

Aber ohne Zweifel haben seine Wundertaten zu seinem »Erfolg« sehr beigetragen. Besonders deutlich wird das an Maria aus Magdala, die sich ihm erst anschloß, nachdem er sie von den Dibbukim (Totengeister, Dämonen) befreit hatte, von denen sie bis zur Unerträglichkeit gequält wurde. Von allen anderen, die er auf wundersame Weise von ihren verschiedenen Gebresten heilte, wissen wir aber, daß sie nach der Gesundung einfach ihrer Wege gingen.

Umgekehrt kann man sich allerdings fragen, ob ihm je eine Wunderheilung geglückt wäre, wenn die Hilfesuchenden nicht schon durch seine »Wortgewalt« von seiner Wunderkraft überzeugt gewesen wären. Beides bedingte sich wohl gegenseitig und war voneinander nicht zu trennen.

Wir erwähnten bereits früher, bei unserem Vergleich zwischen Jesus und den chassidischen Zaddikim, daß man beiden neben einer Anzahl durchaus »möglicher« Wundertaten auch solche zuschreibt, die zumindest extrem unwahrscheinlich sind. Dies allein würde wenig besagen. Charismatischen Persönlichkeiten unterstellt man rund um die Welt die Fähigkeit auch zu unglaubhaften Wundertaten.

Was aber aufhorchen läßt, ist die Tatsache, daß man Jesus und den Zaddikim die genau gleichen »unwahrscheinlichen« Wundertaten zuschreibt: Sie wandeln über Wasser, sie sagen auch solche Dinge und Ereignisse voraus, auf die sie keinerlei Einfluß haben können. Und sie besitzen die Fähigkeit, Speisen und Getränke »herbeizuzaubern«, wobei sie von dieser Gabe aber nur Gebrauch machen, wenn es gilt, den Tisch der Armen für ein Festmahl zu decken. Sie mißbrauchen diese Gabe nie zu Schlemmereien: Sie begnügen sich damit, Wein, Brot und allenfalls Fische auf wundersame Weise herbeizuschaffen. Also einfachste, alltäglichste Kost. (Der Wein wurde im Gelobten Lande zu jeder Mahlzeit, stark verdünnt, getrunken; in Ägypten, der Kornkammer des ganzen Römerreiches, trank man statt dessen vergorenes Getreide, also Bier.)

Daß sie dies wirklich gekonnt hätten, ist ausgeschlossen. Wie also soll man es sich erklären, daß gerade dieses Wunder sowohl Jesus wie den Zaddikim nachgesagt wird? Wunschtraum der ausgehungerten armen Leute, die sich um den Meister scharten? Oder ist diese Aussage nur symbolisch zu deuten: dahin nämlich, daß in Gegenwart des Meisters auch armseligste Brocken das Gefühl der Sättigung erzeugten?

Im Prinzip ist solche »Eß-Hypnose« durchaus möglich. Das weiß jeder, der je miterlebt hat, wie ein geschickter Hypnotiseur einem beliebigen, auf die Bühne hinaufzitierten Zuschauer eine rohe Kartoffel mit der Erklärung reicht, dies sei eine köstliche Birne, worauf der Betreffende die Kartoffel vorsichtig schält, immer wieder den (nicht vorhandenen) austretenden Saft mit Hochgenuß von den Fingern abschleckt, dann die rohe Knolle verzückt mit den Zähnen zermalmt und, von der Hypnose aufwachend, die »Luxusbirne« plötzlich mit allen Anzeichen profunden Abscheus ins Publikum schleudert.

Es kann aber natürlich auch sein, daß zum Beispiel die Hochzeitsgäste zu Kana nur deshalb alle satt wurden, weil die Sympathisanten, die von weit und breit herbeiströmten, im Wissen um die Armut der Gastgeber und den zu erwartenden Andrang von Gästen selber reichlich Proviant nicht nur für sich selbst, sondern auch für alle andern herbeibrachten – obwohl gerade dies in den Evangelien ausdrücklich bestritten wird.

Hier müssen wir, wie in vielen anderen Zusammenhängen auch, passen. Aber schließlich sind die »Speisewunder« ja sowenig das Wesentliche am Auftreten Jesu wie an jenem der Wunderrabbis. Es fällt nur eben auf, daß es da wie dort die genau gleichen Wunder sind, die man dem Meister nachsagt. Wobei man aber einen direkten »literarischen« Einfluß des Neuen Testaments auf die armen ostgalizischen Chassidim a priori ausschließen darf: Diese lasen das Neue Testament nicht, wären hierzu auch gar nicht imstande gewesen, da sie meist nur die hebräische Schrift beherrschten.

Jesu Einzug in Jerusalem

Wir kommen zum »Schlußakt« von Jesu Sein und Wirken auf Erden. Wußte er, als er in Jerusalem einzog, was ihm bevorstand?

Ich möchte meinen: Ja und nein. Ob er schon gleich bei Anbeginn seines öffentlichen Auftretens sich selbst für den verheißenen Messias oder nur für den Verkünder von dessen unmittelbar bevorstehendem Kommen hielt, wissen wir nicht. Allen gegenteiligen Behauptungen mancher Religionsgelehrter zum Trotz möchte ich aber doch annehmen, daß er sich zumindest bei seinem letzten Einzug in Jerusalem mit dem Erlöser identifizierte. Sein Verhalten bleibt sonst schwer verständlich. Und obgleich er sein ganzes Leben hindurch nicht schematisch und dogmatisch dachte und handelte, war er doch ungewöhnlich klug und alles andere als ein Wirrkopf. Gehen wir also davon aus, daß er an seine Mission als Erlöser zwar nicht der ganzen Welt, wohl aber seines Volkes zumindest in der letzten Phase seines irdischen Wandelns selber glaubte.

Unsicher dagegen scheint mir – soweit sich dies aus den vorliegenden Quellen erschließen läßt –, daß er seinen Martertod mit Sicherheit voraussah. Es gibt ja in der jüdischen Tradition selbst verschiedene Vorstellungen vom Messias. Da ist einerseits der König, der auf einer Eselin in Jerusalem einreitet, das Volk, das ihn sogleich erkennt und ihm entgegenjubelt, zum Sieg über seine Feinde führt, von jedem Druck befreit und dann einen Zustand von Glück und Gerechtigkeit herbeiführt, der aber ziemlich realistische Züge trägt. Ohne ein solches Messiasbild wären die Juden nie darauf verfallen, dann im zweiten Jahrhundert – also rund hundert Jahre nach Jesu Kreuzigung – in Simon aus Kosiba, der den – zunächst erfolgreichen – Aufstand gegen das allmächtige Rom wagte, den Messias zu sehen und seinen Namen in Simon Bar-Kochba, Sternensohn, umzuwandeln. Die Erlösungshoffnung der Juden, die sich an Bar-Kochba knüpfte, war fast völlig frei von utopischen Elementen – es sei denn, man wolle schon die nahezu abstruse Hoffnung der Söhne Israels, Rom würde Ruhe geben, ehe die Aufstandsbewegung mit Stumpf und Stiel ausgerottet war, bereits als »utopisch« betrachten. Es war aber wohl einfach politisch naiv.

Im übrigen knüpften die Juden an Bar-Kochba keine märchenhaften Erwartungen. Sie dachten nicht im Traum daran, daß nunmehr – wie Jesaja es ansagt – der Wolf neben dem Schaf lagern und der Löwe Stroh fressen werde. Sie erwarteten nicht einmal, daß man demnächst alle Schwerter in Pflugscharen umwandeln werde, was nach Jesaja ebenfalls ein zwingendes Merkmal der Welterlösung sein wird. Jedenfalls konnte Jesus, von der jüdischen Tradition her, auch auf eine Welterlösung ohne eigenen Martertod als Conditio sine qua non hoffen, und auch die politische Komponente mußte ihm nicht unerläßlich erscheinen.

Nun gibt es aber im zweiten Buch Jesaja noch das Bild eines ganz anderen Erlösers: des Mannes, der unter unsäglichen Qualen, verhöhnt und verachtet, am Kreuze stirbt, unschuldig und stellvertretend für die Schuldigen, die er durch seinen Opfertod erlöst.

Wir wissen heute – wir erwähnten es bereits –, daß unter dem Namen »Jesaja« die Aussagen von mindestens zwei, wenn nicht sogar drei Propheten zusammengefaßt sind, die wenig Ähnlichkeit miteinander hatten.

Die Weissagung vom Martertod des Mannes am Holz deckt sich aber stilistisch so wenig mit dem Rest der Texte, daß manche hier einen späteren Einschub vermuten.

Für Jesus waren diese »philologischen« Zuordnungen der Weissagungen Jesajas gleichgültig. Er hatte sie alle präsent. Teilweise widersprachen sie einander. Entsprechend empfand und verhielt sich auch Jesus widersprüchlich.

Tödliche Folgen der Tempelreinigung

Als er in Jerusalem kurz vor seiner Kreuzigung einzog, mag er zunächst noch davon geträumt haben, das Volk werde sich von ihm überzeugen und mitreißen lassen. Wie er sich die Erlösung im einzelnen ausgemalt hat, wissen wir nicht, wußte er vielleicht auch selber nicht. Vielleicht zerbrach er sich den Kopf nicht allzusehr darüber, glaubte fest daran, daß Gott dann eingreifen und ein Paradies herbeiführen werde, das sich ein Sterblicher ohnehin nicht vorstellen konnte.

Nur so jedenfalls erscheint seine »Tempelreinigung«, die ich, im Gegensatz zu zahlreichen Alt- und Neutestamentlern, für historisch halte, sinnvoll und erklärlich. Sie sollte der Auftakt zur spontanen, innerlichen Wende, Metanoia, des ganzen Volkes werden, das zwar nicht vollzählig, aber doch sehr zahlreich an diesem Wallfahrtsfest hier zusammengeströmt war. Das andere würde sich dann schon irgendwie von selbst ergeben.

Er überschätzte die Entflammbarkeit des Pöbels in Situationen, in denen dieser nichts zu gewinnen hatte. Es ist etwas anderes, bei Wunderheilungen zu applaudieren, als bei einem Aufruhr im Tempelhof Kopf und Kragen zu riskieren.

Und er unterschätzte die Niedertracht der Tempelpriester, wenn man an den einzigen Punkt rührte, an dem ihnen wirklich gelegen war: an ihre Mammuteinnahmen, die sie, praktisch leistungsfrei, für sich und ihre Nachkommen in alle Ewigkeit kassierten – es sei denn, die Juden fingen an, am Sinn des Tempelbetriebs und damit in eins der Tempelsteuer zu zweifeln. Jesu Verhalten muß die Herren sofort zur Weißglut gereizt haben.

Es hatten, 1800 Jahre später, auch die jüdischen Aufklärer und Chassidismusgegner nichts zu lachen, wenn sie die religiöse Relevanz der chassidischen Einnahmen und zaddikischen Residenzen, die zum Teil prachtvoller und luxuriöser waren als die Adelssitze der polnischen Magnaten, anzweifelten: Ein jiddischer Schriftsteller namens Linezki, Gegner des Chassidismus, wurde von den glühenden Anhängern des ortsansässigen Zaddiks in den Fluß geworfen, an welchem das galizische Nest lag, und es war ein reiner Zufall, daß er nicht ertrank, denn er konnte nicht schwimmen.

Todesurteile verkünden oder durch verleumderische Denunziation bei den Staatsbehörden evozieren, wie es die Jerusalemer Tempelpriester damals Jesus gegenüber taten – dazu waren die Zaddikim nach Lage der Dinge im 18. und 19. Jahrhundert nicht imstande. Aber wir haben an einzelnen Beispielen weiter vorn bereits gehört, wie erbarmungslos sie mittels Synagogenbann Existenzen von unbequemen Abweichlern vernichteten.

Hier noch zwei weitere, historisch und dokumentarisch belegte Illustrationen hierzu aus der Periode der scharfen intern-jüdischen Auseinandersetzungen zwischen dem Chassidismus und seinen nüchternen rabbinischen Feinden:

In einer rein chassidischen Gemeinde wurde ein reicher, durchreisender, antichassidischer Wanderprediger, also ein »Magid«, wie man solche volkstümlichen »Gastredner« auf hebräisch nannte, mit Hilfe bezahlter, falscher Zeugenaussagen vom synagogalen Gerichtskollegium seines Vermögens, das er bei sich führte, beraubt und beinahe zu Tode gepeitscht. Ihn rettete nur, daß die falsche Zeugin plötzlich von Reue gepackt wurde und die weltlichen Behörden zu Hilfe rief.

Und antichassidische Rabbinen ihrerseits denunzierten wiederholt ganz harmlose und politisch desinteressierte chassididische Zaddikim bei den zaristischen Behörden als angebliche Staatsfeinde. Einer der berühmtesten Wunderrabbis saß aufgrund einer solchen Denunziation jahrelang in Petersburg in Festungshaft.

Wir wiederholen noch einmal: Solches Verhalten ist nicht spezifisch jüdisch. So führen sich gleichermaßen Jude wie Christ wie Atheist auf, wenn Geld und Sinekuren auf dem Spiel stehen.

Trotzdem mußte Jesus auch für den Fall, daß seine Tempelreinigung resultatslos verlief, nicht unbedingt damit rechnen, daß ihn die Priesterschaft mit einer falschen Anzeige als angeblichen Aufrührer gegen Rom an Pilatus und damit zur Kreuzigung ausliefern würde. Die Herren hätten sich auch damit begnügen können, ihn zur üblichen Strafe für Ruhestörer aller Art zu verurteilen: zu den 39, genauer: 40 minus 1, Peitschenhieben, zu denen später auch Paulus mehrmals verurteilt wurde.

Aber offenbar war den Herren Priestern der Schreck doch gehörig in die Knochen gefahren: Was würde geschehen, wenn auch nur ein kleiner Prozentsatz der anwesenden Pilger sich sagen würde: »Jesus hat ja recht!«

Obendrein konnten Juden, die aus dem heidnischen Ausland kamen, auch beim Anblick des Priestersegens vielleicht ein gewisses Unbehagen empfinden: Nur allzu deutlich imitiert die Art, wie dabei je zwei zusammengepreßte Finger hörnerartig gespreizt werden, das Gehörn des ägyptischen Apisstiers, also des Goldenen Kalbes . . .

Jesus hatte sicher nicht ausreichende Insiderkenntnisse vom Priestermilieu, um die Gefahr, der er sich aussetzte, sofort voll zu begreifen. Geahnt hat er sie aber dunkel.

Die Fußwaschung

Dies wird deutlich in der Episode, als eine »sündige Frau« ihm während eines Gastmahls auf seiner letzten Wanderung nach Jerusalem unter Tränen die vom vielen Wandern zerschundenen Füße wäscht, mit ihren Haaren trocknet und dann mit teuerster Narde besalbt. Etliche seiner Jünger protestierten gegen die Aktion fast im Stil heutiger sozial überhitzter Modepastoren: Sie meinen, man hätte die sündenteure Narde verkaufen und lieber das Geld an die Armen verteilen sollen.

Jesus aber weist die Jünger zurecht und sagt, Arme werde es immer geben, nicht aber ihn selbst, man werde ihm also nicht mehr lang eine solche kleine, rührende Freude bereiten können.

Die Stelle ist zweifellos echt. Die Formulierung und vor allem auch die Absage an eine freudlose Askese weisen sie als im vollen Sinne »jesuanisch« aus.

Wenn sie aber echt ist, dann hat er zumindest dunkel geahnt, welcher Gefahr er sich aussetzte, wenn er sich in Jerusalem nicht mucksmäuschenstill und unauffällig verhielt . . .

Das Abendmahl

Bis fast zuletzt muß Jesus trotzdem noch gehofft haben, Gott werde ihm aus seiner bitteren Not heraushelfen. Und es war auch keineswegs so, daß er das Martyrium suchte, obwohl er sich durch seine Tempelreinigung im Grunde bereits sein eigenes Todesurteil gesprochen hatte. Die Evangelisten berichten übereinstimmend, daß er seine Unterkunft geheimhielt, in der richtigen Annahme, daß man ihn, um weiteres Aufsehen rund um seine Person und seine unerwünschten Aussagen zu vermeiden, nicht unmittelbar beim Tempel, sondern nachts in seinem Quartier verhaften werde. Er aß mit seinen Jüngern auf einem Dachboden im Vorort Bethanien und versteckte sich nachher im Freien in einem Ölhain. Er suchte also keineswegs seine Verhaftung und Verurteilung. Vielleicht wußte er auch, daß sein Versteckspiel vergeblich war. Es war vielleicht eine irrationale Angstreaktion.

Wir wissen es nicht, aber vieles spricht dafür. Auch die Feierlichkeit, mit der Jesus das letzte Abendmahl im Kreise der Jünger zelebrierte.

Es hat dann für das Christentum entscheidende und zentrale Bedeutung gewonnen. Dennoch müssen wir, wenn wir Jesus aus der Perspektive seiner jüdischen Zeitgenossen – und durchaus auch der Jünger unter ihnen – sehen wollen, herauszuschälen versuchen, was damals möglicherweise geschah und gesprochen wurde.

Zunächst: Es war kein Pessach-Mahl, also keine »Seder-Mahlzeit«, wie die Juden das rituell geordnete Abendessen am ersten und zweiten Pessachabend nennen. Jesus wurde ja vor Anbruch des Festes, das, wie die meisten jüdischen Feiertage, am Vorabend beginnt, bereits gekreuzigt und vom Kreuze abgenommen. An dieser Tatsache kann man aus Gründen, auf die wir noch zurückkommen werden, nicht zweifeln.

Es war also ein »gewöhnliches« Abendessen, jedoch tief durchtränkt von Jesu Todesahnung. Er segnete Brot und Wein, wie jeder fromme Jude es tut, ehe er zu essen beginnt, und teilte eigenhändig Brotstücke an die Jünger aus, reichte auch seinen Becher im Kreis herum ...

Hier kommen wir zu einer Stelle, bei der der »Nichtchrist« passen muß: Selbst wenn Jesus in diesem Augenblick bereits die schreckliche Rolle des Sühneopfers akzeptiert haben sollte, ohne das es nach jener einen Jesajastelle keine Erlösung geben kann: Ist es denkbar, daß er bei diesem letzten Liebesmahl im Kreise seiner Jünger Brot und Wein als sein Blut und seinen Leib bezeichnete?

Die Christen streiten sich bis heute, ob dies nur symbolisch oder real, also als Transsubstantiation in wirkliches Fleisch und Blut, gemeint sei. Aber in beiden Fällen bleibt die für den Nichtchristen unheimliche und unfaßliche Tatsache bestehen, daß hier die Einheit zwischen dem Opfer und jenen, die durch das Blutopfer entsühnt werden sollen, ganz in jenem Ursinn verstanden wird, den die Juden nur beim Tieropfer kannten: Dieses wurde von den Opfernden bis auf minimale Reste – Blut und Unschlitt –, die dem Altar vorbehalten blieben, verzehrt.

Menschenopfer, sei es nun mit oder ohne solche mystische leibliche Identifikation, kannte das Judentum, wie wir bereits früher erwähnt haben, überhaupt nicht. Erzvater Abraham fühlt sich zwar gerufen und gefordert, seinen Knaben in maiorem dei gloriam zu schlachten, aber statt dessen opfert er dann doch einen Widder. Und selbst wenn jene Talmudlehrer recht haben sollten, daß die betreffende Bibelstelle unklar sei und auch die Möglichkeit zulasse, daß Abraham hier ein Kind geopfert habe, so bleibt die Vorstellung des mystischen Totem-Mahls, des Genusses von Leib und Blut des Opfers, ausgeschlossen.

Daran hat auch der Richter Jephta nicht gedacht, als er – zu einem viel späteren Zeitpunkt, als Kindesopfer längst tabuisiert und kriminalisiert waren – seine Tochter schlachtete.

Jesus, der Jude, kann einen solchen Ausspruch nicht getan haben. Diese zentrale Vorstellung des Christentums, die Grundidee der Eucharistie, muß, zusammen mit vielem andern, aus dem hellenistischen Umfeld in das junge Christentum eingebrochen sein. Das besagt nichts über den Sinn und den Wert der Idee. Doch bei den Judenchristen, den frühesten Christengemeinden im Gelobten Lande selbst, kann sie unmöglich Tritt gefaßt haben. Kein Zufall ist es daher vielleicht auch, daß dieses an hellenistischen Einschüssen arme, rein jüdische Christentum in Jerusalem nach wenigen Jahrhunderten restlos verschwand und nicht zur Weltreligion aufstieg.

Seelenwanderung und Totem-Mahl

Nicht verschweigen darf man allerdings, daß sehr viel später im ostjüdischen Chassidismus der Gedanke einer solchen mystisch-konkreten Einverleibung des menschlichen Blutopfers auf gewissen Umwegen und in indirekter Form doch wieder aufbricht, obwohl das offizielle Judentum sich von solchen Vorstellungen von Anfang an ferngehalten hat. Und zwar geschah dies im Zusammenhang mit dem Glauben an die Seelenwanderung, den die Juden – genau wie den Glauben an das Weiterleben der Seele nach dem Tode und an die Wiederauferstehung – aus dem nichtjüdischen vorderasiatischen Ambiente übernommen haben.

Auch Jesus glaubte an die Seelenwanderung, sonst hätte er ja unmöglich die Dämonen und Dibbukim aus einem Besessenen in die Säue hineinexorzieren können. (Unter einem Dibbuk versteht die jüdische Tradition einen verworfenen, herumirrenden Totengeist, der sich an einen Lebenden heftet: dabbejk = anheften.)

Für die Chassidim also stand es fest, daß Totenseelen, die gleichsam weder eindeutig höllen- noch himmelreif waren, sich entweder ziellos in einem »Olam-Hatohu«, einer Wirrwelt, herumtrieben und unter Umständen als »Dibbukim« in einen Lebenden fuhren und ihn fürchterlich quälten, oder aber daß sie als Tiere wieder zur Welt kamen. Es war dann eine besondere Gnade und Chance für sie, wenn sie dabei in den Körper eines Geschöpfes eingehen durften, das den Juden zum Genuß freigegeben ist. Denn wenn sie dann rituell geschächtet und, nach Rezitierung des Segensspruches für Speisen, von einem frommen Juden verzehrt wurden, winkte ihnen die Erlösung ...

Das hört sich an wie ein böser antichassidischer Witz, war aber durchaus ernst gemeint. Eine Legende erzählt, ohne jeden Spottakzent, von einem Sünder, dessen Seele in ein Huhn fuhr, das von einem Zaddik aufgegessen wurde. Damit war ihr ab sofort jeder weitere Gilgul, jedes weitere Herumirren in verschiedenen Tierleibern, erlassen, sie galt als entsühnt und erlöst.

Und nicht Legende, sondern historisch dokumentiert ist der erbitterte Streit zwischen Chassidim und antichassidischen Rabbinen, weil erstere eine Kuh, die nicht korrekt geschächtet worden und obendrein krank und folglich nach Talmudgesetz vom Genuß ausgeschlossen war, dennoch verzehrten, weil der Zaddik erklärt hatte, in der Kuh hause die Seele eines jüdischen Sünders, die nur so entsühnt und befreit werden könne.

Aber sogar in diesen abstrus und pervers anmutenden Episoden wird das Fleisch erst verzehrt, nachdem die sündige Seele in ein Tier eingegangen ist, und das Blut bleibt nach wie vor tabuisiert und vom Genuß ausgeschlossen. Und davon abgesehen geht es dabei nicht um die Entsühnung des »Konsumenten«, sondern des Schlachtopfers selbst. Insofern hinkt der Vergleich zur Eucharistie: Jesus starb unschuldig für die Sünden der andern. Mit dem christlichen Abendmahl kann auch der Chassid, der an Seelenwanderung glaubt, nichts anfangen. –

Auf den nach unserer Meinung wesentlichen Punkt in Jesu Biographie, auf seine Tempelreinigung und deren Folgen, brauchen wir hier nicht noch einmal ausführlich einzugehen: Das taten wir bereits im Zusammenhang mit Jesu Beziehung zu den Sadduzäern. Wir fassen hier nur noch einmal sehr kurz zusammen: Das einzige religiöse todeswürdige Delikt, das die Juden zur Zeit Jesu noch kannten und anerkannten, war Blasphemie in schwerster Form. Jesus hat sich eine Beschimpfung und Verunglimpfung des Gottesnamens nie zuschulden kommen lassen. Als Messias firmieren und sich als solcher feiern lassen, durfte ein jeder, soviel er wollte. Das galt nicht als Sakrileg. Das taten damals viele, und kein Hahn krähte danach. Das hätte auch die Priesterschaft nicht weiter gestört.

Ein »Sakrileg« war natürlich erst recht nicht das bißchen Ruhestörung im Vorhof des Tempels, das Jesus dadurch anrichtete, daß er die Tische und Bänke der Geldwechsler umwarf. Aber er brachte dadurch zwar indirekt, aber sehr publikumswirksam zum Ausdruck, daß er vom Tempelkult und dessen Rieseneinnahmen nichts hielt. Die Verbreitung einer solchen »Ideologie« konnten die Priester nicht brauchen. Also sorgten sie für Jesu Beseitigung, was sie aber durch eigenen Schuldspruch gegen Jesus nicht tun konnten, da er nach jüdischem Recht unschuldig war. Also denunzierten sie ihn den Römern als angeblichen Insurgenten, wohl wissend, daß er dies nicht war, und auch genau wissend, wie die Römer in den Kolonien mit Aufwieglern umsprangen, sofern diese nicht römische Bürger waren.

Die an sich gut gemeinten Beteuerungen moderner philosemitischer Neutestamentler, man dürfe »den Juden« die Kreuzigung Jesu nicht anlasten, denn für diese zeichneten die Römer allein als Verantwortliche, sind nicht akzeptabel: Ohne die Denunziation Jesu durch die Priesterschaft wären die Römer nie auf die Idee verfallen, diesen Friedlichen und Schwächlichen (auf Jesu Konstitution kommen wir noch zurück) als »Rebellen« hinzurichten. Die Schuld an dem Justizmord trugen allein jene, die ihm antirömische Subversion unterstellten.

Freilich ist es unstatthaft und blanker Unsinn, wenn man allen Juden – und noch obendrein in alle Ewigkeit! – zur Last legen will, was damals ein paar üble Justizverbrecher einem unschuldigen Juden – nämlich Jesus – antaten. Darauf kommen wir gleich noch zurück.

Judas

Die »heilsgeschichtliche« Exkulpation des Judas

Wir haben weiter vorn darauf hingewiesen, daß manche modernen Jesusinterpreten davon ausgehen, die Priester hätten Jesus nicht verleumdet, als sie ihn den Römern als Aufrührer auslieferten. Das ist aber ein so offenkundiger Unsinn, daß andere modernistische Deuter des Neuen Testamentes dies zugeben, statt dessen aber Judas in die Aufrührer-These einflechten. Darauf kommen wir noch zurück. Diese und andere Theorien rund um Judas dienen alle der momentanen Neigung, ihn zu exkulpieren.

Etliche verweisen dabei auf die angebliche religiös-metaphysische Bedeutung des Judasverrates. Demnach mußte Judas den Meister verraten, weil ihn sonst die Häscher der Priester nicht gefunden hätten und es folglich auch nicht zum Kreuzestod Jesu gekommen wäre. Dieser Opfertod sei doch aber für das Heil der Menschheit unerläßlich gewesen.

Eine solche »Exkulpation« von Judas liegt aber denn doch zu sehr auf der gleichen Ebene, als wollte man Eichmann und Hitler für ihr Projekt des Judenholocaustes und dessen Durchführung loben, weil sich ohne diesen furchtbaren Schock die Juden wohl doch nicht aufgerafft hätten, den Staat Israel so energisch aufzubauen, und es andernfalls auch heute noch, wie vor dem Ersten Weltkrieg, nur ein paar bescheidene jüdische Kolonien inmitten einer arabischen Umwelt, aber auf keinen Fall einen eigentlichen Judenstaat gäbe. Eichmann, der Judenschlächter, wäre demnach als wichtiger Förderer des politischen Zionismus zu loben.

Das wäre übrigens noch nicht einmal so abwegig, denn tatsächlich gab es in prominenten Nazikreisen zu Beginn die Tendenz, die Juden ganz ohne Mord und Massenvergasungen einfach aus dem Land auszuschaffen, wobei manche Naziführer ausdrücklich für Palästina plädierten. Es gab daher unter deutschnationalen Juden auch die Auffassung, daß man durch die Bejahung des Zionismus den Judenfeinden in die Hände arbeite, die den deutschen Juden das Recht auf ihre deutsche Heimat streitig machten.

Doch erstens kann man kein Verbrechen dadurch rechtfertigen, daß es sich in irgendeiner Hinsicht auch positiv auswirken konnte und sogar mußte. Und zweitens ist diese Begründung speziell im Zusammenhang mit Judas auch deshalb abwegig, weil es auch ohne diese sehr üble Kollaboration des Verräters mit den Verfolgern Jesu sicher gelungen wäre, ihn aufzufinden und zu verhaften. Tagsüber versteckte er sich ja überhaupt nicht, begab sich in Tempelnähe, um dort zu agieren, zu agitieren und zu disputieren. Man hätte ihn also notfalls auch tagsüber verhaften können, wenn man es auch nur sehr ungern getan hätte, denn man hatte keine Lust, Aufsehen und vielleicht auch Aufruhr zu erregen. Schon gar nicht an diesen Festtagen, während Tausende von Pilgern Jerusalem bevölkerten und die Römer, welche »ihre Pappenheimer kannten« und wußten, wie leicht entflammbar die Juden vor allem während solcher Festtermine waren, auf jede Unruhe besonders rasch und scharf reagiert hätten.

Doch da er sich am Tage immer wieder in Tempelnähe sehen ließ, wäre es auch nicht allzu schwierig gewesen, ihm einen Spitzel an die Fersen zu heften, der das nächtliche Versteck ausfindig gemacht hätte. Und es wäre auch ganz überflüssig gewesen, einen »Verräterkuß« zu organisieren: Selbst wenn die Häscher im Dunkeln nicht ohne weiteres hätten ausmachen können, welcher dieser paar Männer Jesus war, so hätte es genügt, die Jünger zu fragen und, falls sie die Antwort verweigerten, ihnen mit der Kollektivverhaftung zu drohen. Sie waren, was sie dann während der Verurteilung und Hinrichtung ihres Meisters ausgiebig und eindeutig bewiesen, Hasenfüße, und der eine oder andere von ihnen hätte sicher »gesungen«. Davon abgesehen hätte Jesus selbst, der *kein* Hasenfuß war, nicht geduldet, daß seine Getreuen – wie erbärmlich sie auch versagen mochten – um seinetwillen leiden mußten, er hätte seine Identität selber preisgegeben.

Im übrigen ist es wenig sinnvoll, sich den Kopf darüber zu zerbrechen, was gewesen wäre, wenn Judas den Meister nicht verraten hätte. Denn eines ist sicher: Hat eine verkommene und zu einem Justizverbrechen entschlossene Rechtsbehörde – und das war der in andern Fällen so respektgebietende Sanhedrin zumindest im Zusammenhang mit Jesus eindeutig – sich einmal auf ein anvisiertes, schuldloses, präsumtives Opfer eingeschossen, so wird sie auch Mittel und Wege finden, es aufzuspüren und zur Strecke zu bringen. Das kann man beinahe als Axiom betrachten. Jesus war mit und ohne Judaskuß verloren. Mit der metaphysischen, angeblich für das Heilsgeschehen und die Erlösung der Menschheit zentralen Bedeutung des Judas ist es damit »Essig«. Dennoch kommt gerade diese Judas-Interpretation auch schon bei früheren Theologen vor.

Der »Plot« vom politischen Aktivisten Judas

Andere moderne »Judastheoretiker« wollen ihn denn auch aus ganz anderen Gründen ein wenig rechtfertigen. Sie bieten – zum Teil in dicken, unlesbaren Wälzern – verschiedenartige Erklärungen für sein Verhalten an, die alle ein bißchen darauf hinauslaufen, ihn trotz allem als eine mehr oder weniger honorige Figur erscheinen zu lassen.

Judas sei – so heißt es zum Beispiel – einer jener messiasgläubigen Juden gewesen, die ihre Vorstellung des Erlösers nicht von jener Jesaja-Stelle herleiten, wonach er sich widerstandslos wie ein Lamm zum schmachvollen Tod am Holze schleppen läßt und qualvoll als Sühneopfer für die anderen verscheiden wird, sondern ihn im eigentlichen und vollen Sinne als Messias (Maschiach = der Gesalbte) auffaßten, der königlich in Jerusalem einreiten und das Volk auch politisch befreien werde. Judas habe nach dem von Jesus provozierten kleinen Krawall gegen die Geldwechsler und Devotionalienhändler fest erwartet, Jesus werde zu weiteren, weit wirksameren Aktivitäten und zuletzt zum Aufstand gegen Rom aufrufen.

Als Jesus aber passiv blieb, habe Judas beschlossen, dem Volks-

und Weltheil dadurch nachzuhelfen, daß er Jesus absichtlich in eine tödliche Gefahr hineinmanövrierte, aus der es Errettung nur durch ein echtes Wunder geben konnte. Dieses Wunder habe Judas fest erwartet, und er habe sich dann mehr oder weniger aus Enttäuschung selbst das Leben genommen ...

Das ist nicht ganz so abwegig wie die »Akzeptanz« des Verräters Judas, der (angeblich) für den Heilsplan der Welt unerläßlich gewesen sei. Und man kann auch auf die eine oder andere Stelle in den Evangelien hinweisen, in welcher die Jünger den Meister tatsächlich auffordern, seine »Messiasrolle« durch entsprechende Wundertaten zu beweisen, was Jesus aber immer wieder ablehnt, obwohl er an und für sich tatsächlich Wunder vollbringen kann. Er tut es aber nie zur »Selbstbestätigung«, sondern immer nur um die Hoffnung und Erwartung, die physisch und geistig Erkrankte und deren nahe Freunde und Verwandte in ihn setzen, nicht zu enttäuschen und um zu helfen. Und er bringt oft und deutlich genug zum Ausdruck, daß gerade diese Wundertaten nicht das Wesentliche seiner Aktivitäten seien. Die Welterlösung als solche erwartet er – dies im Gegensatz zu manchen späteren jüdischen Mystikern aus dem Umkreis der Kabbalisten – durch einen Spontaneingriff Gottes, der sich nicht durch irgendwelche magischen »Zauberpraktiken« herbeiführen oder auch nur beschleunigen ließe. Darauf kommen wir noch zurück.

Doch selbst wenn Jesus in diesem Punkte je Anlaß zu Mißverständnissen gegeben hätte – was er aber kein einziges Mal tat –, wäre damit eine solche schmutzige Felonie wie jene mit dem »Bruderkuß« des Judas nicht gerechtfertigt. Selbst wenn jemand prinzipiell an eine mögliche Welterlösung glaubt, muß er doch – wenn seine moralischen Maßstäbe nicht total verkommen und verwirrt sind – begreifen, daß eine Erlösung, die auf eine »Maieutik«(Geburtshilfe) von so erbärmlicher Art angewiesen wäre, in Wirklichkeit kein Paradies auf Erden herbeizubringen vermöchte.

Erlösung durch Verbrechen?

Was übrigens eine (angebliche) Absicht des Verräters Judas angeht, durch sein Verbrechen die Welterlösung zu beschleunigen, wenn nicht sogar auszulösen, so gibt hierauf eine Legende aus einem ähnlich intensiv erlösungsgläubigen jüdischen Ambiente, dem des Chassidismus, die gültige Antwort:

An einem Jom-Kippur, dem strengsten Buß- und Fasttag der Juden, ist der Ba'al-Schem, der Begründer der chassidischen Bewegung, ohnmächtig über seinem Betpult zusammengesunken, weil seine Seele zu Gott entschwebt ist, um angesichts der unerträglichen Not der Juden auf Erden die beschleunigte Welterlösung zu erflehen. Gott ist schon drauf und dran, nachzugeben – doch inzwischen ist der Fasttag längst abgelaufen (bei Juden beginnen und enden die Feiertage am Abend), und als der Rabbi von seiner himmlischen Höhe zur Synagoge hinabblickt, sieht er, daß dort ein kranker, alter Bettler zusammengebrochen ist, weil er das verlängerte Fasten nicht aushielt. Sofort unterbricht der Rabbi sein Gespräch mit Gott und eilt hinab, um das Gebet zu beenden und die Gemeinde heimzuschicken.

Diese Parabel wird immer kommentarlos erzählt, aber eine ausdrückliche Deutung erübrigt sich ja auch, da sie auf der Hand liegt: Der Ba'al-Schem hat keineswegs dem kranken Bettler zuliebe die beschleunigte Welterlösung preisgegeben, denn es kann keine Erlösung auf Kosten der Verletzung eines grundlegenden Gebots der Nächstenliebe und der unterlassenen Hilfe an einem Notleidenden geben. Noch weniger kann man durch ein eigenes schweres, aktives Verbrechen wie einen verräterischen Bruderkuß, durch den man einen Unschuldigen seinen Henkern ausliefert, das Paradies auf Erden herbeizaubern. Diese chassidische Parabel enthält übrigens – dies nur nebenbei – zugleich auch die Absage an den Glauben, daß man durch revolutionären Blutterror die »Neue Erde« herbeiführen könnte.

Es gibt freilich im rabbinischen Schrifttum daneben auch die These, wonach möglicherweise dem Kommen des Messias besonders wüste, schlimme Zeiten vorangehen werden, und im 17. und 18. Jahrhundert haben denn auch die bereits erwähnten wirren Pseudomessiasse Sabbatai Zwi und Jakob Frank nicht ganz unlogisch versucht, durch eigenes Sündigen den Erlösungstermin zu beschleunigen. Es ist aber sicher kein Zufall, daß sie sich dabei mit Verstößen gegen Sextabus und reine Ritualgesetze begnügten und Schwerverbrechen mieden. Instinktiv fühlten sie offenbar, daß sie Gott durch selbstbegangene Kapitalverbrechen nicht zur messianischen Welterlösung animieren würden.

Für den Verrat des Judas gibt es also, was immer man sich für originelle Motive für sein Tun ausdenken mag, keine akzeptable Entschuldigung.

Man täte meines Erachtens überhaupt besser daran, an Judas nicht allzu viele Gedanken zu verlieren; Jesus wäre sicher in jedem Fall, auch ohne diesen häßlichen Verrat, hingerichtet worden. Und was sich Judas bei dem Ganzen gedacht hat, ist für Jesus und für die Geschichte des Christentums letztlich egal ...

Gab es den Judas?

Eine andere Frage ist es, ob es diesen Judas, diesen finsteren Verräter, unter den Jüngern tatsächlich gab. Zugegeben, er ist bei allen Evangelisten erwähnt, und es liegt auch (zumindest unter den erhaltenen apokryphen Schriften) kein einziger Text vor, der seine Existenz abstreitet.

Aber es kommt bei ihm so vieles Unwahrscheinliche zusammen: Er war erstens, im Gegensatz zu allen anderen Jüngern, nicht Galiläer, sondern stammte aus einem judäischen Ort namens Karioth (Judas Iskarioth = Isch-Karioth = Mann aus Karioth). Wie geriet er als Judäer überhaupt in diese so lokal geprägte Gruppe aus dem Norden des Landes?

Er heißt ferner »Judas«, auf hebräisch Jehuda, was gleichbedeutend ist mit »Jude«. An sich ein bei den alten Hebräern – und übrigens auch noch bei den heutigen Juden – sehr häufiger Vorname, und im Sympathisantenumkreis Jesu gab es noch einen zweiten Judas, der keinen Verrat verübte.

Trotzdem fällt es auf, daß der einzige Verräter unter den Jüngern Jesu ausgerechnet »Jude« heißt, und es läßt naive und historisch Ahnungslose bei entsprechend hetzerischen Predigten ganz vergessen, daß alle anderen Jünger ja gleichfalls Juden waren und daß Jesus im Prinzip sein Lebtag abgelehnt hat, auch unter Heiden zu missionieren oder auch nur an Heiden Wunder zu tun.

Ausdrücklich ermahnt er einmal seine Jünger, ehe er sich für kurze Zeit von ihnen trennt, damit sie inzwischen für den neuen Erlösungsglauben missionieren sollen, sich dabei an Juden zu wenden, und zwar ausschließlich an solche der »kanonischen« Ausrichtung. Nicht einmal die Samariter, die sich zwar gleichfalls zum Judentum bekennen, jedoch nach offizieller jüdischer Meinung als Häretiker gelten, sollen den Bekehrungsversuchen unterworfen werden.

Und nur zweimal hat Jesus auch Nichtjuden eine Wunderheilung zuteil werden lassen. Das eine Mal dem Knecht eines römischen Legionärs, dessen Vertrauen und Glauben Jesus nicht enttäuschen will, und ein zweites Mal dem Kind einer Syrophönizierin, die er zunächst abgewiesen hatte, weil sie eben Heidin war und Jesus meinte, auch ein Hausvater habe in erster Linie für seine Kinder zu sorgen und nicht für Fremde. Erst als sie ihm sagt, man gönne doch sogar einem Hündchen wenigstens die Brosamen, die unter den Tisch fallen, läßt er sich rühren und überzeugen.

Übrigens – dies nur nebenbei – ist Jesus in diesem Punkte kein typischer »Pharisäer«, mit denen er sonst weit mehr Ähnlichkeit und sogar Verwandtschaft hat, als die meisten Christen wissen. Seine – man möchte fast sagen: – »dörfische« Enge war für die Talmudlehrer, die zum Teil aus den babylonischen Metropolen stammten, durchaus nicht typisch. Die Größten unter ihnen betonen ausdrücklich, daß der gerechte Nichtjude genauso einen Anspruch auf das Himmelreich habe wie der fromme Jude.

Wir führen dies nur an, um darzulegen, wie »dörfisch« eng und geschlossen dieser galiläische Jüngerkreis um Jesus herum war. Wie kam da der Judäer Judas überhaupt hinein?

Und falls es stimmen sollte, daß gerade er in höherem Ausmaß als die anderen Jünger die Erlösung zugleich auch politisch und konkret sichtbar begriff – warum schloß er sich dann ausgerechnet dieser eindeutig politisch passiven nazarenischen Miniaturformation an anstatt zum Beispiel einem Aktivisten und Terroristen von der Art jenes Barrabas, der gleichzeitig mit Jesus gekreuzigt werden sollte, aber auf Fürbitte des Volkes von der Hinrichtung freikam? Aktivisten von der Art des Barrabas liefen ja damals zu Dutzenden, wenn nicht zu Hunderten im Lande herum, Judas hätte nicht lange suchen müssen, er hätte höchstens die Qual der Wahl gehabt.

Statt sich den Kopf darüber zu zerbrechen, weshalb Judas den Meister verriet, sollte man also eher darüber nachdenken, ob es diesen Judas überhaupt gab? Wann wird er mit Sicherheit zum erstenmal erwähnt? Falls erst zu einem Zeitpunkt, in welchem das junge Christentum anfing, judenfeindliche Züge aufzuweisen, wäre es vielleicht sinnvoller zu erwägen, ob es diesen scheußlichen Juden namens »Jude« (Judas) überhaupt gab, ob er nicht vielmehr eine der allerfrühesten judenfeindlichen Phantasiefiguren der christlichen Tradition ist, ähnlich dem bösen Schuster Ahasver, der zwar erst zur antijüdisch aufgeheizten Kreuzfahrerzeit erfunden wurde, der aber gleichfalls sich Jesus gegenüber schlecht verhielt (er hinderte ihn angeblich, sich bei seinem Hause auszuruhen, als er auf dem schweren Gang nach Golgatha unter der Kreuzeslast an seiner Schwelle zusammenbrach) und der seither als »ewiger Jude« umherirren muß, ohne sterben zu dürfen?

Wählen wir als Beispiel für eine zweite extrem judenfeindliche Verzerrung im Neuen Testament das »Portrait« des angeblich so edlen Statthalters Pilatus.

Pilatus

Der historische Pilatus

Dem römischen Statthalter Pilatus teilt das Neue Testament eine geradezu herzergreifende Rolle zu: Er bezweifelt die Schuld Jesu, unterhält sich mit ihm über moralphilosophische Probleme (»Was ist Wahrheit?«), will ihn ganz freisprechen oder schlimmstenfalls zu einer Geißelstrafe verurteilen. Schließlich läßt er sogar eine Schüssel Wasser anschleppen, um vor den Augen des Volkes seine »Hände in Unschuld zu waschen«. Zuletzt versucht er dann noch, Jesu Freispruch gleichsam durch ein Plebiszit zu erzwingen, denn nach Aussage des Neuen Testamentes gab es in Jerusalem den Brauch, daß die Juden zu diesem hohen Feiertag – Pessach – einen von der römischen Justiz zum Tode Verurteilten freibitten konnten. Die versammelte jüdische Volksmenge plädiert aber für den politischen Insurgenten und Wegelagerer Barrabas, und als Pilatus, gerührt von Jesu Unschuld, vorschlägt, man sollte doch lieber für ihn optieren, schreien die Juden sogar »Sein Blut komme über uns und unsere Kinder!«

Auch wenn man nicht wüßte, daß diese Fassung der Evangelisten – und eine frühere liegt leider nicht vor – erst zu einem Zeitpunkt niedergeschrieben wurde, als das junge Christentum sich bereits scharf und feindselig von den Juden abgesetzt hatte und sich eifrig bemühte, den allmächtigen Römern »Honig ums Maul zu schmieren« – spürt man doch, daß es zwischen Jesus und Pilatus unmöglich so gelaufen sein kann.

Zunächst einmal: So, wie wir Pilatus aus außerbiblischen Quellen kennen, war er ein ungewöhnlich brutaler und skrupelloser Mann, dem es restlos egal war, wie viele Juden er täglich kreuzigen ließ, sofern bei ihnen nur der geringste Verdacht auf Rebellion und Subversion gegen Rom bestand. Auch die Hinrichtung Jesu hätte ihn an sich ganz bestimmt nicht gestört.

Nehmen wir aber an, es gab diesen Brauch wirklich, zu Pessach einen von Rom verurteilten Delinquenten dem Volk nach freier Wahl freizugeben, so kann es natürlich sein, daß Pilatus tatsächlich für Jesus und gegen Barrabas optierte, denn es war nur allzu offenkundig, daß dieser schwächliche Wanderprediger kein gefährlicher antirömischer Revoluzzer war. (Über Jesu Aussehen und Konstitution gibt es an sich keinerlei dokumentarische Berichte. Wir können trotzdem aus den Evangelien schließen, daß er schwächlich war: Robuste Männer quälten sich am Kreuz oft tagelang, ehe der Tod sie erlöste; Jesus starb schon nach wenigen Stunden, und zwar ohne daß man auf die bei den Römern zu diesem Zweck übliche Weise dadurch nachgeholfen hätte, daß man ihm die Unterschenkel zertrümmerte – was für die »Heilsgeschichte« übrigens von Bedeutung war, denn das rituelle Opferlamm darf keine Knochenbrüche aufweisen.)

Aus taktischen und politischen Gründen konnte Pilatus also am Tode Jesu kein Interesse haben.

Er hat aber ganz bestimmt kein Wasser anschleppen lassen und also auch nicht dramatisch und poetisch verkündet »Ich wasche meine Hände in Unschuld«, denn das ist eine rein biblische Formulierung (sie stammt aus den Psalmen), die Pilatus gar nicht kennen konnte. Und selbst wenn er sie gekannt hätte, wäre sie in seinen Augen sinnlos gewesen. Denn die Römer badeten und wuschen sich zwar genauso gern und häufig wie die Japaner; Tauch- und Warmbad und Händewaschen waren für sie aber, genau wie für die Japaner, nur physische Reinigung und nicht mit der mystisch-magischen Bedeutung der Entsühnung verbunden wie bei den Juden besonders deutlich die rituellen Bäder in fließendem Wasser.

Es hat ihm aber, so, wie wir ihn aus der Geschichte kennen, ganz sicher keinen großen Kummer bereitet, auch beliebig viele der Insurrektion fälschlich bezichtigten Juden mitzukreuzigen.

Anatole France, ein geistvoller französischer Schriftsteller (1844-1924), der von Justizverbrechen sehr viel verstand und nicht grundlos auch eine glänzende Parodie auf den »Dreyfusprozeß«

in seinem Buch »L'Ile des Pinguins« präsentiert (für den, der es nicht wissen sollte: In diesem Prozeß wurde zur Jahrhundertwende ein unschuldiger jüdischer Hauptmann namens Dreyfus als angeblicher Hochverräter in Paris verurteilt) – Anatole France also hat auch eine Geschichte rund um den alt gewordenen und längst pensionierten Pilatus erfunden: Ein Freund erzählt ihm von den Christenverfolgungen und erwähnt, daß der Gründer der Bewegung während der Amtszeit von Pilatus in Jerusalem gekreuzigt worden sei. Pilatus kann sich aber mit dem besten Willen an den Namen Jesu nicht erinnern ...

Diese Geschichte hat nur einen einzigen Schönheitsfehler: Pilatus nahm sich schon bald nach seiner Rückkehr nach Rom das Leben. Aber an Jesus konnte er sich sicher schon am nächsten Tag nicht mehr erinnern.

Doch davon abgesehen: In welcher Sprache sollte denn die Unterredung zwischen Pilatus und Jesus stattgefunden haben? Wir können davon ausgehen, daß der galiläische Dörfler Jesus etwa gleichviel Griechisch und Lateinisch konnte wie ein ostgalizischer Wunderrabbi Polnisch und Ruthenisch. Also nur ein paar Worte, die allenfalls zu einer notdürftigen Verständigung über einfachste Tagesfragen ausreichten. Er beherrschte, wie jeder halbwegs gebildete Jude, das Bibelhebräisch und sprach die damalige Lingua franca des ganzen Nahen Ostens, nämlich Aramäisch, las möglicherweise auch die Bibel lieber in der längst vorliegenden aramäischen Übersetzung als im hebräischen Urtext. Seine letzten Worte am Kreuz (Mein Gott, warum hast du mich verlassen?) werden in den Evangelien sowohl hebräisch wie aramäisch wiedergegeben, wir wissen also nicht, in welchem der beiden Idiome Jesus sie zitierte. (Die Wunderrabbis Ostgaliziens beherrschten ebenfalls Hebräisch und Aramäisch, sprachen aber Jiddisch.)

Pilatus seinerseits beherrschte sicher nur ganz fragmentarisch das Aramäische. Die beiden müßten sich also durch einen Dolmetscher miteinander unterhalten haben. Aber auch dann hätte Pilatus in diesem Gespräch sicher keine metaphysischen Fragen erörtert, wie das Neue Testament es ihm unterstellt (»Was ist Wahrheit?«). Er kann Jesus – wenn es überhaupt je zu einem Gespräch zwischen ihnen beiden kam, gefragt haben: »Bist du der König der Juden (also der Messias)?«

Soviel Latein oder Griechisch verstand wohl auch Jesus. Daß er sich aber – mit oder ohne sprachliche Kommunikationsschwierigkeiten – mit dem »Goj« nicht auf Erklärungen darüber einließ, daß dieser Messiasbegriff nicht unbedingt die Insurrektion gegen Rom inkludierte, ist klar. Pilatus hätte kein Wort begriffen. Zudem war Jesus den Römern ja von seinen eigenen Landsleuten als Aufwiegler gegen Rom überstellt worden. Jesus wußte spätestens nach seiner Auslieferung an die römische Justiz und Exekutionsgewalt ganz genau, daß er verloren war, und es war nicht seine Art, würdelos in einer ohnehin hoffnungslosen Situation ums Leben zu winseln. Also begnügte er sich mit der Kurzformel, mit der er auch schon die Anwürfe des Sanhedrin beantwortet hatte, als sie ihn nach seiner Messianität fragten: »Du sagst es . . .«

Jesus = Barrabas? (These Dr. iur. Weddig Fricke)

Wir kommen zur Episode Pilatus/Jesus/Barrabas. Bei all diesen Geschichten im Neuen Testament, in denen »die Juden« sehr schlecht abschneiden, bewegen wir uns auf unsicherem Boden. Sogar die frühesten Niederschriften über die Vorgänge rund um Jesus, die sich erhalten haben, stammen erst aus einer Zeit, in welcher das junge und bereits siegreiche Christentum sich gehässig gegen »die Juden« abzusetzen begann. Entsprechend sind auch die Bearbeitungen der Texte ausgefallen. Hier bis auf den historischen Kern durchzustoßen ist in jedem Fall schwierig und oft genug ausgeschlossen.

Manches kann man trotzdem eindeutig festhalten. So ist es nicht anzunehmen, daß »die Juden« bei ihrer Bitte um die Freigabe des Terroristen und Aufwieglers Barrabas den Tod Jesu ausdrücklich postuliert und dabei die Formel »sein Blut komme über uns und über unsere Kinder« gebraucht haben. Sie hatten ja gar nichts gegen Jesus. Aber offenbar hatten die Sympathisanten des eindeutig antirömischen Terroristen Barrabas mehr Mut als die Jünger Jesu: Sie hatten sich vor dem Palast des Statthalters eingefunden, um lautstark für Barrabas zu votieren. Sie sorgten für die nötige »Phonstärke« bei dieser »Volksbefragung« zugunsten ihres »Helden«, das gab den Ausschlag. Die Jünger Jesu hielten sich ja nach wie vor im Vorort Bethanien versteckt und rückten dann von dort aus direkt nach Galiläa aus. Daß dies im Neuen Testament auf Befehl des auferstandenen Jesus geschieht, ist offenkundig eine nachträgliche Beschönigung. Im übrigen geben die Evangelien ja offen zu, daß die Jünger sich in jenen letzten Tagen ihres Meisters erbärmlich benommen haben.

Was aber die Formel »sein Blut komme über uns« angeht, so widerspricht sie jüdischem Denken und Empfinden denn doch zu sehr. Als die erste Ausgabe meines Buches »Der Jüdische Witz« erschienen war, bekam ich Tausende von Zuschriften. Gleich zu Beginn war da eine von einem judaistisch hochgebildeten Ostjuden dabei, der mich aufmerksam machte, daß ich in künftigen Ausgaben des Buches den Ausspruch einer erregten Jüdin »der Schlag soll mich treffen, wenn . . .« unbedingt wegstreichen müsse, weil seit Urzeiten bis auf den heutigen Tag kein Jude sich je selber verflucht hat, und zwar auch nicht in Zusammenhängen, in welchen das Risiko tragbar erscheint; er verflucht immer nur den oder die anderen.

In dieser Form kann sich die Szene im Vorhof des Pilatus also auf keinen Fall abgespielt haben. Offenkundig ist diese (angebliche) Selbstverfluchung der Juden nur dazu erfunden, damit man dem ganzen jüdischen Volk in alle Ewigkeit den »Gottesmord« anlasten konnte.

Und auch der spätere Selbstmord des Pilatus hing sicher nicht mit Jesus zusammen, den er wahrscheinlich schon vergessen hatte, sobald er zur Geißelung und Kreuzigung abgeführt wurde: Pilatus war wegen ungetreuer Geschäftsführung nach Rom vorgeladen worden und verlor die Nerven noch vor dem bösen Prozeßausgang.

Eine hochinteressante Version der Begegnung Jesus/Pilatus bietet dagegen der deutsche Jurist Dr. Weddig Fricke in seinem geplanten Jesus-Buch: Demnach gab es damals nicht die zwei Delinquenten und Todeskandidaten, also erstens Jesus und zweitens Barrabas, im Vorhof des römischen Statthalters, sondern nur Jesus allein. Barrabas trägt nämlich laut Neuem Testament ebenfalls den Vornamen Jesus, und ein Name »Barrabas« kommt im gesamten jüdischen und vorderasiatischen Schrifttum jener Zeit – oder auch früher und später – nie und nirgends vor. »Bar-abba« ist aber aramäisch und heißt soviel wie »Sohn des Papa«. Es war, wie Dr. Fricke für denkbar hält, möglicherweise einfach ein gutmütiger und ein bißchen spöttischer Zuname Jesu, dessen Beziehung zu Gott besonders intim und liebevoll war. Zwar nennen die Juden in ihren Gebeten bis auf den heutigen Tag Gott ihren Vater, also »unser Vater« oder »Vater unser« (awinu). Das Gebet »Vater unser« ist ja auch rein jüdisch, es beruht auf einem Mischnatext, und die Juden beten es in sehr ähnlichen Worten.

Aber die für Jesus typische, besonders zärtliche und intime Beziehung zu Gott findet sich nur bei volkstümlichen mystischen Sekten der Juden durch alle Jahrtausende hindurch. Auch der von mystischem Gottvertrauen entflammte Chassid nennt Gott nicht einfach »unser Vater«, sondern – wir erwähnten es bereits früher – »tatenju« (von poln. tata = Papa): Väterchen, Papachen. Wenn also die jüdische Volksmenge damals vor dem Palast des Pilatus schrie: »Gebt uns den Jesus Barrabas heraus!«, so hieß das – nach Dr. Fricke – »Wir wollen unsern Jesus mit dem Übernamen Barrabas wiederhaben!«, und nicht: »Wir wollen den Banditen Jesus Barrabas anstelle von Jesus aus Galiläa haben!« Sie bekamen ihn aber nicht zurück.

Wenn Dr. Fricke mit seiner originellen These recht hat, dann kann das nur bedeuten, daß es einen solchen Brauch, einen Todeskandidaten von der römischen Justiz zu Pessach freibitten zu dürfen, gar nicht gab. Ohnehin ist eine solche Usance – auch das sagten wir schon – außer durch die Evangelien nirgends belegt ...

Bei dieser angeblichen und nie stattgefundenen Selbstverfluchung der Juden im Vorhof des römischen Statthalters müssen wir uns aber noch einen Augenblick aufhalten, denn sie bildet den Background zu einer völlig perversen, angeblich philosemitischen Modetheorie, die man, so dumm sie ist, trotzdem nicht unwidersprochen passieren lassen kann.

Wir wiederholen: Daß die Juden vor dem Palast des Pilatus herumrandaliert haben sollen, das Blut Jesu solle über sie und ihre Kinder kommen, ist mit Sicherheit eine ziemlich späte antisemitische Erfindung und Verleumdung. Aus zwei Gründen müssen wir uns aber trotzdem mit dieser »Negativlegende« auseinandersetzen. Erstens, weil sie den Antisemiten aller Zeiten und Regionen immer wieder zur Rechtfertigung des Diffamierens und Abschlachtens von Juden als »Gottesmördern« diente, die sich mit diesem (angeblichen) Ausspruch offen zu ihrer Blutschuld bekannt hätten.

Und zweitens, weil dieser (nie stattgefundene) Ausspruch gerade manchen modischen Philosemiten als Aufhänger dazu dient, die Juden genau umgekehrt zu exkulpieren und sie zu »Teilhabern« und »Mitprofitanten« am christlichen Heilsgeschehen umzudeuten. Und zwar mittels gedanklicher Rösselsprünge, die an perverser und bizarrer Albernheit kaum ihresgleichen finden:

Demnach hätten nämlich die betreffenden Juden mit diesem Ausspruch keineswegs sagen wollen: »Jesus ist ein so abscheulicher und eindeutiger Missetäter, daß wir bedenkenlos die Verantwortung für seinen Martertod mit unseren Kindern zusammen tragen wollen.« Vielmehr hätten sie an ihn geglaubt und gewußt oder geahnt, daß sein Opfertod »am Holze« die Schuldigen von deren »Erbsünde« befreie, und nur daher auf seiner Kreuzigung bestanden, um von diesem »Heil mitzunaschen«, das heißt miterlöst zu werden ...

Daß das offenkundiger Unsinn ist, spürt wohl ein jeder, dessen Gehirn nicht durch theologische Drehs und Spitzfindigkeiten verbildet ist. Es bedarf aber einiger theologischer Vorkenntnisse, um zu begreifen, *weshalb* das Unsinn ist und obendrein – was die Erfinder dieser »interessanten« These gar nicht gemerkt und auch nicht beabsichtigt haben – auf eine gefährliche und bösartige Verleumdung der Juden hinausläuft, die alle bisherigen judenfeindlichen Unterstellungen aus christlichem Umkreis noch erheblich in den Schatten stellt.

Denn es stimmt zwar, daß Jesus unmittelbar vor seinem Martertod den – zweifellos historischen – Ausspruch tat: »Herr, vergib ihnen, denn sie wissen nicht, was sie tun!« Man darf aber hierbei die zweite Hälfte des Satzes nicht unterschätzen und unterschlagen: Voraussetzung für die Vergebung ist, daß die Schuldigen ihr Verbrechen als solches nicht erkennen oder – etwa durch Befehlszwang – zu dessen Vollzug verpflichtet sind. Vergebung könnte also ein primitiver, aufgehetzter Pöbel finden, der den Verleumdungen gegen einen Delinquenten kritik- und gedankenlos Glauben schenkt (es gab aber einen solchen Pöbel bei der Exekution Jesu nicht; das offenbart schon eine sorgfältige Lektüre der an sich alles andere als »judenfreundlich« abgefaßten Evangelien), und vor allem die Folterknechte. In der christlichen Welt war es später daher fester Brauch, daß sogar der Henker selbst sein Opfer um Vergebung bat.

Die Vergebung kann aber nach jüdischem Rechtsverständnis – das in diesem Punkte auch Jesus geteilt haben dürfte – niemals jenem zuteil werden, der ganz genau »weiß, was er tut«, und sein Verbrechen nicht einmal nachträglich bereut. Nach verbindlichem jüdischen Glauben kann auch Gott selbst nur jene Verfehlungen vergeben, die gegen ihn allein begangen wurden, also Zeremonial- und Ritualsünden vor allem. Verbrechen gegen den »Nächsten« sühnt kein Gebet, keine Opfergabe und nicht einmal ehrliche Reue, sofern sie nicht von konkreter Buße und »Wiedergutmachung« begleitet und vom Opfer der Untat persönlich akzeptiert wird. Nur dieses selbst, und nicht Gott, kann ein solches Unrecht allenfalls vergeben.

Wir können mit an Sicherheit grenzender Wahrscheinlichkeit annehmen, daß Jesus in seiner Bitte an Gott, seinen Quälern zu verzeihen, jenen Priesterklüngel, der ihn als angeblichen Insurgenten (was Jesus nie war) den Römern überstellte, genau wissend, wie die römische Kolonialjustiz mit »Revoluzzern« verfuhr, nicht mit einbegriff. Denn sie »wußten« sehr genau, »was sie taten«. Und dieser Art von Sündern wird nicht einmal am Jüngsten Tag vergeben, dem bekanntlich ein Jüngstes Gericht vorangehen wird, bei dem entschieden wird, wer an der Welterlösung teilhaben und wer zur ewigen Höllenqual verdammt werden soll . . .

Zurück zu jenen Juden, die (angeblich) die Schuld an Jesu Martertod für sich und ihre Kinder übernehmen wollten – was sie übrigens auch deshalb gar nicht gekonnt hätten, weil das jüdische Recht Sippenhaft nicht anerkennt, so daß sie die Verantwortung nur sich selbst, aber niemals ihren Kindern auflasten konnten.

Nach dieser nagelneuen, neunmalklugen, angeblich »judenfreundlichen« Modetheorie hätten diese Juden damals gleichsam gesagt: »Marsch ans Kreuz mit Jesus, damit wir durch sein Blut und seinen unschuldig erlittenen Martertod erlöst werden!« Man gebe sich Rechenschaft, was das bedeutet:

– Man hat zwar in der christlichen Welt durch die Jahrtausende hindurch den Juden Ritualmorde angelastet. Aber nicht an Jesus, dessen Denunziation an die Römer immer nur als gewöhnliches Justizverbrechen und nicht als »Ritualmord« interpretiert wurde, was auch vollkommen richtig war. Falsch und unstatthaft war und ist nur, daß man die ganze jüdische Nation – und obendrein in alle Zukunft – für das Vergehen etlicher Kultfunktionäre in ferner Vergangenheit verantwortlich machte und immer neu bestrafte.

– Man hat den Juden durch diese ganzen Zeiten hindurch auch Ritualmorde angelastet, aber, wie gesagt, nicht an Jesus, sondern an Christenknäblein, deren Blut die Juden angeblich zur Bereitung ihrer hefefreien Osterbrote, der Mazzen, verwenden.

Auf die Idee jedoch, den »Gottesmord« an Jesus gleich auch noch als gezielten »Ritualmord« zu deuten, als rituelles Abschlachten des Blutopfers, um durch dessen Leiden und »Blut« selber entsühnt zu werden wie sonst nur durch das Blut von Schafen oder Hühnern, die im Tempelhof auf dem Altar dargebracht wurden, um dadurch Gottes Gnade zu erzielen – auf die Idee also, der jüdische Pöbel vor dem Palast des Statthalters habe mit seinem Geschrei »sein Blut komme über uns und unsere Kinder« (das es, wie gesagt, mit Sicherheit nie gegeben hat) die eigene Entsühnung durch den Martertod Jesu angepeilt – auf diese Idee sind die christlichen Judenhasser und -hetzer nicht einmal in der religiös fanatisch angeheizten Kreuzfahrerzeit verfallen. Diese ungeheuerlichste aller judenfeindlichen Unterstellungen der gesamten Weltgeschichte entspringt ausgerechnet den Köpfen modischer, nach ihrem eigenen Verständnis »philosemitischer« Theologen . . .

Von der Ungeheuerlichkeit dieser Unterstellung einmal abgesehen: Haben diese Theologen das Alte Testament nicht gelesen? Wissen sie nicht, daß nach mosaischem Gesetz menschliche Sühneopfer als »heidnischer Greuel« ausdrücklich kriminalisiert und verboten sind? Und daß folglich jene, die etwas Derartiges anstreben, als Häretiker und Mörder einzustufen wären, denen nicht einmal beim Jüngsten Gericht Entsühnung und Verzeihung zuteil würde?

Natürlich werden sich unsere Modetheologen darauf berufen, sie hätten es ja gut gemeint und die Juden keineswegs verdammen, sondern ins christliche Heil mit einbeziehen wollen. Das exkulpiert aber diese zugleich dumme und bösartige Unterstellung gegen die Juden nicht.

Und auch dadurch sind diese »Philosemiten« und »Heilsbringer« für das jüdische Volk nicht exkulpiert, daß diese neueste Variante des Ritualmordverdachtes den Juden nicht weiter schaden wird, weil der nächste Judenholocaust – sofern es ihn geben wird – sicher nicht unter dem Stichwort »Ritualmord« laufen wird, sondern sich im Nahen Osten als letzte Konsequenz immer neuer, für Israel untragbarer Konzessionen an die Araber und der gleichzeitigen, auch von den angeblichen Israelfreunden betriebenen, übermassiven Aufrüstung dieser selben Araber abspielen wird. Insofern sind die albernen Theorien einiger Modetheologen belanglos.

Sie bleiben aber ein Skandalon, zu dem man nicht schweigen darf.

Wenn es im Zusammenhang mit der Barrabas-Szene überhaupt eine jüdische Schuld gab, dann lag sie einzig bei den Jüngern Jesu: Schließlich war es ja auch für die Anhänger des Insurgenten Barrabas nicht ganz ungefährlich, sich öffentlich zu ihm zu bekennen. Hätten die Jünger ebensoviel Mut gehabt wie jene, wären sie ebenfalls hingeeilt, um für ihren Meister zu optieren, dann hätten sie ihn vielleicht freigekriegt. Sie hatten sich aber feige verkrochen.

Kreuzigung

Kreuzigung und Auferstehung im »Heidentum« des Nahen Ostens

Wir kommen zur Kreuzigung Jesu. Im wesentlichen könnten sich die Dinge so zugetragen haben, wie das Neue Testament sie berichtet. Zweifelhaft ist einzig, ob die Legionäre tatsächlich um Jesu Kleider gewürfelt haben. Legten die Soldaten wirklich Wert auf diese von der Geißelung her blutverschmierten Fetzen? Zudem wurden ja gleichzeitig zwei »Schächer« gekreuzigt, man hatte also drei Mäntel zur Auswahl. Wenn den Henkersknechten wirklich alles, was die Todeskandidaten auf und bei sich trugen, zustand, dann war es weit wahrscheinlicher, daß sie das Stoffbündel zum nächsten besten Lumpenhändler trugen und den Betrag gemeinsam in der Taverne vertranken. Das Würfeln war ganz überflüssig.

Aber da gibt es im Alten Testament eine Andeutung, nach welcher die Henkersknechte die Kleider des leidenden Messias untereinander verlosen werden. Damit die Prophezeiung genau auf Jesus zutreffe, mußte man also auch eine solche Verlosung seines Mantels in die Kreuzigungsszene einbauen.

Doch ob sie stattfand oder nicht, ist letztlich unwichtig. Dieses eine Detail aus Jesu Passion hätte nicht ausgereicht, dem Christentum zu seiner Weltgeltung zu verhelfen, und umgekehrt hätte dieses eine fehlende Indiz keinen, der dem auferstandenen Jesus selber begegnete, zum Zweifel daran bewogen, ob er wirklich der wahre Messias war.

Weit wesentlicher hierfür waren andere Faktoren, die meines Wissens kein einziger Neutestamentler, sondern nur der generell an Gestirnsgottheiten interessierte deutsche Schriftsteller Erich Zehren in seinem Buch »Der gehenkte Gott« darlegt:

Demnach gab es seit Urzeiten im gesamten Nahen Osten den Glauben, wonach der Neumond nur kommen konnte, wenn man ihn durch ein stellvertretendes Menschenopfer gleichsam allmonatlich wieder herbeibeschwor. Das Opfer mußte am Kreuz sterben, genau wie auch der Mond am Himmelskreuz allmonatlich dahinschwand, also »starb«, ehe er nach drei Tagen neu erstand. Mit ihm zusammen würde der ans Kreuz Genagelte, ebenfalls am Abend des dritten Tages, wieder zum Leben erwachen, aber nunmehr selber in den Mondgott mystisch eingehen und mit ihm identisch sein. Er wurde also nach seinem Martertod am Kreuz selber am dritten Tag zur Gottheit.

Menschliche Blutopfer und Gottwerdung bei den Indios

Diese Vorstellung, daß dem menschlichen Blutopfer – und zwar vor allem dem freiwilligen Blutopfer – die mystische Identifikation mit der Gottheit bevorsteht, für die es Qualen erleidet und stirbt, ist übrigens nicht nur auf den Nahen Osten eingegrenzt. Wir finden sie auch bei den präkolumbischen Einwohnern Mittelamerikas: Dieser jenseitige, mystische Lohn winkte auch den Hekatomben von Kriegsgefangenen, denen man auf Sonnenpyramiden zu Ehren der Sonnengottheit das Herz aus dem Leibe riß. Ihre Leichen waren nicht einfach tote Abfälle der Götterspeise »blutende Herzen«.

Besonders deutlich und unmißverständlich tritt diese Bedeutung des menschlichen Blutopfers in einem zweiten Kultbrauch der damaligen Indios zutage: Da gab es ein rituelles Ballspiel, das jeweils zwischen zweien ausgefochten wurde. Und nicht der Besiegte, sondern der Sieger »durfte« für die Gottheit sterben und dann eben mit ihr und in ihr wieder auferstehen.

Das Judentum hat aber gleich zu Beginn seiner Geschichte dem menschlichen Blutopfer seine klare Absage erteilt und es kriminalisiert: Abraham konnte sich zwar noch einreden, von Gott zur Schlachtung seines Knaben aufgerufen zu sein. Wir erwähnten bereits, daß er möglicherweise damals wirklich ein Kind geopfert hat, wenn auch nicht Isaak, den späteren Stammvater aller Hebräer. Aber er tat es mit Sicherheit kein zweites Mal, und der

Brauch wird von da an in der Bibel selbst als heidnischer Greuel kriminalisiert.

Freilich gibt es die Jesajastelle von dem stellvertretend letzte Erniedrigung und den Martertod erleidenden Erlöser.

Sie wirkt aber im Gesamttext der beiden Bücher Jesaja wie ein erratischer Block. In demselben Buche, unter demselben Prophetennamen, ist ja sogar das Tieropfer als Form der Entsühnung für den Opfernden angezweifelt und bereits die pharisäisch-rabbinische Meinung geäußert, daß es nur rein geistige und moralische Sühne geben kann, die jeder für sich allein – und niemals für einen andern – erbringen kann.

Jedenfalls hat sich das Judentum als Ganzes – Jesajastelle hin oder her – von dieser grausamen und unheimlichen Auffassung des stellvertretenden Blutopfers, sogar des tierischen, geschweige denn des menschlichen, immer weiter wegentwickelt.

Ob die Priester, die den Schlachtbetrieb der tierischen Blutopfer im Vorhof des Tempels dirigierten, wirklich überzeugt waren, Gott lege Wert auf solche Blut- und Fettgaben, werden wir nie erfahren. Vermutlich hatte jeder einzelne von ihnen seine private Meinung zu diesem Punkt.

Das Menschenopfer jedoch – ob freiwillig oder erzwungen – hätten sie, gemäß den Weisungen der Fünf Bücher Mosis, durchgehend streng abgelehnt. Wir erwähnten bereits, daß der hebräische Ausdruck für Hölle – Gej-Hinnom, das Tal Hinnom, deutsch Gehenna – sich von einer Kultstätte der Kanaaniter nahe bei Jerusalem herleitet, wo man Säuglinge in den glühenden Schlund des Götzen Moloch zu schleudern pflegte.

Und die betreffende Andeutung bei Jesaja an den leidenden und zutiefst erniedrigten Messias hätte den Abscheu der Priester vor einer solchen Vorstellung schon deshalb nicht erschüttern können, weil sie ohnehin nur an die Fünf Bücher Mosis glaubten, in denen noch nichts Derartiges erwähnt ist. (Nur nebenbei: Schon deshalb wäre es ihnen reichlich egal gewesen, ob Jesus als »Messias« firmierte oder nicht: Auch eine messianische Endzeit war für sie nichts als eine naive Phantasievorstellung, die sie nicht mitmachten. Die betreffenden dramatischen Szenen im Neuen Testament dürften auf reiner Erfindung beruhen. Es ging den

Herren Tempelpriestern wirklich nur und einzig um Jesu Zweifel am tiefen religiösen Sinn der Tempeleinnahmen.)

Im Prinzip gilt die Distanzierung vom Menschenopfer für die Juden aller Couleurs, einer jeglichen politischen und religiösen Schattierung. In Galiläa wohnten aber – anders als in Judäa – besonders viele relative »Neujuden«, ursprüngliche Heiden, die erst etwa vor 150–200 Jahren gezwungen oder freiwillig zum Judentum konvertiert waren.

Die »nordischen« Galiläer?

Das hat nichts mit irgendwelchen Rassenfragen zu tun. Bekanntlich pflegten zur Nazizeit jene Theologen und Rassentheoretiker, die Jesus nicht seines »vorderasiatisch-jüdischen Demutsethos« wegen mit den »Juden« zusammen in einen Topf warfen und verdammten, gern darauf hinzuweisen, daß auch im Neuen Testament die »Altjuden« in Judäa sich bei jeder Gelegenheit von den Galiläern distanzieren. Die Nazis deuteten das rassistisch: In Jesu Aversion gegen starren Schematismus und Formalismus der Schriftgelehrten sahen sie lebendigen nordisch-germanischen Geist im Gegensatz zu semitischer Starrheit.

Das ist natürlich Unsinn. Rassisch dürften sich die Galiläer von den Judäern kaum unterschieden haben. Sie gehörten alle zusammen derselben beduinisch-armenoiden Mischung an, der heute noch alle Völker jener Region entstammen, unabhängig von ihrer Religionszugehörigkeit.

(Nebenbei: Es ist eben deshalb auch totaler Unsinn, wenn man nationalistisch erhitzten Israelis heute »Rassismus« den Arabern gegenüber unterstellt. Rassisch sind die Moslems Vorderasiens mit den aus nahöstlichen Ländern stammenden Juden völlig identisch; nur bei den Juden vor allem aus Rußland finden sich nordslawische Einschüsse, also blondes Haar und blaue Augen. Entsprechend gab und gibt es auch keinen antiarabischen »Rassismus« bei den Juden Israels, sondern nur politisch begründete Feindschaft.)

Zurück zu den Galiläern. Rassisch unterschieden sie sich sicher in nichts von den Einwohnern Judäas. Aber ihrem Kollektiven Unbewußten (siehe Einleitung, über C.G. Jung) hafteten wohl zahlreiche Relikte und Bilder aus der heidnischen Vergangenheit weit intensiver an als jenem der »Altjuden«. Nichts rührte sich im Herzen eines Judäers, jener Jesajastelle zum Trotz, beim Gedanken an einen schmählich Gekreuzigten. In Galiläa war das anders. Hier war diese schreckliche Todesart tief im Gemüt noch mit dem alten Wissen verbunden, daß dies eine uralte Form des Menschenopfers war und zugleich Auferstehung am Abend des Dritten Tages und Gottwerdung bedeutete.

Übrigens hatten die Römer – wir sagten es schon – diese abscheuliche Todesart nicht selber erfunden, sondern von den Vorderasiaten übernommen. In Persien war sie gang und gäbe – wenn auch zur Zeit Jesu längst nicht mehr als Opferkult, sondern nur noch als eine rein »säkulare« niederträchtige Folter. Und auch die Römer wußten wohl kaum noch etwas vom religiösen Background der Kreuzigung, die vor nicht allzu langer Zeit in dieser ganzen Region noch ihre allmonatlichen rituellen Todesopfer gefordert hatte.

In den Galiläern jedoch klang beim Stichwort »Kreuzigung« diese Reminiszenz unbewußt auf. Sie waren innerlich bereit, die Auferstehung Jesu am dritten Tag nach der Kreuzigung selber mitzuerleben. Und sie erlebten sie auch tatsächlich.

Besonders aufschlußreich hierfür ist übrigens die Tatsache, daß Jesus der ihm treu und tapfer ergebenen Maria von Magdala zwar zu allererst, gleich beim leeren Grabgewölbe, erschien, ihr jedoch verbot, ihn zu berühren: Der Abend des Dritten Tages war noch nicht da, er war ihr Sonntag in aller Herrgottsfrühe entgegengetreten. Voll gegenwärtig konnte er aber erst am Abschluß des dritten Tages sein. Jetzt erlaubt er den Zweiflern unter seinen Jüngern und Sympathisanten sogar, seine Wundmale anzurühren, und er teilt mit ihnen ihr kärgliches Mahl.

Sie sahen ihn, sie erlebten ihn, sie berührten ihn, und sie trugen die Botschaft von seiner Auferstehung in alle Welt hinaus.

Und in eins damit den für die Juden schon seit mehr als tausend Jahren nur noch schwer oder überhaupt nicht mehr nachvollziehbaren Gedanken, daß ein Schuldloser durch seinen Opfertod die

Schuldigen zu entsühnen vermag und dadurch selber zum Gott wird.

Noch einmal sei hier darauf hingewiesen, daß die Juden zwar besonders schwere und unerträgliche Zeiten als »Chewlej-Maschiach«, Messiaswehen, deuten, dies aber nicht im christlichen Sinne dahin verstehen, daß sie gleichsam durch die Märtyrer entsühnt und damit der messianischen Erlösung würdig seien. Sondern sie bitten in solchen Situationen Gott nur, auf ihre unermeßlichen Qualen zu blicken und sich endlich ihrer zu erbarmen und den Erlöser zu schicken. Nur in diesem Sinne bittet denn auch ein chassidischer Zaddik Gott, er möge sich mit der Erlösung beeilen, denn so, wie man mit den Juden umspringe, werde sonst niemand von ihnen mehr dasein, den er noch erlösen könnte.

Hier klafft zwischen jüdischer und christlicher Interpretation des Leides ein Hiatus, der sich durch keinen Dialog überbrücken und hinwegdeuten läßt. Hier sind Unterschied und Trennung schlechthin total.

Die Verdunklung am Kreuzigungstag

Das Neue Testament berichtet von einer Verdunklung am Nachmittag der Hinrichtung.

Wir wissen nicht genau, in welchem Jahr die Kreuzigung stattfand. Einzelne Analytiker des neutestamentlichen Geschehens behaupten, es habe tatsächlich zu einem passenden Datum eine Sonnenfinsternis gegeben, andere bestreiten es.

Ich bin nicht Astronom vom Fach und kann daher die Streitfrage nicht beantworten. Zudem kann eine intensive Verdunklung auch andere Gründe haben, etwa eine plötzliche Gewitterstimmung, die um diese Jahreszeit in Jerusalem auch selten genug eintreten und daher übernatürlich wirken könnte.

Sicher ist nur eines: Wenn es diese Verdunklung gab, dann hat sie zweifellos wesentlich zur Erwartung einer Auferstehung Jesu genau am dritten Tag nach seinem Martertod beigetragen. Denn die kultische Kreuzigung fand ja allmonatlich an dem Tage statt, an welchem der Mond vom Himmel verschwand. Dann bleibt natürlich immer noch der leuchtende Sternenhimmel. Aber man kann das Verschwinden des Mondes auch als »Verdunklung« deuten. Gab es sie wirklich im Augenblick von Jesu Hinschied, dann erübrigte sich der Neumondtermin, mit welchem Kreuzigung und Auferstehung sonst untrennbar verbunden waren. Bei den verzweifelten Jüngern, die zunächst einmal alles für verloren hielten, könnte in diesem Augenblick zum ersten Mal eine Spur von Hoffnung gekeimt sein.

Gleichzeitig soll der Tempelvorhang auf übernatürliche Weise entzweigerissen sein.

Dieses zweite Ereignis trägt legendäre und »lehrhafte« Züge. Selbst wenn in jenem Augenblick ein Erdbeben stattgefunden haben sollte – bevor ein Stück Stoff durch die Gewalt der Erschütterung entzweigeht, müßten die Wände einstürzen. Der von Herodes erbaute Tempel war aber derart solid und massiv konzipiert, daß später, nach der Eroberung Jerusalems, die Römer ihre liebe Mühe damit hatten, ihn zu »atomisieren«, und die westliche Stützmauer hat alle Zerstörungsversuche bis heute überstanden: Es ist die sogenannte »Klagemauer«.

Der Tempelvorhang ging also damals sicher nicht entzwei. Vermutlich will das Neue Testament damit zum Ausdruck bringen, daß die Juden in jenem Augenblick die Gnade Gottes und ihre Auserwähltheit verspielten. Und wie jeder einzelne trauernde Jude nach uraltem Ritus zum Ausdruck der Trauer sein Gewand zerreißt, so zerriß eine höhere Gewalt den Vorhang, der die Bundeslade verhüllte. (Dieser Trauerbrauch besteht auch heute noch, weshalb fromme Juden an den ersten sieben Tagen nach dem Tode naher Anverwandter ihr schäbigstes Gewand anziehen, das für einen kleinen Einriß beim Kragen nicht zu schade ist.)

Jesu Leichnam

Wenn wir davon ausgehen wollen, daß Jesus nicht real und wirklich vom Tode auferstand, sondern nur im Sinne des »großen Religionsretters« C.G. Jung, also, um es in seinem Psychojargon auszudrücken, nur »objektiv«, worunter Jung soviel versteht wie »nur intersubjektiv« und folglich nur für das kollektive Bewußtsein der Jünger, dann erhebt sich die Frage nach Jesu Grabstätte. Eine solche wurde weder damals, kurz nach seiner Kreuzigung, noch jemals später aufgezeigt.

Denkbar wäre folgende Möglichkeit: Unmittelbar nach der Kreuzigung reichte die Zeit bis Sabbat- und Pessachanbruch laut Neuem Testament nicht mehr zu einer richtigen zeremoniellen Beerdigung aus. Das wäre darauf hinausgelaufen, daß man seinen Leib einstweilen unachtsam beiseite geworfen und liegengelassen hätte.

Bekanntlich verhinderte dies der Ratsherr und »Pharisäer« (sic! im Neuen Testament nachzulesen!) Joseph von Arimathia, indem er provisorisch das zufällig nahe gelegene, noch unbenützte Grabgewölbe zur Verfügung stellte, das er für seine Familie hatte errichten lassen.

Als die drei Frauen aus Jesu Gefolgschaft am Sonntagmorgen dann hinkamen, um dem Leib Jesu die übliche Pflege angedeihen zu lassen, fanden sie den Steinblock, mit dem man Freitag abend den Höhleneingang (gegen wilde Tiere) versperrt hatte, beiseite geschoben und das Gewölbe leer.

Wenn man dem Neuen Testament in der uns einzig vorliegenden Fassung Glauben schenken will, dann war das Grab noch zusätzlich durch römische Legionäre bewacht worden, was aber extrem unwahrscheinlich ist. Angeblich hatten die Jesus feindlich gesinnten Pharisäer eine solche Grabwache angefordert, weil sie die Jünger im Verdacht hatten, diese könnten sonst den Leichnam nachts stehlen und den Meister für auferstanden ausgeben. Diese alberne Konjektur, daß nämlich die Jünger Jesu den Leib ihres Meisters tatsächlich zwecks »Mythenbildung« gestohlen hätten, findet man zwar bis heute bei »aufklärerischen« Deutern des neutestamentlichen Geschehens; von den Pharisäern ist aber ein solcher Verdacht sicher nie geäußert worden. Hier, im »altjüdischen« Kernland, war die Vorstellung einer Auferstehung am dritten Tag nach dem Kreuzestod kaum jemandem geläufig. Die Jünger selber dachten in jenem Augenblick auch noch nicht an eine solche Möglichkeit. Sie hielten sich im Vorort Bethanien versteckt und hatten nur eines im Sinn: unauffällig aus Jerusalem zu entkommen. Dieses »Statement«, das wir bei allen Evangelisten übereinstimmend vorfinden, sollte man aus dem einfachen Grunde nicht anzweifeln, weil es für die Jünger alles andere als schmeichelhaft ist. Weshalb hätten jene, die dann die neutestamentlichen Texte in der kanonischen Fassung redigierten, den Jüngern ein derart würdeloses Verhalten andichten sollen, wenn es den Tatsachen nicht entsprach? Daß die verängstigten galiläischen paar Dörfler aus ihrem Versteck heraus einen Leichendiebstahl planten und organisierten, ist völlig ausgeschlossen.

Nicht ausgeschlossen, sondern sogar sehr wahrscheinlich ist es dagegen, daß Joseph von Arimathia selber gleich nach Sabbatschluß – also noch in der Nacht vom Sabbat auf den Sonntag oder spätestens in aller Herrgottsfrühe am Sonntag – den Leichnam Jesu aus der Familiengruft herausholen und an einem passenden Ort mit Hilfe seiner Dienerschaft beerdigen ließ.

Hätte er hiervon die Jünger benachrichtigen sollen? Er hatte ja keine Ahnung, wo sie steckten. Und sie hatten sich zuvor nicht so benommen, daß er bei ihnen viel Interesse an den »sterblichen Überresten« ihres Meisters vermuten konnte.

Wären aber welche zugegen gewesen, und hätten sie Joseph von Arimathia, den Pharisäer (der als solcher folglich an die Unsterblichkeit der Seele und die Auferstehung der Toten beim Kommen des Messias glaubte) gefragt, was er wohl meine, ob der Meister, obgleich Gott ihm die erflehte Hilfe am Kreuz versagt hatte, vielleicht dennoch der Messias sein könne – dann hätte Joseph von Arimathia wohl geantwortet: Gleichgültig, ob er selbst der Messias war (und ist) oder nicht: »Am Tage des Jüngsten Gerichts wird er, mit allen andern Toten zusammen, leiblich auferstehen und in das irdische Paradies ohne Leid, Unrecht und Tod eingehen.«

Pharisäische Zweifel an »stellvertretendem Blutopfer«

Aber eine leibliche Auferstehung Jesu am dritten Tag nach seinem Kreuzestod hätte er, als Judäer, mit Bestimmtheit auch dann nicht vermutet, wenn er an Jesu Messianität und an jene Jesajastelle fest geglaubt hätte, nach welcher tiefste Erniedrigung und furchtbarster Martertod die unabdingbaren Voraussetzungen für die Welterlösung sind. Denn diese These findet sich zwar unbestreitbar bei Jesaja – oder genauer: in den Texten, die Jesaja zugeschrieben werden, wo sie jedoch wie ein erratischer Block inmitten ganz anders ausgerichteter Aussagen steht. Aber die »Gegenrichtung« dominiert bei den Propheten ganz allgemein, bei Jesaja im speziellen. Immer wieder findet sich hier der Ausspruch Gottes, es ekle ihn vor dem Geruch der Blutopfer, er verlange einzig Wohlverhalten. Demnach kann keiner durch den Tod eines andern, eines unschuldigen Blutopfers, »freigekauft« und entsühnt werden. Und diese letztere Meinung setzte sich zur Zeit Jesu zunehmend durch, siegte definitiv nach der Zerstörung des Tempels: Die Juden fingen keineswegs jetzt mit einem Male an, Gott auch anderweitig Blutopfer darzubringen.

Der Zweifel am Wert des stellvertretenden Blutopfers muß sich demnach in jenen Jahren zum allgemeinen Konsens ausgewachsen haben. Man erfährt jedenfalls aus dem gesamten, immensen Schrifttum der Juden nichts über auch nur einen einzigen Protest gegen die Preisgabe der Schlachtopfer. Gerade die Pharisäer, die Schriftgelehrten, die auch vorher schon von diesem Schlachtbetrieb nicht profitiert hatten (und auch nicht profitieren wollten; sie lehrten und forschten bekanntlich ohne jedes Gehalt oder Honorar und ernährten sich mit einem Handwerk, genau wie noch der einstige Pharisäer Paulus und die frühchristlichen Missionare) – gerade die Pharisäer waren vermutlich froh, endlich einen Vorwand zu haben, aus dem heraus man den Brauch des Ritualopfers fallenlassen konnte. Die »Blutopferlinie« hatte bei den Juden eindeutig an Boden verloren.

Hätte man einem damaligen typischen Pharisäer also auseinandergesetzt, daß er nur durch den Martertod eines Unschuldigen »erlöst« werden könne, so hätte er vielleicht sogar geantwortet: »Um diesen Preis will ich nicht erlöst werden – was immer ›Erlösung‹ bedeuten mag.«

Wie immer: Daß die Schriftgelehrten gleich nach der Kreuzigung Jesu fürchteten, die Jünger könnten eine solche Auferstehung durch Diebstahl des Leichnams Jesu vortäuschen wollen, ist ausgeschlossen. In jenem Augenblick dachte überhaupt noch niemand an eine – sei es echte, sei es vorgetäuschte – Auferstehung. Und in jedem Fall hätten die Römer den Juden keine Grabwache durch Legionäre beim Leichnam eines Hingerichteten gewährt. Die Juden hätten auch niemals gewagt, einen solchen Antrag zu stellen. Totenwache ist bei den Juden zwar üblich. Aber sie hätte durch die Jünger selbst erfolgen müssen.

Das Grab Jesu war sicher unbewacht.

Jesus in Indien gestorben?

Seit einiger Zeit spukt in christlichem Umfeld unter an sich Gläubigen, die sich aber mit dem Gedanken der Auferstehung eines Leichnams schwertun, die aparte These, Jesus sei voreilig, zwar bewußtlos, aber noch lebend, vom Kreuz herabgenommen und in das Grabgewölbe getragen worden, so daß seine »Auferstehung« kein Wunder, sondern eben nur das Aufwachen aus dem Scheintod gewesen wäre. Hernach sei er nach Indien ausgewandert und dort in einem Kloster gestorben, wo es auch entsprechende Dokumente hierzu gebe ...

Ich bin dieser Spur nicht weiter nachgegangen, weil ich sie für wertlos halte. Zwar wäre es an sich prinzipiell durchaus denkbar, daß Jesus, der nur wenige Stunden am Kreuz gehangen hatte, bloß scheintot war. Aber er hätte dann sicher bei Sympathisanten im Lande selbst Unterschlupf gesucht und sich bestimmt nicht nach Innerasien abgesetzt. Was sollte er denn dort? Ihm war doch sogar schon der Kontakt mit samaritanischen »Ketzern« und »Dissidenten« oder mit syrophönizischen Heiden zu »fremd« und untragbar. Was hätte er da in Indien unter Heiden, noch obendrein mit einer ganz fremden Sprache und Kultur anfangen sollen?

Man braucht sich nur an Sokrates zu erinnern. Er war kein »Provinzler« und »Dörfler« wie Jesus, er sprach zudem Griechisch, damals eine Weltsprache. Als er nun in Athen, zwar aus ganz andern Gründen als Jesus, aber ähnlich ungerecht, zum Tode verurteilt wurde, verschafften ihm Freunde eine Fluchtmöglichkeit aus dem Gefängnis. Doch er lehnte die Chance ab. Sicher nicht deshalb, weil man sich – wie er erklärte – einem solchen Volksentscheid unbedingt fügen mußte; das sagte er sicher nur, um sein nicht ganz verständlich scheinendes Verhalten zu »dekken«. Sondern vor allem wohl deshalb, weil er keine Lust hatte, sich auf seine alten Tage im Exil ziellos herumzutreiben, ohne Kontakt und vor allem ohne Gesprächsmöglichkeit mit seinen Freunden und Anhängern, die ihm buchstäblich lebensnotwendig war. Ähnlich stand und fiel auch für Jesus der Lebenssinn mit der sprachlichen Kommunikation und der Missionsmöglichkeit innerhalb seines Volkes.

Vor allem aber: Es hätte sich dann niemals eine christliche Weltreligion herausgebildet. Denn diese stand und fiel mit dem stellvertretenden Opfertod und der Auferstehung Christi als Gottheit. Dem Tode gerade noch knapp entwischt zu sein – das wäre hierfür kein Ersatz gewesen und hätte namentlich in der hellenistischen »Heidenwelt« auf keinen Fall »gezündet«.

Der neue Glaube hätte dann auch nicht jene Um- und Ausgestaltung durchmachen können, die ihn für die nichtjüdische Welt erst akzeptabel machte. Hierüber Genaueres im Schlußteil. Er wäre bestenfalls eine kurzlebige eschatologische Sekte innerhalb des Judentums geblieben und spätestens nach einigen hundert Jahren abgestorben. Oder, noch wahrscheinlicher: Er wäre bereits am Tage der Kreuzigung erloschen. Denn die verheißene »Neue Erde« war ja nicht angebrochen, und die Umwandlung der rein jüdischen Messiasidee in die einer mystischen, individuellen Erlösung durch den Opfertod Christi setzt eben den Opfertod voraus.

An einen »Jesus in Indien« braucht man wohl keine Gedanken zu verlieren.

Zur subjektiven Ehrlichkeit der Jünger

Der Weinsegen des Lubawitscher Rebben in New York

Zur zweifellosen subjektiven Ehrlichkeit der Jünger, welche den auferstandenen Jesus sahen, befühlten, mit ihm sprachen und aßen, eine analoge kleine Episode aus dem Jahr 1980, für die man wissen muß, daß ein Zweig der Lubawitscher Dynastie der Wunderrabbis sich vor dem Judenholocaust der Nazijahre nach New York retten konnte, wo sich um den »Lubawitscher Rebben« eine Tausende von Mitgliedern umfassende chassidische Gemeinde gebildet hat, die genauso eng beisammen haust wie zuvor im polnischen »Schtetl«: Das ist schon deshalb nötig, weil man am Sabbat nicht fahren darf und also die Synagoge zu Fuß erreichen muß.

Zu uns kam 1980 auf der Rückreise von einer Vortragstournee durch die USA ein israelischer Professor, Religionswissenschaftler, aber selber ungläubig und obendrein Gegner des »chassidischen Rummels«. In New York war er am Freitagabend – also bei Sabbatanbruch – eingetroffen, und ein zu Religionsfragen ähnlich skeptisch eingestellter Freund hatte ihm vorgeschlagen, den Festsaal aufzusuchen, wo der Rebbe manchmal vor Tausenden von Anwesenden den Weinsegen, den Kiddusch, rezitierte. – »Sie schwören nämlich« – erzählte der Freund –, »daß der Rebbe dabei jedem einzelnen in die Augen schaut, woraus sie Kraft für die ganze Woche schöpfen. Ich halte das für Unsinn.« –

Da der Festsaal nur wenige Minuten von der Wohnung des Freundes entfernt lag, gingen die beiden trotzdem hin. –

»Und was soll ich Ihnen sagen«, fuhr der Professor fort, » – er schaute uns beiden tief in die Augen! Wir fühlten uns davon zwar nicht moralisch gekräftigt und erhoben, sondern umgekehrt profund irritiert, denn es ist doch schlechthin ausgeschlossen, daß jemand in wenigen Sekunden so vielen Menschen gleichzeitig ins Auge blickt. Aber wenn ich es nicht beschwöre, so nur deshalb, weil ich meinen eigenen Augen und meinem eigenen Erleben mißtraue. Bis dahin hatte ich geglaubt, solchen Sinnestäuschungen sei nur der wahrhaft Gläubige und nicht der Zweifler und Skeptiker ausgesetzt. Obwohl ja auch die Evangelien von Thomas, dem Zweifler, berichten, der dann trotzdem den auferstandenen Jesus sah . . .«

Und noch ein zweites Beispiel.

Der Totengeist und die Glaubensfrage

Wir sagten bereits, daß wir die Frage nach der Realität, dem »Ansichsein« der religiösen Inhalte, für unsere Untersuchung ausklammern. Wir sagten ferner, daß das »Erleben«, das »Wahrnehmen« übernatürlicher Vorgänge deren »Ansichsein« noch nicht beweist. Sie können auch im Jungschen Sinne »bloß objektiv«, das heißt nur für jenen »dasein«, dem sie begegnen.

Auf keinen Fall jedoch sollte man daran zweifeln, daß die Jünger den auferstandenen Jesus in unmittelbarem und intensivem Kontakt erlebt und als »real« empfunden haben. Sie hätten ohne echten, konditionslosen Glauben niemals eine Weltreligion in Bewegung setzen können.

Die Frage, ob Jesus wirklich auferstand oder den Jüngern bloß in einer Art Wachtraum erschien, bleibt dadurch unbeantwortet. Der Unglaube der Autorin beweist genauso wenig wie der Glaube der Jünger.

Hier sei nur noch eine zusätzliche Komplikation bei der Berührung mit »Übernatürlichem« erwähnt: Man kann einerseits ein ganzes Leben lang intensiv und unberührt von jedem Zweifel »glauben«, auch wenn einem selbst eine solche Berührung mit »Übernatürlichem« nie widerfuhr. Wäre dies nicht der Fall, so könnten sich Religionen nicht ausbreiten.

Man kann aber umgekehrt trotz einer solchen Begegnung mit »Übernatürlichem« weiterhin »ungläubig« bleiben, den eigenen Sinnen mißtrauen oder den Vorgang auf eine Weise deuten, die ihn seiner »übernatürlichen« Dimension beraubt. Wir wissen zwar aus dem Neuen Testament, daß der »ungläubige Thomas« seinen Zweifel aufgab, als ihm der gekreuzigte Jesus leibhaft gegenübertrat. Denkbar wäre aber auch, daß er nach wie vor auf seiner Skepsis beharrt hätte wie jener israelische Professor bei der Begegnung mit dem Lubawitscher Rebben in New York.

Hierzu eine selbsterlebte Episode:

Nach Jahren kam ich an den Ort zurück, wo ich meine Studien abgeschlossen hatte, und besuchte alte Freunde. Es kam zwischen uns zu folgendem Gespräch:

Ich: »Grüßen Sie von mir Ihren Freund, den Arzt, der so stolz ist auf sein Lotterleben! Er ist mir heute nacht als Totengeist erschienen, obwohl ich ihn doch kaum kenne. Das wird ihn amüsieren!« – Der Gastgeber: »Es wird ihn nicht amüsieren, denn er ist seit Monaten tot.« – Ich: »Er sagte, er habe sich das Leben genommen...« Der Gastgeber schrie auf: »Um Gottes willen! Das darf doch keiner wissen! Man hat sich derart bemüht, es zu verheimlichen und den Pfarrer zu einer schönen Grabrede zu bewegen!« – Ich: »Ich habe ihm in meinem Halbtraum auf seine entsprechende Bitte hin ein Totengebet zugesagt, ihn dann jedoch komischerweise nach seiner Konfession gefragt. Er gab keine Antwort und verschwand.« – Gastgeber: »Zur Welt kam er als Protestant, hat aber sein Lebtag jede Religion verhöhnt und ist aus der Kirche ausgetreten...«

Keiner aus unserer Tafelrunde war »gläubig«, keiner von uns glaubte an ein Weiterleben nach dem Tode und an Totengeister. Trotzdem waren wir uns einig, daß man dem (nicht existenten?) Totengeist seine Bitte erfüllen müsse.

Am selben Tag traf mein Gastgeber zufällig auf der Straße zwar nicht den betreffenden Pfarrer, wohl aber dessen Frau und erzählte ihr die Geschichte.

Und nun: Ich hätte durchaus begriffen, wenn die Dame zornig erklärt hätte, daß sie kein Wort davon glaube und sich auf diesen Unsinn nicht einlassen werde. Sie bezweifelte aber weder meinen Bericht noch die reale Existenz des Totengeistes und begann den Toten unflätig zu beschimpfen, er habe sein Lebtag die Kirche verhöhnt, für einen solchen Lumpen bete man nicht!

Das mißfiel mir. Für wen soll man denn beten, wenn nicht für Sünder? Heilige brauchen unsere Fürsprache sicher nicht!

Nun war jedenfalls guter Rat teuer. Sollte ich selber für den Toten einen »Kaddisch«, das bei Juden übliche Totengebet, rezitieren? Aber mir schien, daß das doch eher jemand aus des Sünders »angestammter« Religion tun sollte, und vor allem jemand, der, im Gegensatz zu mir, auch selber »gläubig« war.

Also bat ich eine fromme Protestantin darum.

Sie war tief bewegt und auch zur Hilfe bereit, dann aber beriet sie sich mit ihrem Pfarrer, welches Gebet man da sprechen müsse, und er sagte ihr, daß es leider keine protestantischen Totengebete gebe.

Also bat ich einen katholischen Priester gegen eine kleine Kirchenspende um eine Totenmesse für den armen Sünder.

Der Totengeist und die Massenmedien

Diese ganze Episode veröffentlichte ich in einer stark verbreiteten Wochenzeitung. Die Resonanz übertraf jede Erwartung. Es kamen Hunderte von erregten Leserbriefen, von denen nur ein kleiner Teil zum Abdruck gelangen konnte.

Etliche der Leser machten mir Vorwürfe: Der Tote habe sich sicher nicht grundlos gerade an mich gewandt, ich hätte selber für ihn beten und den Auftrag nicht weiterdelegieren sollen!

Ein Pfarrer dagegen lobte meinen Entschluß, die katholische Kirche einzuschalten, denn Umgang mit »verworfenen« Toten könne sich auf die Kontaktperson psychisch verheerend auswirken, die katholische Kirche jedoch sei durch ihre festen, alten Rituale gegen solche Gefahren gefeit.

Andere teilten mit, sie hätten ebenfalls für den Toten gebetet.

Und einer beschimpfte mich zornig, ich hätte durch diese Interpolation der katholischen Kirche und die bezahlte Messe den Unglücklichen in die tiefste Hölle hinabgeschleudert, denn dies käme dem von Luther verdammten »Ablaßhandel« gleich! – Dies freilich entbehrte jeder Logik: Der befürchtete Gotteszorn konnte ja höchstens mich oder den Priester treffen, der gegen

Geld eine Totenmesse gebetet hatte (und es übrigens sicher auch ohne Kirchenspende getan hätte!), aber doch niemals den armen Sünder selbst! –

(Dieses ganze Material geht übrigens – dies nur nebenbei – nach meinem Tode an die Universität Freiburg/Br., wo man sich sowohl um religiöse wie um parapsychologische Fragen ernsthaft bemüht.)

Ich habe diese merkwürdige Episode hier aber nur festgehalten, um folgendes darzulegen: Trotz meiner persönlichen Begegnung mit einem »Totengeist«, der obendrein seine »Echtheit« dadurch unter Beweis stellte, daß er mir Dinge verriet, die ich sonst auf keinen Fall erfahren hätte, glaube ich nach wie vor nicht an eine unsterbliche Seele und also auch nicht an Totengeister. Ich gebe aber zu, daß mein Bemühen, dem (nicht vorhandenen) Totengeist dennoch zum Gebet für sein Seelenheil zu verhelfen, dann jeder Logik entbehrt. Als »Erklärung« für mein Erlebnis vermute ich am ehesten irgendwelche telepathischen Implikationen – natürlich nicht zwischen mir und dem Toten (ich glaube nicht, daß er mit meinem Erlebnis etwas zu tun hatte) –, sondern zwischen mir und seinen Freunden, die mich damals zum ersten Mal nach seinem Freitod wiedersahen. Aber das ist eine reine Vermutung, sehr gekünstelt und unwegsam. Wenn ich mich entschließen könnte, an ein Weiterleben der Seele nach dem Tode zu glauben, wäre das Ganze weit plausibler. Doch sowohl Glauben wie Unglauben hängen nicht vom guten Willen ab. Ich kann nicht glauben.

Die Jünger jedoch sahen Jesus nach seiner Kreuzigung lebendig in ihrem Kreise, und es war für ihr Empfinden kein »Wachtraum«, sondern Realität. Ihre Erlösungssehnsucht steigerte ohne Zweifel das »Realitätsgefühl" bei der Begegnung mit dem Auferstandenen noch ganz erheblich.

Der Hypnotiseur Sabrenno

Aber auch ohne Erlösungssehnsucht und religiösen Background kann Irreales als real erlebt werden. Und zwar nicht nur von Psychotikern, sondern auch von völlig »normalen« Menschen. Meine Begegnung mit dem »Totengeist« ist hierfür nicht unbedingt ein Beispiel, denn es könnte ja sein, daß Totengeister wirklich existieren. Völlig eindeutig beweisen dies aber Leistungen von fähigen Varieté-Hypnotiseuren.

So einer trat zur Zeit des Zweiten Weltkrieges in der Schweiz unter dem Nom de guerre »Sabrenno« auf – es war die Umdrehung des Namens »Brenneisen«. Der Mann war polnischer Jude, klein, kränklich, ohne jede »Ausstrahlungskraft«. Doch seine Leistungen waren verblüffend.

Mit ein paar einfachen Tricks pflegte er geeignete »Opfer« aus dem Publikum herauszupicken und auf die Bühne hinaufzudirigieren. Ihnen gaukelte er mühelos beliebige Scheinrealitäten vor. Einmal, gegen Kriegsende, setzte er sie auf der Bühne rund um einen nicht vorhandenen Tisch mit einer ebenfalls nicht vorhandenen Riesenschüssel voller Schlagrahm darauf. Damals waren sogar Milch und Butter streng rationiert, und geschlagenen Rahm hatte man schon seit Jahren nicht mehr gesehen. Die Hypnotisierten glotzten und leckten sich die Lippen.

»Das ist alles für euch«, versicherte Sabrenno freundlich, »aber Löffel und Teller habe ich keine. Ihr müßt mit den bloßen Händen . . .«

Er hatte den Satz noch nicht beendet, als die Tafelrunde bereits in wilder Gier mit beiden Händen in die (nicht vorhandene) Schüssel hineinfuhr, die Finger abschleckte und genüßlich schmatzte. Nur ein einziger hatte die Arme fest über der Brust verschränkt, schaute neidisch zu, erklärte aber kategorisch: »Der Sabrenno meint, er kann alles mit uns machen! Diese Säue! Mich kriegt er nicht dazu, mit bloßen Händen zu essen!« –

Man kann also Irreales auch dann als »real« erleben, wenn man hierzu nur eine ziemlich schwache oder überhaupt keine Motivation hat. Der Wunsch nach einem Leckerbissen (Schlagrahm) während strengster Lebensmittelrationierung ist schließlich bei einer Bevölkerung, die trotzdem noch genug zu essen hat, kein so ungeheurer Antrieb, daß er ohne weiteres dazu ausreichen müßte, eine Fata Morgana für Wirklichkeit zu halten.

Indes hat Sabrenno oft genug seine »Opfer« auch zu Aktivitäten veranlaßt, bei denen für sie keinerlei eingebildeter Genuß herausschaute. So etwa, wenn er ihnen einredete, ein paar leere Zündholzschachteln auf dem Boden seien Zentnergewichte, sie sollten sich selber davon überzeugen. Die Armen ächzten, stöhnten, hopsten, brachen schweißübergossen zusammen – keinem von ihnen gelang es, die federleichten Gegenstände vom Boden »loszulösen«. Und für meine »Begegnung« mit dem Totengeist von Dr. X. gab es bei mir auch keinerlei psychische oder andere »Antriebe«. Ich war dem Mann zu seinen Lebzeiten kaum begegnet und wußte nicht einmal mehr, wie er aussah, hatte mich auch nie im geringsten für ihn interessiert. Und ich interessierte mich auch nicht für spiritistische oder exorzistische Experimente, was schließlich ebenfalls eine erhöhte Bereitschaft und »Anfälligkeit« für solche Erlebnisse erzeugen könnte.

Entsprechend blieben aber sowohl Sabrennos Scherze wie auch mein Kontakt mit dem Totengeist von Dr. X. ohne Auswirkung auf mein weiteres Leben.

Aus der Tatsache, daß es solches Erleben auch ohne entsprechenden realen Background geben kann, folgt aber keineswegs – wir wiederholen es –, daß jede »übernatürliche« Begegnung bloße Vision und Halluzination sei. Wir stellen nur fest, daß das »Realitätsgefühl« als solches noch nichts beweist. Es ist jedoch die Voraussetzung bei der Entstehung eines neuen Glaubens, sofern dieser nicht ausschließlich auf rationalen Elementen beruht. Dann aber ist er kein »Glauben« mehr, sondern ein bloßes Wissen.

Die weltgeschichtliche Bedeutung der Maria von Magdala

Das »Pioniererlebnis« der Maria von Magdala

Damit aber ein solches Erlebnis in einem religiösen Zusammenhang zustande kommt, bedarf es im allgemeinen doch einer ungemein intensiven Glaubensbereitschaft. Der ungläubige Thomas, dem Jesus trotzdem leibhaftig erschien, ist nur in begrenztem Ausmaß ein Gegenbeispiel: Ihm allein wäre Jesus nicht erschienen, der Skeptiker Thomas war gleichsam »eingebettet« in ein Kollektiv, das keinen Augenblick an der realen Präsenz Jesu zweifelte.

Für religiöse übernatürliche Erlebnisse können wir also intensivste Glaubensbereitschaft und -sehnsucht voraussetzen. Wie nun kam es zu diesem Erlebnis bei den Jüngern?

Unsere einzige Quelle ist das Neue Testament, und was immer dessen Text an Zensuren durchgemacht haben mag – mir scheint: In diesem Punkt ist er verläßlich. Wir erfahren also:

Als erste erblickte Maria von Magdala den Meister, als sie am Sonntagmorgen mit ihren Gefährtinnen hinging, um seinem Leichnam die übliche Pflege zukommen zu lassen (waschen, salben, in reine Tücher hüllen etc.), das Grab aber leer fand, und Jesus plötzlich vor ihr stand, ihr aber verbot, ihn jetzt schon zu berühren. Wir haben das Verbot weiter vorn zu begründen versucht. Doch für die Frage, die uns hier interessiert, ist es unwesentlich.

Wesentlich dagegen ist die Art, wie sie dem Auferstandenen begegnete: Sie kreischte nicht auf wie beim Anblick eines Gespenstes, sie rannte auch nicht entsetzt davon, sie äußerte im Grunde nicht einmal Verwunderung. Sondern sie begrüßte ihn, beglückt und entzückt, mit dem zärtlichen Ausruf »Rabbuni!« – etwa:

»Mein Meisterlein!« Fast hat man den Eindruck, daß sie etwas Derartiges erhofft oder sogar fest erwartet hatte. Vielleicht war dies auch die unabdingbare Voraussetzung dazu, daß Jesus ihr überhaupt erschien.

Uns interessiert hier aber in erster Linie: Wäre Jesus anschließend den Jüngern auch dann erschienen, wenn sie nicht durch Maria aus Magdala von seiner leeren Grabhöhle und seinem »Auftreten« am Sonntagmorgen erfahren hätten, oder wenn Maria aus Magdala an jenem Sonntagmorgen gar nicht zum Grab Jesu hingegangen wäre, folglich auch nicht ihr »Pioniererlebnis« gehabt und es also auch nicht seinen Sympathisanten hätte mitteilen können?

Wir wissen es nicht. Es ist aber eher unwahrscheinlich. Die Jünger erwarteten ja nichts Derartiges und hatten nichts im Kopf, als ihre Haut zu retten. Das ist nicht unbedingt die ideale Voraussetzung für eine religiöse übernatürliche Begegnung dieser Art.

Falls aber NEIN, dann stehen wir der Tatsache gegenüber, daß das Verhalten dieser tapferen und treuen Anhängerin Jesu, die sich – im Gegensatz zu den Jüngern – nicht gefürchtet hatte, bis zu seinem Martertod am Kreuz bei ihm auszuharren und ihm sogar noch nach seinem Tode einen Liebesdienst zu erweisen, ohne Übertreibung für die Weltgeschichte der nächsten zweitausend Jahre – und wohl noch lange darüber hinaus – bestimmend wurde. Denn gleichgültig, ob wir Jesu Auferstehung als real oder nur als einen kollektiven Wachtraum seiner Adepten einstufen wollen: Es hätte ohne Maria Magdalena niemand vom leeren Grab und der Auferstehung Jesu erfahren. Auch dann nicht, wenn diese real und also nicht nur (im Jungschen Sinne) »objektiv« stattgefunden hätte. Jesus wäre dann wohl auch den Jüngern kaum erschienen, zumal sie, im Gegensatz zu Maria Magdalena, auf ein solches Erlebnis innerlich nicht vorbereitet waren. Es wäre dann kein Christentum entstanden ...

Maria von Magdala und die »Emanzen«

Es gibt heute in theologisch und sozialutopisch inspirierten Emanzenkreisen eine Tendenz, das eindeutig patriarchalisch geprägte Alte Testament und die Heilsgeschichte Jesu mit zum Teil erstaunlich dämlichen Argumenten feministisch umzudeuten. Das geht so weit, daß manche der Damen »Gottvater« zu einer »Gottmutter« (nicht zu verwechseln mit »Muttergottes«; das ist ganz etwas anderes!) »transvestieren« wollen.

Wie kommt es, daß keine dieser neunmalklugen modischen »Suffragetten« bis heute darauf verfallen ist, statt dessen lieber die Gestalt und Rolle der Maria von Magdala fundamental aufzuwerten? Man halte sich doch einmal vor Augen, welche grundlegende Leistung sie durch ihren Mut und ihre Treue zum Meister für den neuen Glauben in einem Augenblick erbracht hat, als bereits die Gefahr drohte, daß sich die paar Anhänger in alle Winde verkrümeln, still verkriechen, sich furchtsam von Jesus distanzieren und ihn sogar mehr oder weniger vergessen würden! Auch wenn wir annehmen wollen, daß das Risiko für Maria Magdalena nicht ganz so groß war wie für die Männer in Jesu Umkreis, weil man generell in der patriarchalisch geprägten Welt der alten Hebräer und Römer die Frauen weniger ernst nahm und sie auf keinen Fall kreuzigte – ungefährlich war es trotzdem nicht, sich in diesen Tagen voll zu Jesus zu bekennen. Zudem hat man, so, wie uns Maria von Magdala in den Evangelien entgegentritt, guten Grund zur Annahme, daß sie auch jede noch so akute Gefahr auf sich genommen hätte, um dem Meister den letzten Liebesdienst zu erweisen. Und dies in einem Augenblick, da ihn seine Jünger aufs erbärmlichste im Stich ließen.

Ohne Übertreibung kann man die Vermutung wagen: Hätte Maria von Magdala nicht das leere Grab Jesu entdeckt, das die Voraussetzung zum Erlebnis seiner Auferstehung zunächst bei ihr selbst und dann bei den Jüngern wurde, so wäre das »Christentum« vielleicht mit Jesu Kreuzigung zusammen bereits erloschen. Für die Entstehung des Neuen Glaubens war also ihr mutiger Einsatz für den Meister genauso wesentlich wie später für die Ausbreitung des Christentums und seine Entfaltung zur Weltreligion die geniale Missionstätigkeit des Apostels Paulus . . .

Wäre es da nicht am Platze, wenn die theologisch Inspirierten unter den feministischen Emanzen, statt den strengen, harten Jehova der alten Hebräer gleichsam in Weiberröcke zu stecken, lieber einen Gedenktag für Maria Magdalena im christlichen Kalender fordern würden? Sie hätte es verdient! Sie hat sich um so viel wackerer bewährt als sämtliche Männer rund um den Meister! Man könnte ihr eine alljährliche Gedenkstunde am Ostermontag widmen und das kleine Zusatzfest mit Rosenkränzen und -sträußen zelebrieren, denn die Rosen waren die Blumen der Liebesgöttin Aphrodite, ehe sie zur Blume der Muttergottes wurden. Und Maria von Magdala war vermutlich mit jener »Sexsünderin« identisch, deren Präsenz und Nähe im Jüngerkreis von etlichen Frömmlern laut Neuem Testament beanstandet wurde.

Maria von Magdala, »Moral« und Prostitution

Das Neue Testament ist – wie übrigens auch das Alte – stellenweise miserabel redigiert. Auch bei sorgfältigster Lektüre wird nicht ganz klar, ob Maria von Magdala wirklich mit jener Sexsünderin identisch ist, die Jesus seine vom Wandern zerschundenen Füße mit ihren Tränen wusch, mit ihrem Haar trocknete und mit teurer Narde salbte. Sicher ist nur, daß sie identisch ist mit jener Frau in Magdala nicht weit vom Genezarethsee – also in Galiläa –, aus der Jesus mehrere Dibbukim (Dämonen, Totengeister) austrieb, von denen sie besessen und gequält war, und die ihn und seine Jünger seither begleitete und, zusammen mit etlichen andern bemittelten Frauen, zum Lebensunterhalt der Gruppe beitrug. (Den Exorzismus der Dämonen sollte man bei ihr nicht anzweifeln; er weist sie als extrem bereit und »anfällig« für übernatürliche Erlebnisse auch anderer Art aus!)
Die Kirche geht aber so einheitlich von der Identität dieser Maria von Magdala mit der »Sexsünderin« aus, daß man annehmen muß, es hätte hierfür (heute untergegangene) eindeutige Belege aus früheren Fassungen der Evangelien gegeben.
Wenn dem aber wirklich so ist, dann würde daraus zwingend hervorgehen, daß Callgirls, Edelhetären und Prostituierte jeder Art, obgleich ihr Metier im christlichen Umkreis nie sehr hoch »im Kurs« stand, in puncto Zivilcourage, Treue, Mut und Verläßlichkeit ohne weiteres »honorigen« Angehörigen respektierter Beru-

fe (wie es alle Jünger Jesu waren – mit Ausnahme allenfalls des »Zöllners«, das heißt Steuereintreibers, Matthäus) weit überlegen sein können.–

Nun befinden wir uns momentan in Mitteleuropa (einschließlich der Schweiz) in einer hysterischen sowohl behördlichen wie auch außerbehördlichen Kampfphase gegen das »Gunstgewerbe«, die in weitesten Kreisen freudige Akklamation findet. Die Mädchen werden von Justiz und Polizei durchaus auch mit gesetzeswidrigen Mitteln gejagt, diskriminiert, ihrer Lebensmöglichkeiten systematisch beraubt und zugleich so grotesk besteuert, daß sie nicht mehr in der Lage sind, genügend Ersparnisse zurückzulegen, um in einen bürgerlichen Beruf umzusteigen, ehe sie ein Alter erreicht haben, in welchem sie als Schauspielerinnen aus dem Rollenfach von Fausts Gretchen in das der »komischen Alten« überwechseln müßten.

Vielleicht sollte man, wenn schon nicht im Namen der Menschenrechte und der geltenden Gesetze, so doch wenigstens in Erinnerung an die so mutige, treue und charakterstarke Maria Magdalena, diese Mädchen endlich in Ruhe lassen! Es entspräche auch jesuanischer Gesinnung, sagte er doch zu jener Hetäre, die ihm die Füße mit kostbarstem Nardenöl salbte, ihr werde verziehen werden, denn sie habe »viel geliebt«. Und damit meinte er sicher nicht nur diesen einen Akt der Fußwaschung, denn dann wäre das Wort »viel« in dem Satz sinnlos, und Jesus pflegte nie nachlässig zu formulieren. Seine Logia sind nicht nur durch die Bank poetisch und ergreifend, sondern auch logisch stringent. Offenkundig will Jesus, der sein Lebtag keine sozialen Vorurteile hegte, damit andeuten, daß auch dieses bei den Juden – anders als bei den vorderasiatischen Heiden – wenig angesehene Gewerbe doch schließlich ebenfalls als ein Liebesdienst am Nächsten betrachtet werden könne.

Damit wird Jesus zwar noch lange nicht so, wie manche Modesoziologen und -theologen meinen, zum Vorläufer des Hippie-Ideologen Herbert Marcuse. Jesu Toleranz der Gunstgewerblerin gegenüber weist ihn noch lange nicht als »Fürsprecher« einer fidelen sexuellen Promiskuität und Zügellosigkeit im Hippiestil aus.

Seine freundliche Toleranz jenem Mädchen gegenüber sollte man aber zur Kenntnis und zum Vorbild nehmen, wie es ja im katholischen Mittelalter auch meistens geschah. Die Mädchen galten nicht als Outlaws und Outcasts, sondern waren in regulären Zünften und Gilden zusammengeschlossen, genau wie die Handwerker, und wenn hohe Landesherren zu Besuch in einer Stadt eintrafen, kamen ihnen, zusammen mit den Delegationen aller Gewerbetreibenden, auch etliche Repräsentantinnen der sogenannten »Hübschlerinnen« entgegen und überbrachten den hohen Herrschaften eine Art »Gratisabonnement« für die Dauer des Stadtaufenthalts. Man erinnere sich auch daran, daß zu jenem gleichen Konzil in Konstanz, bei welchem der arme Johannes Hus lebendig verbrannt wurde, über dreitausend solcher Mädchen für den »Bedarf« der geistlichen Herren zusammengeströmt waren, was niemand beanstandete.

Es wäre sicher deplaziert, solche Bräuche wieder aufleben zu lassen. Aber man sollte nicht »päpstlicher sein als der Papst« damals im Mittelalter und solche Mädchen nicht planmäßig behindern und ins Abseits drängen. Zu sexpuritanischen Exzessen kam es in Europa erst in der Neuzeit, zusammen mit der fanatischen Gegenreformation. Und im außerchristlichen Bereich war das Sexgewerbe ohnehin nie in ähnlicher Form diffamiert.

Gerade in diesem Punkt kann man aber von den feministischen Emanzen keinen Sukkurs erhoffen: Sie verdammen das Sexgewerbe in Grund und Boden, weil dabei »das Weib« (angeblich) von den Männern »ausgebeutet«, »entpersönlicht«, zur »Sache« und »Ware« degradiert werde. Ihr Gehirn reicht offenbar nicht aus, um zu begreifen, daß es zwar rund um die Welt vielerlei abscheuliche Ausbeutungsformen der Frau gibt, daß aber speziell bei der Prostitution umgekehrt die (zahlenden) Männer durch die Mädchen »ausgebeutet« werden – es sei denn, man lasse im Zusammenhang mit einem Procédé, bei dem beide Parteien »auf ihre Rechnung kommen«, den Begriff der »Ausbeutung« überhaupt beiseite.

Von den Emanzen ist also weder für die mutige, treue, großartige Maria Magdalena noch für deren heutige, unrechtmäßig gejagte Berufskolleginnen Fürsprache zu erhoffen. –

Erlösung auf jüdisch und christlich

Beschneidung und Taufe

Die Differenz in der Frage, ob es durch fremdes Leiden und Sterben Entsühnung geben kann oder nicht, prägt das gesamte jüdische und christliche religiöse Verstehen und Fühlen. Die Juden haben ein Bündnis mit Gott, das sie durch die Zirkumzision an jedem neugeborenen Knaben immer wieder neu besiegeln und bestätigen. Dieser Akt hat aber nichts mit einer mystisch-magischen Entsühnung zu tun. Beschnittene wie Unbeschnittene bleiben weiterhin voll verantwortlich für alle ihre Taten und Verfehlungen. Der Unbeschnittene ist keineswegs zu einer postumen ewigen Höllenstrafe verdammt, wenn er sich zuvor nicht entsprechend verrucht betragen hat. Anderseits trifft die göttliche Verdammung auch den Beschnittenen, wenn er entsprechend schwer und irreparabel sündigte. Obendrein kann man von einem Nichtjuden nicht erwarten, daß er sich diesem rein jüdischen – oder genauer: ursemitischen – Ritus unterwirft. Ausdrücklich wird daher im Talmud wiederholt betont, daß auch der Heide – Christen gab es damals noch nicht –, wenn er ein Gerechter oder gar Heiliger war, ins Paradies gelangt.

Was also ist der Sinn der Beschneidung, wenn sie keinerlei »Privilegien« sichert? Und was bedeutet es, wenn das Alte Testament die Juden als »auserwähltes Volk« bezeichnet?

Es bedeutet Verpflichtung und Belastung mit Zusatzgesetzen, die für den Nichtjuden nicht gelten. Der Jude unterliegt also – nach biblischem Verständnis – weit schwereren Bedingungen zur Anerkennung durch Gott als der Nichtjude. Die Beschneidung ist kein mystischer Akt, sondern gleichsam ein »Vereinsabzeichen«, noch dazu ein irreparables und unauslöschliches, das zur

Einhaltung von »Statuten« verpflichtet, die für den Nichtjuden nur gelten, soweit sie sich mit den geltenden Gesetzen seines Landes und mit allgemeinen Menschenrechten decken. Die Erfüllung der unzähligen Ritual- und Zeremonialgebote des Alten Testamentes, vor allem aber des Talmud, die nicht zugleich grundlegende ethische Normen enthalten, kann also nur dem Juden abgefordert werden. Der Heide – oder generell Nichtjude – ist folglich eindeutig privilegiert und nicht benachteiligt. Am klarsten bringt das vielleicht der alte Witz von dem Juden zum Ausdruck, der den sehr häufigen Gebetstext auf hebräisch rezitiert: »Du hast uns auserwählt aus allen Völkern . . .«, und dann erbittert auf jiddisch fortfährt: »Lieber Gott, was hast Du ausgerechnet von uns gewollt?! . . .«

Der Christ sieht die Dinge anders. Die Taufe ist nach ihm ein mystischer Akt, der ihn von der »Erbsünde« entsühnt – einem Begriff, mit dem der Jude wenig anzufangen weiß. Ist damit der kindische Ungehorsam von Adam und Eva gemeint, die vom Baum der Erkenntnis naschten, was Gott verboten hatte?

Für christliches Denken mischt sich in den Begriff der »Erbsünde« ein sexueller Faktor hinein, wenn auch auf eine unklare Weise: Die leib- und sexfeindliche heidnische Gnosis jener Tage spielt dabei eine Rolle. Paulus, der zwar Jude, aber in Kleinasien aufgewachsen war, wo gnostische Sekten und Kulte wucherten, hat diesen Faktor ins junge Christentum eingebracht. Es ist ein denkbar unjüdisches Element. Man erinnere sich nur an das jüdische Gottesgebot, der Mensch möge fruchtbar sein und sich vermehren, und an die zahlreichen Bibel- und Talmudvorschriften, die so gründlich dafür sorgen, daß jeder geschlechtsreife Mensch sexuelle Erfüllung findet. Mit dem Begriff der »Erbsünde« wissen Juden wenig anzufangen, mit Sexnegation schon gar nichts.

Anderseits entbehrt der christliche Einbezug der Sexfrage in das Problem der Erbsünde nicht einer gewissen Logik: Solange Adam und Eva im Paradies weilten und unsterblich waren, bedurften sie keiner Fortpflanzung und also auch keines Sexualverkehrs.

Jedoch: Die Entsühnung durch Christi Kreuzestod und durch den mystischen Akt der Taufe hat dem Menschen ja seine

Unsterblichkeit nicht zurückgegeben. Er stirbt nach wie vor. Und nach wie vor behält er seine Willensfreiheit, kann sich für das Gute wie für das Böse genauso entscheiden wie der Ungetaufte. Und die Welt ist nach wie vor erfüllt von Grauen und Greuel. Was also bedeutet diese Entsühnung durch die Taufe? Die Prozedur als solche entstammt dem Judentum. Das Alte Testament kennt das rituelle Reinigungsbad, das nach ritueller Verunreinigung (durch Wochenbett, Menstruation, Berührung mit Toten und Aussätzigen etc.) fest vorgeschrieben ist.

Aber dieses Tauchbad in der Mikwe (Tauchbecken mit fließendem Wasser) oder auch in einem Fluß entsühnt von keiner begangenen, geschweige denn von irgendeiner künftigen Sünde.

Und auch bei Johannes dem Täufer hat der Taufakt nicht eine solche radikale mystische Bedeutung: Er reinigt zwar nicht nur rituell, sondern signalisiert zugleich den Willen zu einer moralischen Ein- und Umkehr, zur Metanoia also. Er ist aber nur gleichsam Ausdruck und Bekenntnis für den Willen zu einem sittlichen Neuanfang. Das Tauchbad als solches entsühnt und entlastet nicht, verhilft dem Getauften nicht zu einer Sonderposition dem Ungetauften gegenüber.

Man kann sogar umgekehrt behaupten: Es verhält sich mit der Taufe im Johanneisch-jüdischen Sinne ähnlich wie mit der Beschneidung: Sie ist nicht ein Privileg dem »Ungetauchten« und »Ungetauften« gegenüber, sondern doppelte Belastung und Verpflichtung.

Die Taufe im christlichen Sinne jedoch entzieht sich jüdischem Verständnis, es gibt für sie im jüdischen Umkreis kein Analogon. Es gibt auch hier, genau wie beim stellvertretenden Opfertod eines Unschuldigen für die Schuldigen, zwischen Jude und Christ keine Brücke und keine Möglichkeit, sich gegenseitig zu verstehen. –

Und am massivsten driften Judentum und Christentum im Hinblick auf die Eucharistie auseinander: Jesus kann bei jenem letzten Liebesmahl mit seinen Jüngern unmöglich gesagt haben, Brot und Wein seien sein Leib und sein Blut.

Bekanntlich herrscht bei den Christen selbst Uneinigkeit darüber, ob das Sakrament der Messe als wirkliche Transsubstantiation oder nur symbolisch zu begreifen sei. Uns braucht hier diese Frage nicht zu berühren: Ob symbolisch oder real – diese Form der leiblich-mystischen Kommunikation und Vereinigung treibt jedem Juden – und wohl auch sonst jedem, der nicht von klein auf diese Vorstellung kennt und mit ihr gleichsam »verwachsen« ist – den kalten Schweiß des Entsetzens auf die Stirn. Und dies der Tatsache zum Trotz, daß im Chassidismus – aber nur dort! – im Zusammenhang mit dem aus Innerasien zu den Juden vorgedrungenen Glauben an die Seelenwanderung die Idee einer solchen »mystisch-physischen Einvernahme« in einer allerdings ein wenig anderen Variante ebenfalls auftaucht. Das blieb aber im Judentum eine von den kanonischen Rabbinen heftig angefochtene Randerscheinung und wurde nie zum Brennpunkt ihres Glaubens.

Wie war König David?

Dagegen waren die Anstrengungen der Evangelisten, Jesus eine davidische Herkunft nachzuweisen, jedenfalls für seine erhoffte Rezeption in weiten jüdischen Kreisen überflüssig. Die Juden haben, sooft sie sich mit dem Messias konfrontiert glaubten, die Frage nach seinem Stammbaum nie aufgeworfen. Die galiläische Provenienz als solche hätte auch bei Jesus in diesem Zusammenhang keine Rolle gespielt, obwohl alle Bibelpropheten, die sich mit der Messiasfrage überhaupt befassen, König David für den Vorfahren des Erlösers halten.

Man darf aber nicht vergessen, wie es zu dieser »Zuordnung« kam und wer und wie David in Wirklichkeit war:

David hatte seinem treuen hethitischen Feldherrn Uria in dessen Abwesenheit sein schönes Weib – Bathseba – abspenstig gemacht und den störenden Ehemann mit dem berüchtigten »Uriasbrief« in den Tod geschickt. Als nun das erste Knäblein aus der ehebrecherischen Verbindung starb, jammerte David verzweifelt herum, was angesichts der Tatsache, daß er bereits jede Menge Söhne hatte und damals Säuglinge sehr oft starben, nicht ganz verständlich ist.

Er hatte nun aber einen »Hofpropheten« namens Nathan, der sehr geschickt lavieren und taktieren mußte, wenn er ein ähnliches Schicksal wie später Jesaja oder Johannes der Täufer vermeiden wollte, denn David war etwa so »gutartig« wie Stalin oder Iwan der Schreckliche, was er vor- und nachher oft genug unter Beweis stellte.

Auch wenn wir von der »Affaire Uria« absehen wollen: War König Saul wirklich »verrückt«, als er mit dem Speer nach David warf? War er nicht eher außer sich vor Verzweiflung, weil seine Kinder – die Tochter Michal und der Sohn Jonathan – sich in den charmanten, aber hinterlistigen Harfenspieler David so vernarrt hatten, daß sie nicht begriffen, wie zielbewußt dieser die Vernichtung der Familie Saul anstrebte? Die Art, wie der junge Bethlehemite ihn, unterstützt vom Propheten Samuel, planmäßig »fertigmachte«, mußte ihn doch zur Raserei treiben.

Aber auch jene Taten Davids, mit denen er ausnahmsweise einmal nicht die Ausrottung der Sippe Sauls anpeilte, sind bei Lichte besehen lange nicht so glorios, wie die von den Hofschreibern des siegreichen David abgefaßten Berichte es uns weismachen wollen. Nehmen wir nur einmal den Zweikampf David/Goliath.

David und Goliath

Hierzu muß man wissen: Die Philister waren, im Gegensatz zu den meisten andern Völkern dieser Region, nicht »armenoide Vorderasiaten«, sondern indogermanischer Herkunft und stammverwandt mit den alten Griechen. Vermutlich waren sie von der Insel Kreta her in den Gazastreifen eingewandert. Der Name der späteren Leibwache König Davids, »Krethi und Plethi« (Kreter und Philister) weist eindeutig in diese Richtung. Sie waren jedenfalls keine Semiten und glichen auch in ihren Bräuchen weit mehr den Hellenen der homerischen Welt. Den Krieg empfanden sie, wie später auch die europäischen Ritter im Mittelalter, ein wenig als Turnier, Mensur und Kampfspiel. Entsprechend war es bei ihnen üblich, daß ein besonders tüchtiger »Profi« zunächst einmal ein Duell mit einem einzelnen Gegner ausfocht, ehe die allgemeine Metzelei begann. Unter Umständen, wenn der Sieg eines der beiden Kontrahenten besonders spektakulär ausfiel, kam es auch gar nicht mehr zur eigentlichen Schlacht, weil die Armee des Besiegten sich dann ohne weiteres als geschlagen bekannte.

Ein bißchen ähnlich war es übrigens auch noch im Mittelalter: Nicht nur adlige Ritterherren, sondern auch Söldnerheere mieden, soweit möglich, das große Blutvergießen. Letztere, indem sie, so gut man dies mit bloßem Auge kann, die Stärke und Qualität der beiden Armeen gegeneinander abwogen, worauf die schwächere Partei sofort ausriß. Das änderte sich erst, als vermehrt Schweizer Söldner auftraten. Für sie als Bauern war Krieg kein Spiel und Sport, sondern »Blutarbeit«. Wie ernst sie ihren Auftrag nahmen, bewiesen sie in der Schlacht von Marignano, wo sie mit wilder Entschlossenheit kämpften und töteten, obgleich auch auf der Gegenseite Landsleute von ihnen standen.

Für die Philister war der Krieg also ein Spiel, ein Turnier; für die Hebräer – die als Semiten ähnliche Kampftraditionen nicht hatten und nicht einmal kannten – nichts als ein Problem des Überlebens oder Untergehens. Sie waren ratlos, als der Koloß Goliath zur Mensur aufrief, hätten seiner Aufforderung übrigens auch gar nicht Folge leisten können, da es bei ihnen entsprechend trainierte »Recken« überhaupt nicht gab.

Was tat nun David? Während der Held Goliath zum Duell aufforderte, wobei er zweifellos das Visier geöffnet, wenn nicht gar den Helm abgenommen hatte, weil er annahm, solchen Kopfschutz erst nach der feierlichen Eröffnung des Zweikampfes zu brauchen – schoß ihn David aus der Entfernung einfach mit seiner Steinschleuder ab, der einzigen Waffe, die er als Hirte überhaupt besaß und mit der er von klein auf umzugehen verstand, weil er mit ihr Raubtiere von der Herde abzuwehren pflegte. Der Erfolg war durchschlagend. Die total verunsicherten und desorientierten Philister flohen. Und bei den siegreichen Hebräern kam ein lustiger Schlager auf: »Saul hat Tausende geschlagen; David aber Zehntausende . . .«

Das muß Saul schon sehr weh getan haben, denn er hatte alle seine Schlachten ehrlich durchgefochten und nicht durch einen

miesen Trick – Verstoß gegen den Duellcomment des Gegners –
gewonnen. Zugegeben, auf andere Weise war der Sieg über die
sehr kampftüchtigen Philister – nicht umsonst zog König David
später eine Leibgarde aus »Krethi und Plethi« einer hebräischen
vor! – kaum zu erringen. Aber David bewies in diesem »Zweikampf« nicht Heldenmut, sondern List und Tücke; er verdiente
es wirklich nicht, auf Kosten des tapferen Saul in Politschlagern
zelebriert zu werden. Zumal einer, der hierzu imstande ist, diese
gleichen Eigenschaften natürlich nicht nur auf dem Schlachtfeld
gegen den Feind ausleben wird. Siehe unter vielem andern die
Affaire Bathseba/Uria. –

Wir sind von Kind auf gewöhnt, den »kleinen David«, der den
»Riesen Goliath« besiegte, zu bewundern. Aber übertragen wir
einmal seine »Heldentat« ins moderne Sportmilieu, um sie klarer
beurteilen zu können: Was David tat, ist, wie wenn einer im Box-
ring seinen Kontrahenten, noch ehe dieser auch nur Fäustlinge
und Zahnschutz angelegt hat, blitzartig mit einem Fußtritt in den
Unterleib fertigmacht.

Die vom Propheten Samuel angeheizte Volksbegeisterung für
David mußte Saul bitter schmerzen. Er fürchtete den jungen
Intriganten mit gutem Grund. Man braucht sich nur daran zu
erinnern, wie David sogar noch nach seinem eigenen Sieg über
Saul und nach dessen Tod mit jenen Saulsöhnen umsprang, die
zu jung gewesen waren, um den Soldatentod zu sterben: David
lieferte sie an Sauls ärgste Feinde aus, von denen die Knaben vor
den Augen der Mutter lebendig gepfählt wurden. Nur einen einzigen von ihnen, einen hilflosen Krüppel, der garantiert ungefährlich war, verschonte er und gewährte ihm sogar lebenslang
»Freitisch« an der königlichen Tafel. Damit schlug er gleich zwei
Fliegen auf einen Streich. Das machte sich erstens sehr gut in den
Augen der Untertanen, und zweitens konnte er auf diese Weise
den armen Teufel rund um die Uhr ständig überwachen lassen.
Der Bathseba jedoch mußte er auf ihren Wunsch hin versprechen, daß ihr nächster Sohn Thronerbe sein würde, obwohl doch
bereits zahlreiche ältere Söhne da waren. Das war dann Salomon,
und dieser erwies sich in puncto Charakter seiner Eltern »würdig«, indem er sich seiner Halbbrüder auf unglaublich gemeine

Art entledigte, obwohl sie zu gutartig waren, um gegen diese Usurpation des Throns zu rebellieren oder auch nur zu protestieren. Als einer von ihnen, der sich in eine junge Kebse Davids verliebt hatte, diese von Salomon zur Frau erbat (obwohl dies doch Salomon gar nichts anging), ließ ihn dieser in gespielter Empörung über das angebliche »Sakrileg« sogar beim Altar, zu welchem sich der Unglückliche hingeflüchtet hatte, niederstechen ...

Die Nathans-Prophezeiung

Wie die Juden darauf verfallen konnten, zwei so bösartigen, wenn auch politisch erfolgreichen Despoten wie David und Salomon ihre schönste religiöse und erotische Dichtung – die Psalmen und das Hohelied – zuzuschreiben, ist rätselhaft.

Aber warum mußten sie von einem so fürchterlichen Klan auch noch ihren erhofften Messias herleiten?

Nun: Es war jedenfalls der Prophet Nathan, der diese Idee aufbrachte. Er mußte, um als Prophet glaubhaft zu bleiben, dem König sein Verhalten in der »Uria-Affaire« zum Vorwurf machen. Also bezeichnete er den Tod des Säuglings – der doch wirklich als einziger in dieser ganzen Geschichte unschuldig war – als die Gottesstrafe für den Ehebruch und den (indirekten) Mord an dem armen, treuen Uria.

Um aber selber zwar nicht einer Gottesstrafe, wohl aber einer Königsrache zu entgehen, hievte er David zugleich zum Stammvater des erträumten Messias hoch. Und sowohl alle späteren Propheten wie das gesamte jüdische Volk und die Christen schlossen sich dieser »Weissagung« an ...

Die Juden haben aber trotzdem – wir sagten es schon –, sooft sie jemanden für den Messias hielten, nie nach seinem Stammbaum gefragt. Die nazarenische Herkunft Jesu als solche hätte also auch seine Anerkennung als Messias an sich nicht gehindert.

Umgekehrt verhalf ihm auch der (sicher erst nach seiner Kreuzigung) konstruierte davidische Stammbaum nicht zur Anerkennung als Messias bei den Juden, soweit sie seine Auferstehung nicht persönlich miterlebt hatten oder doch an sie glaubten.

Maria

Die übernatürliche Herkunft Jesu

Besonders schwer tut sich der Jude mit der These von der übernatürlichen Herkunft Jesu.

Die Annahme, daß einer künftigen Mutter auf übernatürliche Weise die Geburt eines Kindes – und zwar nicht zufällig eines Sohnes, darauf kommen wir noch zurück – angesagt wird, ist für den Juden, der mit biblischen Vorstellungen aufgewachsen ist, nichts Ungewöhnliches. Das kommt in der Bibel immer wieder vor, wenn auch nie im Zusammenhang mit Messiasvorstellungen. Sie scheiden in diesem Zusammenhang schon deshalb aus, weil es immer Episoden aus einem Zeitabschnitt sind, in welchem die Juden noch keinerlei messianische Hoffnungen und Vorstellungen kannten.

Es folgt aus der jeweiligen übernatürlichen Ankündigung nicht einmal, daß das Kind dann in irgendeiner Hinsicht sich besonders auszeichnen werde: Isaak, dessen Geburt ein Engel der Patriarchin Sara ansagt, als sie – ihres Alters wegen – schon jede Hoffnung auf ein Kind aufgegeben hat, ist der mit Abstand unprofilierteste der drei Bibelpatriarchen.

Vom Propheten Samuel, dessen Geburt seiner Mutter Hannah nach langer Zeit der Unfruchtbarkeit im Tempel des Priesters Eli zugesagt wird, gilt das allerdings nicht. Er ist eine eindeutig markante, wenn auch alles andere als sympathische Persönlichkeit. Großartig sind zwar seine Warnungen, als die Söhne Israels sich darauf versteifen, daß sie unbedingt einen König haben wollen wie alle andern Völker auch. Samuel zählt ihnen, beschwörend, den ganzen Katalog möglicher Mißbräuche der Königsgewalt auf. Wie er dann aber, zusammen mit dem jungen Intriganten

David, den unglücklichen, unbeholfenen König Saul »fertigmacht«, kann man nicht ohne Grauen lesen, obwohl die Geschichte immer vom Sieger geschrieben wird und auch der Bibelbericht die Tatsachen zugunsten des siegreichen David beschönigt und »bereinigt« hat.

Aber eben weil das Judentum – im Gegensatz zur ganzen damaligen heidnischen Umwelt – keine übernatürliche Herkunft von Herrschern oder andern »Prominenten« kennt, bleibt in der biblischen Geschichtsschreibung der Königszeit doch noch so viel Wahrheit und Realität erhalten, daß man die schreckliche Wirklichkeit durch alle verherrlichenden Berichte hindurch erfährt oder doch ahnen kann.

Klammern wir also die These von Jesu übernatürlicher Herkunft, die für den Juden unverständlich ist, einmal aus. Schon allein die übernatürliche Ansage einer Geburt ist für den Juden gerade im Zusammenhang mit Jesus unwahrscheinlich. Das hat mit der Frage, ob er wirklich der erträumte Messias war oder nicht, rein gar nichts zu tun. Nirgends im gesamten, riesigen Schrifttum der Juden findet sich eine Aussage darüber, daß der Geburt des Heilsbringers eine solche übernatürliche Anzeige vorangehen müsse. Bei den Frauen, denen eine solche Prophezeiung zuteil wurde, handelt es sich auch durch die Bank nur um das Problem der bisherigen Kinderlosigkeit.

Maria jedoch war blutjung, und sie gebar problemlos mindestens acht Kinder. Sie war für eine solche Prophezeiung – nach jüdischem Begreifen – nicht prädestiniert. Auf die Messianität des Sohnes würde eine solche übernatürliche Ansage nach jüdischem Verständnis auch keinerlei Einfluß haben.

Bleibt die Frage der »jungfräulichen Geburt« des Kindes. Hier muß der Jude total passen. Die jüdische Tradition bewertet den Liebesakt positiv, bringt ihn mit dem Begriff der »Erbsünde«, der im jüdischen Denken und Fühlen überhaupt kaum eine Rolle spielt, nicht in Zusammenhang. Mit der Vorstellung einer unberührten Mutter kann der Jude nichts anfangen. Die Idee entstammt eindeutig dem vorderasiatischen und hellenistischen Umfeld jener Zeitspanne, wobei es unklar ist, welche Elemente hier zusammenspielten. Sexfeindlichkeit gnostischer Prägung in jedem Fall. Außerdem aber die hellenistische Gewohnheit, allen prominenten Persönlichkeiten göttliche Herkunft nachzusagen. Eine Rolle können auch alte mutterrechtliche Vorstellungen dabei gespielt haben, vor allem solche aus Babylon, wo jede Jungfrau sich zunächst einmal im Tempel der Liebes- und Muttergöttin einem Fremden hingeben mußte. Falls Schwangerschaft dabei nicht verhütet wurde (was durchaus denkbar ist; mutterrechtlich geprägte Kulturen verfügen durch die Bank über gute Kenntnisse zur Empfängnisverhütung), dann nannte man solche Kinder vielleicht Nachkommen der betreffenden Gottheit, deren Kult im Liebestempel zelebriert wurde.

Zweifellos spielten dabei auch Elemente des nahöstlichen Adonis-(oder Athon-)Kultes mit hinein; der Frühjahrs- und Vegetationsgott jener Region stirbt alljährlich als unerläßliches Opfer für das Wiedererwachen der Natur aus ihrer Todesstarre.

Auch Jesus aufersteht von seinem Opfertod bei Anbruch der Frühjahrsvegetation. Auch dies mag zu seiner Rezeption als Erlöser und Gottheit mit beigetragen haben.

Wobei, dies sei hier wiederholt, all dies nicht ausschließt, daß er wirklich der Erlöser war und es Erlösung anders als auf diese Weise vielleicht nicht geben kann. Wir stellen nur fest, daß all diese Faktoren mit dazu beitrugen, ihn den Jüngern – und nachher allen Gläubigen – als Erlöser und Gott sichtbar zu machen. Wir kommen dabei noch einmal auf die jüdische Konzeption zurück, wonach der Messias möglicherweise in jeder Generation einmal in Erscheinung tritt, jedoch sein Werk nicht vollenden kann, weil er von den blinden Menschen nicht wahrgenommen wird.

Prinzipiell wäre es also denkbar, daß Jesus zwar tatsächlich der Erlöser war, jedoch von seinen Jüngern einfach nach seiner Auferstehung nicht »gesehen« worden wäre, so daß seine Persönlichkeit und Lehre in Vergessenheit gerieten, statt zum Ausstrahlungszentrum einer neuen Weltreligion zu werden. –

Weibliche Gotteselemente bei den Juden

Speziell im Nahen Osten spielte für diese »Wahrnehmung« und Rezeption auch der an Jesus angegliederte Muttergotteskult eine wesentliche Rolle. Und dies, obgleich er von Jesu Persönlichkeit her keine Nahrung findet.

Das Judentum bietet für einen religiösen Mutterkult keinen »Aufhänger«. Der Gott der Bibel ist eindeutig männlich geprägt. Nur in der jüdischen Mystik hat er auch weibliche Aspekte: Es gibt eine kabbalistische Konzeption, nach welcher die Gottheit aus männlichen und weiblichen Elementen besteht, wobei die ersteren durchaus auch als sexuelle Potenz verstanden werden. Und nur der jüdische Mystiker spricht von einer göttlichen Schechina (Einwohnung), die besonders in der chassidischen Legende auch in Gestalt einer trauernden weiblichen Gestalt sichtbar auftauchen kann. Man kann ihr in schweren Zeiten am Dorfrand in der Dämmerung begegnen, verhüllt und weinend.

Eng mit diesem weiblichen Aspekt der Gottheit ist auch die Vorstellung eines machtlosen, leidenden Gottes verbunden, die dem Alten Testament noch fremd ist, dem Christentum aber desto vertrauter: Gott kann nicht unbedingt den Messias herbeiführen, wann er will. Er kann unter Umständen nur mit seinem Volk zusammen über dessen Unglück und Leid weinen und klagen.

Jesus und seine Mutter

All das gibt es in der jüdischen Mystik – nicht aber beim Mystiker Jesus. Für ihn zählt nur der väterliche Gott, den er zärtlich liebt und dem er demütig und freudig vertraut. Diese Vaterbindung sprengt sogar das bei den schon an sich rein patriarchalisch geprägten Juden übliche Ausmaß. Nicht zu einer religiösen, wohl aber zu einer rein säkularen Mutterverehrung kam es speziell bei den Ostjuden dadurch, daß dort sehr oft die Mutter zugleich den Lebensunterhalt für die Familie erbrachte, während der chassidisch entflammte Ehemann monatelang bei seinem »Zaddik« saß und nur zu den hohen Feiertagen heimkam, um die Frau aufs neue zu schwängern und wieder abzureisen. Hier bei den Ostjuden entstanden auch Bild und Begriff der »jiddischen Mame«, die im Volkslied und noch mehr in der schlagerartigen weinerlichen amerikanisch-jüdischen Schnulze sentimental verherrlicht, aber auch im psychoanalytischen amerikanisch-jüdischen Witz boshaft verhöhnt wird. Hierfür ein Beispiel, für das man wissen muß, daß diese selbe aufopferungsvolle »jiddische Mame«, die in Osteuropa eine so lebenswichtige Funktion erfüllte, hier, in Amerika, wo nunmehr der Ehemann für die Familie aufkommt, dadurch, daß sie sich nach wie vor als Lebenszentrum der Familie aufspielt, zum Alpdruck werden kann, ohne es zu spüren.

Eine solche »ostjüdische Mame« sagt also stolz zu ihrer Freundin: »Sie können sich gar nicht vorstellen, wie sehr mein Sohn mich liebt! Täglich rennt er für volle zwei Stunden zu seinem Psychoanalytiker und redet zu ihm einzig und allein über mich!« Im Lande Israel aber spielte zur Bibelzeit wie auch zu Lebzeiten Jesu die Mutter nie eine ähnlich dominierende Rolle wie bei den armen Ostjuden, entsprechend entartete sie auch nicht, wenn eine Familie reich wurde.

Aber wie immer: Juden kannten und kennen religiösen Mutterkult nicht, und speziell bei Jesus finden sich auch nicht die schwächsten Anzeichen in dieser Richtung. Im Gegenteil. Er bedenkt Gottvater mit den zärtlichsten Prädikaten, er fühlt sich nur bei ihm allein geborgen. Und auch in seinen Gleichnissen, die so reich sind an herzergreifenden, einfachen Bildern, kommt er nie auf die Rolle der Mutter als Beschützerin der Kinder zu sprechen. Es ist immer nur der irdische oder göttliche Vater, den er erwähnt, von dem er Schutz und Hilfe erwartet, der als einziger zählt.

Kennzeichnend hierfür ist eine im Neuen Testament sehr realistisch aufgezeichnete Episode über den Versuch seiner Mutter, ihn auf einer Durchreise in Nazareth, wo er in der Synagoge predigt, zu sprechen. Sie ist mit seinen zahlreichen Geschwistern zusammen hingekommen, nicht um ihn zu hören und zu bewundern, sondern einzig um ihn heimzuholen, und sei es mit Hilfe der Behörden, weil er nach ihrer Meinung der Mutter und den Geschwistern den Lebensunterhalt schuldet und also nicht einfach auf und davon gehen kann.

Jesus verweigert ihr aber das Gespräch mit dem Hinweis, seine wirkliche Familie, das seien seine Anhänger und nicht seine Blutsverwandten. Deutlicher als in dieser Szene kann nicht ausgedrückt werden, wie gering die Bindung Jesu an seine Mutter war und wie wenig der historische Jesus sich zum »Aufhänger« für einen religiösen Mutterkult eignet. Jesus war zwar alles andere als ein Frauenfeind, er duldete Frauen in seiner Umgebung, sie zogen mit ihm zusammen durchs Land, und er begegnet ihnen respekt- und liebevoll. Aber er sieht in ihnen nicht potentielle oder wirkliche Mütter.

Diese Szene zwischen Jesus und seiner Mutter in Nazareth ist ohne Zweifel historisch. Es gibt hierfür ein sehr einfaches Kriterium: Wo immer die Redaktoren und Zensoren der vorliegenden Texte den Inhalt abändern, tun sie es in Richtung auf die Heilsgeschichte. Welches Interesse hätten aber die Chronisten des Lebens Jesu haben können, den Heiland als jemanden darzustellen, der seine Mutter nicht sonderlich mag?

Und noch etwas anderes verrät diese Episode nur allzu deutlich: Maria kann nicht zu jenen paar Frauen gehört haben, denen eine überirdische Macht die Geburt des Sohnes verkündete. Und obendrein eines Sohnes, der sein Volk, wenn nicht sogar die Welt erlösen werde. Denn daran hätte sie sich in diesem Augenblick, da so viele Menschen zusammenströmten, um ihren Sohn zu hören, doch unbedingt erinnern müssen. Sie hätte erschüttert erkennen müssen, daß sich die Erfüllung jener Prophezeiung hier und jetzt anbahnte. Wie konnte sie es dann wagen, ihn öffentlich als pflichtvergessenen Sohn bloßzustellen?

Bei der Glorifizierung Mariä mußten die Juden passen. Das exkulpiert aber nicht, daß etliche Rabbinen ohne Griechischkenntnisse den dummen Plot von einem Techtelmechtel Mariä mit einem römischen Söldner namens Panthera oder Pandera erfanden und die Ehre dieser ohne Zweifel sehr braven Frau takt- und sinnlos befleckten.

Und es exkulpiert erst recht nicht moderne »Jesusexperten«, die diesen eindeutig auf Unkenntnis des griechischen Wortes »Parthenos« beruhenden Blödsinn für bare Münze nehmen und Jesu Aversion gegen seine Mutter darauf zurückführen, daß er ihr das (angebliche) »Fraternisieren« mit der römischen Besatzungsmacht und seine eigene außereheliche Geburt nicht vergeben kann. –

Trotzdem war der Marienkult ein Wesenselement zur Entstehung und vor allem zur enormen Verbreitung des jungen christlichen Glaubens namentlich unter den Heiden des ganzen Römerreiches und des Nahen Ostens. Hier, wo die Mutter und Liebesgöttin Isis und ihr alljährlich geschlachteter und neu auferstehender Sohn und Liebhaber Adonis, Attis, Athon oder Adon beheimatet waren, hätten die erlösungsgierigen Massen es nicht begriffen, wenn der neue und wirkliche Heilsbringer nicht im nahen Zusammenhang mit seiner Mutter gestanden hätte und nur aus ihrer Sonderbedeutung heraus zu verstehen wäre.

Ob allerdings schon für die Jünger selbst und für die allerfrühesten Judenchristen in Jerusalem Maria eine religiöse Bedeutung gewann, ist unsicher und sogar unwahrscheinlich. Denn sie überlebte ja mit dem zweiten Sohn, mit Jakobus, zusammen Jesus um Jahrzehnte, sah nachträglich doch noch seine religiöse Bedeutung ein und zog dann in die judenchristliche Kommune der Ebioniten in Jerusalem zu den Jüngern, die also in Dauerkontakt mit ihr standen. Legenden spinnen sich leichter um Tote als um Lebende, zumal als um solche Lebende, denen man täglich aus nächster Nähe heraus begegnet.

Welche ungeheuere Bedeutung dem Muttergotteskult aber für die »Akzeptanz« des Christentums vor allem auch im südlichen Mittelmeerraum zukam, kann man zum Beispiel an der festen Überzeugung des einfachen Volkes in Neapel ablesen, welches befindet, Jesus habe seine Kreuzesstrafe dadurch verdient, daß er sich bei jener Begegnung mit seiner Mutter bei der Synagoge von Nazareth so abweisend zu ihr verhalten und zu ihr gesagt habe: »Weib, was habe ich mit dir zu schaffen?« . . .

Für uns zählt hier nur, daß der Marienkult sicher ein zusätzlicher Punkt war, der Judentum und Christentum auf irreparable Weise auseinanderdriften ließ. –

Doch alle diese Elemente drangen erst nach Jesu Kreuzigung ins Christentum ein, gehen uns also im Zusammenhang mit unserem Hauptanliegen, der Frage, weshalb Jesus im zeitgenössischen Schrifttum der Juden nicht mit einer Silbe zitiert ist, letztlich wenig an. Oder doch nur insofern, als sie – zusätzlich – bestätigen und bekräftigen, daß Christus trotz jüdischer Herkunft tatsächlich »die Juden nichts mehr angeht«.

Doch die eigentliche Zäsur hat, wie gesagt, bereits Jesus selbst durch seinen strikten und konsequenten »Adventismus«, seinen konditionslosen Glauben an die Welterlösung schon morgen, vollzogen. Er unterschied sich damit wesentlich von den Pharisäern. Die ähnlich humane Auslegung des Religionsgesetzes durch beide spielt demgegenüber nur eine geringe Rolle.

Jesus war also, den zahlreichen Übereinstimmungen zwischen ihm und den Schriftgelehrten zum Trotz, dennoch kein »Pharisäer«. Man kann ihn, allen gegenteiligen Behauptungen jüdischer Jesusexperten zum Trotz, nicht ins Judentum »heimholen«. Das gilt schon für den lebenden Jesus. Es gilt erst recht und definitiv für Jesus, den Gott der Christen.

Die Bilanz

Fassen wir ein letztes Mal die paar wichtigsten Punkte kurz zusammen:

– Tatsache ist, daß Jesus, wiewohl der genialste Volksprediger der Juden seit Anbeginn ihrer Geschichte bis zum heutigen Tag, im zeitgenössischen jüdischen Schrifttum nicht mit einer Silbe erwähnt ist, obgleich dieses gleiche Schrifttum über ganz unbedeutende Persönlichkeiten, Episoden und Aussprüche ausführlich berichtet. Auf Meinungsverschiedenheiten in einzelnen Fragen kann das nicht beruhen, denn der Talmud und das ganze nachfolgende rabbinische Schrifttum präsentieren keine Dogmen, sondern Debatten, in welchen auch abweichende Ansichten zu Wort kommen.

– Der Grund für diesen »Blackout« im Hinblick auf Jesus: Die Schriftgelehrten aus dem pharisäischen Umkreis waren im wesentlichen Rechts- und Sozialreformer. Sie hatten sich die Aufgabe gestellt, das lapidare und zum Teil sehr harte und obsolet gewordene Bibelgesetz an die komplizierter und humaner gewordene Zivilisation der Gegenwart anzupassen, zu mildern, zu erweitern, zu ergänzen und dabei auch an sich unwesentliche alte Ritual- und Zeremonialgesetze in ausreichendem Ausmaß beizubehalten, um der jüdischen Gemeinschaft eine gewisse Distanz zum nichtjüdischen Ambiente zu garantieren, ohne die das jüdische Volk insbesondere im Exil sich aufgelöst hätte.

– In maßgeblichen, grundlegenden Fragen waren sich Jesus und die Pharisäer einig: sie drängten auf humane Auslegung der alten Bibelgesetze, und sie anerkannten die höhere Bedeutung der moralischen Normen gegenüber bloßen Ritualvorschriften. Die

Pharisäer glaubten auch – genau wie Jesus (und im Gegensatz zu den konservativen Sadduzäern, den Tempelkreisen) – an eine unsterbliche Seele und an eine leibliche Auferstehung der Toten am Tag der messianischen Endzeiterlösung, die das Paradies auf Erden einleiten würde. Sie gingen aber davon aus, daß man nicht wissen konnte, wann dieser Moment eintreten würde, und man folglich auf Jahrhunderte, wenn nicht sogar auf Jahrtausende hinaus mit einer unerlösten Welt rechnen und sich in ihr optimal zurechtfinden müsse. Daher ihre Tätigkeit als »Gesetzes- und Revisionskommission«.

– Jesus verband diesen Glauben aber mit der Überzeugung, daß die »Neue Erde«, das messianische Endreich ohne Leid, Tod und Unrecht, schon morgen anbrechen werde, weshalb er alle zukunftweisenden und für eine unerlöste Welt unerläßlichen Normen und Direktiven ablehnte: Er untersagte dem wahrhaft Gläubigen die Abwehr von Angriffen, den Kampf gegen das Unrecht; er empfand Vor- und Fürsorge, Besitz und Familie als überflüssig. Insbesondere erschienen ihm die zahlreichen, rituell getarnten medizinischen und hygienischen Regeln und Direktiven aus Bibel und Talmud sinnlos, und erst recht alle jene Normen, die nur dazu dienten, das jüdische Volk im Exil gegen allzu starke Akkulturation an die nichtjüdische Umwelt abzuschotten. Die zukunftbezogene Tätigkeit der Schriftgelehrten mußte ihm unnötig und sinnlos erscheinen.

– Durch diesen einen fundamentalen Unterschied in der Ausgangsposition Jesu und der Pharisäer werden die vielen Ähnlichkeiten und sogar Übereinstimmungen jesuanischer und pharisäischer Thesen belanglos. Jesus schied als Gesprächspartner für die Schriftgelehrten damit aus. Sie haben ja auch andere eschatologisch ausgerichtete Persönlichkeiten und Gruppen (etwa die Essener) nie auch nur erwähnt.

– Die scharfen und gehässigen Auseinandersetzungen zwischen den Pharisäern und Jesus, von denen die Evangelien berichten, haben sicher nur zum kleinsten Teil – oder überhaupt nicht – stattgefunden. Auch die ältesten erhaltenen Fassungen des Neuen Testaments stammen aus einem Zeitpunkt, zu welchem das junge, siegreiche Christentum bereits scharfe, judenfeindliche Züge zu entwickeln begann. Von den Schriftgelehrten vermittelt es ein verzerrtes Bild. Von ihnen drohte Jesus keine Gefahr.

– Die tödliche Gefahr beschwor Jesus für sich durch seine »Tempelreinigung« herauf, bei der er deutlich zum Ausdruck brachte, daß er den (ungeheuer lukrativen!) Tempelbetrieb für religiös wertlos hielt. Das hatten an sich auch schon die Bibelpropheten getan: Mehrfach sagt Gott bei ihnen, ihn ekle vor dem Blutgeruch der Schlachtopfer. Und den Tempelschatz hätten sie ähnlich negativ bewertet, wenn er zu ihren Zeiten schon die Riesenausmaße gehabt hätte wie dann im Römerreich. Aber sie warfen nicht an einem hohen Wallfahrtsfest in Gegenwart Tausender von Pilgern die Tische und Bänke der Münzwechsler und Devotionalienhändler im Tempelvorhof um.

– Ähnliche Äußerungen und Ansichten zum religiösen Wert des Tempelkults mit seinen immensen Einnahmen bezahlte wenige Jahrzehnte später auch der junge Christ Stephanus mit dem Leben.

– Nach jüdischem Recht hatte keiner von beiden ein Kapitalverbrechen begangen. Mit Todesstrafe wurde nur schwere Blasphemie, also Schändung und Beschimpfung des Gottesnamens, bestraft. Eine solche hatten sie sich beide nie zuschulden kommen lassen. Sich selbst oder einen beliebigen andern für den Messias zu halten war nicht strafbar. Es wurde denn auch keiner der beiden vom Sanhedrin – dem jüdischen Gerichtshof – zum Tode verurteilt.

– Da die Sadduzäer unter den Richtern die beiden vermögensschädigenden Störenfriede aber unbedingt definitiv los sein wollten, lieferten sie den einen – Jesus – mit der verleumderischen Anzeige, er sei politischer Insurgent, an die Römer aus. Und sie hetzten den Pöbel, der der Gerichtsverhandlung gegen Stephanus beiwohnte, einfach zur Lynchjustiz gegen den jungen Mann auf.

– Aus dem Prozeß gegen Stephanus hat sich das Votum des pharisäischen Richters und Talmudlehrers Gemaliel erhalten, welcher den Freispruch des Angeklagten mit der ausdrücklichen Begründung verlangte, man solle den Entscheid darüber, ob Jesus wirklich der Messias sei, Gott überlassen. Das müsse sich ja am Eintreten der messianischen Erlösungszustände erweisen. Ob Stephanus – und die Christen mit ihm – recht hätten oder nicht, gehe den Gerichtshof nichts an.

– Schon bei Lebzeiten klaffte also zwischen Jesus und den um die Zukunft des jüdischen Volkes besorgten Pharisäern eine totale Kluft. Man kann also nicht, wie modernistische Jesusforscher meinen, Jesus gleichsam als »Edelpharisäer« ins Judentum »zurückholen«.

Der Graben vertiefte sich noch unendlich nach Jesu Kreuzigung: Für die Juden war zu diesem Zeitpunkt das stellvertretende menschliche Blutopfer als Voraussetzung für die Erlösung nicht mehr akzeptabel. Für den Christen steht und fällt mit dieser Vorstellung die Grundlage seines Glaubens.

– Bei den siegreichen Christen trat die Erwartung der Parusie Christi, seiner Wiederkehr am Jüngsten Tag, und des Anbruchs der »Neuen Erde« am Ende aller Zeiten immer stärker zurück. Sie begnügen sich heute meist mit der Gewißheit einer individuellen und mystischen Erlösung von der »Erbsünde« durch Christi Opfertod und durch die Taufe.

– Die dauernd von den fürchterlichsten Katastrophen bedrohten Juden können sich mit einer solchen »Erlösung« inmitten einer im übrigen unerlösten Welt voller Greuel nicht abfinden. Um Gaskammern ohne Panik betreten zu können, brauchen sie den Messiasglauben in seiner vollen, ursprünglichen Form. Die bei den Christen hinschwindende Erwartung der Parusie des Messias ist für die Juden daher ein unerläßliches Lebenselixier und eine unverzichtbare Sterbehilfe.

– Es ist ferner ausgeschlossen, daß ein Jude, der sich über die genaue Bedeutung des Heiligen Abendmahls im klaren ist, daran teilnehmen kann, ohne vor Entsetzen halb ohnmächtig zu werden. Und zwar ganz gleichgültig, ob er an die reale Transsubstantiation von Hostie und Wein in Leib und Blut Christi glaubt oder ob er den Akt – wie wohl die meisten Christen auch – nur symbolisch begreift.

Es ist umgekehrt genauso ausgeschlossen, daß ein Christ, fast zweitausend Jahre nachdem der geniale Saulus/Paulus das jüdische Grundgebot der Beschneidung für die Heidenchristen suspendiert hat, bereit und imstande wäre, im Herumschnipseln an der männlichen Vorhaut mit dem rituell vorgeschriebenen urtümlichen Steinmesser eine zwingende und sinnvolle Gottesforderung zu erblicken.

– Die gemeinsamen Wurzeln von Judentum und Christentum zählen unter solchen Umständen kaum noch. Die Kluft ist absolut, ein »Dialog« im eigentlichen Sinne ausgeschlossen.

– Nicht ausgeschlossen sind natürlich religionswissenschaftliche gemeinsame Gespräche zur gegenseitigen Orientierung und zum Abbau gegenseitiger Vorurteile, die sich für die zahlenmäßig schwächere, machtlose Partei tödlich auswirken können. Das aber ist kein »Dialog«, und das kann auch zwischen Angehörigen beliebiger anderer religiöser, ideologischer und sonstiger Gruppen stattfinden.

– Nicht ausgeschlossen ist außerdem die Forderung nach Toleranz gegen Andersgläubige. Auch dies ist aber ein Postulat, das nichts mit einem religiösen Dialog zu tun hat und übrigens überhaupt nicht aus der Religion erwächst: Es ist eine Forderung der allgemeinen Menschenrechte. Und sie ergeht immer und überall an die jeweils stärkere Partei.

– Sie geht folglich auch an die Juden überall dort und dann, wenn sie einmal ihrerseits die Macht in den Händen haben. Ausklammern müssen wir dabei die frühe Bibelzeit: In jenem Stadium hätte Toleranz gegen allerlei »Dissidenten« in den eigenen Reihen und gegen die heidnischen Völker im eigenen Lande vermutlich raschen Untergang der sich erst formierenden jüdischen Religionsgruppe bedeutet. Die Forderung der Toleranz ergeht daher erst an das einmal »etablierte« Judentum. Die Juden haben aber, während sie selbst bereits Zielscheibe christlicher Verfolgungen waren, ihrerseits die antitalmudische Sekte der Karäer brutal verfolgt, und sie diffamieren heute im Staate Israel die talmudlosen Fallaschas und protestieren gegen den Bau einer mormonischen Akademie auf dem Skopus bei Jerusalem. Mit welchem moralischen Recht beanstanden sie die jahrhundertelange Behinderung etwa des Synagogenbaues in Rom durch den Vatikan, wenn sie selber sich genauso intolerant verhalten?

– Natürlich wirkt sich Intoleranz desto folgenschwerer aus, je größer die Religionsgruppe ist, welche die Macht in Händen hat. Rein quantitativ können also intolerante Moslems oder Christen mehr Unglück anrichten als intolerante Juden in- und außerhalb Israels. Uns interessiert aber nur das Prinzip als solches und nicht der Umfang seiner Auswirkung.

– Doch auch die Forderung nach solcher Toleranz hat nichts mit einem religiösen Dialog zu tun. Und sie wurzelt auch nicht im religiösen Denken und Fühlen. Vermutlich überleben Religionen auf die Dauer umgekehrt nur dank einem gewissen Fundamentalismus und Fanatismus, der unter Umständen sogar gegen die Menschenrechte verstößt.

Nachtrag zur Taschenbuchausgabe

Umfassende Texte pflege ich vor der Drucklegung gern ein wenig »abzulagern«: Der Zeitabstand schärft den Blick für eventuelle voreilige Schlüsse oder gar falsche Annahmen. Meine Untersuchung über *Jesus und die Juden* mußte aber unter Zeitdruck abgeliefert werden. Reflexionen, die erst durch kritikerzeugende Zeitdistanz entstehen, sollen daher als Nachtrag in die vorliegende Taschenbuchausgabe eingehen.

Mit Erleichterung habe ich festgestellt, daß meine Thesen, wiewohl sie teilweise sowohl der älteren, als auch der allerneuesten Jesusforschung widersprechen, auch jetzt noch gut standhalten. Aber inzwischen sind wieder eine Anzahl neuer Bücher und Essays über Jesus erschienen, und ich bin außerdem auf etliche, weniger bekannte ältere Publikationen zu dem Thema gestoßen. Präsentiert wurde uns Jesus bereits seit Beginn unseres Jahrhunderts als politischer Freiheitsheld und Maquisard, als gescheiterter »marxistischer« Sozialutopist und Opfer eines »kapitalistischen Establishments«, als Hippie und Aussteiger. Mit diesen Theorien setzt sich mein Buch bereits summarisch auseinander. Insbesondere die Konzeption eines Jesus als antirömischen Maquisard durchspukt aber – nach einer gewissen Pause – wieder so viele neueste Jesusbücher, daß ich die Gründe für meine Ablehnung dieser Vorstellungen etwas ausführlicher darlegen möchte.

Als allerneueste Vorstellung begegnet uns jetzt Jesus als »pharisäischer Rabbi«. Diese letzte Variante erfreut sich momentan ganz besonderer Beliebtheit, weil sie, durch Korrektur des judenfeindlich verzerrten Bildes vom pharisäischen Schriftgelehrten des Neuen Testaments, den aktuellen philosemitischen Tendenzen entgegenkommt, die ihrerseits aber nicht etwa einem nüchternen, religionsgeschichtlichen Interesse entspringen, sondern eine Frucht des kollektiven, christlichen schlechten Gewissens wegen des Versagens der Kirche bei Hitlers Juden-Holocaust sind.

Diesem kollektiven christlichen Unbehagen entspringen noch etliche weitere neue Theorien, darunter allerlei originelle Deutungen der Judasfigur, die lange genug einfach mit dem »verräterischen jüdischen Volk« gleichgesetzt wurde, das sich angeblich kollektiv zur Verantwortung für den »Gottesmord« bekannt habe, eine These, die durch Jahrtausende hindurch den Vorwand für blutige Judenverfolgungen gab. Jetzt aber stoßen wir umgekehrt auf die Behauptung, es habe einen Prozeß gegen Jesus vor dem Sanhedrin, dem jüdischen Gerichtshof, überhaupt nicht gegeben; an Jesu Kreuzigung habe vielmehr einzig Pilatus, der Römer, die Schuld getragen.

Es ist nicht immer klar, wieweit heutige philosemitische Neutestamentler selbst erkennen, daß ein solcher »Generalablaß« für die jüdischen Zeitgenossen Jesu die historische Wahrheit – soweit sie sich überhaupt rekonstruieren läßt – genau so verfehlt wie der penetrante Judenhaß in den Evangelien, wenn auch in der entgegengesetzten Richtung und daher für die jüdische Gemeinschaft der Gegenwart gefahrlos.

Freilich gibt es dabei auch schon eine Version, in welcher das reumütige Eingeständnis einer kirchlichen Schuld an den Juden wegen deren angeblicher kollektiver Übernahme der Verantwortung für den »Gottesmord« sich mit einem neuen, ebenso tödlichen Judenhaß unter der Maske des Antizionismus verbindet. Damit haben wir uns hier indes nicht zu befassen.

Diese verschiedenen Tendenzen sind im vorliegenden Buch bereits behandelt. Doch in einigen Fällen scheint mir eine etwas detailliertere Darstellung am Platze. Dies gilt vor allem für diese neuesten Theorien, die ihre Entstehung dem kollektiven christlichen schlechten Gewissen verdanken und zu teilweise abenteuerlichen Schlußfolgerungen geführt haben.

Darüber hinaus soll noch deutlicher die bereits im Buch wiederholt behauptete Unmöglichkeit eines echten jüdisch-christlichen Dialogs herausgearbeitet werden, der heute als eine Art Theriak – ein Wundermittel – für den interkonfessionellen Frieden gefordert und beschworen wird.

Kurz angemerkt sei nur noch, daß praktisch alle neuen Publikationen zum Thema Jesus von einer ähnlichen Notwendigkeit zu immer neuer Aktualisierung zeugen, die auch diesen Nachtrag entstehen ließ: Über Jesus und die Entstehung des Christentums wird heute so viel gedacht, geschrieben, debattiert und gestritten, daß sich scheinbar jeder, der sich einmal an der Diskussion beteiligt hat, dazu gedrängt fühlt, erneut in die Auseinandersetzung einzugreifen. Meist geschieht dies durch total überarbeitete Neuauflagen. Ich sagte schon, daß in unserem besonderen Fall ein Nachtrag vollauf genügt.

Kommen wir also zur Sache:

Jesus, der »Guerillero«

Es läßt sich nicht bestreiten, daß einige Argumente durchaus für »Jesus, den Maquisard« sprechen: Sein Jünger Simon/Petrus wird in den Evangelien einmal »Bar-Jona« genannt. Das bedeutet aber nicht nur »Sohn des Jona«, sondern ist auch der Singular von »Bar-Jonim« (aramäisch: Maquisard). Ein andermal wird Simon als Sohn eines Kanaaniters bezeichnet. Aber vielleicht hieß es im aramäischen Originaltext nicht »Kana'ani« (= Kanaaniter), sondern »Kanai«, und das bedeutet soviel wie »Eiferer«, Fanatiker, also möglicherweise Parteigänger der rabiaten Zeloten, von den Römern auch »Sikkarier« (Dolchmänner) genannt. Und zwei weitere Jünger, Johannes und Jakobus, die beiden Söhne des Zabadäus, tragen den etwas rätselhaften Zunamen »Donnerskinder«, was vielleicht auch auf zelotische Tendenzen hindeutet.

Ferner: Als Jesu Geburtsort gilt Nazareth. Es gibt aber auch eine These, wonach das Dorf erst später diesen Namen erhielt, und zwar benannt nach Jesus, der als Mitglied der nasiräischen Sekte gegolten habe. Es war dies eine der vielen, mystisch entflammten Gruppen zur Zeit Jesu, die, ähnlich den Essenern, asketisch ausgerichtet war und – auch hierin ähnlich den Essenern – einen Aufstand gegen Rom zumindest nicht ablehnte.

Außerdem wird in diesem Zusammenhang gern angeführt, daß Jesus einmal sagt, er sei nicht gekommen, um Frieden zu stiften, sondern um den Zwist bis ins Innere der Familie hineinzutragen, und daß er ein andermal die Anschaffung von Schwertern erwägt.

Die Argumente scheinen zwar plausibel, überzeugen jedoch nicht. Es herrschte nämlich damals im ganzen Römerreich – besonders intensiv im Nahen Osten, nämlich vor allem im Siedlungsbereich der Hebräer – eine erregte Erlösungsstimmung. Es wimmelte im Lande von zugleich mystisch und politisch ausgerichteten Bünden und Gemeinschaften. Durchaus möglich, daß einzelne Jünger, ehe sie zu Jesus stießen, mit eher terroristischen Gruppen sympathisiert hatten, und von dorther noch einen entsprechenden »nom de guerre« mitbrachten.

Daß sie aber auch in Jesus einen potentiellen oder wirklichen Guerillero sahen, ist ausgeschlossen. Ein Sikkarier hielt sich verborgen, predigte nicht, nahm nicht an Gastmählern und Hochzeiten teil, vollbrachte auch keine Wunderheilungen, sondern schlug umgekehrt Wunden. Außerdem wären diese Männer dann bereits bewaffnet zu Jesus gestoßen, und sie hätten auch nicht auffällig baumelnde Schwerter bei sich getragen, sondern Dolche und Messer, die man leicht im Gewande verbergen kann.

Jesus meinte jedoch, als er erfuhr, daß es zwei Schwerter gab, das genüge vollauf. Soll man daraus schließen, daß er als »Guerillachef« zehn unbewaffnete Männer in Kauf nahm und außerdem noch die Präsenz von ebenfalls unbewaffneten, mitwandernden Frauen?

Viel wahrscheinlicher ist, daß er die Anschaffung von Schwertern zur Abwehr von politisch motivierten Terroristen empfahl, welche sich damals – wie in unserem Jahrhundert etwa der Bolschewik Trotzki oder die RAF-Banden – durch Raubzüge die Mittel für ihre Aktionen verschafften. Ein Überfall auf die »Jesusgruppe« konnte zum Beispiel den Sikkariern durchaus lohnend erscheinen, gerade auch wegen der paar mitziehenden Frauen, die durch ihr Geld zum Unterhalt Jesu und seiner Jünger beitrugen. Denn obwohl es damals im ganzen Römerreich und Nahen Osten bereits eine differenzierte Geldwirtschaft gab, ist doch nicht anzunehmen, daß diese paar Galiläerinnen ihre Spendentätigkeit bargeldlos mit Wechseln und Geldanweisungen abwickelten. Um die Gelüste solcher Banditen zu dämpfen, mochten zwei baumelnde Schwerter allenfalls genügen.

Manche weisen in diesem Zusammenhang auch darauf hin, daß Petrus/Simon bei der Verhaftung des Meisters einem Häscher ein Ohr abschlug, das dann allerdings durch eine Wundertat Jesu sofort wieder anwuchs. Doch diese etwas kindische Episode darf man wohl restlos als Märchen einstufen: Hätte wirklich ein Jünger gewagt, in diesem Augenblick zur Waffe zu greifen, so wäre im Handumdrehen die ganze »Gruppe Jesus« von den Häschern in Stücke gehackt worden. Dann hätte es keine Kreuzigung gegeben und auch kein Christentum.

Zudem gibt es keine Wunderheilungen ohne einen psychischen oder wenigstens psychosomatischen Faktor wie bei Wahnsinn, Besessenheit, hysterischer Erblindung, Lähmung, bestimmten Hautkrankheiten und vielem mehr. Dies bringt übrigens eine hübsche Anekdote über jenen jüdischen Wiener Chirurgen witzig zum Ausdruck, der auf die fromme Bemerkung eines jüdischen Patienten, Gott habe geholfen, stolz entgegnet: »Nein! *Ich* habe geholfen! Gott ist nur Internist!« Glieder im Handumdrehen an- oder nachwachsen lassen kann auch der größte Wundertäter nicht.

Kurz: Jesus war bestimmt kein Maquisard. Dem widerspricht auch allzu radikal sein Gebot der Feindesliebe oder die Forderung, die zweite Backe hinzuhalten, wenn man geschlagen wird. Und mit seinem Ausspruch »Gebt dem Cäsar, was des Cäsars ist« lehnt er sogar ab, die Steuerzahlungen zu verweigern, geschweige denn Rom den Krieg zu erklären.

Aber zugegeben: Wäre Jesus wirklich Isurgent und Terrorist gewesen, dann hätten es seine Jünger und die Apostel – so kurz nach dem mißlungenen jüdischen Aufstand gegen Rom – bei ihrer Heidenmission unbedingt verschweigen müssen. In Rom hatte man die anfänglichen Niederlagen der eigenen Legionen beim Kampf mit den Juden in allzu bitterer Erinnerung. Das könnte zur Not erklären, warum im Neuen Testament jegliche Andeutung in dieser Richtung fehlt.

Nur hätte sich im Kreise eines nationalistischen jüdischen Insurgenten mit Sicherheit kein Glaube herauskristallisiert, der dann auch auf die Heiden übergreifen und zur Weltreligion werden konnte.

Wir haben uns mit dieser einen Modetheorie über Jesus mit gutem Grund ausführlich auseinandergesetzt, denn Jesus wurde ja den Römern vom Sanhedrin tatsächlich als angeblicher Aufrührer ausgeliefert, obwohl er nur allzu offenkundig keiner war.

Doch dazu gibt es immerhin eine Äußerung des Oberpriesters, der das Richterkollegium präsidierte, wonach es besser sei, wenn nur einer für alle sterbe als umgekehrt. Das könnte an sich ebenfalls in die Richtung deuten, Jesus sei ein antirömischer Maquisard gewesen. Diese Stelle wird auch besonders gern von jüdischen Neutestamentariern zitiert, die daraus schließen wollen, der Sanhedrin habe Jesus nur aus ehrlicher Sorge um das jüdische Volk Pilatus ausgeliefert, der bereits zweimal aus völlig nichtigem Anlaß ein Blutbad unter den Juden angerichtet hatte. Im Falle der Gefahr eines Aufstands befürchtete man von Pilatus, daß er auch ein drittes Mal zuschlage.

Im Prinzip ist diese Schlußfolgerung richtig. Nur überschätzt man damit die Bedeutung dieser relativ kleinen Gruppe von Männern und Frauen aus Galiläa, die größtenteils unbewaffnet waren und in Jerusalem nur ein einziges Mal Aufsehen erregt hatten: bei Jesu »Tempelreinigung«, und auch da nur im internen jüdischen Umkreis. Die neutestamentliche Darstellung, wonach Jesus schon gleich bei seinem Einzug am Palmsonntag in Jersualem von einer riesigen Volksmenge freudig, mit Hosianna-Rufen und Palmwedelschwingen, begrüßt worden sei, kann man nämlich als reines Phantasieprodukt abtun. Oder genauer: Ein solches Zeremoniell hat Jesus mit seinen Jüngern zwar zweifellos in Jerusalem einmal erlebt, aber nicht vor Ostern, sondern bei einer früheren Wallfahrt zum herbstlichen Laubhüttenfest. Doch das ganze hatte mit seinem Einzug nichts zu tun: So feiern nämlich die Juden dieses Fest noch heute. Bei der Endfassung der Evangelien hat offenbar kein einziger »Judenchrist« mehr mitgewirkt; ein solcher hätte den Fehler bemerkt und gestrichen.

Wie unbedeutend die Jesusanhänger schon rein zahlenmäßig gewesen sein müssen, kann man übrigens auch daran ablesen, daß die Evangelien nur von einem Dutzend Jüngern sprechen. Es ist höchst unwahrscheinlich, daß es genau zwölf waren – die Chronisten haben sich ohne Zweifel auf diese Zahl nur wegen ihres Symbolwerts in der jüdischen Tradition geeinigt. Wären die Jünger aber viel zahlreicher gewesen, so hätte man sie in den Evangelien vermutlich mit der nächsthöheren jüdischen Symbolzahl, nämlich 40, beziffert. Das heißt also, daß der Sanhedrin Jesus nicht aus Sorge um das jüdische Volk ans Kreuz geliefert hat. Selbst dann wäre es übrigens ein eindeutiges Justizverbrechen gewesen. Was Jesus zum Verhängnis wurde, war die Tempelreinigung, die auf eine Einmischung in die Tempelfinanzpolitik hinauslief. In diesem Punkt verhielt sich Jesus ähnlich wie anderthalb Jahrtausende später der deutsche Reformator Luther, als er dem Vatikan dessen »Ablaßhandel« zum Vorwurf machte. Ein geld- und machtgieriger Klerus versteht nie und nirgends Spaß, wenn man an seine Profite rührt. Hätte Martin Luther seine Vorwürfe nicht daheim in Sachsen artikuliert, sondern in Rom, das heißt im Machtbereich des Vatikans, so hätte er diese Einmischung ebenfalls mit dem Leben bezahlt.

Wir fassen zusammen: Jesus war bestimmt kein Maquisard, und der Sanhedrin wußte, daß diese Verleumdung eigens zum Zweck der Vernichtung Jesu durch die Römer erfunden worden war.

Es bleibt also die Frage, wie eine neue, im übrigen sehr solid gearbeitete Publikation über die Gestalt Jesu zu der These gelangen kann, es habe von seiten des Sanhedrin keine Verhandlung gegen Jesus gegeben, und Pilatus habe auf eigene Faust Anklagepunkte gesucht, auf Jesus Jagd gemacht, ihn verhaften und im Blitzverfahren, gleichsam standrechtlich, kreuzigen lassen (vgl. Weddig Fricke: Standrechtlich gekreuzigt).

Unbewußt scheint bei dieser These, wie gesagt, das kollektive schlechte Gewissen namentlich der Deutschen eine Rolle zu spielen, nämlich die Tendenz, die im Neuen Testament übel verleumdeten Juden reinzuwaschen. Das war an sich längst fällig, und diesbezüglich geschieht bei anderen christlichen Gruppen noch viel zu wenig. Hierfür mag als einziges Beispiel eine abenteuerliche Episode zeugen, die ich nach meinem Vortrag bei einer katholischen Verbindung von Abiturienten eines Wirtschaftsgymnasiums erlebt habe. Ein Schüler fragte mich, ob es wahr sei, daß die Juden deshalb nicht im Lande Israel siedeln dürften, sondern »ewig wandern« müßten, weil der Prophet Aischylos (sic!) dies vorher gesagt habe. Mir drehte sich der Kopf. Ich brauchte ein paar Minuten, bis mir dank dem Stichwort »ewig wandern« klar wurde, daß hier eine Verwechslung des großen griechischen Dramatikers Aischylos (von dem die Jungen offenbar bei ihrer Vorbereitung auf eine akademische Laufbahn nie gehört hatten) mit dem Scheusal Ahasveros vorlag, jenem jüdischen Schuster, der angeblich Jesus nicht erlaubte, bei seinem letzten Gang auf der Schwelle seines Ladens auszuruhen, und der daher als »ewiger Jude«, französisch »juif errant« (herumirrender Jude), »ewig wandern« muß und nicht sterben kann, dessen Figur aber nicht aus der Bibelprophetie stammt, sondern erst im Hochmittelalter, während der Judenhaßpsychose der Kreuzfahrerzeit, erfunden wurde. Der Schüler berief sich mit seiner Geschichte auf den Kaplan, bei dem er Religionsunterricht hatte. Ob auch die Verwechslung von Aischylos mit Ahasver auf den Kaplan zurückging, weiß ich nicht. Wenn aber ein solcher christlicher Religionsunterricht auch heute noch möglich ist, muß man zugeben, daß es an der Zeit wäre, ihn von Judenhaßelementen zu säubern. Speziell im Hinblick auf den neutestamentlichen Bericht über den Prozeß Jesu vor dem Sanhedrin ist das insofern auch gar nicht schwierig, als Jesus – wie ich in meinem Buch sehr ausführlich dargelegt habe – nach jüdischem Recht absolut unschuldig war und folglich nichts von dem, was das Neue Testament über jene Gerichtsverhandlung behauptet, stimmen kann. Das legt auch der Verfasser des Buches, in welchem die Geschichtlichkeit eines solchen Prozesses total bestritten wird, detailliert und unwiderlegbar dar.

Nur folgt daraus nicht, daß es überhaupt keinen Prozeß gegeben hat, oder exakter: daß Jesus dem Sanhedrin überhaupt nicht vorgeführt worden wäre. Im Zusammenhang mit unserer Argumentation gegen die These Jesus = Maquisard haben wir festgestellt, daß Pilatus der winzigen und friedlichen Jesusgruppe ohne eine entsprechende Denunziation von jüdischer Seite sicher keine Beachtung geschenkt hätte.

Allerdings unterstützt das Neue Testament diese Möglichkeit durch seine gewaltig übertriebenen Schilderungen von dem angeblichen Aufsehen, das der Einzug Jesu in Jerusalem am »Palmsonntag« ausgelöst habe. Selbst wenn Jesus wirklich, wie die Evangelisten behaupten, nicht wie sonst zu Fuß gekommen, sondern auf einer Eselin eingeritten wäre, da er sich bereits als Messias oder dessen unmittelbarer Verkünder empfand, der nach Bibelprophetie auf einem Esel in Jerusalem einziehen wird, hätte dies niemand beachtet.

Einen Esel konnte sich auch ein recht armer Landwirt im Gelobten Land zur Zeit Jesu – genau wie schon Jahrhunderte vorher und nachher – leisten, und es wimmelte an diesen Wallfahrtstagen in der Stadt sicher von Last- und Reiseseln.

Davon abgesehen ist es möglich und sogar wahrscheinlich, daß dieser Esel erst später hinzuerfunden wurde, um die Messianität Jesu auch durch dieses Detail zu bekräftigen. So, wie man Jesus aus den Evangelien kennt – und eine andere Quelle haben wir ja nicht –, ist es unwahrscheinlich, daß er sich als einziger in seiner Schar ein Reittier geleistet haben sollte, während alle andern – also auch die Frauen, die ihm nachfolgten – zu Fuß hinterhergetrabt wären.

Die Evangelisten geben sich ja generell Mühe, die Messianität Jesu mit Details aus dem Alten Testament zu belegen, die eigentlich unwesentlich sind. Dies gilt auch für die Schilderung der Soldaten, die angeblich nach Jesu Kreuzigung um dessen blutigen Mantel gewürfelt haben sollen. Wenn sie den von der Geißelung blutdurchtränkten, zerrissenen Fetzen nicht einfach dem nächsten besten Bettler zuwarfen, dann tauschten sie ihn vermutlich gemeinsam bei einem Kneipwirt für einen Krug Wein ein. Das Würfeln erübrigte sich auch deshalb, weil ja zwei weitere Delinquenten gekreuzigt wurden, so daß man drei Mäntel zur Verfügung hatte.

Heidnische, jüdische und christliche »Taufriten« und Pilatus

Daß Pilatus nicht die Idealperson war, die das Neue Testament aus ihm macht, wird im vorliegenden Buch ausführlich dargelegt und auch erkärt: Er wird auch in außerbiblischen Quellen als korrupt und kriminell beschrieben: für die heidenchristliche Mission waren aber – aus der aktuellen politischen Situation heraus – sowohl antijüdische wie prorömische Akzente namentlich in Rom nützlich und notwendig. Wir haben auch deutlich gemacht, daß Pilatus niemals gesagt haben kann »Ich wasche meine Hände in Unschuld«, weil dies ein wörtliches Psalmenzitat ist, die Römer jedoch, die sich zwar oft wuschen und auch täglich badeten, eine rituelle oder gar moralische Entsühnung durch Eintauchen in Wasser nicht kannten. Das ist an sich richtig, bedarf aber einer Ergänzung:

Nicht die moralische oder gar mystisch-globale Totalentsühnung, wohl aber die rituelle Reinigung ist nicht erst in den Psalmen, sondern schon in den Fünf Büchern Mosis des Alten Testaments bekannt. Trotzdem ist nicht anzunehmen, daß der Brauch »urhebräisch«, also bereits in vormosaischer Zeit bei den Juden üblich gewesen war. Die Hebräer begegnen uns zunächst als Steppennomaden, die sicher meist schon froh waren, wenn sie genügend Wasser hatten, um ihren und ihrer Herden Durst zu löschen und sich notdürftig zu waschen. Riten, die Ganz- und Tauchbäder in fließendem Wasser erfordern, wie wir sie aus dem Alten Testament und aus dem Talmud kennen, können sich erst entwickelt haben, nachdem die Hebräer im Lande Israel ansässig wurden und die Bräuche der dort ansässigen Heiden übernahmen. Und tatsächlich gab es bei diesen schon lange vor dem Einbruch der Hebräer ins Gelobte Land solche Riten. Zur Zeit Jesu kannte man in ganz Vorder- und Kleinasien Mysterienkulte, bei denen jede Zusammenkunft der Mysten (Eingeweihten) oder doch wenigstens die Initiation eines neuen Adepten mit einem solchen Tauchbad verbunden war, das manchmal mit einer mystischen Neugeburt gleichgesetzt wurde. Soweit gingen die Juden nie. Bei ihnen war – und ist bis heute – das Tauchbad in fließendem Wasser (für das es später, in den Städten, eine spezielle Badeanstalt, die sog. »Mikwe« gab) immer nur das Beheben einer ausschließlich rituell verstandenen Verunreinigung durch Menstruation, Geburt, Samenerguß, Berührung mit Leichen oder mit Personen, die aus irgendeinem Grunde ihrerseits tabuisiert sind. Nur bei jüdischen Mystikern – also vielleicht bereits bei Johannes dem Täufer, mit Sicherheit aber schon bei den Essenern und später bei den Kabbalisten und Chassidim – bekommt dieses Tauchbad einen tieferen Sinn. Besonders fromme Chassidim in Osteuropa pflegten sogar im härtesten kontinentalen Winter täglich in einem nahen Fluß ein Loch aus dem Eis herauszuhacken, um ganz untertauchen zu können.

Am radikalsten jedoch nähert sich das Christentum dem heidnischen »Ursinn« des Tauch- und Taufbades durch das Taufsakrament, welches den Getauften – sogar wenn er als Säugling noch nichts von dem Vorgang verstehen kann – ein für alle Male von der »Erbsünde« befreit und erlöst.

Jesus selbst hat, wie die vorliegenden Quellen beweisen, nicht getauft. Auf keinen Fall kannte er Massentaufe und Taufe von Neugeborenen. Falls er doch getauft haben sollte, wurden die Spuren hiervon – wie bereits erwähnt – sorgfältig verwischt.

Vielleicht deuten die Auferstehung des Lazarus, das Auftauchen des nackten Jünglings im Garten Gethsemane und eine von Jesu mehrfach geäußerte Bemerkung Jüngern gegenüber, wonach sie allein imstande seien, den wahren Sinn seiner Gleichnisse zu verstehen, aber doch in diese Richtung. Die ersten Christen müssen jedoch besonders bei ihrer Heidenmission befürchtet haben, daß jeder Hinweis auf komplizierte Initiationsriten bei Jesus den jungen Glauben zu nahe an die heidnischen Mysterienkulte heranrücken würde. Zudem erübrigte sich letztlich solche vorweggenommene individuelle Erlösung, solange man der baldigen Parusie Christi entgegenfieberte, der sowohl alle Lebenden als auch alle auferstandenen Toten erlösen würde. Erst als sich allmählich erwies, daß das Himmelreich auf Erden doch nicht so unmittelbar bevorstand, wie Jesus geglaubt und prophezeit hatte, wurde die Erlösung jedes einzelnen von der kollektiven Last der Erbsünde durch das Sakrament der Taufe so dringlich, daß dem gegenüber jede mögliche Analogie zu heidnischen Mysterien zurücktreten mußte.

Was aber Pilatus angeht, so war er bestimmt kein Adept eines nahöstlichen Mysterienkultes. Selbst dann hätte er seine Entsühnung nicht mit einem Psalmenzitat bekräftigt. Er hat also mit Sicherheit seine »Hände« nicht »in Unschuld gewaschen«. –

Wir sind hier wieder einmal an einem der Punkte angelangt, welche verdeutlichen, weshalb es zwar jede Menge gegenseitiger »Orientierungsgespräche« zwischen Juden und Christen geben kann, jedoch keinerlei wirklichen »Dialog« in Glaubensfragen. Zugegeben, außer dem Monotheismus gibt es auch bei den Juden letztlich nichts »Urjüdisches«; beide, Jud wie Christ, haben reichlich aus dem religiösen Gut der Heiden geschöpft, die einen (die Juden) zwar viel früher als die andern (die Christen) – was spielt das jedoch für eine Rolle? Das beweist weder, noch steigert es den Grad der »Wahrheit«, zumal sich in religiösen Fragen ohnehin nichts beweisen und damit auch nichts widerlegen läßt. Aber Jud und Christ haben sich gerade in diesem Punkt zu weit voneinander entfernt. Für die Juden ist die

»Brit«, die Beschneidung der Knäblein, nichts anderes als die Besiegelung des Bundes mit Jahwe, also eine Art »Vereinsabzeichen« ohne jede mystische Bedeutung; für die Christen ist die Taufe – Parusie Christi hin oder her – bereits Erlösung. Das Los der Juden wurde namentlich im christlichen Siedlungsbereich allmählich so unerträglich, daß ihnen mit einer solchen mystischen, inneren »Erlösung« nicht mehr gedient sein konnte; sie mußten sich umgekehrt in den Traum des künftigen messianischen Endreichs zunehmend hineinsteigern. (Daß sie dabei, mit wachsender Säkularisierung, auf weltliche Varianten der Erlösung verfielen, auf die marxistischen und marcusianischen Utopien, die auch von der nichtjüdischen Welt akzeptiert wurden und eine Menge Unheil statt »Weltheil« heraufbeschworen, soll hier nur angedeutet werden.) Sie hatten aber letzlich nur die Wahl, (religiöse oder weltliche) Zukunftsträume zu spinnen oder dem Judentum den Rücken zu kehren. Die siegreichen Christen fanden sich allmählich mit der heidnischen mystischen Erlösung hier und jetzt durch die Taufe ab, und die Idee der Parusie Christi geriet immer mehr in den Hintergrund. Wenn diese Idee aber – was hie und da vorkam – mit voller Wucht wieder heraufbrach, richtete sie (vgl. die christliche Ketzergeschichte) nicht weniger blutiges Unheil anstelle von »Weltheil« an als die zu Sozialutopien verkommenen Messiasträume der Juden. Doch auch das soll hier nicht näher erläutert werden.

Wir halten nur fest: Zwischen gläubigen Juden und Christen kann es in diesem Punkt keinen »Dialog« geben; und zwischen Ungläubigen erübrigt sich der »Dialog« ohnehin; man kann nur rein sachlich die Unterschiede zwischen den verschiedenen Religionen und Konfessionen fixieren und zur Kenntnis nehmen. Die heute im ökumenischen Eifer viel beschworenen »gemeinsamen Wurzeln« von Judentum und Christentum ändern nichts an dieser Tatsache – ganz abgesehen davon, daß es mit den Gemeinsamkeiten nicht weit her ist. Hierzu als Beleg die Modethese von Jesus, dem (angeblichen) pharisäischen Rabbi.

Jesus, der »pharisäische Rabbi«

Im vorliegenden Buch sind die Gemeinsamkeiten zwischen Jesus und den in den Evangelien viel gescholtenen pharisäischen Schriftgelehrten ausführlich dargelegt. Gemeinsam war ihnen – im Gegensatz zu den Sadduzäern – der Glaube an ein Weiterleben der Seelen nach dem Tode, an ein Jenseits mit Lohn und Strafe, und an eine kollektive leibliche Auferstehung der Toten in der messianischen Endzeit. Sie tendierten ferner beide zu derselben milden und humanen Auslegung der alten, starren Bibelgesetze.

Hieraus leiten vor allem jüdische Neutestamentler heute gern die These ab, Jesus sei nichts als eine Art »pharisäischer Rabbi« gewesen. Das geht so weit, daß etliche von ihnen ihm auch Weib und Kinder andichten, weil das Bibelgesetz das Zölibat ablehnt und frühe Heirat und Fortpflanzung befiehlt.

Die These des verheirateten und kinderreichen Jesus wird übrigens – dies nur nebenbei – nicht nur von jüdischen »Jesusexperten« vertreten, sondern auch von christlichen, mystisch-esoterisch orientierten Phantasten, welche den offenkundig sehr künstlich zusammengebastelten Stammbaum Jesu aus dem davidischen Königshaus sehr ernst nehmen und davon ausgehen, Jesu Zwist mit den Sadduzäern sei einzig darauf zurückzuführen, daß sie ihn als Thronprätendenten fürchteten. Deshalb seien seine Söhne nach seiner Kreuzigung nach Frankreich geflohen, wo sie zu Stammvätern unter anderem der merowingischen Dynastie wurden. Maria von Magdala floh nach dieser Theorie mit ihnen zusammen und brachte in einem Gefäß – dem »Heiligen Gral« – bei dieser Gelegenheit das Blut Christi als erste christliche Reliquie nach Europa.

Das liest sich zwar hochunterhaltsam, entbehrt aber jeder Realität. Von den jüdischen Jesusinterpreten spinnt denn auch keiner solche Märchen, Weib und Kind jedoch dichten sie ihm gleichfalls an, wobei sie sich darauf berufen, daß Juden im Hinblick auf das biblische Fortpflanzungsgebot ledige Rabbiner seit jeher nicht sehr schätzten und von verwitweten erwarteten, daß sie sich schleunigst wieder verheirateten.

Im Zusammenhang mit Jesus entbehrt die These nicht einer gewissen Komik. Jesus war ja kein Kultusangestellter, der sich nach den Wünschen der Honoratioren seiner Gemeinde hätte richten müssen! Vor allem jedoch übersehen die Anhänger der Theorie eines »Jesus als pharisäischem Rabbi« und Familienvater einen fundamentalen Unterschied zwischen Jesus und den Pharisäern, den es neben vielem Gemeinsamen doch auch gab: Jesus war – in unserer Untersuchung wird das wiederholt betont, und auch die moderne »kritische Bibelforschung« der Christen bestreitet es nicht – Adventist im Gegensatz zu den Pharisäern. Es gab zwar damals – auch das sagten wir schon – im Gelobten Land viele eschatologisch ausgerichtete Sekten und Einzelgänger, doch die Pharisäer stritten sich nicht mit ihnen herum, sondern ignorierten sie vielmehr, weshalb keiner dieser Gurus oder Bünde im Talmud auch nur erwähnt ist. Auch die angeblichen Streitgespräche zwischen Jesus und den Schriftgelehrten haben wohl nie stattgefunden, denn letztere ware ja nur an detaillierter Gesetzesauslegung und -reform interessiert, nicht jedoch an prinzipiellen Erwägungen etwa über den Zeitpunkt der messianischen Welterlösung. Solche Spekulationen überließen sie seit jeher den Mystikern.

Aber ein Adventist konnte und kann kein »pharisäischer Rabbi« sein, denn letztere haben im Grunde nur ein einziges Anliegen: Ausgestaltung und Anpassung des obsoleten Bibelgesetzes – es war zur Zeit Jesu immerhin schon rund tausend Jahre alt! – an die Gegenwart und namentlich an eine Zukunft in einer einstweilen unerlösten Welt. Auf die Gegenwart übertragen: Ein Zeuge Jehovas, der morgen schon Weltuntergang und Aufblühen der messianischen »Neuen Erde« erwartet – wie Jesus und seine Jünger vor fast zweitausend Jahren –, kann unmöglich Mitglied eines gesetzesreformerischen Komitees sein, und mithin auch Jesus nicht ein »pharisäischer Rabbi«. Oder soll man sich etwa ernsthaft vorstellen, daß zum Beispiel eine Frau sich an Jesus gewandt hätte, um sich bei ihm juristischen Rat für die vermögensrechtliche Auseinandersetzung mit dem Ehemann zu holen, der ihr den Scheidebrief überreicht hat? Oder daß der Hirt, dessen Vieh entlang einem uneingezäumten Pfad einen Feldrand zertrampelt hat, von Jesus wissen will, ob er dem Bauern hierfür Schadenersatz schuldet? Über solche Fragen gibt der Talmud ausführlichen Bescheid. Jesus aber hätte zu alldem nur sagen können: »Das ist doch unwichtig, da morgen ohnehin das Himmelreich auf Erden anbricht!«

Andererseits ist es wirklich höchste Zeit, auch die Gemeinsamkeiten zwischen Jesus und den Schriftgelehrten festzuhalten: Die Annahme, sie hätten im Jahre 30 n. Chr. noch für die Steinigung einer Ehebrecherin plädiert, ist ebenso abwegig, als wollte man einem heutigen europäischen Gericht unterstellen, es entscheide zivilrechtliche Prozesse durch den Ordal, den rituellen Zweikampf der Kontrahenten als »Gottesurteil«. Zur Zeit Jesu waren die grausamen Beduinengesetze der Fünf Bücher Mosis längst humanisiert.

Mit anderen Worten: Die Deutung Jesu als Familienvater, der sich als Vierzehnjähriger brav unter die Chuppe (Traubaldachin) stellen ließ, eifrig die Jeschiwe (Talmudhochschule) besuchte, Kinder zeugte und rabbinische Ratschläge erteilte, entspricht so wenig seiner Persönlichkeit, soweit diese uns in den Evangelien glaubhaft entgegentritt, und wirkt so lächerlich, daß man keinen Gedanken daran verschwenden sollte.

Der »Bruder/Jünger« Judas

Wie wiederholt gesagt: das kollektive schlechte Gewissen der heutigen Christenheit wegen des Versagens der Kirche in der Judenfrage seit fast 2000 Jahren – insbesondere im Zusammenhang mit Hitlers Holocaust – hat eine Welle philosemitischer Deutungen und sogar regelrechter Umdeutungen und Verfälschungen biblischer Vorgänge evoziert, und zwar nicht nur im Hinblick auf das Neue Testament:

In den Bibelausgaben seit dem Zweiten Weltkrieg wird auch das Alte Testament gern in judenfreundlicher Richtung korrigiert – zum Beispiel im Zusammenhang mit König David, der bei Jud und Christ als Vorfahr des Messias zelebriert wird, und dessen Schandtaten man daher gerne verschweigt. Die üble Affaire mit dem Uriasbrief läßt sich allerdings nicht gut verdrängen, denn sie gab ja Nathan, dem Hofpropheten Davids, den Anstoß zu der Prophezeiung, aus seinem Haus werde der Messias hervorgehen. Dies wird im vorliegenden Buch ausführlich behandelt.

Doch dies war ja bei weitem nicht Davids einzige Greueltat. So hat er einmal feindliche Gefangene mit Messern, Sägen, Nägeln und anderen Eiseninstrumenten foltern und danach noch lebendig braten lassen – die Nazis hätten bei David eine ganze Menge Anregungen gefunden, wenn sie die Bibel gelesen hätten! Das mißfällt neueren Bibelbearbeitern und -übersetzern. An sich mit Recht. Also »humanisieren« sie den König David. Man liest jetzt mit Verwunderung, daß David – wie edel und menschlich! – die gefangenen Feinde nur zur Zwangsarbeit mit Eisenwerkzeugen und am Feuerofen verurteilt habe. Nur nebenbei sei hier bemerkt, daß sich die Juden ihrerseits solche Verfälschungen des Bibeltextes – auch an Stellen, die einzelne, von ihnen verehrte Gestalten oder das gesamte jüdische Volk sehr negativ zeichnen – nie erlaubt haben.

Diese Tendenz einer pauschalen philosemitischen Umdeutung und regelrechten Verfälschung des Bibeltextes umfaßt natürlich auch und erst recht das Neue Testament. Besonders die Figur des bösen Judas, der schon bald als Sinnbild und Repräsentant des gesamten »gottesmörderischen« und »verräterischen« jüdischen Volkes angesehen wurde – eine Deutung, die im Laufe der Jahrtausende viel jüdisches Blut im christlichen Siedlungsgebiet gekostet hat –, fordert natürlich eine neue, möglichst neutrale Interpretation heraus. Nach meiner Meinung hat es den Verräter Judas nie gegeben; diese Behauptung lege ich in meinem Buch ausführlich dar.

Von christlicher Seite wurden schon vor der Hitlerzeit vor allem religionsphilosophische Argumente zur Exkulpation der Untat des Judas – die im übrigen nicht bestritten wurde – angeführt: Da die Menschheit nur durch Jesu Kreuzigung erlöst werden konnte, diese jedoch (angeblich) ohne den Verrat Judas' nicht zustande gekommen wäre, erfüllte Judas, seiner niedrigen Motivation zum Trotz, im Heilsplan der Welt eine zentrale positive Aufgabe. Und nicht nur das: Judas strebte damit nur das an, was Gott selber schon vorher beschlossen hatte.

Der »Schwarze Peter« wird bei dieser Interpretation also gleichsam Gott selbst zugeschoben, der ungeachtet seiner grausamen und ungerechten Forderung nach dem stellvertretenden Opfertod eines Unschuldigen von den Christen – wie übrigens auch von den Juden – als »liebevoll, barmherzig und gütig« gefeiert wird.

Ebenso Juden haben in der »Judasdebatte« seit der Jahrhundertwende gern mitgemischt. Mit der Idee von Jesus als stellvertretendem Sühneopfer für die Schuld der ganzen Welt konnten sie sich allerdings nicht anfreunden, obwohl mit dieser Vorstellung das Christentum steht und fällt. Bei den Juden dagegen schwand diese bei zahlreichen Völkern seit prähistorischer Zeit nachweisbare Idee zunehmend dahin. Schon die gottbefohlene Schlachtung des Knaben Isaak durch seinen Vater Abraham wird ja laut Bibeltext im letzten Augenblick durch einen Engel verhindert und durch ein Tieropfer ersetzt. Es ist möglich – und auch manche alten Talmudlehrer neigen zu dieser Auffassung –, daß damals tatsächlich ein Sohnesopfer stattfand, wenn auch nicht jenes von Isaak, dem Stammvater des Volkes Israel. Wichtig ist aber die biblische Interpretation und Rezeption jenes prähistorischen Vorgangs, die den Ersatz des Kindes durch einen Schafsbock schildert, und ausschlaggebend ist das biblische Verbot dieses selben Gottes, der von da an jedes Kindesopfer als »heidnischer Greuel« ausdrücklich und bei Todesstrafe untersagt.

Noch wesentlicher ist vielleicht, daß die Bibelpropheten auch dieses Tieropfer ablehnen und ausdrücklich deponieren, in Gottes Augen sei es ekelhaft und zudem als Sühneakt wertlos. Und am allerwichtigsten ist, daß die Juden sofort nach der Zerstörung des Tempels in Jerusalem im Jahre 70 n. Ch. den Brauch des Blutopfers bis auf einen albernen Überrest (das »Kapparaschlagen« mit einem geschächteten Geflügel vor Jom Kippur) aus ihrem Kultleben strichen. (Das sollten sich – dies nur nebenbei – auch jene streng orthodoxen heutigen Juden merken, die darüber debattieren, ob bei einem endzeitlichen Wiederaufbau des Tempels von Jerusalem wohl auch der alte Kult des Blutopfers wieder aufleben werden, und die Kohanim, die jüdischen Priester, wieder, wie anno dazumal, mit silbernen und goldenen Kellen das Tierblut auffangen und über dem Altar ausschütten werden. Die Vorstellung, daß man sich mit Gott durch geschächtete Hammel und Kälber versöhnen und vor ihm sühnen kann, war innerhalb des jüdischen Denkens im Grunde schon zur Zeit Jesu obsolet.)

Andererseits läßt sich nicht leugnen, daß auch die christliche Konzeption, nach der die Welterlösung mit dem Blutopfer des unschuldigen Jesus steht und fällt, aus dem Alten Testament abgeleitet wird: Erstens aus jenen wenigen Verszeilen bei Jesaja, welche von dem zutiefst erniedrigten und gequälten Messias künden, der anstelle der Schuldigen den Opfertod erleidet. Wobei es wenig sinnvoll ist, darauf hinzuweisen, daß diese Zeilen mit Sicherheit von keinem der beiden Propheten stammen, die unter dem Namen »Jesaja« zusammengefaßt wurden und von denen der eine noch im Lande Israel, der andere jedoch im babylonischen Exil gelebt haben muß. Deshalb spricht die moderne Bibelkritik hier von einem »Tritojesaja«, also einem »dritten Jesaja«, und wir wissen demnach gar nicht, auf wen diese Prophezeiung, die im Kontext steht wie ein erratischer Block, in Wirklichkeit zurückgeht. Sie wird dadurch weder glaubhafter noch unglaubhafter. Und auch die Vermutung, daß hier die heidnische Vorstellung des am Kreuze sterbenden Mondopfers der Vorderasiaten hineinspielt, das dann am dritten Tag als Gott wieder aufersteht, besagt gar nichts für oder gegen den möglichen Wahrheitsgehalt dieser Vorstellung. Judentum wie Christentum sind von allem Anfang an durchwuchert von heidnischen Einflüssen. Die Frage »urjüdisch oder nicht« führt uns also auch im Zusammenhang mit dem stellvertretenden Opfertod eines Unschuldigen nicht weiter und kann auch nicht durch einen interkonfessionellen »Dialog« geklärt werden.

Zudem ist dies nicht der einzige Hinweis auf eine Bejahung des stellvertretenden Opfertodes eines Unschuldigen in der jüdischen Tradition: Es stimmt zwar, daß das Bibelgesetz die Opferung von Kindern als »heidnischen Greuel« bezeichnet und verbietet – das hindert aber nicht, daß der Großteil des rabbinischen Schrifttums bis auf den heutigen Tag die »Akedat Jizchak«, die Fesselung Isaaks (zwecks Schlachtung auf dem Altar), als besonders erhabenes Zeichen für Abrahams Gottergebenheit feiert. Jene frühen Talmudlehrer, die sich mit Skepsis und Abscheu hierzu äußern, bilden die Ausnahme.

Überflüssig zu sagen, daß auch das Christentum, vor allem in seinen fundamentalistischen Vertretern, die Opferung Isaaks, oder genauer, Abrahams Bereitschaft, seinen kleinen Sohn zu schlachten, positiv wertet. Dies ist die logische Folgerung aus der Bereitschaft Gottes, seinen Sohn für das Heil der Menschheit den Kreuzestod erleiden zu lassen.

Doch zurück zu Judas. Jüdische Neutestamentler, auch die Belletristen unter ihnen, neigen nicht dazu, Judas aus seiner angeblich zentralen Bedeutung für den Heilsplan der Welt zu rechtfertigen; sie sehen in ihm entweder den frustrierten potentiellen Maquisard, der auf diese Weise Jesus endlich zur Aktivität zwingen will, oder den extrem Wundergläubigen, der mit Sicherheit erwartet, Jesus werde sich auf übernatürliche Weise dem Foltertod entziehen und dadurch seine Messianität endlich in spektakulärer Form vor aller Augen beweisen. Beides klingt unwahrscheinlich. Beide Theorien sind vor allem dann überflüssig, wenn man davon ausgeht, daß es einen Verräter Judas vermutlich gar nicht gab.

Von den Argumenten, die ich gegen seine Existenz anführe, muß ich aber wenigstens eines hier selber anzweifeln: Ich bezeichne es in meinem Buch als unwahrscheinlich, daß sich der gebürtige Judäer Judas im geschlossenen Kreis galiläischer Dörfler herumgetrieben haben soll. Als solcher wird er aber durch den Beinamen »Iskarioth« (= Mann aus der jüdäischen Stadt Karioth oder Charioth) in den Evangelien bezeichnet.

Nun gibt es aber eine Theorie, wonach dieser Zunamen nicht von Karioth oder Charioth, sondern vom aramäischen »Schekarta« (= Lüge oder Verleumdung) herzuleiten sei. Auch wenn dies zutreffen sollte und dieses eine Argument gegen seine Existenz null und nichtig wäre, so würden doch die restlichen Argumente überwiegen.

Die neueste, wie gesagt philosemitisch inspirierte Jesusforschung begnügt sich aber nicht damit, die Existenz eines Verräters namens Judas anzuzweifeln, sondern sie stellt die Vermutung auf, der Jünger Judas sei mit dem Bruder Judas von Jesus identisch, der mit ihm durch die Lande gezogen sei. Und da im Alten Testament wiederholt Bruderpaare vorkommen, von denen der eine als gut und der andere als böse bezeichnet wird (Abraham/Lot; Jakob/Esau etc.), habe man auch Jesus einen bösen Bruder beigesellen wollen, eben den Bruder/Jünger Judas...

Der Kopf dreht sich einem. Jesus hatte sein Lebtag eine miserable Beziehung zu seiner Sippe. Als er einmal in der Nähe von Nazareth predigt (vermutlich in Kapernaum), will ihn seine Mutter sogar durch Behörden heimholen lassen – es ist nicht ganz klar, ob sie ihn für verrückt hält oder ihm nur zum Vorwurf macht, sich – der älteste Sohn einer Witwe – davor zu drücken, die Familie zu versorgen. Jedenfalls hören wir aus den Evangelien nur, daß sowohl Jesu Mutter als auch sein Bruder Jakobus sich erst nach der Kreuzigung zu ihm bekannten und der judenchristlichen Gemeinde in Jerusalem beitraten. Vielleicht kam auch sein Bruder Judas mit nach Jerusalem.

Es ist aber ausgeschlossen, daß er sich vorher seinen Jüngern beigesellt hat. Zu nachdrücklich betonen die Quellen immer wieder, daß für Jesus nicht Blutsverwandtschaft, sondern nur der Bund zwischen Meister und Jüngern zählte. Zudem ist mit dieser Konzeption für das Verständnis der Gestalt und Lehre Jesu rein gar nichts gewonnen.

Aber es wird interessant sein zu verfolgen, welche weiteren philosemitischen Phantastereien im Zusammenhang mit Jesus uns die nächsten Jahre noch bescheren werden – bis das Pendel dann wieder in eine Gegenrichtung ausschlägt.

Wer sich übrigens für die These, Judas = Bruder Jesu und die verschiedenen neuen Konzeptionen der Judasgestalt interessiert, wird sie in absehbarer Zeit in einem umfassenden Buch des Theologen Klaus Plaar aufgelistet finden.

Auferstehung ohne Gottwerdung?

Schon vor dem Judenholocaust Hitlers gab es übrigens Publikationen über Jesus, die von der Absicht durchpulst waren, die Juden vom »Gottesmord« zu entlasten. Etliche davon gehen von der Annahme aus, Jesus sei scheintot vom Kreuz abgenommen worden und habe danach noch eine Weile weitergelebt. Wir haben diese Theorie in unserem Buch bereits erwähnt, auch in jener neuen Variante, wonach Jesus bis nach Indien weitergewandert und in einem innerasiatischen Kloster gestorben sein soll.

Zur Exkulpation »der Juden« taugt diese Theorie allerdings nichts, denn eine mißlungene Exekution entschuldigt weder die Denunzianten noch die Richter und Henker. Davon abgesehen hätte sich dann niemals eine christliche Religion entwickelt. Daß ein gefolterter Jude sein Martyrium und seine geplante Ermordnung durch einen glücklichen Zufall überlebt – das gab es schon zur Zeit Jesu und sogar in Auschwitz hie und da. Das aber macht ihn noch nicht zum Gott, nicht einmal zum Messias. Damit sich nach seiner Kreuzigung ein neuer Glaube entfachte, mußte er – wie alle zuvor und vielleicht auch noch gleichzeitig im heidnischen Vorderasien dargebrachten Mondopfer – wirklich am Kreuz sterben und erst am dritten Tag auferstehen. Und es genügte auch nicht eine »Auferstehung« gleichsam »auf Widerruf«, daß heißt also zu einer irdischen, sterblichen Existenz. Jesus mußte nunmehr unsterblich und zur Gottheit geworden sein. Natürlich ist niemand gezwungen, daran zu glauben. Aber mit diesem Glauben steht und fällt das Christentum.

Mit dem angeblich »pharisäischen Rabbi Jesus« hat dieser Glaube jedoch absolut nichts zu tun. Paulus wußte genau, weshalb er den lebenden Jesus bei seiner Heidenmission überhaupt nicht erwähnte. Wiewohl er selbst in der Jugend Pharisäer gewesen war, hatten ihn doch in seiner kleinasiatischen Geburtsstadt hellenistisch-mystische Vorstellungen mindestens ebenso stark geprägt wie die »neujüdische« (nämlich erst vor 150 Jahren zum Judentum zwangskonvertierte) Bevölkerung Galiläas. Daß die judenchristliche Gemeinde in Jerusalem trotzdem am jüdischen Brauchtum festhielt, ergab sich nicht aus »Sachzwängen«, sondern einfach aus ihrem rein jüdischen Ambiente. Für die Heiden wären all dies sinnlose und überflüssige Konzessionen gewesen. Paulus brach den »jüdisch-christlichen Dialog« mit gutem Grund gleich in der Entstehungsphase des Christentums ab. Der ungeheure Erfolg seiner Mission gab ihm recht. Man sollte nicht versuchen, die schon damals sinnlos gewordene Debatte neu zu entfachen. Zumal die Aussprüche Jesu nicht nur von pharisäischer Liberalität und Milde zeugen, sondern auch von dem ganz und gar nicht pharisäischen oder gar allgemein jüdischen Glauben an den baldigen Ausbruch der messianisch erlösten Erde, und daher als Direktiven für ein Leben in einer unerlösten Welt ohnehin nicht taugen.

Die altjüdischen Jesusbücher

In unserem Buch sind die »Toldot Jeschu«, ein erstaunlich dummer jüdischer Jesusroman aus frühchristlicher Zeit, erwähnt, der zwar mit Sicherheit keinerlei brauchbare Aussagen über den historischen Jesus birgt, sich aber als Unterhaltungslektüre bei Juden, vor allem in christlichen Ländern, großer Beliebtheit erfreute. Es gab die »Toldot Jeschu« in mancherlei Varianten bis in die frühe Neuzeit. Sie halten sich etwas auf dem Niveau einer modernen Illustrierten-Kolportage. In einem dieser Romane ist Maria ein keusches und schönes Mädchen edelster Herkunft, nämlich eine Cousine der (syrischen) Prinzessin Helene, und verlobt mit einem frommen Jeschiwebocher (Talmudstudenten) namens Jochanan, der jeden Sabbat-Nachmittag bei seiner Braut antrabt, um ihr die Hand zu küssen und sich bis Anbruch der Dunkelheit brav mit ihr zu unterhalten. Einmal aber schickt sie ihn fort, weil sie gerade ihre »Tage« hat, welche nach mosaischen und talmudischen Gesetzen verunreinigen, so daß nicht einmal ein Handkuß in Frage kommt. Das hat Jochanans böser Studienfreund Joseph erfahren, der sich in die schöne Maria verliebt hat; nachts schleicht er in tiefster Dunkelheit zu ihr, gibt sich für den Bräutigam aus, verkündet die freudige Botschaft, nach neuesten Talmuderkenntnissen sei jetzt vorehelicher Verkehr von Verlobten sogar mit einer menstruierenden Braut erlaubt, schwängert sie und läßt sie sitzen. Als Maria die Wahrheit erfährt, wird sie vor Verzweiflung zur Hure. Der keusche Jochanan begibt sich als »fahrender Schüler« zu den babylonischen Talmudakademien, und das Kind, Jesus, kommt gebrandmarkt mit allen Kennzeichen extremer Schande, nämlich als »Bankert einer menstruierenden Hure« zur Welt. Dennoch vollbringt er Wunderheilungen, wenn auch nicht mit Hilfe Gottes, sondern Satans, und geht immer wieder Wetten mit anderen Zauberern ein, wie zum Beispiel: wer von ihnen sich höher in die Luft erheben und auf seinen Kontrahenten herabpissen kann...

Diese Kostprobe nur als Warnung für jene, die sich über Jesus historische Auskunft aus jüdischen Quellen versprechen, und zum Beweis dafür, daß die Desinformation bezüglich des Christentums bei den Juden genauso fulminant war wie umgekehrt die christliche im Hinblick auf das Judentum. Nur daß eben einzig für die besiegten Juden und nicht für die siegreichen Christen daraus Gefahr für Leib, Gut und Leben resultierte...

In einem anderen dieser jüdischen Jesusbücher ist Maria aus unerfindlichem Grund Friseuse – ausgerechnet im Dorfe Nazareth, wo man von Kosmetik vermutlich so wenig verstand wie heute in einem palästinensischen Fellachenweiler!

In unserer Untersuchung haben wir aber eine weitere Variante des Jesusromans erwähnt, nach welcher als Vater von Jesus ein römischer Offizier namens Panthera oder Pandera genannt wird, was wir auf eine Verwechslung mit dem griechischen Ausdruck »hyios parthenou« (Sohn einer Jungfrau) zurückgeführt haben.

Hierzu muß aber noch angemerkt werden, daß es zur Zeit Jesu in Galiläa tatsächlich einen römischen Offizier dieses Namens gab: Zufällig hat sich sein Grabstein in Germanien (nämlich bei Bingerbruck am Rhein) mit genauen Angaben, wo überall er im Laufe seines Lebens stationiert war, erhalten.

Daß er irgend etwas mit Jesu Herkunft zu tun haben könnte, ist trotz allem ausgeschlossen. Aber vielleicht war er prominent genug, um auch in jenen jüdischen Kreisen bekannt zu sein, die sich literarisch bestätigen. Das mag die »Beförderung« des »hyios parthenou« zum »hyios Pantherou« erleichtert haben.

Das Gleichnis vom Nadelöhr

In meinem Buch korrigiere ich etliche falsche Übersetzungen aus dem Aramäischen ins Griechische im Neuen Testament. In einem einzigen der zitierten Fälle könnte ich mich jedoch geirrt haben: Bei dem Ausspruch Jesu, wonach eher ein Kamel durchs Nadelöhr gelangen könne als ein Reicher ins Himmelreich, erwähne ich, daß »gamelos« auch Seil (und also nicht nur Kamel) bedeuten kann.

Nach wie vor tendiere ich zur Annahme, daß Jesus hier von einem »Seil« gesprochen hat, denn man reiste im Lande Israel auf Eseln und Maultieren und nicht auf Kamelen, und seine Gleichnisse sind ausschließlich dem jüdischen Alltag entnommen.

Aber inzwischen habe ich entdeckt, daß es im Babylonischen Talmud ein ähnliches Gleichnis gibt, bei dem sogar ein Elefant anstelle eines Kamels genannt wird. Also eine bewußt groteske orientalische Übertreibung. In den Metropolen von Babylon dagegen bekam man eben exotische Tiere oft zu sehen, und dort entstand der »Babylonische Talmud«, in welchem sich das Gleichnis mit dem Elefant findet.

Wir müssen die Frage offen lassen.

Maria von Magdala im Heiligenkalender

Zum Schluß noch ein Wort zu Maria von Magdala. Ich hatte in meinem Buch den radikalen Feministinnen vorgeworfen, daß sie ihre religiösen Aktivitäten in falscher Richtung starten, nämlich mit Versuchen, eindeutig patriarchalisch untermauerte Bibelereignisse ins Matriarchalische umzudeuten und zu verfälschen. Ich meinte, sie sollten lieber die paar Stellen im Alten und Neuen Testament herausheben, in denen den Frauen im allgemeinen oder einer bestimmten weiblichen Persönlichkeit hoher Wert zugestanden und hohe Achtung bezeugt wird. Insbesondere empfahl ich eine alljährlich wiederkehrende Gedenkfeier zu Ehren von Maria Magdalena, ohne deren Mut, am Ostersonntag das Grab Jesu aufzusuchen, niemand erfahren hätte, daß die Grabhöhle leer war. Wäre sie dem Auferstandenen nicht begegnet und hätten dies die Jünger, die feig davongelaufen waren, nicht von ihr erfahren, so wäre Jesus vielleicht auch ihnen nicht erschienen und es wäre kein Christentum entstanden.

Nur nebenbei sei hier angemerkt, daß diese meine Überlegungen nichts mit der Frage zu tun haben, ob Jesus der tapferen Maria Magdalena und seinen feigen Jüngern als wirklich Auferstandener oder als bloße Vision erschien, und ob er der von den Juden erträumte Messias oder der gottgewordene Gottessohn war und ist oder nicht. Glaubensfragen sind aus diesem Buch radikal ausgeklammert. Und speziell zur Messiasfrage gibt es eine sehr kluge Talmudstelle, die ich hier zitieren möchte: Demnach wird der Messias in jeder Generation neu geboren, er kann aber die Welt solange nicht erlösen, bis ihn jemand wahrnimmt und erkennt. Ohne Maria von Magdala hätte dies auch Jesus zustoßen können, und zwar auch dann, wenn man davon ausgehen will, daß er wirklich, wenn nicht die Welt, so doch wenigstens alle, die wirklich an ihn glauben, erlöst.

Erst nachträglich, als mein Buch längst erschienen war, habe ich erfahren, daß mein Rat an die Feministinnen, einen Gedenktag für Maria von Magdala einzusetzen, verspätet kommt: Es gibt diesen Gedenktag bereits, wenn auch nicht zu Ostern, wie ich es vorschlage, sondern am 22. Juli. Die katholische Kirche hat ihn längst zur festen Institution gemacht, und zwar schon ziemlich früh, nämlich im »Martyrologium« des Heiligen Beda Venerabilis (7./8. Jahrhundert). Hier die Tagesoration, wie sie sich im Missale und im Stundenbuch findet:

»Gott und Vater unseres Herrn Jesus Christus, die Heilige Maria Magdalena durfte den Auferstanden sehen und als erste den Jüngern die österliche Freude verkünden. Gib auf ihre Fürsprache hin auch uns den Mut, zu bezeugen, daß Christus lebt, damit wir ihn einst schauen in seiner Herrlichkeit, der mit dir lebt und herrscht in alle Ewigkeit. Amen.«

Die Kirche hat im Laufe ihres Daseins viel gesündigt, nicht zuletzt gegen die Frauen, indem sie das leib-, sex- und frauenfeindliche Bild der Frau vom Apostel Paulus übernahm, ohne dessen frühen Einfluß es wohl später nicht zu den fürchterlichen Hexenprozessen mit kirchlicher Absegnung gekommen wäre. Um so höher muß man es ihr anrechnen, daß sie vorbehaltlos gerade einer Maria Magdalena, der das Neue Testament alles andere als ein paulinisch-leibfeindliches Sexethos zuschreibt, die zentrale Rolle bei der Entstehung des Christentums zubilligt.

Sankt Gallen, Januar 1989   Dr. phil. Salcia Landmann

Glossar

Vorbemerkung

Der Leser, der noch das Glück hatte, eine halbwegs solide Schule zu besuchen, möge Umfang und Inhalt des nachfolgenden Glossars entschuldigen. Das Buch wendet sich nicht an den Fachtheologen und auch nicht bloß an den Gebildeten. Es soll auch dem Absolventen eines modischen »Reformgymnasiums« oder einer jener Gesamtschulen leicht zugänglich sein, der ja schließlich nichts dafür kann, daß man ihm die zehn aufnahmefähigsten Jahre seines Lebens gestohlen hat, um ihm anstelle des traditionellen Schulwissens nur linkslastiges Soziologenchinesisch einzutrichtern und ihm als »geistige Nahrung« statt Platon und Goethe nur Böll und Reklametexte vorzusetzen. Wer die Glossen nicht benötigt, braucht sie ja nicht zu benützen.

Die Abkürzungen im Glossar

ar. = aramäisch. engl. = englisch. frz. = französisch. gr. = griechisch. hebr. = hebräisch. it. = italienisch. lat. = lateinisch. – Pl. = Plural = Mehrzahl. – cf. (= confer) = vergleiche.

Ablaßhandel Kath. Erlaß der Strafen, die der Sünder nach dem Tode abzubüßen hätte, gegen Geld (»Ablaßzettel«) zur Lutherzeit. Für den Reformator war dies ein wesentlicher Einwand gegen die kath. Kirche.

abstrus (lat.): verworren, unverständlich, absonderlich.

Adept (lat.): Schüler, Jünger, auch in geheime Lehre Eingeweihter.

Adoleszent (lat.): Jugendlicher, etwa zwischen 17–20 Jahre alt.

Affinität (lat.): Verwandtschaft.

aggadisch Von hebr. Aggada: Sammelbegriff für den nicht religionsgesetzlichen Teil des alten rabbinischen Schrifttums (also Sagen, Gleichnisse, Homiletisches, Anekdoten etc.).

Agnostiker (gr.): Wer die Möglichkeit einer Gotteserkenntnis leugnet.

agonisieren (gr.-lat.): von Agonie = letztes Stadium des Todeskampfes.

Akkulturation (lat.): Anpassung

an eine fremde Kultur und deren Übernahme.

Akronym (gr.): Ein aus den Anfangsbuchstaben mehrerer Wörter gebildetes Kunstwort wie UNO etc.

Aktivist (lat.): Wer für zielbewußtes und zielstrebiges Handeln ist.

akzeptabel (lat.): annehmbar.

Akzeptanz (lat.): Anklang, pos. Einstellung zu etwas Bestimmtem.

Allotria (gr.-lat.): ausgelassener Unfug.

Ambiente (lat.-it.): das spezifische Milieu.

Amnestie (gr.-lat.): Straferlaß.

Analogie (gr.-lat.): Ähnlichkeit, Übereinstimmung.

Analogon (gr.): gleichartiger Fall.

Analyse (gr.-lat.): systematische, detaillierte Untersuchung.

Antipathie (gr.-lat.): Abneigung, Widerwille gegen jemand oder etwas.

Antisemitismus (gr.-lat.): Widerwillen und Feindschaft nicht gegen »Semiten« allgemein, sondern gegen Juden, und zwar auch dann, wenn sie der semitischen Sprach- und Kulturwelt (hebr. und ar.) und der jüdischen Religion längst entfremdet sind.

Apis-Stier (ägypt.-gr.): heiliger Stier, der im alten Ägypten angebetet wurde.

Apokryphen (gr.-lat.): wörtl. »Verborgenes«. Nicht in die kanonische Bibelfassung eingegangene alte Schriften.

a priori (lat.): Von vorneherein, grundsätzlich.

approbiert (lat.): Zur Ausübung eines Berufes durch entsprechende Prüfungen zugelassen.

Aristoteliker Anhänger des altgriechischen Philosophen Aristoteles, die den rationalen Zusammenhängen große Bedeutung einräumen und gleich ihm keinen personalen Gott anerkennen.

asketisch (gr.-lat.): enthaltsam, entsagend.

Aspekt (lat.): Betrachtungsweise, Blickwinkel.

Atheismus (gr.-lat.): Leugnung der Existenz Gottes.

außerevangelisch was nicht in den Evangelien steht.

autochthon (gr.-lat.): alteingesessen, eingeboren.

autonom (gr.): nach eigenen Gesetzen lebend, selbständig.

Aversion (lat.): Abneigung, Widerwille.

Axiom (gr.-lat.): unbestrittener Grundsatz.

Ayatolla schiitischer Ehrentitel.

Background (engl.): Hintergrund.

Beschneidung (lat. Zirkumsision): Entfernung der Vorhaut bei Knaben. Uralter semitischer Brauch. Bei Juden und Moslems Religionsgebot.

Bigotterie (frz.): Scheinheiligkeit.

bizarr (it.-frz.): absonderlich.

Blackout (engl.): plötzliche Verdunkelung, auch plötzlicher Ausfall einer Funktion.

Blasphemie (gr.-lat.): Gotteslästerung.

Bundeslade: Schrein im Tempel von Jerusalem, der die Bundestafeln mit den Zehn Geboten enthielt. Heiligstes altjüdisches Kultgerät.

Chaos (gr.-lat.): totales Durcheinander.

Chanukka (hebr.): jüdisches Lichterfest der Tempelweihe um die Zeit der Wintersonnenwende.

Charisma (gr.-lat.): besondere Ausstrahlungskraft eines Menschen.

Chassidismus (hebr.): von chassid = fromm, gottgefällig. Volkstümliche, mystische Bewegungen der Juden. Am bekanntesten die ostjüdische Welle seit dem 18. Jahrhundert.

Cheder (hebr.). wörtl. = Zimmer. Jüdische traditionelle Grundschule für Knaben vom 4. bis 12. Lebensjahr, an der als einziges Fach hebräische Sprache und altes jüdisches Schrifttum gelehrt wurde.

Cherem (hebr.): (synagogaler) Bann, Ächtung, Exkommunikation.

Chewlej-Maschiach (hebr.): »Messiaswehen«. Nach einem alten jüdischen Glauben werden dem Kommen des Messias vielleicht Greuelzustände, eben die »Messias-Wehen«, vorangehen.

Clique (frz.): Klüngel, der nur seine Eigeninteressen verfolgt.

Cohen, pl. Cohanim (hebr.): Priester. Gemeint sind immer nur die (männlichen) Nachkommen des erblichen Priestertitels, die Nachkommen des Bruders Aaron des

Propheten Moses. Sie stellten die Priesterschaft im Tempel von Jerusalem bis zu seiner Zerstörung und haben bis heute bestimmte liturgische Sonderaufgaben zu erfüllen und gewisse Reinheitsvorschriften zu beachten.

Comment (lat.): die festen Regeln und Bräuche der Studentenverbindungen.

Conditio sine qua non (lat.): unerläßliche Voraussetzung oder Bedingung.

Couleur (fr.): Farbe, auch im Sinne einer Sonderprägung innerhalb einer im übrigen zusammengehörenden Formation.

Damaskus-Erlebnis Feste Bezeichnung der Vision des Saulus/ Paulus auf seiner Fußreise nach Damaskus, durch die er aus einem fanatischen pharisäischen Christengegner zum Christen wurde.

Dealer (engl.): Drogenhändler.

Debatte (lat.): Aussprache und Erörterung zu einem festgelegten Thema.

definitiv (lat.): abschließend, endgültig.

deklarieren (lat.): etwas als etwas Bestimmtes bezeichnen.

Delegation (lat.): Abordnung von Bevollmächtigten oder Zuständigen.

Delinquent (lat.): wer gegen geltende Normen verstößt; Übeltäter.

Demontage (lat.-frz.): Abbau, Abbruch.

Derivat (lat.): Begriffe und Vorstellungen, die sich auf ältere zurückführen lassen.

Deutero-Jesaja (deuteros = gr. der zweite): die Verse 40–50 des Jesajabuches, die auf einen unbekannten Verfasser zurückgehen, der während des Babylonischen Exils gelebt haben muß, und die sich auf die messianischen Prophezeiungen beziehen.

Devotionalien (lat.): der Andacht und dem religiösen Kult dienende Gegenstände.

Dezision (lat.): Entscheidung, meist im Sinne eines religionsrechtlichen Entscheids.

Dialog (gr.-lat.): Zwiegespräch zum Kennenlernen der verschiedenen Meinungen zum gleichen Thema.

Diaspora (gr.): Zerstreuung.

Dibbuk pl. Dibbukim: von hebr. »dabbejk« = anhaften. Sündiger und böser Totengeist, von dem ein Lebender besessen ist und den nur ein Wundertäter exorzieren kann.

diffamieren (lat.): verleumden, verunglimpfen.

Direktiven (lat.): Richtlinien, Verhaltensregeln.

Diskrepanz (lat.): Widersprüchlichkeit, Mißverhältnis zwischen zwei Sachen.

Dispens (lat.): »Erlaß« im Sinne von Befreiung vor allem von einer religiösen Pflicht.

Dissident (lat.): Abtrünniger, Abweichler von einer herrschenden Meinung.

Dogma (gr.-lat.): fester Glaubenssatz.

Dogmatiker (gr.-lat.): starrer Verfechter einer (vor allem kirchlichen, evtl. auch politischen) geltenden Ideologie und Lehrmeinung.

drakonisch: nach dem altgriechischen Gesetzgeber Drakon: ungewöhnlich hart und streng.

Dual (lat.): Zweiheit.

Dynastie (gr.): Herrschergeschlecht. Der Begriff kann ohne weiteres auch auf den erblich gewordenen und mit hohen Einkünften verbundenen »Thron« des chassidischen Wunderrabbi angewendet werden.

Ebioniten (von hebr. ewion = der Arme): Mitglieder der judenchristlichen Sekte in Jerusalem im 1. und 2. Jahrhundert, die in kommunistischer Gütergemeinschaft lebten und, im Gegensatz zu den »Heidenchristen«, an allen mosaischen Gesetzen strikt festhielten.

Ekstase (frz.-lat.): wörtl. »Außersichsein«. Rauschhafter Zustand vorwiegend religiöser Verzückung.

Elimination (lat.): Ausschaltung.

Emanation (lat.): Ausfluß, auch im religiösen und philosophischen Sinne als Hervorgehen des Seins aus einer göttlichen Einheit.

Emanze (von lat. emancipatio = Befreiung aus rechtlicher Abhängigkeit): ironische Bezeichnung der betont feministischen Frau.

eminent (lat.-frz.): hervorragend, außerordentlich im positiven Sinne.

Emotion (lat.): seelische Erregtheit.

eruieren (lat.): an den Tag fördern, herausgraben, erforschen.

es'chatologisch (gr.-lat.): Lehre von den letzten Dingen, vor allem vom Endschicksal des einzelnen und der Welt.

Esséner (Name ungeklärt): mönchische jüdische Sekte zur Zeit Jesu in der judäischen Wüste.

Establishment (engl.): abwertender modischer Ausdruck für die etablierte bürgerliche Gesellschaft, die (angeblich) nur auf die Erhaltung ihrer »Privilegien« bedacht ist.

etabliert (lat.-frz.): was in einer bestehenden Ordnung einen festen Platz einnimmt.

ethisch von Ehtik (gr.-lat.) = Lehre vom sittlichen Handeln: sittlich.

Eucharistie (gr.-lat.): wörtl. »Danksagung«: Sakrament des Abendmahls.

Exekution (lat.): Vollstreckung eines Urteils, vor allem einer Hinrichtung.

Exil (lat.): Verbannung, auch freiwillig gewählter »Verbannungsort«.

Exkulpation (lat.): Rechtfertigung, Entschuldigung, Schuldbefreiung.

Explikation (lat.): Darlegung, Erläuterung, Erklärung.

Exorzismus (gr.-lat.): Austreibung von Geistern und Dämonen durch Beschwörung.

Expropriation (lat.-frz.): marxistischer Fachausdruck für Enteignung von Kapital und Boden.

exzellieren (lat.): hervorragen, glänzen.

Exzeß (lat.): Ausschreitung, Ausschweifung, Maßlosigkeit.

Fallaschas (äthiop.): wörtl. »die Fremden«. Verächtliche Bezeichnung der dortigen Juden, obwohl sie bereits seit 2500 Jahren im Lande leben.

Fata Morgana (it.): Luftspiegelung in der Wüste, ein Trugbild, das immer etwas Positives vortäuscht.

Felonie (lat.-frz.): vorsätzlicher Bruch des Treueverhältnisses zwischen Lehnsherrn und Lehensträger, übertragen: allgem. Verrat gegen einen »Führer«.

Feminismus (lat.): Frauenbewegung mit der Tendenz, die patriarchalische, herrschende Ordnung ins Matriarchalische zu verschieben.

firmieren (lat.-it.): Einen bestimmten Namen oder Titel führen.

Flop (engl.): Angelegenheit oder Sache, die keinen Anklang findet.

fundamental (lat.): grundlegend, schwerwiegend.

fundamentalistisch (lat.): in theologischen Fragen fanatisch streng und konservativ ausgerichtet.

fundiert (lat): solid begründet und untermauert.

Fünf Bücher Mosis: die ersten und ältesten Teile des Alten Testamentes. cf. Pentateuch.

Frustration (lat.): Enttäuschungserlebnis durch Versagung und erzwungenen Verzicht.

Gabbai, pl. Gabbaim (hebr.): »Einnehmer«, Armenpfleger. Heute nur noch im Sinne von Synagogenvorstand oder Haushofmeister eines Wunderrabbi gebraucht.

Gay people (engl.): wörtl. »Fröhliches Volk«, Homosexuelle.

Gebetsritual (von lat. Ritus = festgelegte Ordnung): Gottesdienst nach genau fixiertem Zeremoniell.

»Gelobtes Land« feste Bezeichnung für das »alte Israel«. »Gelobt« nicht von »loben«, sondern von »geloben« im Sinne von »versprechen«: Das Land, das Jahwe den Söhnen Israels als ewiges Erbe zusagte.

Gilde soviel wie Zunft. Seit dem Mittelalter Zusammenschluß gleichberechtigter Berufsgenossen zwecks Rechtsschutz und Förderung gemeinsamer Interessen.

Gilgul (hebr.): das »Sich-Wälzen«. Gemeint: 1) Das »Sich-Wälzen« der Toten am Tag der endzeitlichen Auferstehung, unterirdisch, in den Gräbern, bis nach Jerusalem. 2) Seelenwanderung, also das »Sich-Wälzen« durch verschiedene Tierkörper.

Glossar (frz.-lat.): Wörterverzeichnis mit Glossen, d.h. Erläuterungen.

Gnosis (gr.): »Gotteserkenntnis«. Übersinnliche, mystische Gottesschau. Es gab in der hellenistischen Spätantike Gnosis in heidnischen, jüdischen und christlichen Varianten. Meist mit Geheimlehren verbunden.

gnostisch cf. Gnosis.

Goj (hebr.): Urbedeutung »Volk«. Dann nichtjüdisches Volk. Heute nur noch »Nichtjude« oder in religiösen Fragen ignoranter Jude, der gegen Ritualgesetze verstößt.

Golem (hebr.): wörtl. »Lehmklotz«. Durch kabbalistische Zauberformeln geschaffener Roboter.

Goodwill (engl.): guter Ruf einer Institution, wohlwollende Gesinnung; Bereitschaft, freundliche Beziehungen aufzubauen.

Gottesmord Feste Bezeichnung der Hinrichtung Jesu, für welche die Juden durch ihre (angebliche) Erklärung »Sein Blut komme über uns und unsere Kinder« für alle Ewigkeit die kollektive Verantwortung übernommen haben sollen.

Gremium (lat.): Ausschuß, beratende und beschlußfassende Körperschaft.

Guru (Hindi): Verkörperung eines göttlichen Wesens, religiöser Lehrer.

Halluzination (lat.): Wahrnehmungserlebnis, ohne daß der wahrgenommene Gegenstand in Wirklichkeit existiert.

Häresie (gr.-lat.): von der offiziellen Kirchenrichtung abweichende Lehre, Ketzerei. Hiervon:

häretisch cf. Häresie.

Hasmonäer (hebr.) jüdisches Königshaus von 140–37 v. Chr.

Hebräer (hebr. »Iwrim«): älteste Bezeichnung der Juden. Name ungeklärt. Evtl. »Söhne des Eber« (Eber = Abraham), oder jene, die von der anderen Seite (hebr. ewer) des Jordans herüberkamen.

Hekatombe (gr.-lat.): eine erschütternd große Zahl von Lebewesen, die einem unheilvollen Ereignis zum Opfer fallen.

Hellenen (gr.): die alten Griechen.

hellenistisch (gr.): nicht generell »altgriechisch«, sondern nur die nachklassische, griechisch geprägte Mischkultur des damaligen Römerreiches betreffend.

Hetäre (gr.): wörtl. Gefährtin. Geliebte bedeutender Männer; besseres »Freudenmädchen«.

Hiatus (lat.): Kluft, Spalt, das Auseinanderklaffen.

Hippie (amerik.): Anhänger einer in den USA entstandenen antibürgerlichen, pazifistischen, leistungsfeindlichen Jugendbewegung.

Holocaust (gr.-lat.): ursprünglich »Totalverbrennung« eines Blutopfers. Neuerdings = Totalvernichtung einer großen menschlichen Gruppe wie der Juden zur Hitlerzeit.

Homiletik (gr.): die Gestaltung einer Predigt betreffend; erbauliche Bibelauslegung.

Homoerotik (gr.): »homo« nicht von lat. »homo« = Mensch, Mann, sondern von gr. »homos« = gleich. Also erotische, evtl. auch eindeutig sexuelle Neigungen zum gleichen Geschlecht.

homosexuell (gr.-lat.) cf. auch »Homoerotik«. Gleichgeschlechtliche Neigungen. Auch Frauen können demnach »homosexuell« sein, werden aber meist als »lesbisch« bezeichnet.

Hosianna hebr. »hoschia-na!« = Hilf bitte! Refrain beim Rundgang mit dem auch einen Palmwedel enthaltenden Feststrauß am 7. Tag des herbstlichen Sukkot-Festes in der Synagoge. Jesus kann also in Jerusalem nicht am »Palmsonntag« mit Hosiannarufen und Palmwedeln begrüßt worden sein.

Hostienschändung Auf Hostien kann sich bei feuchter Lagerung ein rötlicher Pilzbelag bilden, den man im Mittelalter gern auf Mißbrauch des geweihten Brotes durch Juden zurückführte, worauf man die angeklagten Juden enteignete und verbrannte.

hyperkonservativ (gr.-lat.): übertrieben und extrem konservativ.

hyperorthodox (gr.-lat.): übertrieben strenggläubig.

Hypnose (gr. hypnos = Schlaf): vom Hypnotiseur herbeigeführter halbschlafartiger Zustand, in welchem Suggestionen besonders wirksam sind.

Hypostase (gr.): Personifizierung einer göttlichen Gestalt.

Ideologie (gr.-lat.): 1) Ein Ideensystem, das an eine bestimmte kulturelle oder soziale Gruppe gebunden ist. 2) In marxistischen Schriften immer nur eine weltanschauliche Konzeption, die einzig der Erzielung bestimmter wirtschaftlicher Interessen dient.

Ignoranz (lat.): Unwissenheit, Kenntnislosigkeit.

Image (lat.-gr.-engl.): das Bild, das andere sich von einer Person oder Sache machen.

Imitatio Christi (lat.): Nachahmung Christi. Fester religiöser Begriff.

immanent (lat.): innewohnend, in etwas enthalten.

immens (lat.): unermeßlich groß, gewaltig.

Implikation (lat.): Verflechtung, Einbezug einer Sache in eine andere.

Impression (lat.): Sinneseindruck, Empfindung, Wahrnehmung.

Index (lat.): Register. Im Religionsbereich: Liste der Bücher, die nach päpstlichem Entscheid vom Gläubigen nicht gelesen werden dürfen.

Indiz (lat.): Anzeichen, Hinweis.

indogermanisch Sammelbezeichnung für Völker, die eine indogermanische (= »arische«) Grundsprache haben. »Arisch« ist ursprünglich kein Rassebegriff.

Indoktrination (lat.): massive ideologische Beeinflussung.

Infiltration (lat.): ideologische oder faktische Unterwanderung.

Initiant (lat.): wer die Initiative ergreift.

Initiative (lat.): erster tätiger Anstoß einer Handlung.

inkludieren (lat.): (in einen logischen Zusammenhang) einschließen.

Inkonsequenz (lat.): fehlende Folgerichtigkeit, Widersprüchlichkeit.

inkulpiert (lat.): angeschuldigt, angeklagt.

Initiationsriten (lat.): Geheimbräuche bei Aufnahme eines Neulings in einen Bund.

Initiator (lat.): Urheber, Anreger.

in (oder ad) maiorem Dei gloriam (lat.): vollständig: Omnia in (oder ad) maiorem Dei gloriam: Alles zum höheren Ruhme Gottes. Abgekürzt: O.A.M.D.G. Wahlspruch der Jesuiten.

Innovation (lat.): Neuerung.

in puncto (lat.): in dem Punkt, hinsichtlich.

Inquisition (lat.): »Untersuchung«. Meist mit »peinlichen« Methoden, also mit Folter, durch Institutionen der kath. Kirche durchgeführte »Befragung« der Ketzerei Verdächtiger, die dann der staatlichen Bestrafung zugeführt wurden.

Insiderstruktur (engl.-lat.): Insider = jemand, der bestimmte Verhältnisse oder Dinge von innen heraus kennt.

Insubordination (lat.): mangelnde Unterordnung namentlich unter eine militärische Instanz.

Insurgent (lat.): Aufständischer.

Insurrektion (lat.): Volkserhebung, Aufstand.

integrieren (lat.): in ein übergeordnetes Ganzes einfügen.

Interpolation (lat.): eine spätere, unberechenbare Einschaltung in einen Zusammenhang.

Interpretation (lat.): Auslegung, Deutung.

intersubjektiv (lat.): verschiedenen Personen gemeinsam.

Intervention (lat.): Einmischung.

irrational (lat.): mit Logik und rationalem Denken nicht erfaßbar.

irreal (lat.): unwirklich.

irrelevant (lat.): belanglos.

irreparabel (lat.): nicht mehr rückgängig zu machen, nicht mehr korrigierbar.

Jahwe (hebr.): Name Gottes im A.T.

Jehoschua (hebr.): Männername, wörtl. »Gotthelf«. Abkürzung: Jeschu = Jesus.

Jiddisch Volkssprache der Ostjuden: ein mittelalterliches Deutsch mit hebräischen und slawischen Einschüssen.

Job (amerik.): Gelegenheitsarbeit, einträgliche Beschäftigung.

Jom-Kippur (hebr.): »Tag der Sühne«. Strengster Buß- und Fasttag der Juden im Herbst.

Judaist Fachmann für jüdische Kultur und Geschichte.

Judenchrist cf. Ebioniten.

»Jüngster Tag« feste Bezeichnung für den Tag des »Letzten Gerichts« und der nachfolgenden messianischen Welterlösung.

Kabbala (hebr.): wörtl. »Empfangen«, »Überlieferung«. Feste Bezeichnung der jüdischen Mystik.

Kadrownik (russ.): Hochsteiger im sowjetischen Kadersystem.

Kana das Städtchen, in welchem Jesus bei einem Hochzeitsmahl das »Speisewunder« vollbrachte.

Kanaan biblische Benennung des späteren Landes Israel in vorjüdischer Zeit.

kanonisch dem »Kanon« (sumer.-babyl.-gr.-lat.), das heißt der geltenden (vor allem religiösen) Ausrichtung entsprechend.

Kapitalverbrechen (lat.-dt.): besonders schwere Straftat.

Kappara (hebr.): stellvertretendes Sühneopfer am Vortag des Jom-Kippur, bestehend aus einem Federvieh (für Männer ein Hahn, für Frauen ein Huhn), das mit einer bestimmten »Entsühnungsformel« dreimal um den eigenen Kopf herumgeschwungen und dann geschächtet und aufgegessen wird.

Karäer oder **Karaiten** (von hebr. mikra = Schrift, d.h. Heilige Schrift). Antitalmudische Bibelsekte, die im 8. Jh. entstand.

Kasteiung freiwillige Selbstzüchtigung und Selbstquälerei als religiöse Bußübung.

Kastration (lat.): Entmannung, allenfalls auch auf Entfernung von entsprechenden Fortpflanzungsorganen der Frau anwendbar.

kasuistisch (lat.): Methode der Rechtsfindung nicht aufgrund allgemeiner Normen, sondern aus bereits vorliegenden Einzelentscheidungen heraus.

kategorisch (gr.-lat.): keinen Widerspruch duldend, unbedingte Geltung beanspruchend.

Kebse Nebenfrau.

Ketzer (entstellt aus Katharer): wer öffentlich eine von der kanonischen Ausrichtung abweichende Meinung vertritt.

Kibbuz (hebr.): landwirtschaftliche Kommune in Israel.

Kiddusch (hebr.): wörtl. »Heiligung«. Der rituelle Weinsegen.

Kodifikation (lat.): systematische Erfassung aller Normen eines bestimmten Gebietes.

Kollaboration (lat.): »Zusammenarbeit«, meist im Sinne aktiver Unterstützung der Feinde.

Kolleggelder (lat.-dt.): die Zahlungen der Studenten für universitäre Lehrveranstaltungen.

Kolloquium (lat.): wissenschaftliches Gespräch.

Kolportage (lat.-frz.): Verbreitung von Gerüchten namentlich durch die Sensationspresse etc.

Kommentar (lat.): mit Erläuterungen und kritischen Anmerkungen versehenes Zusatzwerk zu einem Text.

Kompendium (lat.): Abriß, kurzgefaßtes Lehrbuch.

Kompetenz (lat.): Zuständigkeit.

konditionslos (lat.): bedingungslos.

konform (lat.): übereinstimmend.

Konfrontation (lat.): Gegenüberstellung einander widersprechender Meinungen oder Gruppen, (politische) Auseinandersetzung.

Konfusion (lat.): Verwirrung.

Konjektur (lat.): Vermutung, mutmaßlich richtige Leseart oder Interpretation.

konkludieren (lat.): aus etwas einen (logischen) Schluß ziehen.

Konsens (lat.): Zustimmung, Übereinstimmung.

Konsonant (lat.): »Mitlaut« im Gegensatz zu »Vokal« (Selbstlaut).

kontradiktorisch (lat.): widersprüchlich, sich gegenseitig aufhebend und ausschließend.

Kontrahent (lat.): Gegner im Streit oder Wettkampf.

Kontroverse (lat.): wissenschaftliche Auseinandersetzung.

Konvent (lat.): Versammlung, vor allem von Geistlichen.

Konversion (lat.): Übertritt in eine andere Konfession oder Religion.

Konvertit (lat.): einer, der zu einem anderen Glauben übergetreten ist.

Koran (arab.): wörtlich »Lesung«. Sammlung der Offenbarungen Mohammeds. Heiliges Buch des Islam.

Konzeption (lat.): Leitprogramm, klar umrissene Grundvorstellung.

Konzession (lat.): Zugeständnis, Entgegenkommen.

Konzil (lat.): Versammlung von Geistlichen oder universitären Instanzen mit bestimmten Entscheidungsbefugnissen.

konzis (lat.): kurz, gedrängt, prägnant.

koscher (hebr. kascher): »rein«, »tauglich«, erlaubt zum Genuß. Übertragen: moralisch integer.

kriminalisieren (lat.): als kriminell hinstellen und erklären.

Kruzifixus (lat.): der Gekreuzigte. Plastische Darstellungen des Gekreuzigten. In der Umgangssprache oft auch in der Bedeutung von »Kreuz« ohne Christusfigur darauf.

Kultort (lat.-dt.): Ort, wo eine Religionsausübung in festgelegten Formen stattfindet.

Kuriosum (lat.): kuriose Sache oder Angelegenheit.

Laie (gr.-lat.): »Nichtgeistlicher« oder »Nichtfachmann«, Außenstehender.

lapidar (lat.): knapp (formuliert), kurz u. bündig.

lasziv (lat.): schwül erotisch, anstößig.

Leviten (hebr.): Nachkommen des Stammes Levi. Bis zur Zerstörung Jerusalems Diensttuende im Tempel, den Cohanim (Priestern) unterstellt. Erblicher Titel über die männliche Linie.

Lingua franca (lat.-it.): Verkehrssprache eines großen, meist mehrsprachigen Raumes.

Liturgie (gr.-lat.): der öffentliche Gottesdienst in festgelegter Form.

Logion, pl. **Logia** (lat.): überlieferter Ausspruch Jesu.

Loyalität (lat.-frz.): Treue zur Regierung.

Lubawitsch ein polnisches »Schtetl«, in welchem die Dynastie der berühmten chassidischen »Lubawitscher Rebben« residierte. Heute gibt es einen »Ableger« in New York.

Lynch-Justiz (engl.-lat.): grausame Mißhandlung und Tötung Angeklagter durch die aufgebrachte Volksmenge ohne Urteil.

Magie (gr.-lat.): Zauberkunst, Geheimkunst, die sich übersinnlicher Kräfte bedient.

Magier persisch-medischer Zauberpriester.

Magnat (lat.): hoher Adliger, Inhaber einer großen Wirtschaftsmacht.

Mamser (hebr.): Mischling, Bastard. Vor allem familienrechtlich nach Talmudrecht stark benachteiligt.

manifestieren (lat.): kundgeben, bekunden.

Martyrologie (gr.-lat.): Verzeichnis der Märtyrer und Heiligen, mit Lebensbeschreibungen.

Massen-Psychose cf. Psychose. Spezifische Wahnausbrüche der Masse. Massenwahn.

Matriarchat (gr.-lat.): Mutterherrschaft, Gesellschaft auf mutterrechtlicher Basis.

Maxime (lat.-frz.): Hauptgrundsatz.

Mazze (hebr. mazza): ungesäuerter Brotfladen für Pessach. Das Wort ist identisch mit gr. massa = Masse.

medioker (lat.-frz.): mittelmäßig.

memorieren (lat.): auswendig lernen.

Mensur (lat.): (studentischer) rituell geregelter Zweikampf.

Messias-Wehen cf. Chewlej-Maschiach.

Metanoia (gr.): das »Umdenken« im Sinne einer innerlichen Umkehr, Reue und Buße.

Metaphysik (gr.-lat.): philosophischer Fachausdruck. Erfassung der letzten Hintergründe des Seins.

Metropole (gr.-lat.): Weltstadt.

Midrasch (hebr.): wörtl. »Forschung«, Schriftauslegung. Die nicht um Gesetze, sondern um Sagen, Legenden, Erbauliches etc. kreisenden Teile des alten rabbinischen Schrifttums.

Mikwe (hebr.): »Ansammlung« (von Wasser): Bassin mit fließendem Wasser für rituelle Bäder.

Mischna (hebr.): »Wiederholung«, älteste Teile des Talmud.

Mormonen Benennung einer amerikanischen Sekte nach dem

Buch namens »Mormon« des Sektengründers. Chiliastisch, d.h. auf das baldige Kommen des tausendjährigen Reiches ausgerichtet.

Mysterien (gr.-lat.): griechische und römische Geheimkulte der Antike.

Narde Eine intensiv duftende Parfümpflanze aus dem Negew (Südteil Israels, Steppengelände), aus welcher man zur Zeit Jesu in Jerusalem kostbare kosmetische Artikel für den Export bis nach Indien herstellte.

Nathans-Prophezeiung Nathan war der Hofprophet König Davids. Unter »Nathansprophezeiung« versteht vor allem die christliche Theologie ausschließlich Nathans Verkündung, der Messias werde aus dem Stamme Davids hervorgehen.

Nazarener Unter »Nazarener« versteht man in religionsgeschichtlichen Werken ausschließlich Jesus aus Nazareth.

Neologen (gr.): feste Bezeichnung in der Donaumonarchie für »aufklärerische«, »liberale« Juden.

Neoorthodoxie (gr.): »Neuorthodoxie«. Jüd. fundamentalistische Gegenbewegung gegen die allmähliche »Liberalisierung« in Religionsfragen. Fanatisch, wie jede »Gegenreformation«. Die Bewegung ging im 19. Jahrhundert von Frankfurt/M. aus.

»Neue Erde« fester jüdischer und vor allem christlicher Begriff für die endzeitlich erlöste Welt.

Nom de guerre (frz.): wörtl.

»Kriegsname«. Soviel wie Deck- und Künstlername.

Nomenklatura (lat.): Verzeichnis der wichtigsten Führungspositionen (und damit der herrschenden Klasse) der UdSSR.

»nordisch« fester Begriff der Rassenlehre. Gemeint ist damit der Rassentyp, den der »Laie« als »germanisch« bezeichnet.

Normen (gr.-etrusk.-lat.): Richtschnur, fest anerkannte Regeln.

Novize (lat.) Mönch, Nonne oder generell Neuling in der Probezeit.

objektiv (lat.). Normalerweise meint der Begriff Dinge oder Sachverhalte, die unabhängig vom subjektiven Bewußtsein existieren. Bei C.G. Jung und etlichen Philosophen andere Bedeutung.

obligatorisch (lat.): bindend, unerläßlich.

observant (lat.): sich sehr streng an bestimmte Regeln haltend.

obsolet (lat.): veraltet, nicht mehr gebräuchlich.

ökumenisch (gr.): Ökumenische Bewegung: Zusammenwirken aller oder doch wenigstens aller christlichen Konfessionen. Neuerdings Neigung, die Juden mit einzubeziehen.

ontologisch (gr.). Philos. Fachausdruck. Das vom Bewußtsein unabhängige »Sein an sich« betreffend.

optieren (lat.): sich frei für etwas entscheiden.

opportun (lat.): in der gegenwärtigen Lage am günstigsten und zweckmäßigsten.

optimal (lat.): die beste Lösung betreffend.

Orgie (gr.-lat.): wilder, verzückter, geheimer Gottesdienst der griechischen Mysterien. Sekundär ausschweifendes Festgelage auch ohne Mysterien-Hintergrund.

outcast (engl.): außerhalb der (indischen) Kasten stehend, sekundär: ausgestoßen.

outlaw (engl.): wer sich nicht an die geltenden Rechtsnormen hält, der Verfemte und Geächtete.

Palliativ (lat.): Linderungs- oder Schutzmittel bei Krankheiten.

Panentheismus (gr.-lat.): philos. Lehre, nach der die Welt nicht von einer außerhalb des Seins stehenden Gottheit geschaffen wurde, sondern die Gottheit im Sein selbst verankert ist.

Pantheismus (gr.-lat.): philos. Lehre, nach welcher Gott mit dem gesamten Sein identisch ist.

Parabel (gr.): lehrhafte Dichtung, Gleichnis.

Paranoia (gr.): Wahnsinn. Verfolgungswahn.

Parapsychologie (gr.-lat.): Wissenschaft von den okkulten, übersinnlichen, außerhalb der normalen Wahrnehmbarkeit liegenden Dingen.

partout (frz.): unbedingt, um jeden Preis.

Parusie (gr.): wörtl. »Anwesenheit«. Feste theologische Bezeichnung für die Wiederkunft Christi zum Endzeitlichen Gericht.

Patriarch (gr.-lat.): biblischer Erzvater.

penetrant (lat.): in störender Weise aufdringlich.

Pentateuch (gr.-lat.): »Fünfrollenbuch« = die Fünf Bücher Mosis.

per nefas (lat.): widerrechtlich.

Pessach Von hebr. »pisseach« = überspringen. Jüdisches Osterfest zur Erinnerung an den Auszug der Hebräer aus der ägyptischen Sklaverei, wo zuvor ein Engel bei der letzten der zehn Strafaktionen gegen den Pharao, der die Juden nicht freigeben wollte, alle Erstgeburt im Lande getötet hatte, wobei er die Türen der Hebräer »übersprang«, weil sie auf göttliches Geheiß ihre Türpfosten mit Blut des Osterlammes gekennzeichnet hatten.

Petent (lat.): Bittsteller.

Pfründe geistliches Amt und die damit verbundenen Einnahmen.

Pharisäer von hebr. Peruschim = die Abgesonderten, und zwar im positiven Sinne, als besonders gelehrte und gesetzestreue Schicht. Die Schriftgelehrten zur Zeit Jesu sind mit ihnen identisch. Sie waren die ersten Prediger und Ausgestalter des biblischen Gesetzes. Von ihnen ging das talmudische und außertalmudische rabbinische Schrifttum aus.

philologisch (gr.): Sprach- und literaturwissenschaftlich.

Phonstärke Phon (gr.) = Maß der Lautstärke.

plausibel (lat.-frz.): einleuchtend, verständlich.

Plot (engl.): Aufbau und Handlung einer epischen oder dramatischen Dichtung. Begriff des Filmjargons.

Pogrom (russ.): Verwüstung. Im Deutschen immer nur gleichbedeutend mit Judenmetzelei.

Postulat (lat.): unbedingte (sittliche) Forderung oder sachlich und logisch unerläßliche Annahme.

postum (lat.): nach dem Tode eintretend.

potentiell (lat.-frz.): von den gegebenen Voraussetzungen her möglich und denkbar.

prädestiniert (lat.): vorherbestimmt.

prädikatlos (lat.): ohne aussagbare Merkmale oder Eigenschaften.

Präludium (lat.): oft frei improvisiertes, musikalisches Vorspiel.

Prämisse (lat.): logische Voraussetzung, Vordersatz in einem Syllogismus (Fachausdruck der formalen Logik).

präsumtiv (lat.): als wahrscheinlich und vermutlich vorweggenommen.

prima causa (lat.): erste Ursache, »Uranstoß«.

Privileg (lat.): nicht durch Leistung begründetes Vorrecht.

Procédé (frz.): Prozedur, Verfahren, Vorgehen.

profiliert (lat.): scharf umrissen.

proklamieren (lat.): kundgeben, verkündigen.

PR-Mann PR (engl.) = Public-Relations = Öffentlichkeitsarbeit, Kontaktpflege.

Promiskuität (lat.): wahlloser Geschlechtsverkehr, der auch gegen die gesetzlichen und religiösen Tabus verstoßen kann.

promulgieren (lat.): öffentlich bekanntgeben und verbreiten.

Protokoll (gr.-lat.): förmliche Niederschrift und evtl. auch Beurkundung der Ergebnisse einer Sitzung.

Pseudo-Messias (Gr. pseudos = Lüge, Fälschung, Täuschung.) Falscher Messias.

Psychiater (gr.): Facharzt für geistige Erkrankungen.

psychisch (gr.): die Seele betreffend.

Psychoanalyse (gr.): das von Sigmund Freud geschaffene Verfahren, um ins Unterbewußtsein abgesunkene und unbewußt gewordene Seeleninhalte wieder bewußt zu machen.

Psychose (gr.): (schwere) seelische Störung und Erkrankung.

psychosomatisch (gr.): die seelisch-körperlichen Wechselbeziehungen betreffend.

puritanisch (lat.-engl.): besonders sittenstreng namentlich in Sexfragen.

Quantité négligéable (frz.): unbedeutende Größe, die man ihrer Kleinheit wegen vernachlässigen darf.

Rabbi (Rebbe etc.) von hebr. raw = groß, erhaben. Ehrentitel namentlich für Schriftgelehrte. Rabbi: eigentlich »mein Raw«. Wird aber im Deutschen und im Jiddischen (Rebbe) auch einfach im Sinne von »Raw« verwendet. Und die Urform »Raw« bezeichnet im Jiddischen längst nur noch den beamteten Religionsfunktionär, der Geburtsurkunden etc. ausstellt.

Rabbinische Literatur praktisch

das gesamte nachbiblische, ältere Schrifttum der Juden.

Rationalist (lat.): Vertreter einseitig vernunftbezogener und durch Vernunft und Logik begründeter Lehrmeinungen.

redigieren (lat.): einen Text bearbeiten, »druckfertig machen«.

refüsiert (lat.): abgewiesen, verweigert.

Relikt (lat.): Erinnerung, Überbleibsel.

Repetitorium (lat.): Wiederholungsunterricht.

Resistenz (lat.): (erhöhte) Widerstandskraft.

Resonanz (lat.): Widerhall, Anklang.

Reverenz (lat.): Ehrfurcht, Ehrerbietung.

Revision (lat.): Änderung nach Nachprüfung.

rezitieren (lat.): künstlerisch vortragen.

Ritualgesetz (cf. Ritus): Gesetz, das nicht um grundlegende Moral- und Rechtsfragen, sondern nur um formale Gepflogenheiten einer Religion kreist.

Ritualmord (cf. Ritus): feste Bezeichnung des (angeblichen) jüdischen Brauches, vor Pessach Christenkinder zu schächten, um ihr Blut dem ungesäuerten Pessachbrot, der Mazze, beizufügen.

Ritualsünder (cf. Ritus): einer, der gegen rituelle (und also nicht rechtliche oder moralische) Normen verstoßen hat. Ritualsünder konnten früher durch synagogale Instanzen zur Auspeitschung verurteilt werden.

Ritus (lat.): Religiöser, fester Brauch, der aber nichts mit moralischen und juristischen Fragen zu tun hat, sondern nur um formale, zeremonielle Bräuche einer Religion kreist.

Rothschild Die während der Napoleonischen Kriege zu Reichtum gelangte und später geadelte jüdische Familie Rothschild ist im allgemeinen Sprachgebrauch der Ostjuden Sinnbild unermeßlichen Reichtums. Früher nannten die Juden in solchen Zusammenhängen den biblischen Nabob.

Sabbat Von hebr. schabat = ruhen. Der geheiligte 7. Wochentag im jüdischen Kalender, an welchem man ruhen muß, weil seinerzeit auch Gott an diesem Tage von der Welterschaffung ausruhte.

Sadduzäer Name vom Priester Zaddok hergeleitet. Die konservative, politisch-religiöse Partei zur Zeit Jesu, die sich weitgehend mit den Priesterkreisen deckte und unter anderm die Unsterblichkeit der menschlichen Seele und die Auferstehung der Toten am Jüngsten Tag nicht anerkannte, weil beides in den ältesten Teilen der Bibel, den Fünf Büchern Mosis, noch nicht vorkommt.

Sakrament (lat.): Eine bestimmte, göttliche Gnaden vermittelnde Handlung der Kirche (z.B. Taufe).

säkular (lat.): weltlich (im Gegensatz zu religiös).

Sanhedrin (gr.): wörtl. etwa »Sitzungssaal«. Feste Bezeichnung des obersten jüdischen Gerichtshofs in Jerusalem zur Zeit Jesu.

Savonarola Ein ungeheuer sittenstrenger Sittenlehrer und Prediger im Florenz des 15. Jahrhunderts.

Schabbes-Goj (jiddisch): Schabbes = Sabbat; »Goj« bezeichnet in diesem Zusammenhang einen meist eher einfachen Nichtjuden, der am Sabbat die paar leichteren, dem Juden aber trotzdem an diesem Heiligen Tag verbotenen Arbeiten im Hause erledigt, ohne die man nicht gut zurechtkommen kann (Licht anzünden etc.).

Schammes (hebr. schamasch = Diener). Im heutigen Sprachgebrauch immer nur Synagogenpedell, Diener im Bethaus.

Scharia (arab.): Juristische und andere Kommentare zum Koran, entspricht etwa dem Talmud der Juden.

Schechina (hebr.): wörtl. »Einwohnung«. Gemeint: die weibliche Hypostase Gottes. Jüdischmystische Vorstellung. Im Chassidismus erscheint die Schechina manchmal als trauernde, verhüllte, weibliche Gestalt in der Dämmerung. Sie begleitet, weinend, die Juden ins Exil.

Schofar (hebr.): Posaune. Rituelles Widderhorn. Altertümliches Blasinstrument, das heute noch beim Gottesdienst bei bestimmten Terminen geblasen wird.

Scholastik (lat.): »Schulwissenschaft«. Kommentierende Schriften vor allem zu religiösen Grundwerken und Grundthesen. Im vorliegenden Buch benützen wir diesen eigentlich rein christlichen Begriff auch im Zusammenhang mit Talmud und Scharia.

Sedermahlzeit (Seder hebr. = Ordnung). Rituell genau festgelegtes Mahl am Abend des 1. und 2. Pessachtages, mit exakt vorgeschriebenen Bräuchen und Speisen, symbolischen »Schaugerichten«, Liedern und Vorlesung der Pessach-Haggada (Pessachlegende).

Seelenwanderung cf. Gilgul.

Seleukiden: syrische Dynastie, die im 2. Jh. v. Chr. das Gelobte Land besetzte und deren brutale Unterdrückung der jüdischen Religionsausübung zum (erfolgreichen) Aufstand der Juden unter Führung von Jehuda Makkabi aus dem Geschlecht der Hasmonäer führte.

semantisch (gr.): Inhalt und Bedeutung eines sprachlichen Zeichens oder Ausdrucks betreffend.

Semiten Name hergeleitet vom ältesten Sohn Sem (hebr. Schem) des biblischen Noah. Bezeichnung aller Völker der semitischen Sprach- und Kulturwelt. Hat mit Rassenzugehörigkeit der betreffenden Völker nichts zu tun.

Semitist Fachmann für semitische Sprachen und Kulturen.

Signet (lat.): »Markenzeichen«, Abzeichen.

Sinekure (lat.): müheloses, einträgliches Amt, fast oder ganz ohne irgendwelche Gegenleistung.

skeptisch (gr.): zum Zweifel neigend, ungläubig.

Skylla und Charybdis Begriffe aus der Odyssee: »zwischen Skylla und Charybdis« = zwischen (dem Meeresungeheuer) Skylla und (dem tödlichen Strudel) Charybdis hindurchlavieren müssen. Übertragen: Bedrohung von beiden Seiten.

Slogan (engl.): Wahlspruch, Parole.

spektakulär (lat.): aufsehenerregend.

Sphäre (gr.): Wirkungskreis.

Spiritismus (lat.): Glaube an Erscheinung von Totengeistern und an Kontaktmöglichkeit mit ihnen durch entsprechende Rituale.

sporadisch (gr.-frz.): vereinzelt, selten.

Statement (engl.): öffentliche Erklärung oder Behauptung.

Stenogramm (gr.): Kurzschrift. Übertragen: In Kurzform Niedergelegtes.

Stigma (gr.): wörtl. »Stich« (gemeint: Wundmale am Leibe Christi). Sekundär: Auffälliges und unauslöschbares Merkmal.

subjektiv (lat.): nur auf das betreffende Subjekt bezogen.

subversiv (lat.): umstürzlerisch.

Suffragette (lat.-frz.-engl.): Frauenrechtlerin, Feministin.

Sukkurs (lat.): Beistand, Unterstützung.

suspekt (lat.): verdächtig, fragwürdig.

suspendiert (lat.): aus der Stellung entlassen, ungültig gemacht.

symbolisch (gr.): nur sinnbildlich (und also nicht real).

Sympathisant (gr.-lat.): wer einer Gruppe wohlwollend gegenübersteht und sie evtl. auch unterstützt, ohne aber ihr selber anzugehören.

Symptom (gr.): Kennzeichen, Merkmal.

Synagoge (gr.): wörtl. »Ort der Zusammenkunft«, soviel wie Bethaus.

Synagogenbann cf. Cherem.

Tabuisierung »Tabu« polynesisch: aus religiösen Gründen unverletzlich und unberührbar.

Talmud (hebr.) wörtl. Lehre. Die jüdische Scholastik. Ein mehrbändiges Werk, entstanden zwischen 500 v. und 500 n. Chr. Vielerlei Kommentare und Ergänzungen zur Bibel, rechtliche und religiöse Gesetze, aber auch erbauliche Inhalte.

Talmud-Akademien Im Lande Israel gab es Lehrhäuser; die großen Talmudakademien standen aber in den babylonischen Metropolen.

Telepathie (gr.): Wahrnehmung seelischer und auch anderer Vorgänge eines anderen Menschen ohne Vermittlung der Sinnesorgane.

Tempelreinigung Feste Bezeichnung von Jesu Aktion kurz vor dem Pessachfest (an dessen Rüsttag er dann gekreuzigt wurde), bei der er die Tische und Bänke der Münzwechsler und Devotionalienhändler im Vorhof des Tempels umwarf.

Thema (gr.): Leitgedanke, Leitmotiv, zu behandelnder Gegenstand.

Theodizee (gr.): philos. Begriff. Versuche einer Rechtfertigung Gottes hinsichtlich des Unrechts in der Welt, das sich mit Gottes Güte, Allmacht und Gerechtigkeit nicht in Einklang bringen läßt.

Theologie (gr.) Wissenschaftliche religiöse Lehre.

Theriak (gr.-lat.): Opiumhaltiges Allheilmittel des Mittelalters.

These (gr.): Aufgestellter Leitsatz und Ausgangspunkt für weitere Argumentationen.

Totem-Mahl Das »Totem« (indian.-engl.) ist bei gewissen Naturvölkern ein Wesen, das normalerweise nicht getötet und nicht einmal berührt werden darf. Bei bestimmten kultischen Festen wird es jedoch zeremoniell geschlachtet und verzehrt, wodurch angeblich die Kräfte des Blutopfers in die Gläubigen eingehen.

Transsubstantiation (lat.): Wörtl. »Wesensverwandlung«. Feste Bezeichnung der Wandlung von Brot und Wein in den Leib und das Blut Christi beim Meßopfer.

Turnier (gr.-lat.-frz.): ritterliches Kampfspiel im Mittelalter.

Ukas (russ.): Anordnung, Befehl, zaristischer Erlaß.

Uriasbrief der Brief, den König David seinem treuen Feldherrn ins Feld mitgab und dessen Inhalt auf ein Todesurteil des treuen Urias hinauslief.

Usurpation (lat.): widerrechtliche Inbesitznahme.

Utopie (gr.-fr.). Von utopia = Nirgendsland. Titel eines Romans von Thomas Morus über ein erdachtes Traumland mit unerfüllbaren Idealzuständen.

Zirkumzision (lat.): cf. Beschneidung.

Zölibat (lat.): Ehelosigkeit aus religiösen Gründen.

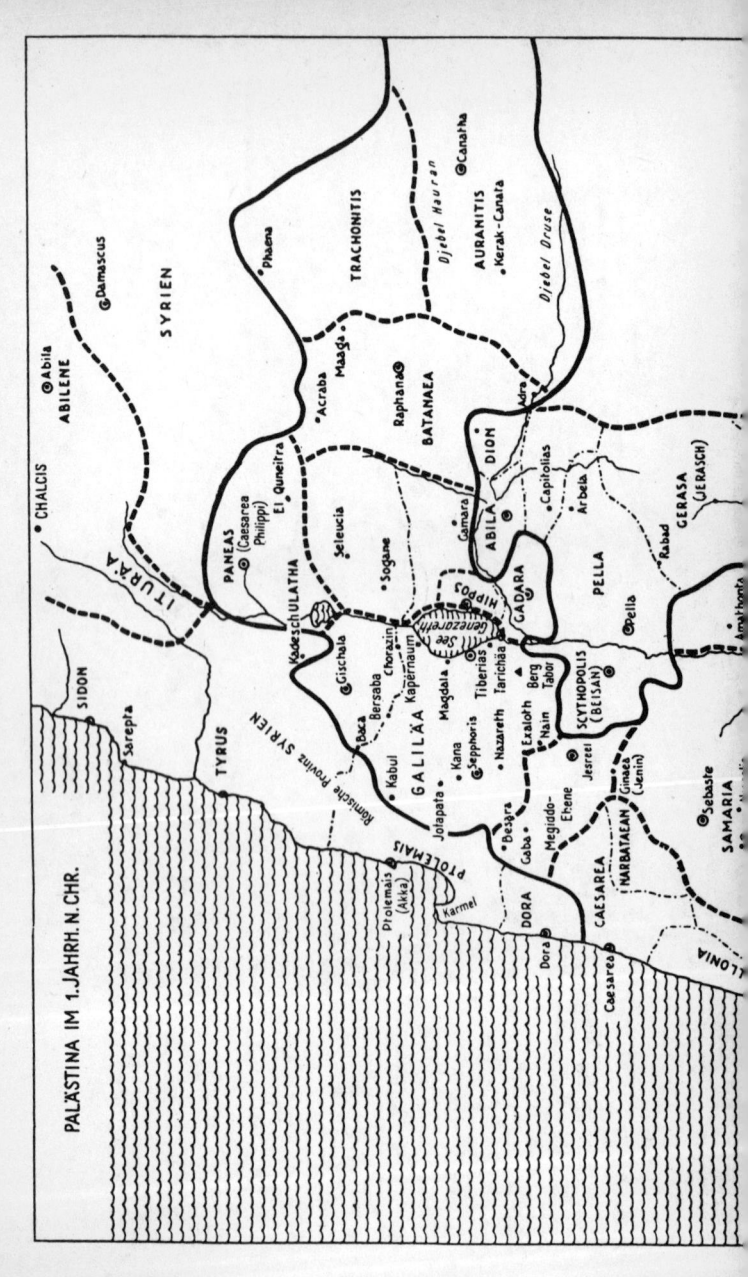

PALÄSTINA IM 1.JAHRH. N.CHR.

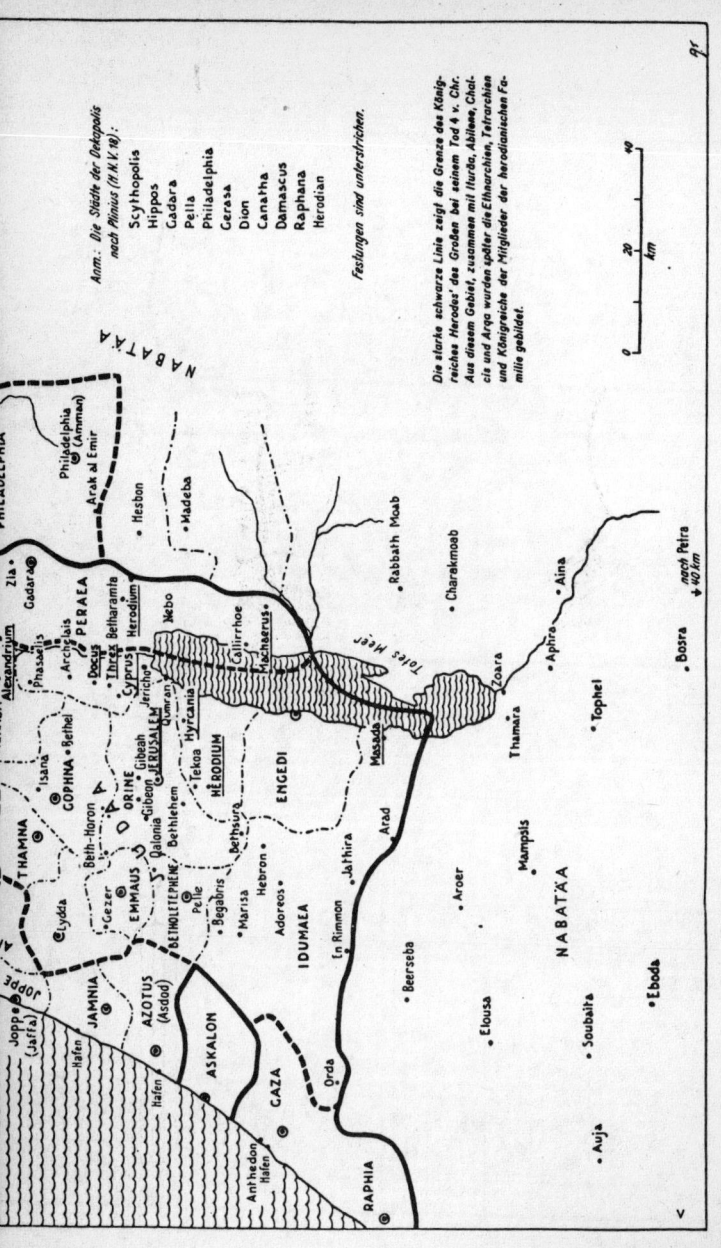

Anm.: Die Städte der Dekapolis
nach Plinius (N.H. V. 18):

Scythopolis
Hippos
Gadara
Pella
Philadelphia
Gerasa
Dion
Canatha
Damascus
Raphana
Herodian

Festungen sind unterstrichen.

Die starke schwarze Linie zeigt die Grenze des König-
reiches Herodes' des Großen bei seinem Tod 4 v. Chr.
Aus diesem Gebiet, zusammen mit Ituräa, Abilene, Chal-
cis und Arqa wurden später die Etharchien, Tetrarchien
und Königreiche der Mitglieder der herodianischen Familie gebildet.

NABATÄA

PHILADELPHIA

Philadelphia
(Amman)
Arak al Emir

• Hesbon

• Madeba

• Rabbath Moab

• Charakmoab

Totes Meer

Zia •
Gadar •
PERAEA
Archelais •
Phasaelis •
Docus •
Threx Betharamta
Cyprus Herodium
Nebo

Alexandrium

AKRABA
Sana •
COPHNA • Bethel
Gibeah
Qalonia JERUSALEM
Gibeon • Bethlehem
Begabris
Marisa
Adoreos •

Jericho •
Qumran •
ORINE
Hyrcania
HERODIUM
Tekoa •
Bethsura •
ENGEDI

Callirhoe
Machaerus
Masada

Coara

Thamara

• Tophel

• Aina

• Aphra

• Bosra

nach Petra
↓ 40 km

THAMNA

AN
• Lydda
JAMNIA
JOPPE
Jopp
(Jaffa)
Hafen

EMMAUS
• Gezer
BETHLETEPHENE
Pela

Beth-Horon

IDUMAEA
Hebron •

Jathira •

• Arad

• Aroer

Mampsis •

• Beerseba

NABATÄA

AZOTUS
(Asdod)
Hafen

ASKALON

GAZA

Orda
En Rimmon •

• Elousa

• Soubaita

• Eboda

• Auja

RAPHIA

Anthedon
Hafen

0   20   40
|————————|————————|
              km